liMes

RIVISTA ITALIANA DI GEOPOLITICA

Specchio della disunione europea
Canale dei migranti, snodo commerciale
Viaggio nel mare non più nostro

MEDITERRANEI

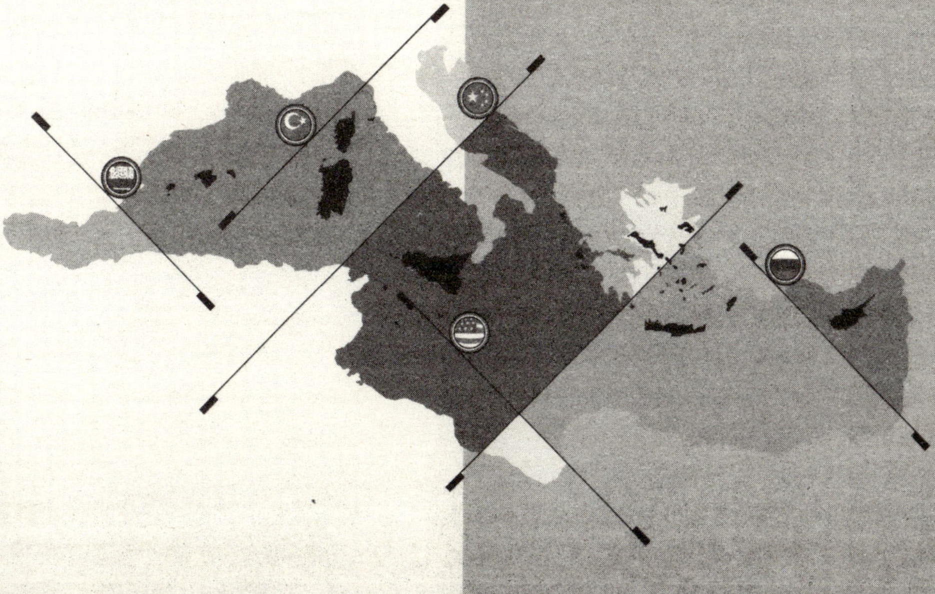

6/2017 • MENSILE

SOMMARIO n. 6/2017

EDITORIALE

7 Il mare non bagna l'Italia

PARTE I — CANALE DEI MIGRANTI

31 ADSTANS - L'Italia e i migranti: gigante buono o gigante scemo?

37 Nancy PORSIA - L'industria libica delle migrazioni

47 Luca RAINERI - La 'guerra ai migranti' genera mostri
Il caso del Niger

53 Leonardo BELLODI - La Libia resta un campo di battaglia

61 Ferruccio PASTORE - Se l'Italia diventa Stato cuscinetto

69 Fabrizio MARONTA - La storia non detta del piano Renzi per l'Africa

75 Marco BERTOTTO - Non sparate sui soccorritori

85 Piero MESSINA - L'altra faccia dei filantropi

91 Gianni VALENTE - Chiesa e migranti, il pragmatismo paga

PARTE II — NEL MARE NON PIÙ NOSTRO

99 Luca SISTO e Matteo PELLIZZARI - L'Italia deve farsi potenza marittima

111 Alberto DE SANCTIS - La Marina prova a tornare grande
(in appendice: La gerarchia delle flotte militari nel Mediterraneo)

119 Riccardo RIGILLO - L'Italia, potenza marittima che ignora se stessa

127 Giuseppe CUCCHI - Se non *nostrum* di chi?

137 Enrico Maria PUJIA - Ripartire dai porti

PARTE III — MEDITERRANEI ALTRUI

147 Dario FABBRI - Il placido Mediterraneo degli americani

157 Giorgio CUSCITO - Le ancore della Cina nel *Mare nostrum*

167 Daniele SANTORO - La Turchia senza mare nel mirino americano

183 Luca MAINOLDI - Israele si scopre marittimo

191 Giampaolo CANTINI e Michelangelo CELOZZI - La partita del gas
nel Mediterraneo orientale

199 Mauro DE BONIS e Pietro FIGUERA - **Così Mosca è tornata mediterranea**

209 Olivier KEMPF - **Il destino della Francia si gioca nel Maghreb**

215 Jean-Baptiste NOÉ - **Parigi e il mare di lacrime**

223 Antonio MARQUINA BARRIO - **Passata la sbornia europea Madrid torna alla realtà**

229 Annette JÜNEMANN - **Il sogno tedesco della 'potenza di pace' si è infranto sulla sponda Sud**

AUTORI

237

LA STORIA IN CARTE — a cura di Edoardo BORIA

239

EDITORIALE

Il mare non bagna l'Italia

1. *IL MEDITERRANEO MISURA CIÒ CHE L'ITALIA POTREBBE ESSERE, fu, ma non è.*

*La geografia fisica parla al condizionale. Disegna la centralità della Penisola nella fenditura acquatica che separa Eurasia e Africa, quel fuso stretto fra Gibilterra, Dardanelli e Suez che connette l'Oceano Atlantico all'Indiano (*carta a colori 1*).* Mare nostrum *secondo i romani, Mar Bianco (*Akdeniz*) per i turchi, Mar Grande (*Yam Gadol*) per gli ebrei, Mare Romano (*al-Baḥr al-Rūmī*) per gli arabi: frammenti di un'onomastica che muta senso allo spazio a seconda dello sguardo che lo battezza. Tanto da svelare il Mediterraneo come somma di mari, denominati e per secoli dominati dalle terre che vi si affacciano. A marcare un variabile insieme benedetto dalla natura ma sempre rimodellato dall'uomo, incastonato tra le frastagliate, spesso montagnose coste europee e le piatte sponde africane, a ridosso del deserto. Magnete per quei popoli migranti dal fondo dei continenti che per millenni, insediandovisi, ne avevano animato la conflittuale storia comune.*

Di questo bacino lo Stivale è per natura perno geografico. Potremmo leggere la storia d'Italia come svolgersi dei tentativi o delle rinunce, dei successi o dei fallimenti di elevare a geopolitica tale rendita geografica. Rovesciando la percezione corrente, per cui siamo periferia d'Europa, l'accento sulla nostra collocazione nel cuore del Mediter-

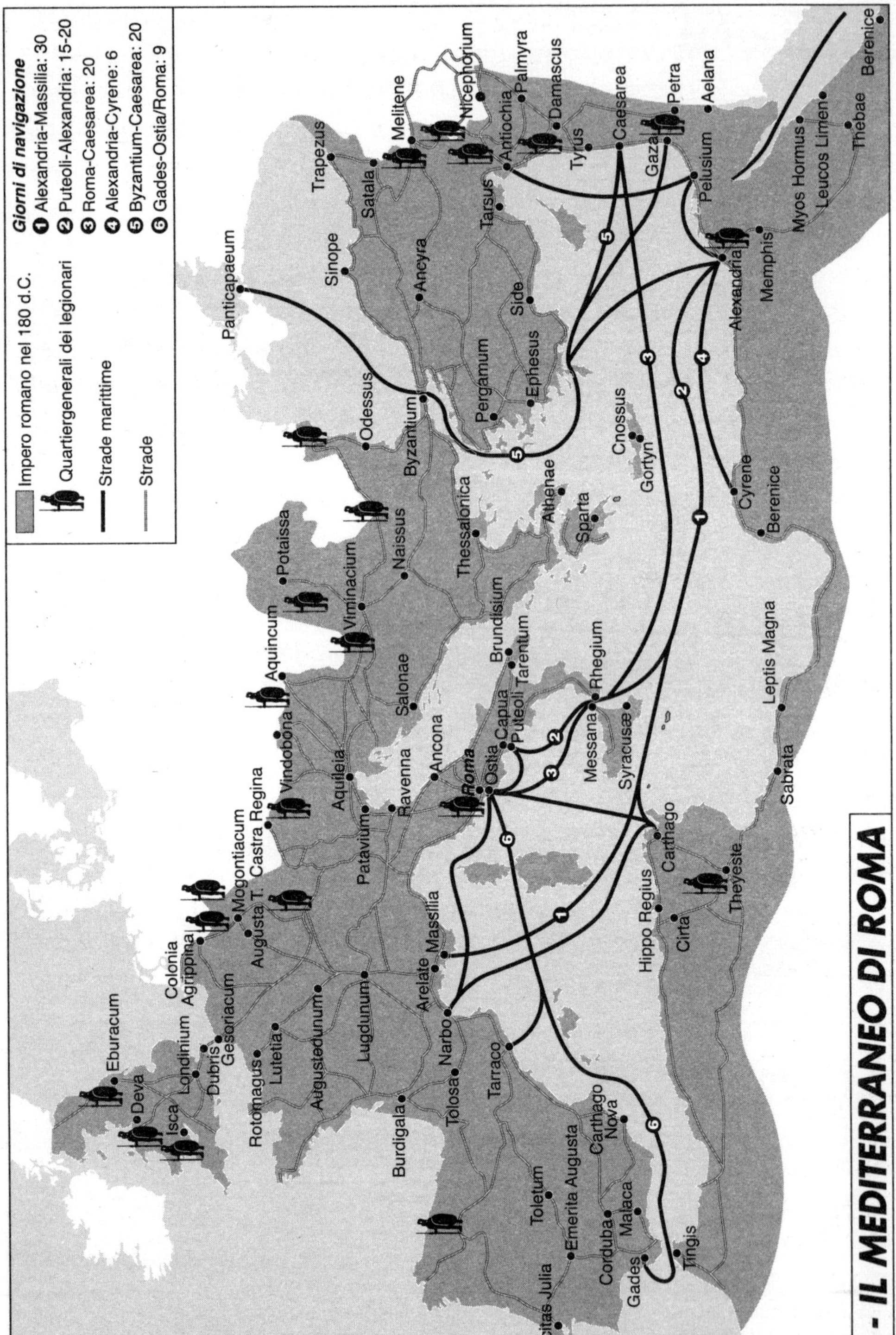

1 - IL MEDITERRANEO DI ROMA

raneo evoca un vantaggio comparativo che attende una strategia per essere sfruttato. O per evitare che si volga in nemesi: la storia punisce chi non usa la sua geografia, perché finisce per esserne consumato. Nel clima presente, che sfigura il nostro mare, ridotto a veicolo di minacce e scenario di orrori incombenti, l'oblio del privilegio geografico rischia di produrre danni irreversibili.

La storia si esprime al passato remoto. Risveglia la memoria dei secoli in cui l'italica mediterraneità fu leva geopolitica. Qui fiorì l'unico impero circummediterraneo, quello di Roma, che nella nostalgica iperbole di Rutilio Namaziano «di tutto il mondo fece una città»[1]. *Il* Mare nostrum, *bene comune protetto dalla flotta dell'Urbe, a tutela dei commerci imperniati sulla capitale, avendo liquidato le rivali potenze marittime e represso i pirati che ne infestavano le acque. Mediterraneo come tavola pitagorica di una civiltà, la* Romania, *che vi scavò un fascio di rotte marittime annesse alle vie di terra e tracciò la mappa di un mondo in sé conchiuso, dalla Renania ai margini del Sahara, dall'Iberia al Levante (*carta 1*).*

Gli amanti del lungo periodo non dimenticano che le frontiere romano-mediterranee non hanno mai smesso di produrre storia: come intuì Fernand Braudel, «le grandi partite del presente sono state spesso giocate, vinte o perdute, nel passato»[2]. *Così la secessione luterana spezzò l'Europa lungo l'asse del Reno e del Danubio, duplice* limes *imperiale; ma già il Grande Scisma (d'Oriente, per i cattolici romani, d'Occidente o latino per gli ortodossi) aveva inciso nel 1054 lo spazio euromediterraneo per via longitudinale, attraverso la faglia adriatico-balcanica maturata nel corpo dell'impero durante il IV secolo. Prima ancora, e soprattutto, è dal crollo del circuito romano-mediterraneo, bisecato nel VII secolo dalla penetrazione arabo-islamica, che scaturirono le premesse geopolitiche dell'idealità europea. Nella sentenza di Marc Bloch: «L'Europa è sorta quando l'impero è crollato»*[3].

Non solo Roma. Con Genova e Venezia riemersero in Italia, tra Medioevo e Rinascimento, due poli di potenza marittima di spessore globale. Mercanti, banchieri e aristocratici genovesi avviarono attorno alla metà del XIV secolo il primo ciclo sistemico di accumulazione

1. Claudio Rutilio Namaziano, *De reditu suo*, I, 66: «*Urbem fecisti, quod prius orbis erat*».
2. F. Braudel, *Il Mediterraneo. Lo spazio, la storia, gli uomini, le tradizioni*, Milano 1998, Rizzoli, p. 108.
3. Cit. in M. Ferro, prefazione a L. Febvre, *L'Europe. Genèse d'une civilisation*, Paris 1999, Perrin, p. 11.

capitalistica, fondato dal 1407 sulle finanze della Casa di San Giorgio e sulle colonie mediterranee – in specie sul dominio del Mar Nero, incardinato su Caffa (Feodosia). Il capitalismo nacque nel Mediterraneo genovese, espanso nel tempo lungo avventurose rotte transoceaniche, prima di sfociare nella sua seconda fase – sempre marittima, ma antimediterranea – l'olandese. Complementare e insieme concorrenziale alla rete commerciale genovese fu la veneziana. La Serenissima si aprì attraverso il Mediterraneo orientale le vie dell'Asia, a inventare le rotte che la Cina di Xi Jinping, nel suo immaginoso globalismo sinocentrico, promuove oggi con il marchio delle «nuove vie della seta».

Di quei traffici fu poi erede il più moderno assetto d'influenza italiana nel Mediterraneo, abbozzato nel cinquantennio fra la nascita del Regno d'Italia (1861) e la guerra di Libia (1911): la nostra diaspora lungo la sponda sudorientale. Lo Stato unitario scoprì quasi suo malgrado nel quadrante africano-levantino una rete di italianità sedimentata nei secoli[4]*. L'impronta mercantile di tale proiezione aveva costituito l'italiano in lingua franca degli scambi mediterranei. Così, la dicitura della prima serie di francobolli egiziani era italiana e l'idioma ufficiale dell'amministrazione khediviale il nostro. Ancora, una delle due lingue impiegate per le indicazioni stradali a Odessa nel 1861 era l'italiano. Molto diffuso anche fra i turchi, tanto da ricorrervi per redigere il trattato russo-ottomano di Küçük Kaynarca, che nel 1774 sancì l'egemonia dello zar sul Mar Nero.*

Tra fine Ottocento e inizio Novecento erano quasi un milione gli italiani in diaspora mediterranea, tra Marocco e Anatolia. Colonie influenti, da Orano a Istanbul e a Smirne, passando per Alessandria d'Egitto, dove l'italiano fu lingua veicolare fino a metà Ottocento. I nuclei d'origine italiana, poliglotti e insensibili alle pulsioni imperialistiche, si mescolavano e convivevano con le composite popolazioni locali, a dispetto della faglia religiosa, all'epoca non decisiva. Specie i levantini, per i turchi «europei d'acqua dolce». Vettori d'influenza commerciale e culturale, che quel «piccolo regno di second'ordine, che non ha importanza mondiale, senza ambizioni, imborghesito» – così Dostoevskij dileggiava l'invenzione di Cavour – accennò a volgere in

4. Sulla presenza italiana nel Mediterraneo fra Ottocento e primo Novecento ci rifacciamo al pionieristico studio di V. Ianari, *Lo stivale nel mare. Italia, Mediterraneo, Islam: alle origini di una politica*, Milano 2006, Guerini.

fattori di potenza geopolitica[5]*. Già prima dell'unificazione, il futuro ministro degli Esteri Pasquale Stanislao Mancini sognava: «È forse impresa impossibile rendere nuovamente il Mediterraneo qual natura lo fece, qual fu per secoli, un lago italiano?»*[6]*. Quando infine ci provammo, sbarcando a Tripoli «bel suol d'amore», finimmo per infliggerci un doppio danno: ci svelammo ultima fra le potenze coloniali, ma non meno crudele, così sradicando quella* koiné *italomediterranea preservata dalle comunità levantine nelle diverse ondate migratorie.*

Il velleitarismo geopolitico dell'Italietta giolittiana, ripreso con peculiare violenza da Mussolini, distrusse in pochi anni la nostra rete mediterranea, fondamentale per il rapporto con l'islam. Per carenza di misura cancellammo in Libia privilegi geofisici e retaggi storici. Salvo trovarci, esattamente un secolo dopo la guerra italo-ottomana, a riecheggiare in chiave farsesca quei medesimi errori, insabbiandoci nell'infinita, forse infinibile questione libica.

La geopolitica ci riporta infine all'oggi. Il suo modo è indicativo al tempo presente, proiettato al futuro quando l'analisi si volge in progetto.

*Questa Italia non ha colto né le opportunità della geografia né le lezioni della storia. Non si pensa e non si vuole marittima. Nell'ossessiva retorica europeista dell'ultimo sessantennio, che ci impone di restare aggrappati alle Alpi per non precipitare in Africa, neghiamo l'utilità stessa della nostra centralità mediterranea, percepita anzi come fattore di vulnerabilità: alle migrazioni irregolari, sovente dipinte da invasione aliena capace di sfigurare il Belpaese e di veicolarvi il terrorismo jihadista; ai conflitti che dalla quarta sponda tendono ad attrarci in un vortice d'instabilità e di miseria; alla tentazione dei soci nordici di chiuderci le frontiere in faccia mutando la Penisola in antemurale, prima difesa esterna della Fortezza Europa contro i diabolici flussi da sud, quasi fossimo oggi per loro quello che la Libia di Gheddafi era per noi (*carta a colori 2*).*

La tabe strategica italiana si conferma l'inabilità a trasformare la vocazione mercantile in potenza geopolitica. Eppure sulla carta partiremmo avvantaggiati, visto che nel mondo attuale quasi il 90% dei

5. F.M. Dostoevskij, *Diario di uno scrittore*, Milano 1943, Garzanti, p. 645, citato in V. Ianari, *op. cit.*, p. 20.
6. Cfr. C. Zaghi, *P.S. Mancini e il problema del Mediterraneo (1884-1885)*, Roma 1955, Casini, p. 34, citato in V. Ianari, *op. cit.*, p. 37.

commerci si muove via mare. Ma mentre nella «mediterranea» Italia i porti muovono una frazione dei volumi intercettati dai concorrenti dell'Europa settentrionale e soltanto il 37% dell'interscambio viaggia sull'acqua – con il complesso dell'«economia blu» fermo a un più che perfettibile 2,6% del pil[7] *– la Svizzera compressa nelle sue valli è seconda potenza mondiale nello* shipping *grazie alla rete integrata di aziende esportatrici, banche, assicurazioni e trasportatori oceanici, gestita da Ginevra. La strategia batte la geografia.*

Senza proiezione né rango geopolitico, anche la potenza commerciale soffre. Sicché per restare connessi al cuore dell'Europa – in via di incerta ristrutturazione attorno alla potenza tedesca, con al fianco il fraterno rivale francese più i satelliti mitteleuropei e scandinavi – occorre rovesciare il dogma europeista che ci affida alle scelte altrui in nome del «vincolo esterno». Altrimenti finiremmo nella terra di nessuno, fra Alpi e Africa, dove alcuni partner nordici amerebbero relegarci. Non si tratta di fuggire il Mediterraneo, ma di assumerne, in quanto avanguardia geografica e a partire dai nostri interessi, la cogestione insieme ai principali soci europei, nordafricani e levantini.

*L'Italia conta in Europa se vi porta in dote la sua area di responsabilità mediterranea, contribuendo alla stabilizzazione e allo sviluppo dei Balcani adriatici e del Nordafrica – dove pur si concentra una quota delle nostre missioni militari (*carta a colori 3*). Vale molto meno, e rischia l'espulsione, se rinuncia a farlo. Giacché a regolare i rapporti di forza nella lasca cornice dell'Unione Europea vige l'imperativo per ciascun soggetto di coltivarvi il proprio spazio d'influenza. E la propria idea d'Europa, non un'inesistente idea europea dell'Europa. Come la Germania fa leva sulla Mitteleuropa e sul Baltico, la Francia sul non poco che resta del suo impero, quindi della* grandeur, *l'Italia deve organizzare quegli spazi mediterranei, marittimi e terrestri, nei quali aveva coltivato un'influenza che sta disperdendo quando non contribuendo a disgregare – dalla guerra alla Serbia (1999) a quella di Libia (2011) – con cieca acribia.*

2. Per avvicinare tale obiettivo conviene inquadrare il fu Mare nostrum *nel contesto mondiale, tracciarne le dinamiche conflittuali,*

7. Cfr. il rapporto *Maritime Economy – Port Indicators 2017*, a cura di Assoporti e Srm.

scoprirne le potenzialità economiche e geopolitiche da intercettare. Lo sguardo d'insieme non è neutro. Il punto di osservazione cambia la matrice del Mediterraneo. Visto da noi italiani e dagli altri europei, nella prospettiva nord-sud, è diaframma fra Ordolandia e Caoslandia: al centro del planisfero eurocentrico, ci separa dalle turbolenze nordafricane, levantine e mediorientali, ma insieme vi ci connette (carta a colori 4). *Nella competizione geopolitica fondamentale, che riguarda Stati Uniti e Cina, la bussola si orienta invece verso la polarità ovest-est. Qui il mare «nostro» è anello di una catena strategica transoceanica. Allargando lo sguardo e continuando a seguire da un meridiano all'altro la partizione ordine/caos, scopriamo a latitudini non troppo difformi altri due mediterranei. L'americano, fra Mar dei Caraibi e Golfo del Messico, cortile di casa degli Stati Uniti. E l'estremo-asiatico, fra la cintura Kamčatka-Curili-isole nipponiche, proseguendo per lo Stretto di Corea e Malacca, formato dal sistema Mare di Okhotsk-Mar del Giappone-Mar Cinese Orientale-Mar Cinese Meridionale, epicentro della competizione fra Pechino e Washington nella mischia che mobilita tutte le potenze regionali.*

*Nella gerarchia dei mari semichiusi, il Mediterraneo euroarabo viene dunque buon terzo quanto a salienza globale. Logica vorrebbe che le maggiori Marine europee fossero oggi in grado di recuperarvi quote d'influenza perdute, essendo la superpotenza Usa concentrata sul versante asiatico-pacifico. Impegnata a difendere su scala planetaria il primato aeronavale che le permette di controllare le arterie commerciali del mare, di attingere ai suoi tesori minerari ed energetici, di vegliare sulle reti sottomarine da cui dipende la dimensione cibernetica, mantenendo aperti o all'occorrenza sbarrando al nemico i vitali gangli transoceanici. Ovvero i colli di bottiglia (*choke points*) dei tre mediterranei, da Panamá a Gibilterra, da Suez a Malacca.*

Eppure mai come oggi il Mare nostrum *è altrui. Sotto il profilo commerciale, certo, ma anche nella gerarchia delle flotte militari. Per quanto residuale rispetto alla guerra fredda, l'impronta della VI flotta Usa, basata a Napoli, vi resta decisiva. Con al seguito lo sperimentato fratello d'armi britannico, in via d'uscita dall'Unione Europea ma abbarbicato alle basi di Gibilterra e Cipro. Al suo medesimo rango la Francia. A distanza, Italia e Spagna, poi Turchia. Alle quali occorre aggiungere le petromonarchie del Golfo, che hanno riscoperto l'al-*

Baḥr al-Rūmī *sotto il profilo economico ma soprattutto quale vettore delle loro proiezioni di potenza nelle partite geopolitiche nordafricane, a prevenire ulteriori «primavere arabe». Complica l'equazione il ritorno della Russia, attratta verso i mari caldi dal relativo disimpegno americano e dalla pelosa intesa con Ankara, dopo la riconquista della Crimea e sotto la sigla della sua «guerra al terrorismo» in Siria. Soprattutto va considerato l'avvento della Cina, per ora quale potenza commerciale, in prospettiva da attore strategico, come hanno anticipato nel 2015 le esercitazioni navali congiunte con la Marina russa, prima assoluta per il Mediterraneo.*

Pechino inquadra le acque del nostro intorno nell'ambito di una strategia mondiale. L'obiettivo di lungo periodo, di qui al centenario della Repubblica Popolare (2049), è di affermare una «globalizzazione» (leggi: egemonia) sinocentrica alternativa a quella americana, percepita in via di fallimento, decadente. Avendo però cura di evitare, o rinviare il più a lungo possibile, la collisione diretta con il Numero Uno. Insieme socio, stante l'interdipendenza economico-finanziaria, e rivale, in forza dell'irriducibilità reciproca al canone egemonico altrui. All'America Pechino si approccia secondo le regole del weiqi, *il gioco da tavolo originato in età confuciana dove i due avversari, prefigurando una cadenza geopolitica, si contendono il controllo degli spazi disponendo sulla tavola le rispettive pedine nere o bianche in un paziente duello di accerchiamenti e smarcamenti. Elegante balletto con cui la leadership cinese prova a mascherare la sua recente arroganza, che se non controllata potrebbe spingerla verso avventure troppo impervie per le risorse a disposizione.*

Il pentagramma strategico su cui i cinesi incidono la loro melodia mediterranea è la Belt and Road Initiative (Bri) lanciata da Xi Jinping nel 2013, resa poeticamente nel marchio delle «nuove vie della seta». Al netto della musica di accompagnamento, un progetto olistico in cui la tessitura visibile – l'infrastrutturazione dei commerci euro-asiatici – s'intreccia con l'esoterica penetrazione territoriale, sotto specie di «basi protettive», ovvero teste di ponte della proiezione militare nel mondo. Per meglio intendere tale progetto seguiamo la «via della seta marittima del XXI secolo» disegnata sulla più recente mappa dei corridoi Bri prodotta dall'Amministrazione nazionale per la cartografia, topografia e geoinformazione di Pechino (carta a colori 5*). L'attenzione cade sul suo tracciato aperto, dal Mare di Bering all'Atlantico, oltre le Colonne d'Ercole. Non siamo di fronte a un mero circuito Asia-Africa-Europa, ma all'ambizione di strutturare in questi tre continenti una rete di relazioni sinocentrate con cui meglio affrontare la sfida agli Stati Uniti. Il Mediterraneo euroarabo è perciò inquadrato nel sistema dei tre mari di mezzo di calibro globale, tra l'asiatico e l'americano. Bacino in robusta crescita, se è vero che nel 1995 le rotte transpacifiche valevano il 53% dei traffici globali, contro il 27% del percorso via Suez-Mediterraneo, mentre nel 2015 il vantaggio del Pacifico si è quasi annullato (44% contro 42%).*

*Il «nostro» mare è visto da Pechino quale sbocco occidentale del Mediterraneo allargato, non troppo diverso dal Grande Medio Oriente di marca americana: tra Golfo Persico e Gibilterra, ricomprendendo al suo interno Corno d'Africa, Sahara e Maghreb. Quest'area disegna l'asimmetria geoenergetica fra Stati Uniti e Cina: per i primi i tesori gasieri e petroliferi mediorientali – di recente arricchiti dalle scoperte nel bacino del Levante (*carta a colori 6*) – sono sempre meno dirimenti, per la seconda essenziali.*

Il canale di Suez – su cui si sono concentrati negli ultimi anni attenzione e investimenti cinesi onde attrezzarlo al transito delle supercontainer da oltre 13 mila teu – è la vena giugulare interna che garantisce la circolazione nel ventaglio delle rotte di massimo interesse cinese. Lungo questo percorso Pechino ha individuato nel porto ateniese del Pireo, «perla del Mediterraneo» per il premier Li Keqiang[8]*, il perno regionale dei traffici, acquisendone il controllo. A rafforzare questo versante, il recente investimento nel Kumport Terminal del porto turco di Ambarlı, presso Istanbul. Si traccia così una direttrice anatolico-balcanica che punta via terra verso la Germania.*

Per Pechino il Mediterraneo allargato non è regione ma nastro trasportatore. Canale stretto fra rive eterogenee. La burocrazia mandarina distingue il Vecchio Continente, tra facciata atlantica e frontiera occidentale della Russia, dal fronte meridionale, fra coste della Mauritania e Golfo Persico, Turchia e Iran inclusi. Nel ministero degli Esteri la fascia Nord è assegnata al dipartimento per gli Affari europei, la Sud a quello per gli Affari dell'Asia occidentale e

8. Cfr. E. Avramidou, «China and the Mediterranean», *Efimerída ton Syntaktón*, 20/4/2017.

del Nordafrica. Uffici che non brillano per comunicazione, tanto da gestire di fatto due carriere diplomatiche distinte. Nei laboratori strategici cinesi, poi, Europa è sinonimo di Germania, mentre l'Italia è assegnata all'assai meno blasonata famiglia euromediterranea, in compagnia di Albania, Croazia, Cipro, Grecia, Macedonia, Montenegro, Portogallo e Spagna[9]*. Il nostro paese è considerato caso quasi disperato. Da anni la Repubblica Popolare cerca invano un porto in Italia per agganciarlo alle vie marittime della seta. A Taranto i messi di Pechino non sono stati nemmeno ricevuti dal sindaco, a Napoli li ha respinti la camorra, a Gioia Tauro la 'ndrangheta ha allestito uno pseudosindacato con tanto di bandiere rosse che ha sbarrato la strada allo* shipping *cinese. Dopo i per ora velleitari tentativi di Venezia, sono in pista Genova e Trieste (porto franco, ben collegato alla Mitteleuropa, molto meno al mercato italiano), sui quali cominciano ad affluire investimenti da Pechino e non solo. Restiamo però lontani dalla taglia del Pireo.*

Capitolo a sé nella proiezione cinese verso un attore topograficamente mediterraneo ma geopoliticamente universale è il vettore diplomatico segreto che punta al Vaticano. Con papa Francesco le relazioni informali fra Santa Sede e Pechino sono più intime. Il giorno della loro formalizzazione potrebbe precedere il giudizio universale. Lo conferma l'eco offerta dai media cinesi a un articolo della Civiltà Cattolica, *nel quale il gesuita Joseph You Guo Jiang avverte che la Chiesa cinese «è chiamata a ridefinire il suo ruolo e le sue relazioni con il Partito comunista e la sua ideologia», allo scopo di «trovare soluzioni flessibili ed efficaci per continuare la sua missione»: nemmeno troppo criptica garanzia che dalla cattedra di Pietro non si intende sollecitare alcun cambio di regime a Pechino*[10].

Nella sua proiezione verso occidente, volta a sfuggire alla morsa dello strangolamento a stelle e strisce – mirato sul mediterraneo asiatico e attrezzato attorno ai nazionalismi sinofobi di Giappone, Vietnam e India – la Cina coniuga commercio e sicurezza, diplomazia e propaganda, geoeconomia e geopolitica. Con una specifica quanto

9. Cfr. il rapporto a cura di A. Ghiselli ed E. Fardella «Cina – Il Mediterraneo nelle nuove vie della seta», *Osservatorio di Politica Internazionale*, Parlamento Italiano, n. 132, maggio 2017.
10. J. You Guo Jiang S.I., «Il cattolicesimo in Cina nel XXI secolo», *La Civiltà Cattolica*, anno 168, n. 4007, pp. 417-424.

1 - I CHOKE POINTS MEDITERRANEI

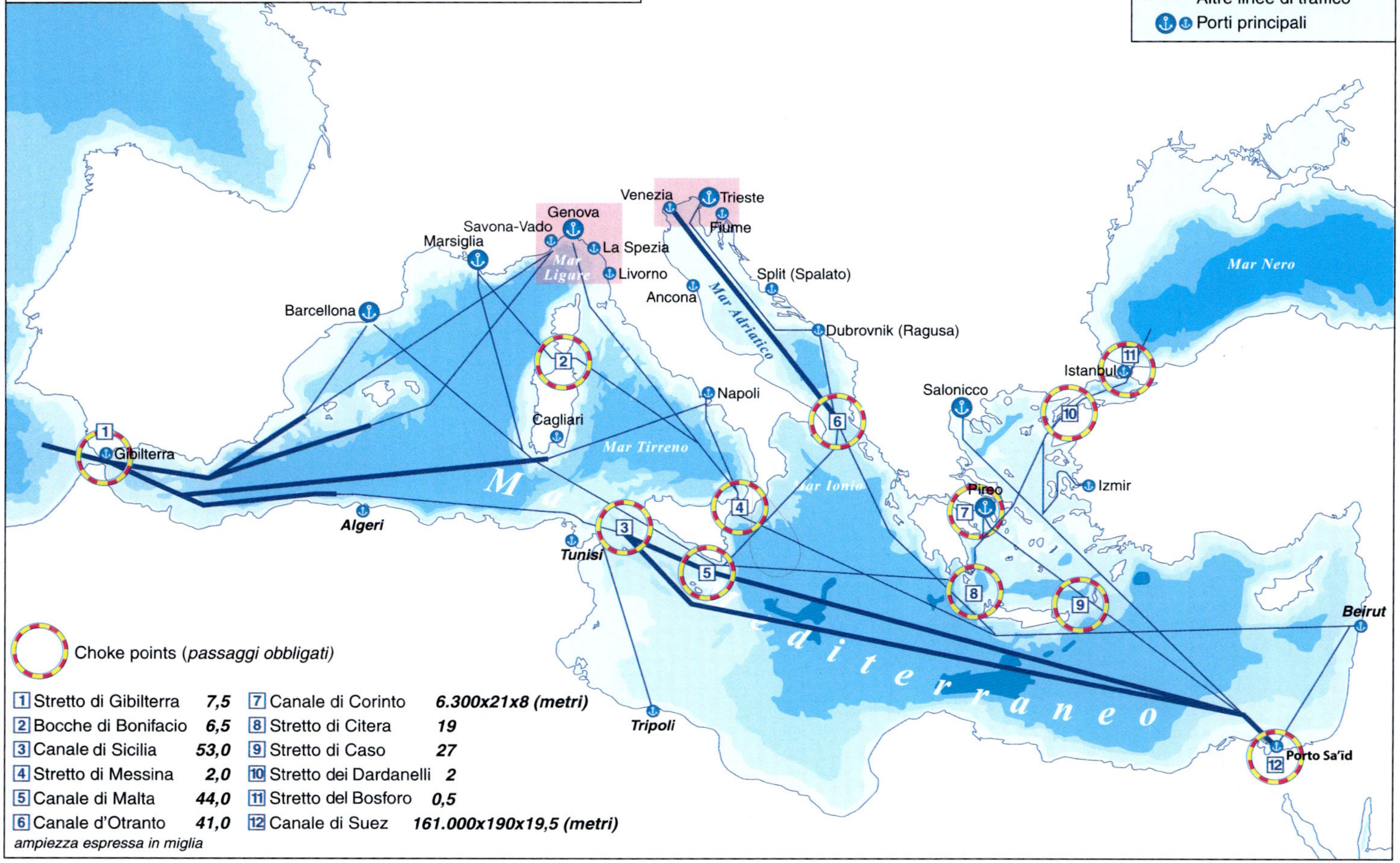

Choke points (*passaggi obbligati*)

1 Stretto di Gibilterra	***7,5***	7 Canale di Corinto	***6.300x21x8 (metri)***
2 Bocche di Bonifacio	***6,5***	8 Stretto di Citera	***19***
3 Canale di Sicilia	***53,0***	9 Stretto di Caso	***27***
4 Stretto di Messina	***2,0***	10 Stretto dei Dardanelli	***2***
5 Canale di Malta	***44,0***	11 Stretto del Bosforo	***0,5***
6 Canale d'Otranto	***41,0***	12 Canale di Suez	***161.000x190x19,5 (metri)***

ampiezza espressa in miglia

2 - FORTEZZA EUROPA CONTRO I MIGRANTI

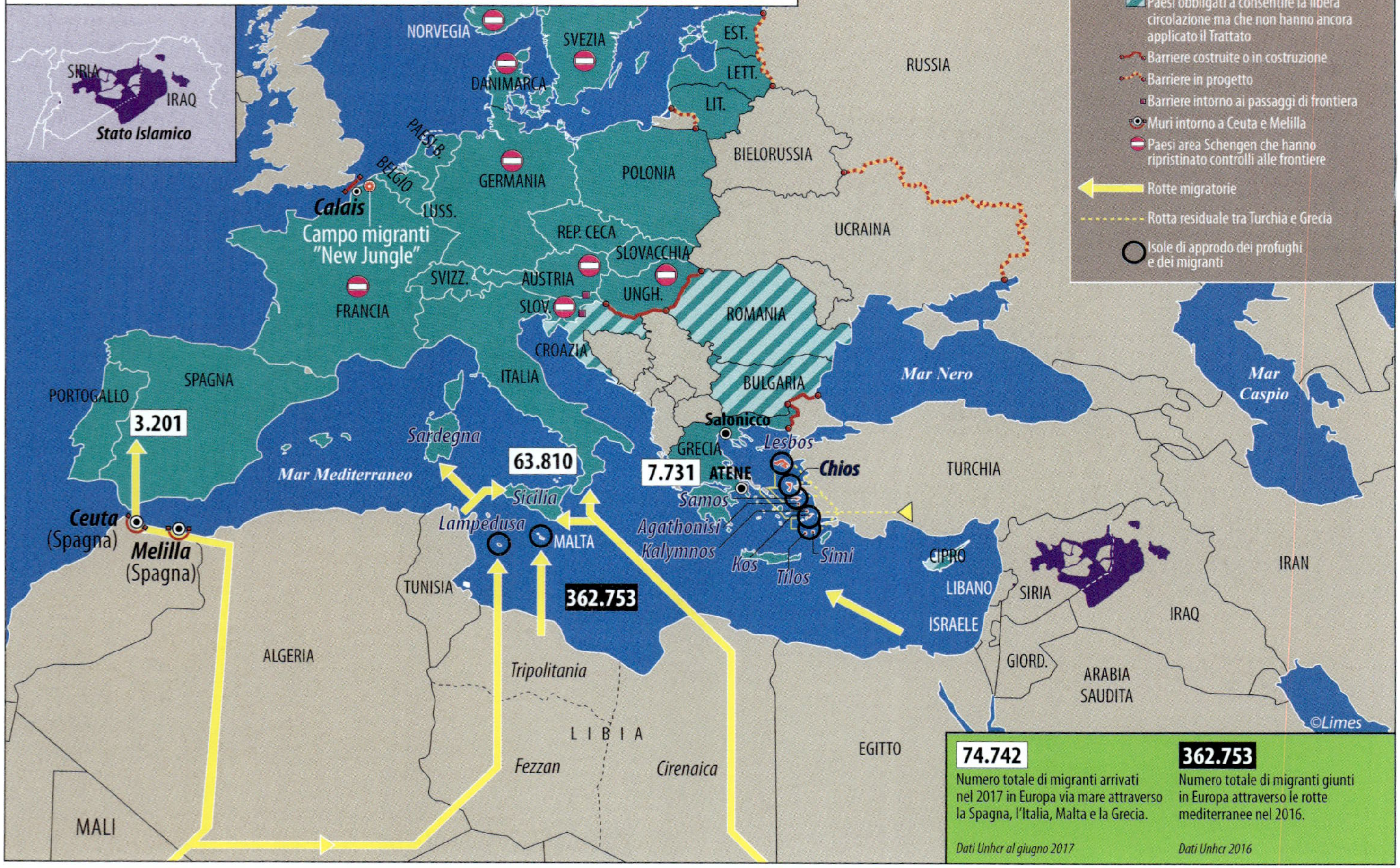

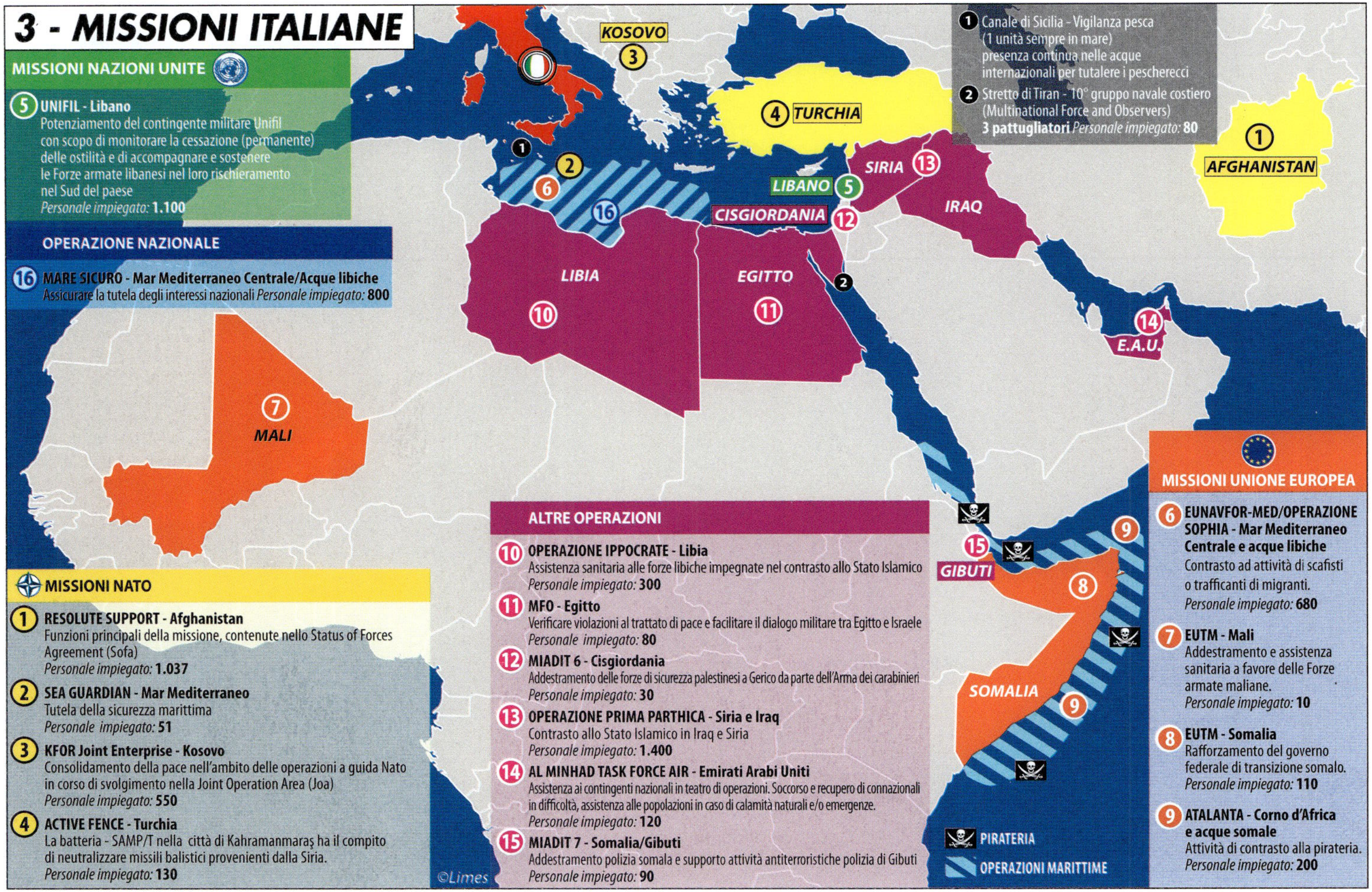

Fonti: Osservatorio per le spese militari italiane (Mil€x) e Ministero della Difesa

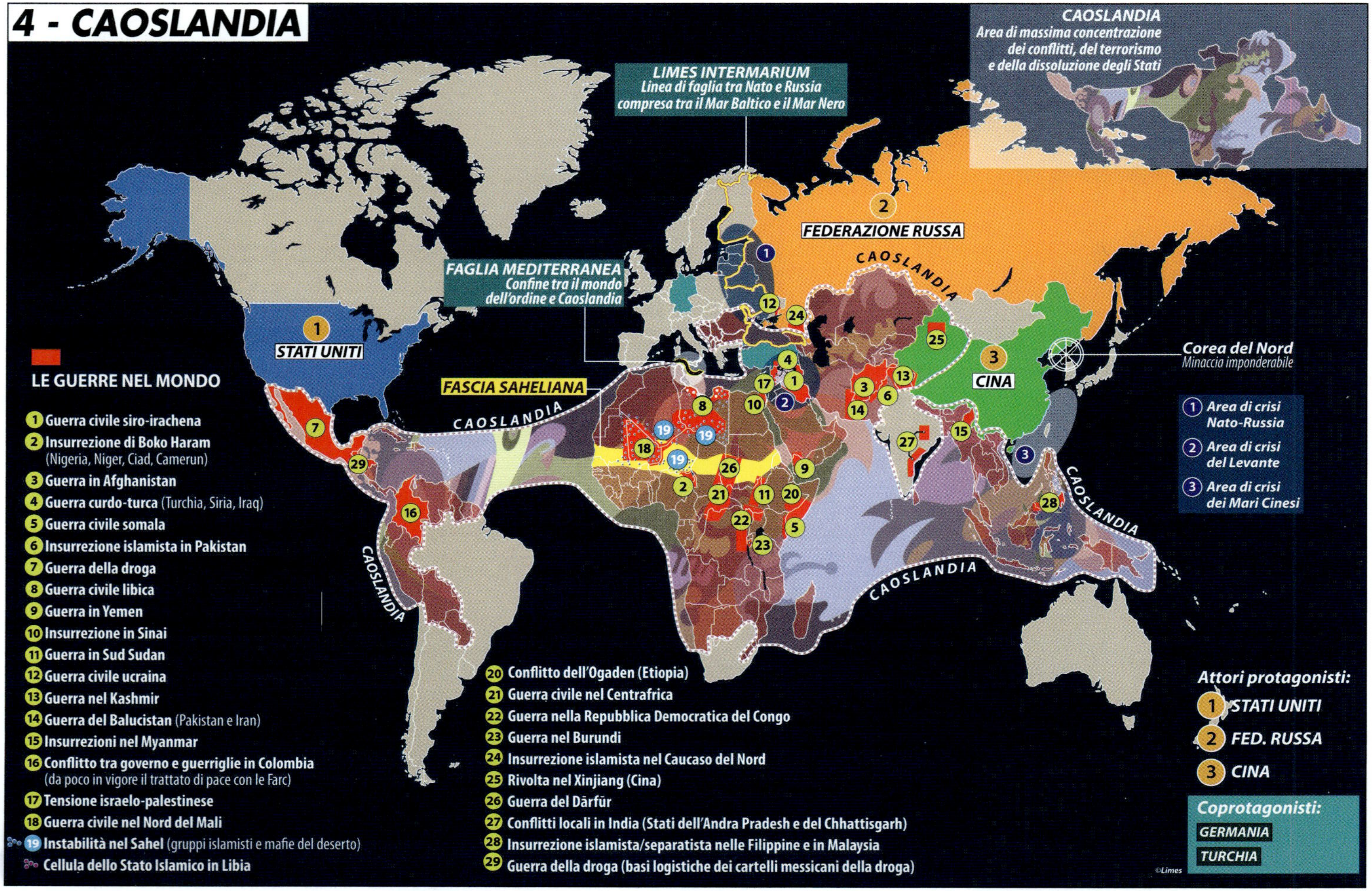
4 - CAOSLANDIA
CAOSLANDIA
Area di massima concentrazione dei conflitti, del terrorismo e della dissoluzione degli Stati
LIMES INTERMARIUM
Linea di faglia tra Nato e Russia compresa tra il Mar Baltico e il Mar Nero
FAGLIA MEDITERRANEA
Confine tra il mondo dell'ordine e Caoslandia
FASCIA SAHELIANA
FEDERAZIONE RUSSA
STATI UNITI
CINA
CAOSLANDIA
Corea del Nord
Minaccia imponderabile
1 Area di crisi Nato-Russia
2 Area di crisi del Levante
3 Area di crisi dei Mari Cinesi
LE GUERRE NEL MONDO
1 Guerra civile siro-irachena
2 Insurrezione di Boko Haram (Nigeria, Niger, Ciad, Camerun)
3 Guerra in Afghanistan
4 Guerra curdo-turca (Turchia, Siria, Iraq)
5 Guerra civile somala
6 Insurrezione islamista in Pakistan
7 Guerra della droga
8 Guerra civile libica
9 Guerra in Yemen
10 Insurrezione in Sinai
11 Guerra in Sud Sudan
12 Guerra civile ucraina
13 Guerra nel Kashmir
14 Guerra del Balucistan (Pakistan e Iran)
15 Insurrezioni nel Myanmar
16 Conflitto tra governo e guerriglie in Colombia (da poco in vigore il trattato di pace con le Farc)
17 Tensione israelo-palestinese
18 Guerra civile nel Nord del Mali
19 Instabilità nel Sahel (gruppi islamisti e mafie del deserto)
Cellula dello Stato Islamico in Libia
20 Conflitto dell'Ogaden (Etiopia)
21 Guerra civile nel Centrafrica
22 Guerra nella Repubblica Democratica del Congo
23 Guerra nel Burundi
24 Insurrezione islamista nel Caucaso del Nord
25 Rivolta nel Xinjiang (Cina)
26 Guerra del Dārfūr
27 Conflitti locali in India (Stati dell'Andra Pradesh e del Chhattisgarh)
28 Insurrezione islamista/separatista nelle Filippine e in Malaysia
29 Guerra della droga (basi logistiche dei cartelli messicani della droga)
Attori protagonisti:
1 STATI UNITI
2 FED. RUSSA
3 CINA
Coprotagonisti:
GERMANIA
TURCHIA
©Limes

5 - CORRIDOI ECONOMICI DELLE NUOVE VIE DELLA SETA

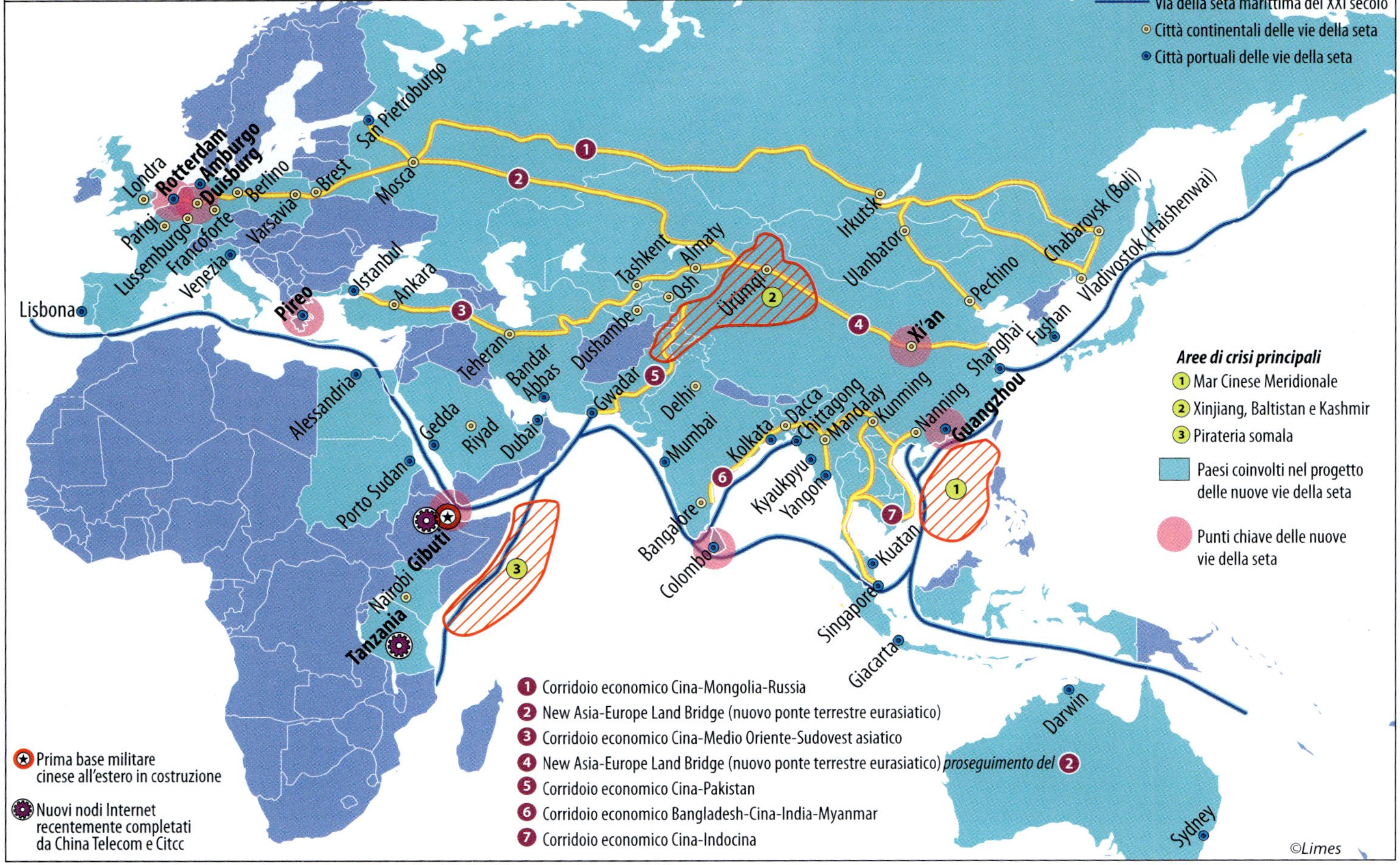

Fonte: Amministrazione nazionale per la cartografia, topografia e geoinformazione della Repubblica Popolare Cinese, autori di Limes

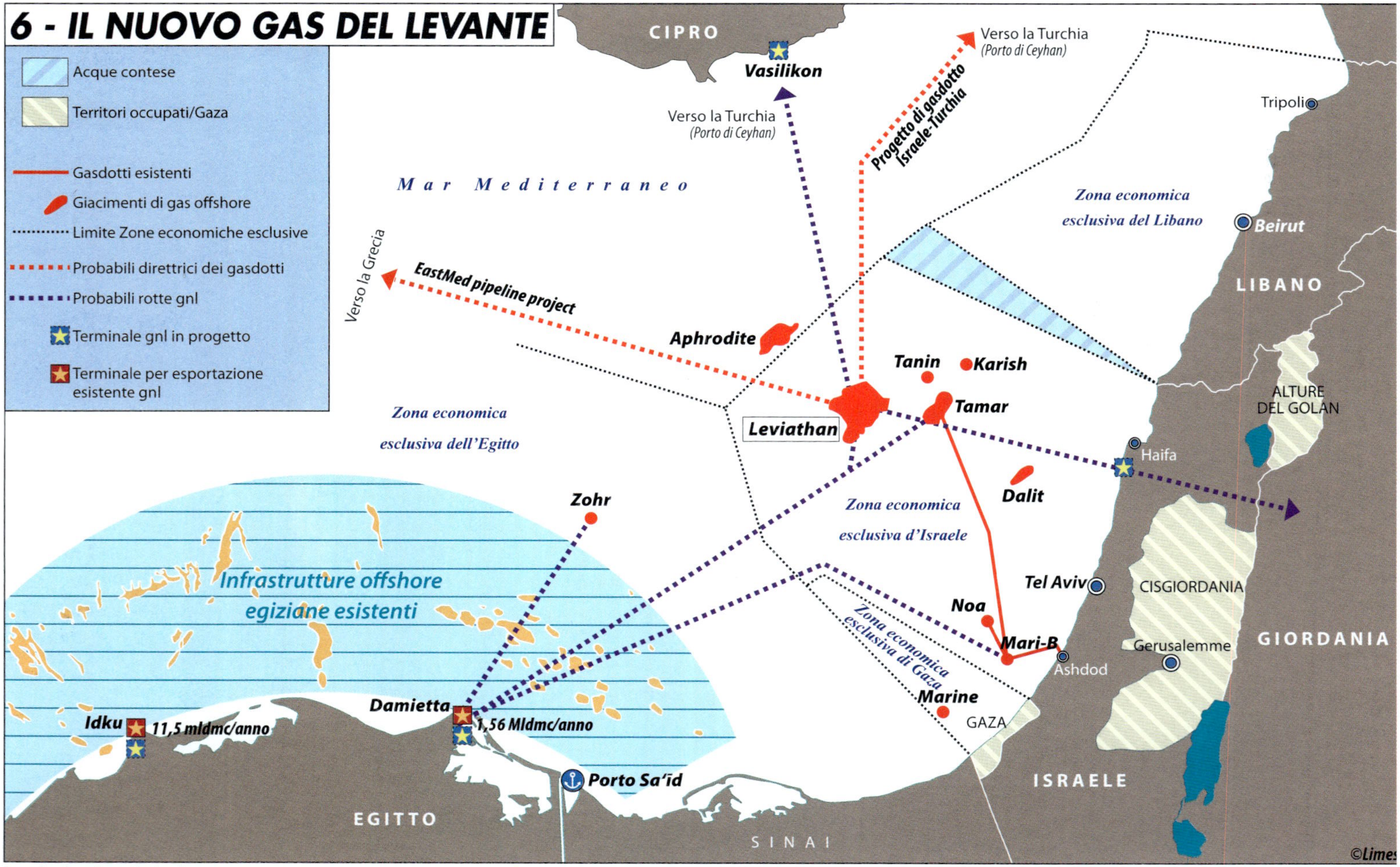

Fonte: Petroleum Economist; Stratfor

7 - LO STATO ISLAMICO RESISTE

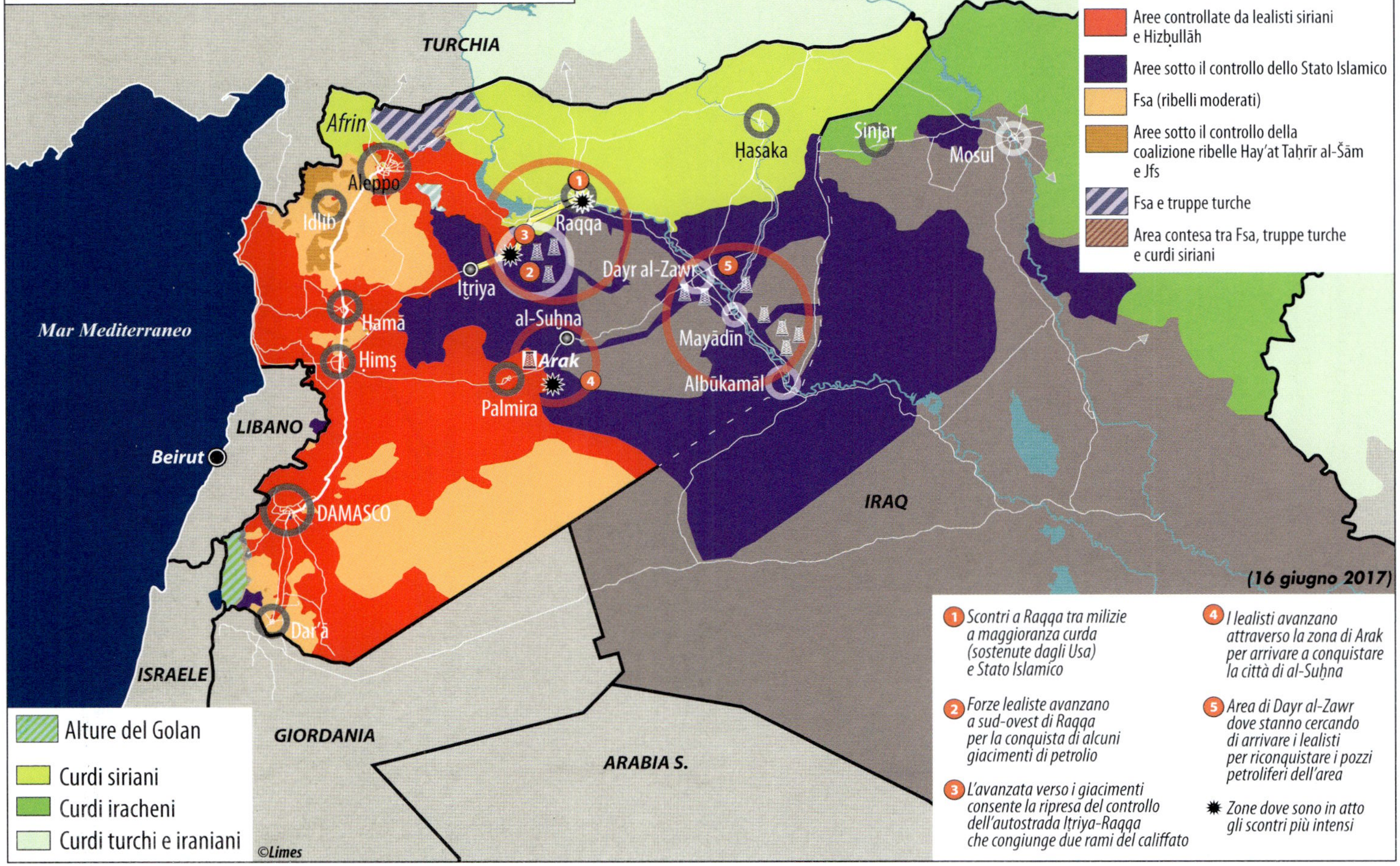

Fonte: www.syria.liveuamap.com e autori di Limes sul terreno (16 giugno 2017)

8 - LE PRINCIPALI ROTTE DELLE MIGRAZIONI

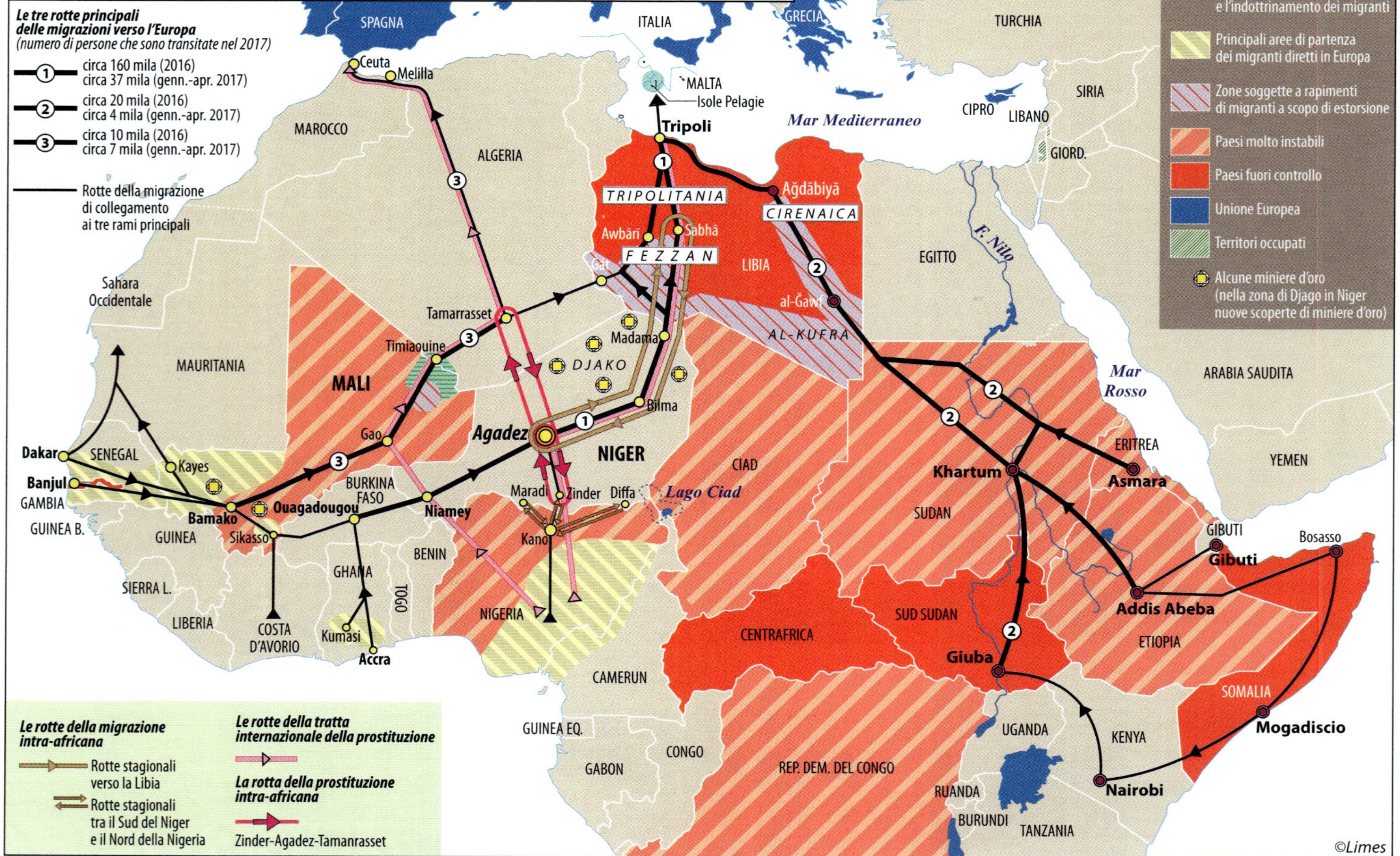

Fonte: autori di Limes sul territorio per le rotte 1 e 3, per la rotta 2 dati di Frontex, Europol, Icmpd, Unhcr, Unodc

per ora sottaciuta dimensione militare, che rivela quanto stretto sia il vincolo con il Mediterraneo allargato.

Anzitutto in chiave difensiva. La stabilità della Repubblica Popolare dipende in buona misura dal controllo delle spinte centrifughe nel Xinjiang, la cui corposa minoranza uigura, musulmana e turcofona, è irradiata nel Levante mediterraneo. Sono migliaia i foreign fighters *uiguri impegnati a difendere ciò che residua dello Stato Islamico in Siraq (*carta a colori 7*). Dietro di loro si staglia l'ombra di Ankara, per cui Xinjiang è abuso mandarino. Il suo vero nome è Turkestan Orientale. Come tale afferisce all'ecumene panturanica, di cui la Repubblica di Turchia s'intesta la protezione universale.*

Poi anche in modalità offensiva. Le «nuove vie della seta» accompagnano e marcano l'espansione dello strumento militare cinese. Spesso sotto copertura delle «missioni di pace» Onu e del contrasto alla pirateria, sempre più anche a titolo di protezione dei connazionali, soprattutto ingegneri e operai, arroccati nei cantieri Bri. La prima base militare estera della Repubblica Popolare è quasi completata a Gibuti, sentinella sul choke point *di Bāb al-Mandab, frontiera meridionale del Mediterraneo allargato. Ad appena 4 chilometri da Camp Lemonnier, unica infrastruttura militare permanente Usa in Africa, e a ridosso delle omologhe installazioni francese, giapponese, saudita (in costruzione) e italiana. Altre teste di ponte cinesi seguiranno, anche sulle sponde africane del Mediterraneo.*

Torniamo così alla questione centrale. Scartata per principio – a meno di pulsioni suicide – la velleitaria ipotesi cinese di associare gli Stati Uniti alle «nuove vie della seta», cioè al progetto di un mondo sinocentrico che mira a sopprimere l'impero americano, Washington intende ostacolare la corsa all'ovest di Pechino, che si spinge fino al Mediterraneo. Tanto più pericolosa se dovesse intercettare le spinte all'est di Russia e Germania. Per connettere una sequenza geostrategica sino-russo-germanica volta a destabilizzare il primato degli Stati Uniti. A quel punto la rete di cinture terrestri eurasiatiche e vie oceaniche transmediterranee (dai Mari Cinesi al «nostro» mare), graziosamente infiorate da Xi Jinping con la narrazione delle «nuove vie della seta», si svelerebbe cappio al collo dell'America. Il Mediterraneo tornerebbe così ciò che fu durante la guerra fredda: teatro di scontro fra l'impero di Washington e il suo Nemico. E noi europei riscopriremmo una faglia longitudinale analoga a quella che ci governò tra 1945 e 1991, lungo la cortina di ferro che nell'immagine di Churchill univa Stettino sul Baltico (esiguo mediterraneo nordico) a Trieste sull'Adriatico.

3. Restiamo invece ipnotizzati dalla lettura latitudinale che vuole il Mediterraneo fossato a protezione della Fortezza Europa. Argine al giovane mondo di Hobbes che preme da sud per sconvolgere la nostra vecchia casa.

Non ingannino le retoriche edificanti, i richiami ai valori universali, le professioni di fede nei diritti umani scandite dai principali leader euroccidentali, peraltro contraddette da loro autorevoli omologhi dell'ex impero sovietico. Nella pancia degli europei domina la paura dell'alieno, minaccia alla nostra identità. Potrà apparire irrazionale. Ma sappiamo che spesso è questa classe di sentimenti a mobilitare gruppi e individui, non la cartesiana identificazione dei propri interessi. L'aria del tempo colora il Mediterraneo di spaventose tinte, svilendolo a Canale delle Minacce. Inutile demonizzare i «populismi» – brillante invenzione delle élite. Conviene semmai disporsi all'anatomia di questa passione antimediterranea per identificarne radici e conseguenze geopolitiche, da cui i decisori – si fa per dire – distilleranno terapie.

*Motore della paura è l'impropria quanto potente equazione migranti=invasori=terroristi. Se non fosse collettore e tramite (ma sempre più spesso fossa comune) di un crescente numero di persone in movimento da sud a nord, provenienti in maggioranza da territori di tradizione islamica nei quali si sono incistati negli ultimi decenni gruppi jihadisti particolarmente abili nella diffusione del loro marchio di terrore (*carta 2*), il Mediterraneo godrebbe di tutt'altra immagine. Quattro fattori di spinta determinano quei flussi umani che nei media nordeuropei sono apparentati alla* Völkerwanderung *– l'età delle migrazioni tra IV e VI secolo, allora in senso opposto (esodo di tribù germaniche verso l'Europa centromeridionale) – dunque destinati a rimescolare nel profondo le nostre società: demografia, economia, clima e geopolitica. Tutti strutturali, almeno nel medio periodo. Non esistono politiche che possano neutralizzarli o riorientarli radicalmente. Allo stesso tempo, nelle ipermediatizzate democrazie europee non è concesso ai leader ammettere che un problema non abbia*

LA CRESCITA DELLA POPOLAZIONE MONDIALE 2015-2100

(proiezione mediana)

AREA	POPOLAZIONE (milioni)			
	2015	**2030**	**2050**	**2100**
Mondo	7.349	8.501	9.725	11.213
Africa	1.186	1.679	2.478	4.387
Asia	4.393	4.923	5.267	4.889
Europa	738	734	707	646
America Latina e Caraibi	634	721	784	721
America Settentrionale	358	396	433	500
Oceania	39	47	57	71

Fonte: United Nations, Department of Economic and Social Affairs, Population Division (2015).
World Population Prospects: The 2015 Revision. *New York: United Nations.*

soluzione, quindi per definizione non sia tale. L'incrocio perverso fra la cogenza dei propulsori migratori e la coazione a mentire di chi è deputato ad amministrarne le conseguenze eccita gli xenofobi europei che dipingono le migrazioni quali anticamera dell'apocalisse.

*Dei quattro fattori, decisiva è l'asimmetria demografica fra Europa e Africa (*tabella*). La prima rappresenta il 10% della popolazione mondiale (738 milioni stimati nel 2015), ma scenderà al 7% nel 2050, quando la seconda, che vale il 16% (1.186 milioni), supererà il 25%, raddoppiando (2.478 milioni). Soprattutto, l'età mediana in Europa è di quasi 45 anni, nell'Africa subsahariana, serbatoio dei flussi, non tocca i 20. E mentre a nord del Mediterraneo il tasso di fecondità è in genere ben sotto la soglia dei due figli per donna che assicura la stabilità della popolazione, nell'Africa subsahariana si tocca quota cinque, con punte fra Nigeria e Senegal. A muovere uomini e donne verso terre più promettenti – non necessariamente in Europa, anzi nove volte su dieci per mancanza di alternative i migranti si spostano in Africa – è l'intreccio fra eruzione demografica e depressione economica, aggravata dal mutamento climatico che rende inabitabili ampie porzioni di territorio a sud del Sahara. Con l'agricoltura di sussistenza in crisi e l'epidemia di fame che opprime decine di milioni di africani, mentre la recessione incide nei colossi sudafricano e nigeriano, la rinascita del Continente Nero è rinviata a data da determinarsi. Ci si aggrappa allora alle rimesse degli emigrati, cresciute di sei volte negli ultimi sedici anni.*

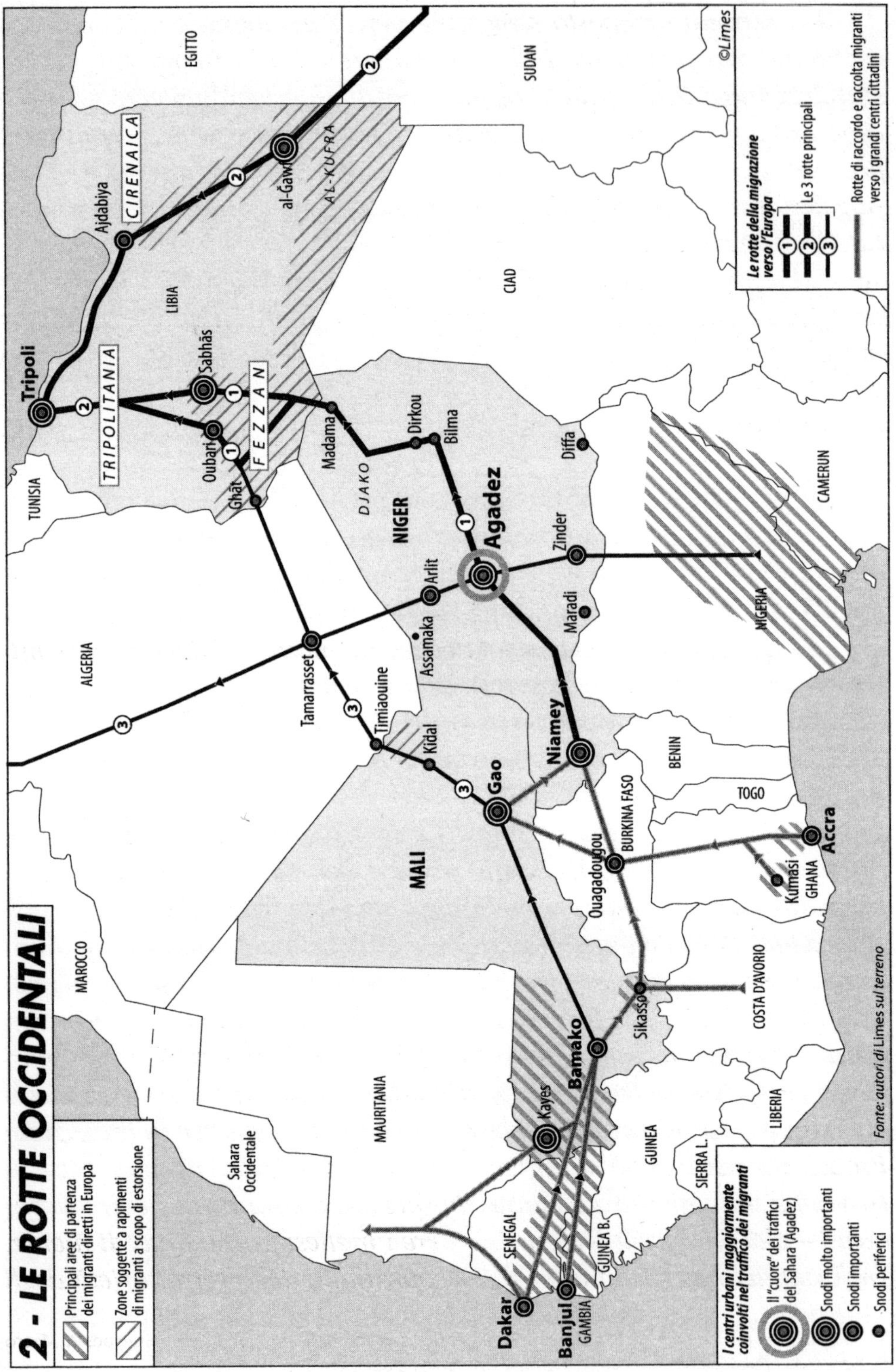
2 - LE ROTTE OCCIDENTALI
Principali aree di partenza dei migranti diretti in Europa
Zone soggette a rapimenti di migranti a scopo di estorsione
I centri urbani maggiormente coinvolti nel traffico dei migranti
Il "cuore" dei traffici del Sahara (Agadez)
Snodi molto importanti
Snodi importanti
Snodi periferici
Le rotte della migrazione verso l'Europa
Le 3 rotte principali
Rotte di raccordo e raccolta migranti verso i grandi centri cittadini
©Limes
Fonte: autori di Limes sul terreno
MAROCCO
ALGERIA
TUNISIA
LIBIA
EGITTO
SUDAN
CIAD
NIGER
MALI
MAURITANIA
Sahara Occidentale
SENEGAL
GAMBIA
GUINEA B.
GUINEA
SIERRA L.
LIBERIA
COSTA D'AVORIO
BURKINA FASO
GHANA
TOGO
BENIN
NIGERIA
CAMERUN
TRIPOLITANIA
CIRENAICA
FEZZAN
AL-KUFRA
DJAKO
Tripoli
Ajdabiya
al-Ǧawf
Sabhās
Oubari
Ghāt
Madama
Dirkou
Bilma
Agadez
Arlit
Assamaka
Diffa
Zinder
Maradi
Tamarrasset
Timiaouine
Kidal
Gao
Niamey
Ouagadougou
Kumasi
Accra
Sikasso
Bamako
Kayes
Dakar
Banjul

Il combinato disposto delle emergenze demografica, economica e climatica contribuisce infine a rendere cronici i conflitti che destabilizzano Caoslandia e ci privano di interlocutori efficaci nelle aree critiche. Patetica è la corsa dei governi europei a remunerare presunti capi locali, tutti più o meno cointeressati alla gestione delle migrazioni in quanto fonte certa di reddito nel contesto della più totale incertezza. Altrettanto insensato è l'approccio puramente repressivo, che mira a ridurre i flussi liquidandone i gestori. I trafficanti non producono i flussi, li sfruttano. La domanda di quella peculiare merce che è l'ingresso illegale in un paese straniero esiste e cresce a prescindere dagli intermediari che promettono di soddisfarla. Oggi a gestirla può essere un famigerato capobastone, domani una guida turistica senza lavoro o un pescatore per cui imbarcare venti persone vale cinque anni di attività [11].

*Il potere dei trafficanti si esercita semmai nella scelta dei corridoi migratori che traversano il Sahara verso il Mediterraneo (*carta a colori 8*). Siamo negli sterminati e ingovernati spazi storici delle tribù del deserto, partecipi dei traffici delle narcomafie e delle rispettive milizie (*carta 3*). Chi fugge la sua Africa di origine in cerca del promesso Eldorado ripercorre le carovaniere che per secoli hanno segmentato il deserto, di oasi in oasi: lungo il versante occidentale e atlantico via Mauritania-Marocco verso le exclavi (Ceuta e Melilla) o le isole spagnole (Canarie); per la rotta centrale imperniata su Agadez che dal Niger sfocia nel porto tripolitano di Sabrata e dintorni; mentre ai migranti mediorientali la geografia suggerisce il canale turco-greco.*

Prima il blocco quasi totale degli sbocchi occidentali – concordato dalla Spagna con il Marocco e i suoi vicini – poi il patto Merkel-Erdoğan che ha ridotto ai minimi termini la corrente orientale e balcanica, hanno deviato la netta maggioranza dei flussi transmediterranei verso la direttrice mediana. Qui attendono i gommoni che caricano i migranti fino al limite delle acque libiche, dove intervengono i soccorsi privati delle organizzazioni non governative – sotto recente tiro della magistratura italiana per presunte connivenze con i trafficanti – e della nostra Marina, mentre i maltesi fanno finta di niente. In forza dei regolamenti vigenti e soprattutto della refrattarietà degli

11. Seguiamo qui l'analisi di P. Campana, «The Market for Human Smuggling into Europe: A Macro Perspective», *Policing*, Oxford 2017, Oxford University Press, pp. 1-9.

3 - UN DESERTO TRAFFICATO

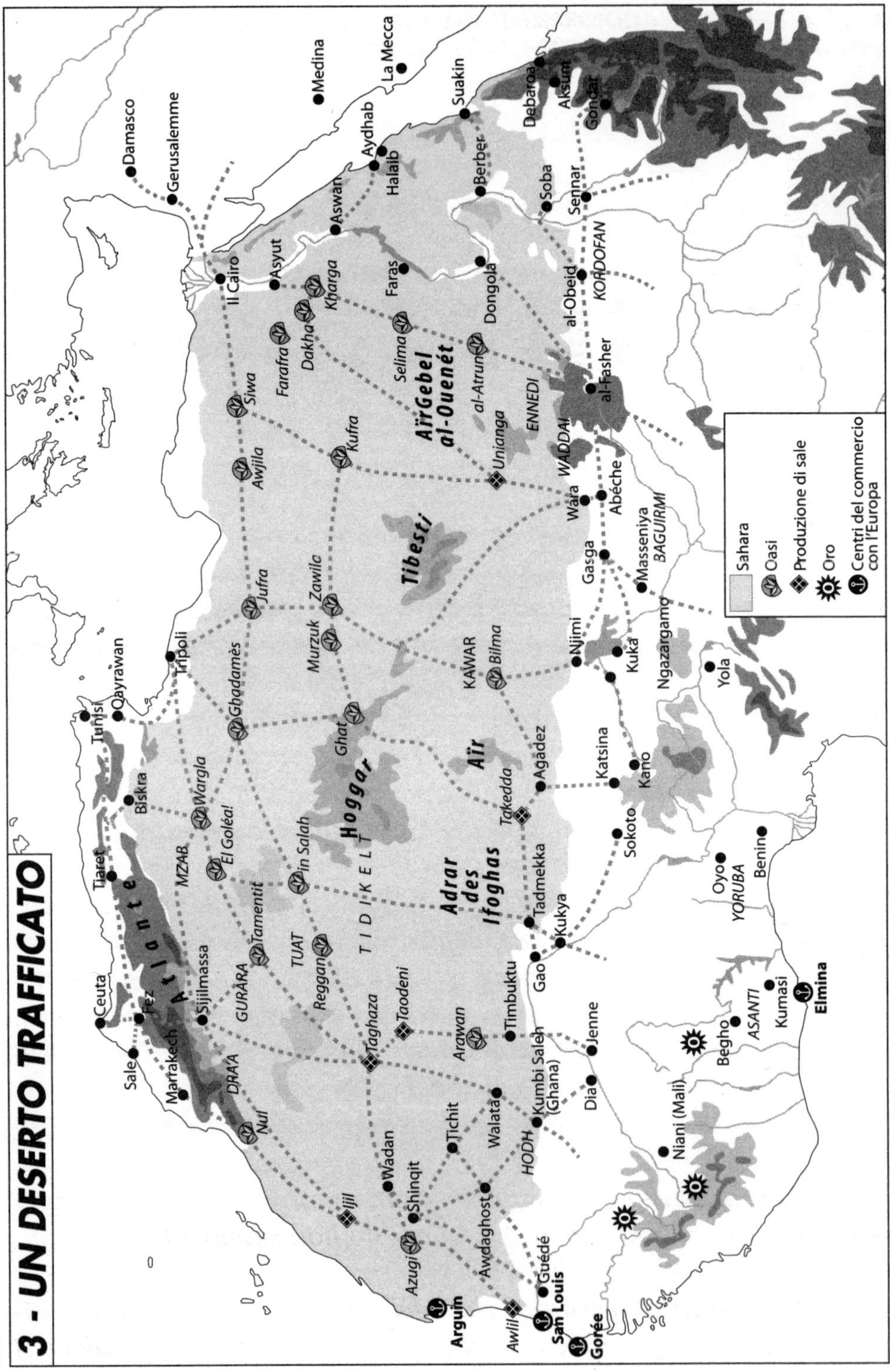

Grafico 1 - PORTI MAGGIORMENTE INTERESSATI DAGLI SBARCHI DALL'1/1/2017 AL 21/6/2017 *(esclusi rintracci a terra)*

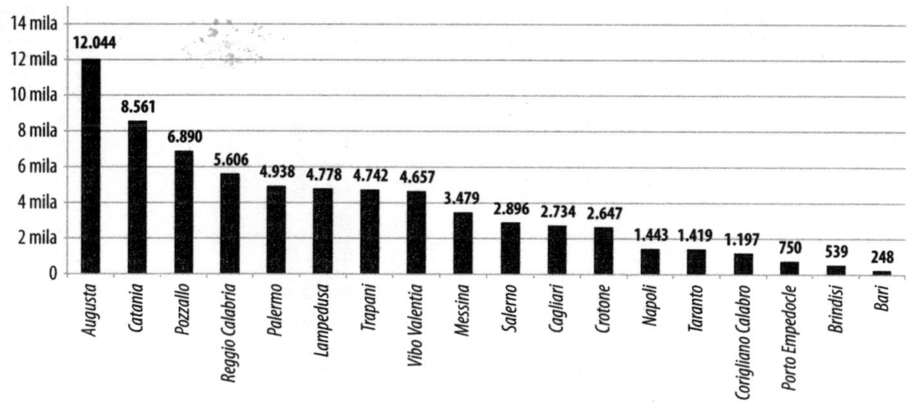

*altri paesi mediterranei a farsene carico, il guado del Canale di Sicilia finisce invariabilmente in un porto del Mezzogiorno, da Augusta a Catania, da Pozzallo a Reggio Calabria e a Palermo (*grafico 1*).*

*Tra flussi mediterranei e stretta ai valichi alpini imposta dai vicini europei, l'Italia è così trasformata, da paese di transito, in destinazione obbligata dei migranti. Dai 43 mila arrivi del 2013 siamo passati ai 181 mila del 2016. Quest'anno sembriamo destinati a valicare la soglia non solo psicologica dei 200 mila, visto che nel primo semestre l'incremento rispetto allo stesso periodo del 2016 è stato superiore a un quarto (*grafico 2*). Soprattutto, aumentano i migranti dall'Africa occidentale (sette delle prime otto nazionalità, con la curiosa quanto sintomatica eccezione del Bangladesh). Al primo posto la Nigeria, esuberante quanto fragile colosso demografico (*grafico 3*). Tutto indica che per il tempo visibile l'Italia dovrà attrezzarsi al mutamento del suo profilo sociale e culturale. Siamo sempre più dentro il Mediterraneo, senza una politica mediterranea. Men che meno con una strategia di integrazione/assimilazione, da cui i nostri governi fuggono per non rischiare l'impopolarità. Ma in questo non siamo soli.*

4. Trent'anni fa Fernand Braudel definiva il Mediterraneo «sistema in cui tutto si fonde e si ricompone in un'unità originale» e si

Grafico 2 - NUMERO DI MIGRANTI SBARCATI DAL 1° GENNAIO AL 21 GIUGNO 2017* COMPARATI CON I DATI RIFERITI ALLO STESSO PERIODO DEL 2016

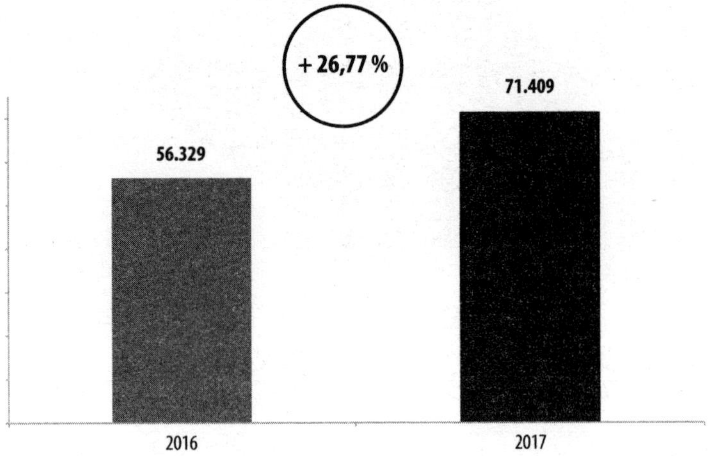

**I dati si riferiscono agli eventi di sbarco rilevati entro le ore 8 del giorno di riferimento*

proponeva di spiegarne «l'essenza profonda» [12]*. Il grande storico delle* Annales *pagava così dazio all'ideologia mediterraneista. Quella che ha coltivato il mito estetico del Mediterraneo, espresso nell'immagine di un mondo a sé, distinto per flora, fauna, clima, paesaggio umano e fisico. Un* geografismo, *nel senso di Yves Lacoste, figura di stile che dal nome di un territorio induce per metafora un soggetto geopolitico. Di tanta enfasi mediterranea resta oggi la dieta – per chi non la considera truffa. Più fortuna ha l'opposta ontologia mediterraneofoba di matrice settentrionale (Norditalia compreso), d'onde si trae un catalogo devastante dei vizi privati e pubblici intrinseci a chi popola le coste del nostro mare. Ne è volgarizzazione l'invettiva del presidente olandese dell'Eurogruppo, Jeroen Dijsselbloem, contro quei mediterranei che «spendono tutti i soldi per alcol e donne per poi chiedere aiuto»* [13]*. Figlia di quella rappresentazione germanocentrica che ai tempi della disputa*

12. F. Braudel, *op. cit.*, p. 9.
13. Cfr. «Dijsselbloem nella bufera per le frasi sul Sud Europa: "Non può spendere tutto in alcol e donne e poi chiedere aiuti"», *repubblica.it*, 21/3/2017.

Grafico 3 - NAZIONALITÀ DICHIARATE AL MOMENTO DELLO SBARCO AL 21/06/2017

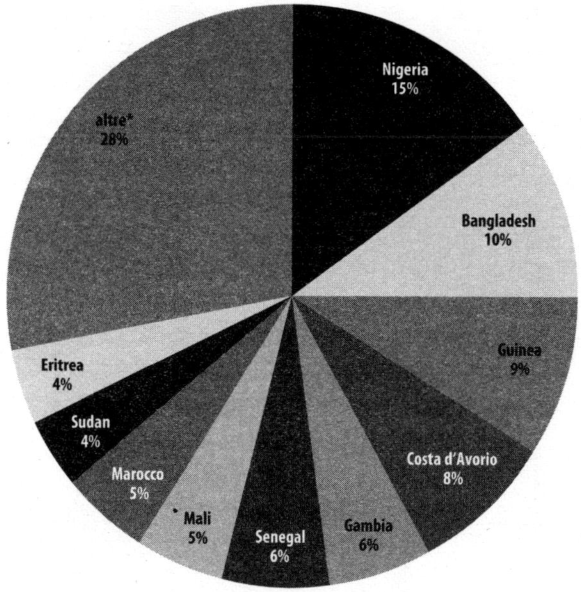

intorno all'ammissibilità al privilegio dell'euro di Italia, Spagna, Grecia e Portogallo (paese atlantico, chissà perché assimilato a noi mediterranei) intendeva negargliela in quanto «Club Med».

Non è solo in punto di retorica che della koiné *braudeliana poco rimane. Osserviamone lo sfondo, il paesaggio. Alla devastazione delle coste per mano umana si aggiungono gli effetti del clima mutante. Secondo uno studio dell'Università di Aix-Marseille il riscaldamento globale desertificherà parti dell'Europa meridionale e del Nordafrica entro fine secolo, alterando gli ecosistemi con una profondità mai sperimentata negli ultimi dieci millenni. Il Sahara si espanderà nelle province settentrionali di Marocco, Algeria e Tunisia, per debordare nella Spagna e nel Portogallo meridionali, in Sicilia e altrove*[14].

Per chi vive nel terrore dell'«invasione», l'avanzata delle sabbie al di là del Mediterraneo è la faccia geofisica del flusso migratorio sud-nord. Entrambi contribuiscono a sconvolgere l'identità europea.

14. A. Doyle, «Mediterranean Warming Fast, Deserts May Spread in Europe: Study», *Reuters*, 27/10/2016

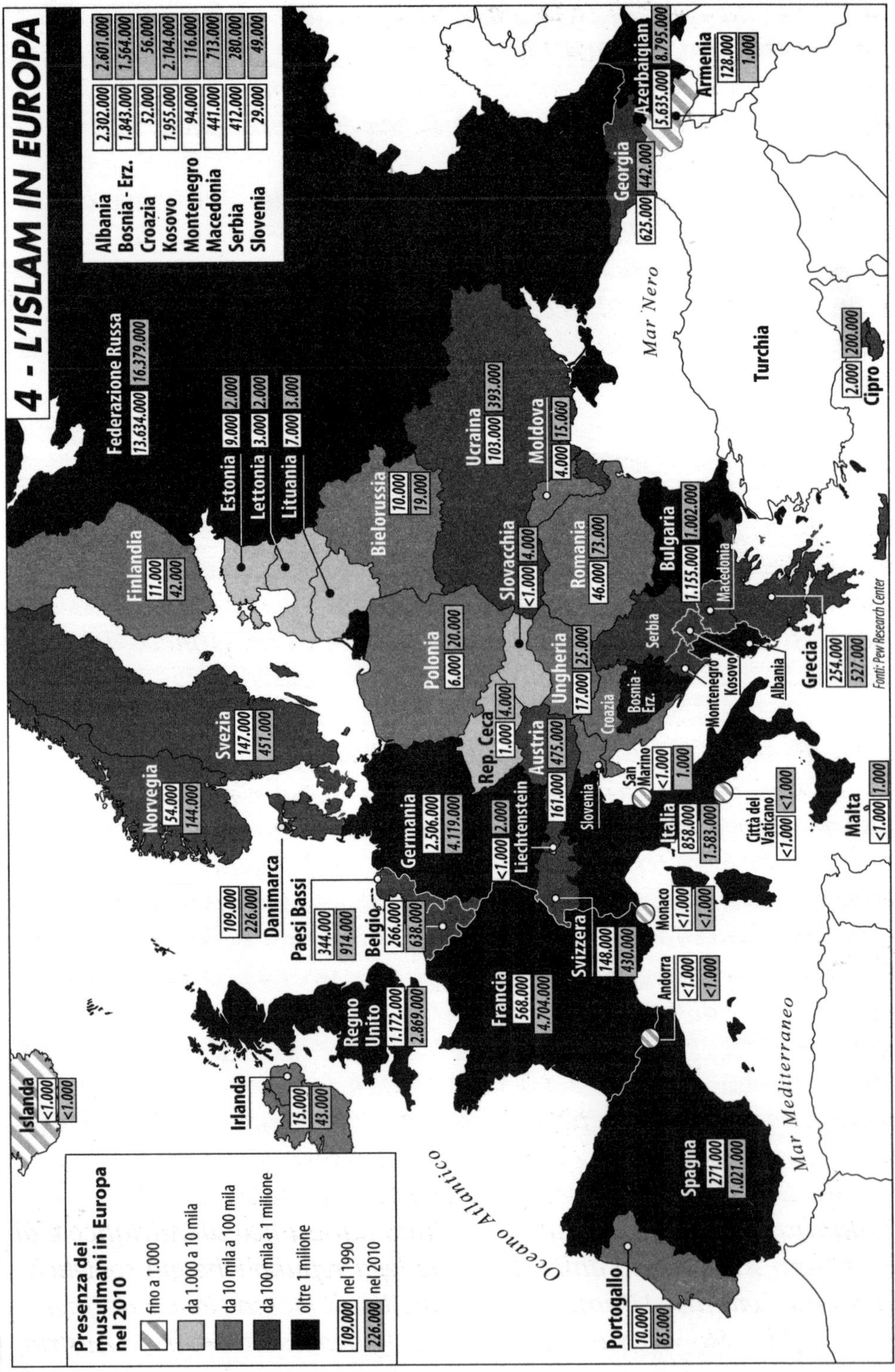
4 - L'ISLAM IN EUROPA
Albania 2.302.000 2.601.000
Bosnia - Erz. 1.843.000 1.564.000
Croazia 52.000 56.000
Kosovo 1.955.000 2.104.000
Montenegro 94.000 116.000
Macedonia 441.000 713.000
Serbia 412.000 280.000
Slovenia 29.000 49.000
Federazione Russa 13.634.000 16.379.000
Estonia 9.000 2.000
Lettonia 3.000 2.000
Lituania 7.000 3.000
Finlandia 11.000 42.000
Bielorussia 10.000 19.000
Ucraina 103.000 393.000
Moldova 4.000 15.000
Georgia 625.000 442.000
Azerbaigian 5.635.000 8.795.000
Armenia 128.000 1.000
Mar Nero
Turchia
Cipro 2.000 200.000
Slovacchia <1.000 4.000
Romania 46.000 73.000
Bulgaria 1.155.000 1.002.000
Polonia 6.000 20.000
Ungheria 17.000 25.000
Svezia 147.000 451.000
Norvegia 54.000 144.000
Rep. Ceca 1.000 4.000
Austria 161.000 475.000
Germania 2.506.000 4.119.000
Liechtenstein <1.000 2.000
Danimarca 109.000 226.000
Paesi Bassi 344.000 914.000
Belgio 266.000 638.000
Regno Unito 1.172.000 2.869.000
Irlanda 15.000 43.000
Islanda <1.000 <1.000
Francia 568.000 4.704.000
Svizzera 148.000 430.000
Italia 858.000 1.583.000
San Marino <1.000 1.000
Città del Vaticano <1.000 <1.000
Malta <1.000 1.000
Monaco <1.000 <1.000
Andorra <1.000 <1.000
Spagna 271.000 1.021.000
Portogallo 10.000 65.000
Grecia 254.000 527.000
Macedonia
Serbia
Bosnia - Erz.
Croazia
Slovenia
Montenegro
Kosovo
Albania
Oceano Atlantico
Mar Mediterraneo
Presenza dei musulmani in Europa nel 2010
fino a 1.000
da 1.000 a 10 mila
da 10 mila a 100 mila
da 100 mila a 1 milione
oltre 1 milione
109.000 nel 1990
226.000 nel 2010
Fonti: Pew Research Center

*Non importa quanto (ir)realistiche siano tali percezioni. Conta il loro impatto geopolitico. L'Europa settentrionale, che aveva fino a ieri negletto il Mediterraneo e anche quando lo demonizzava s'illudeva di esorcizzarlo da remoto, scopre di averlo vicino, anzi dentro. Nel cuore delle proprie senili metropoli, che ospitano ribollenti comunità maghrebine e anatoliche, arabe e levantine, subsahariane e centroasiatiche, spesso bollate quali vivai jihadisti (*carta 4*). Alla penetrazione da sud corrisponde a nord la secessione britannica, anch'essa maturata in chiave d'emergenza identitaria. Divorzio incompiuto ma già capace di sbilanciare verso mezzogiorno il baricentro dell'Unione Europea.*

La conseguenza più rilevante è la svolta mediterranea e africana della geopolitica tedesca. Prima Bonn poi Berlino avevano sempre rispettato il pré carré *di Parigi, l'impero informale della Françafrique. Ancora sei anni fa, quando Sarkozy decise di eliminare il suo ex finanziatore Gheddafi, la Germania se ne lavò le mani. Oggi l'approccio alle terre arabe e africane è politica interna, non solo estera, su cui si gioca la campagna elettorale in vista del rinnovo del Bundestag, il 24 settembre. Dopo il doppio passo della tarda estate 2015, quando Merkel prima spalancò poi freneticamente richiuse le porte della Repubblica Federale a migranti e profughi in prevalenza siriani – avendone assorbite diverse centinaia di migliaia, utili a rinsanguare l'anemica demografia tedesca – la potenza centrale europea ha accentuato il suo impegno sul fronte Sud. Decine di miliardi di euro irrorano un piano a tutto tondo: per la cooperazione in Africa – incluso l'affitto di dittatorelli e caporioni locali nella speranza che frenino i flussi sui quali speculano – come per l'integrazione dei migranti in Germania. E nella riscoperta delle Forze armate un accento speciale è posto sulla loro capacità di intervenire nelle crisi a sud del Mediterraneo. Per quanto possibile sotto le foglie di fico comunitarie o onusiane, ma sempre più d'intesa con Parigi, in sintonia con le* retrouvailles *franco-tedesche eccitate dall'avvento di Macron all'Eliseo.*

Ma il Mediterraneo bagna anche l'Est. Lo testimonia il neonato Trimarium, l'asse meridiano marittimo dal Baltico all'Adriatico e al Mar Nero tratteggiato dall'intesa che lega repubbliche già sovietiche (Estonia, Lettonia, Lituania) ed ex satelliti di Mosca (Polonia, Ungheria, Cechia, Slovacchia, Romania, Bulgaria) alla neutrale Austria, fino alla coppia (Slovenia e Croazia) che liquidò la Jugoslavia. Idea polacca, concepita da Krzystof Szczerski, capo di gabinetto del presidente Andrzej Duda, memore dell'Intermarium (Międzymorze) evocato da Józef Piłsudski quasi cent'anni fa quale argine all'Armata rossa. Oltre all'implicito riflesso antirusso e all'asserita volontà di attrezzare le infrastrutture nord-sud, questa eteroclita compagnia condivide l'urgenza di respingere l'«invasione» dal Mediterraneo, in nome della appena riconquistata (o inventata) sovranità nazionale.

L'Italia resta invece terra d'elezione della retorica mediterraneista, ovvero di ciò che ne residua. L'altra faccia della sua refrattarietà all'acqua salata. Mentre rifiutiamo il mare vero, ne omaggiamo uno ideale. Noi il Mediterraneo lo subiamo. Rinunciamo a cogestire, umanizzare e per quanto possibile selezionare i flussi sud-nord, cogliendone l'utilità per la nostra disastrata demografia. Né sappiamo intercettare i traffici est-ovest, che potrebbero rinsanguare l'economia.

Siamo in tempo per invertire la rotta? Forse sì. Per cominciare, un esercizio di cartomanzia. Riprendiamo in mano la mappa cinese delle vie marittime della seta. Muoviamo l'azzurra traccia intramediterranea, allegramente dimentica degli approdi italiani, di qualche grado più a settentrione, per agganciarla a un nostro scalo attrezzato agli scambi con i mercati d'Oltralpe. Molto più di qualsiasi volontarismo europeista, in un solo colpo tale modesto esercizio rinsalderebbe insieme il nostro ancoraggio al cuore del continente e la nostra apertura ai commerci mondiali. Il Mediterraneo non sarà mai più nostrum. *Non per questo dobbiamo affogarci.*

limes
RIVISTA ITALIANA DI GEOPOLITICA
MEDITERRANEI

Parte I

CANALE *dei* MIGRANTI

L'ITALIA E I MIGRANTI: GIGANTE BUONO O GIGANTE SCEMO?

di *ADSTANS*

Gli sbarchi nel nostro paese sono aumentati perché non abbiamo una strategia nazionale, quindi siamo affidati alle scelte altrui. Paghiamo il prezzo della liquidazione della Libia: pacta sunt servanda *anche con i dittatori, come insegna Merkel.*

1. CHE COSA STA RENDENDO SEMPRE PIÙ ATTRAENTE la migrazione via mare verso l'Italia? Con una tendenza iniziata dopo il crollo del regime di Gheddafi nel 2011, fortemente acuitasi negli ultimi dodici mesi, il flusso di migranti verso l'Italia è ormai costante e in continua crescita. E presto potrebbe non essere più sostenibile dal Belpaese, né economicamente né politicamente né socialmente. Specie nelle grandi città o nei centri dove la concentrazione di immigrati tocca o potrebbe a breve toccare – financo superare – il 10%.

Ma come si è arrivati a questo punto? La mancanza di quali politiche lo ha permesso? Quali obiettivi particolari sono entrati in gioco? Vi è una rete informale di sostegno a questa immigrazione? Domande difficili che richiedono un'analisi a tutto tondo e un esame di coscienza da parte di tutti per gli errori commessi o per le azioni omesse.

Partiamo dal presente. Siamo di fronte a un percorso migratorio che ha visto drasticamente diminuire i rischi e aumentare i flussi. La presenza di migranti non più solo africani e originari di paesi a forte instabilità lo dimostra. Pakistani e bengalesi giungono ormai in aereo a Tripoli per intraprendere una traversata che può avere questo nome solo per la parte garantita dai soccorsi. Per il resto è una farsa.

Fino a non troppo tempo fa la traversata era quella via Zodiac, o gommone analogo, verso una grande barca, spesso fornita da pescatori locali, che fungeva da piattaforma galleggiante in attesa dei soccorsi. Oggi si preferisce risparmiare ancora di più. Gommoni standardizzati fabbricati probabilmente in Cina (qualcuno dice in Italia, ma è probabile che alcuni italiani operino soltanto come importatori dei gommoni), con una capienza di circa cento persone ciascuno, diventano piattaforme una volta giunti al limite delle acque territoriali libiche. I trafficanti risparmiano ampiamente sul carburante, che è lo stretto necessario per arrivare in zona soccorsi, cioè più o meno sul limite delle acque libiche. Costi abbattuti e rischi anche. Gommoni standardizzati, che se vanno persi non sono un grande costo, ma che possono essere anche riutilizzati se non distrutti, come spesso avviene. È la fase di organizzazione del traffico migratorio su scala industriale. Si opera con il bel tempo, e una volta al largo i migranti devono solo farsi coraggio e attendere di essere soccorsi.

Strana definizione di soccorso, per un recupero in favore di chi si è messo intenzionalmente a galleggiare su un gommone. Ma l'interpretazione del diritto può anche operare la trasformazione di un rifugiato (?) in naufrago. Anche se non sono esattamente la stessa cosa.

Una volta come oggi, per chi aveva traversato il deserto, pieno di insidie, pericoli e minacce certe, il mare era un rischio tutto sommato accettabile. Se è diventato accettabile anche per chi arriva con un paio di tratte in aereo alle spalle bisogna porsi qualche seria domanda, perché tutto è cambiato.

2. Quali le principali mancanze dell'Italia?

La prima consiste nel non aver saputo o voluto capire quali erano i propri interessi al momento dell'intervento in Libia nel 2011. La politica tenuta nei confronti della Libia negli anni precedenti certo non ha aiutato l'Italia a fare la voce grossa e a rispettare gli accordi presi con Gheddafi. *Pacta sunt servanda* anche con i dittatori. E l'aver mancato alla parola data ha creato parecchi nemici all'Italia in Libia, molti dei quali hanno adottato la bandiera nera dello Stato Islamico (Is). Altri sono trafficanti di migranti perché così, per loro stessa ammissione, possono creare problemi all'Europa e all'Italia. Una sorta di vendetta. Fra l'altro, quei patti con Gheddafi avevano una filosofia di fondo molto simile a quella che ha ispirato gli accordi dell'Unione Europea con la Turchia sponsorizzati da Angela Merkel: soldi in cambio di un impegno a fermare il flusso di migranti. Il trattato di amicizia italo-libico garantiva un importante filtro nei confronti dei flussi migratori che dal Sud del Sahara si dirigevano verso il Mediterraneo e l'Europa. La stabilità libica, e del governo di Gheddafi, ne era un presupposto. La questione veniva così affrontata nella prima fase del movimento migratorio.

La seconda mancanza sta nel non aver mai adottato una politica di accoglienza, che sarebbe stata un riferimento in bene o in male sia per le istituzioni italiane coinvolte, sia per i migranti, sia per i trafficanti. Lasciata sostanzialmente a se stessa, la gestione dell'accoglienza si è invece adagiata, consentendo in qualche caso l'ingresso di illegali, sulla falsariga – e spesso secondo gli stessi canali – di quanto già avvenuto per i campi rom.

L'assenza di strategia ha anche generato effetti negativi internazionali e domestici, fra loro collegati. Sul piano internazionale l'Italia è rimasta alla mercé delle politiche di altri Stati che avevano più chiari i loro obiettivi. Malta, i vari gruppi libici, la Tunisia, altri paesi europei, la Santa Sede hanno tutti perseguito i loro obiettivi mentre l'Italia stava a guardare. O meglio riempiva le caselle mancanti di un disegno che non era il suo, perché non aveva nessun disegno. Sul piano domestico dunque le istituzioni coinvolte, a partire dalla Guardia costiera, non potevano fare di meglio, in assenza di obiettivi chiari, che investire sulle attività che davano maggior lustro e cioè proprio il soccorso ai migranti. Ma creando così un involontario effetto distorsivo che ha – di fatto se non nelle intenzioni – incentivato i viaggi migratori.

Il soccorso in mare è regolato, in maniera operativa, da una convenzione firmata ad Amburgo nel 1979. Questa convenzione stabilisce delle zone, cosiddette Sar (Search and Rescue), fissate di comune accordo. Benché l'area Sar non influenzi minimamente la sovranità o la giurisdizione degli Stati, Malta ne ha fatto spesso una questione di prestigio, dichiarandosi responsabile per una zona che è estesa 750 volte il suo territorio. Salvo poi tirarsi indietro nell'attività da svolgere nella sua area di competenza, lasciando il cerino nelle mani delle autorità italiane. Che hanno finito per tenerselo.

Come mai sono le navi italiane a operare pressoché in tutte le aree di soccorso Sar e non solo in quelle di propria competenza? La Sar maltese, quella libica e quella tunisina dovrebbero essere responsabilità di ciascuno di quei paesi. I quali fanno finta di niente. I maltesi dichiarano di non avere i mezzi per operare i soccorsi. L'Italia invece vuole avere i mezzi per operare in tutto il Mediterraneo. Primo risultato: l'Italia opera in tutte le aree Sar limitrofe e non solo, di responsabilità di altri.

Come mai sono i porti italiani ad accogliere sempre i migranti soccorsi? Dovrebbe valere il principio di porto sicuro più vicino. Eppure, dovunque si operi, il porto sicuro più vicino è sempre un porto italiano, anche a una decina di miglia dalle coste africane. Il porto non è mai maltese né libico né tunisino. Sorprende che anche quando a operare i soccorsi è una nave battente bandiera tedesca o olandese il porto di destinazione sarà immancabilmente un porto italiano. Risultato: i porti italiani accolgono tutti i migranti provenienti dalla Libia, non importa da che nave soccorsi, in che zona Sar soccorsi, o vicino quale porto soccorsi.

Che cosa è successo? Certo l'Italia ci ha messo del suo. Se in una prima fase i barconi dei migranti si spingevano fin sotto la pur vicina Lampedusa, oggi la norma è che le autorità italiane vadano a recuperare i gommoni grigi carichi di profughi quasi appena fuori le acque libiche. Questa situazione si è generata in assenza di politiche sia per il destino dei migranti una volta sbarcati che per il loro recupero, e anche a seguito del vuoto di autorità creatosi in Libia. Con il venir meno di ogni autorità effettiva sul territorio libico l'Italia si è trovata a estendere la sua competenza anche all'area Sar libica. Non va dimenticato che nel 1994 la Guardia costiera italiana è stata ristrutturata. Avendo perso la gestione del demanio, passata con il «federalismo» amministrativo alle Regioni, ha trovato il suo nuovo motivo di essere nel soccorso in mare. E su questa attività ha investito moltissimo, forse anche oltre misura. Ha investito in mezzi sempre più potenti destinati al soccorso dei migranti, anche oltre un ragionevole raggio di azione, trovandosi così un ruolo a scapito di una vera strategia nazionale di lungo periodo. Né c'era un'indicazione politica su questi investimenti pubblici. Un chiaro caso di quando la coda muove il cane. E con quali effetti! Sulla questione dei migranti l'Italia si è perciò trovata a estendere le sue competenze, decidendo (ma è stata vera decisione?) di giocare il ruolo di «gigante buono» nell'area. Fin quando ne avrà i mezzi?

Secondo alcuni l'estensione non era poi così automatica, ma è pur vero che (soprattutto in assenza di indicazioni) era difficile operare scelte diverse, anche perché dal punto di vista giuridico vi era il serio rischio che non rispondendo alle chiamate di soccorso (quasi sempre registrate) i comandanti potessero incorrere in una incriminazione per omissione di soccorso in mare ai sensi dell'articolo 1158 del codice della navigazione italiano. In realtà però il codice della navigazione parla di omissione da parte del comandante che abbia un obbligo di soccorso. Articolo destinato in particolare ai comandanti di navi mercantili. Non dovrebbe essere così automatico l'obbligo di un intervento, mettiamo caso, in zona libica da parte di organi istituzionali italiani (a meno che non si tratti di comandanti che incrociano casualmente in quelle stesse acque).

Le autorità maltesi non operano soccorso in zona Sar maltese. Sono perseguite? Le autorità italiane non operano soccorso in zona Sar maltese. Sono perseguibili? E ancora: le autorità tunisine non operano in zona Sar libica. Sono perseguite? Le autorità italiane non operano in zona Sar libica. Sono perseguibili? Sembrerebbe che mentre le autorità maltesi, libiche, tunisine e così via non siano perseguite nemmeno se non operano nelle aree sotto propria responsabilità, le autorità italiane sono almeno in teoria sempre perseguibili, anche per non aver operato in zone che sarebbero di responsabilità altrui e ben lontane dalle proprie coste. Per cui le motovedette italiane incrociano normalmente in acque internazionali in prossimità delle coste libiche in attesa della chiamata di soccorso. Per evitare problemi? Vi è obbligo per tanto zelo?

3. Il punto è che il sistema è ormai rodato e organizzato ma ha perso di vista i fini originari incentivando senza volerlo il flusso migratorio. Organizzato anche attraverso l'impiego di navi mercantili incrocianti in prossimità, così come è previsto dalle convenzioni sulla sicurezza in mare (Solas) e dalla convenzione Sar. Anzi tali convenzioni sono state emendate proprio per non lasciare i comandanti di navi civili con il cerino in mano e prevedendo obblighi o linee guida per gli Stati responsabili della zona Sar. Fatto sta che tali obblighi vengono applicati nei casi esaminati solo dall'Italia.

Gli emendamenti alle convenzioni Solas e Sar, alcuni dei quali sponsorizzati dall'Italia, mirano a preservare l'integrità dei servizi di ricerca e soccorso, garantendo che le persone in pericolo in mare vengano assistite e allo stesso tempo riducendo al minimo gli inconvenienti per la nave che presta assistenza. Essi richiedono agli Stati e alle parti contraenti di coordinarsi e cooperare per far sì che i comandanti delle navi che prestano soccorso e assistenza imbarcando persone in difficoltà in mare siano sollevati dai propri obblighi con una minima ulteriore deviazione rispetto alla rotta prevista dalla nave. E spingono a organizzare lo sbarco al più presto, per quanto praticabile. Essi inoltre obbligano i comandanti che hanno imbarcato persone in difficoltà in mare a trattare queste ultime con umanità, compatibilmente con le possibilità della nave. Per fornire una guida alle autorità di governo e ai comandanti che si trovano a mettere in pratica questi emendamenti, sono state anche elaborate delle linee guida sul trattamento delle persone soccorse in mare. Si prevede inoltre che il governo responsabile per la regione Sar in cui sono stati recuperati i sopravvissuti deve fornire un luogo sicuro o assicurare che tale luogo venga fornito. Un luogo sicuro è una località dove le operazioni di soccorso si considerano concluse e dove la sicurezza dei sopravvissuti o la loro vita non è più minacciata, le necessità umane primarie (cibo, alloggio e cure mediche) possono essere soddisfatte e può essere organizzato il trasporto dei sopravvissuti nella destinazione successiva o finale. Sebbene una nave che presta assistenza possa costituire temporaneamente un luogo sicuro, secondo le linee guida essa dovrebbe essere sollevata da tale responsabilità non appena possano essere individuate soluzioni alternative.

Lo sbarco di richiedenti asilo e rifugiati recuperati in mare in territori nei quali la loro vita e la loro libertà sarebbero minacciate dovrebbe essere evitato e ogni operazione e procedura che vada oltre la fornitura di assistenza alle persone in pericolo, come l'identificazione e la definizione dello status delle persone soccorse, non dovrebbe essere consentita laddove ostacoli la fornitura di tale assistenza o ritardi oltremisura lo sbarco.

L'Italia, da sempre garante del diritto, sembrerebbe aver sponsorizzato proprio quegli emendamenti relativi alla tutela dei rifugiati e dei recuperati in mare che creano maggiori obblighi e oneri alle stesse autorità italiane. A che pro? Gli obblighi per gli Stati responsabili di area Sar sembrano invece rimasti lettera morta. È sempre l'Italia a farsene carico.

Ma alle operazioni partecipano ormai anche volontari, in genere organizzazioni non governative, non italiane, che però affidano ai porti italiani i rifugiati messi da loro in salvo. Grande efficienza da parte di piccole organizzazioni, che ha originato qualche sospetto da parte di polizie straniere e di qualche magistrato italiano. Sospetti di accordi, se non di condivisione di interessi, con i trafficanti.

Come per tutti i traffici illeciti, forse la liberalizzazione sarebbe la soluzione migliore: onesti traghetti invece di sospetti gommoni, biglietti più economici, controlli maggiori, programmazione dei flussi. Ciò che si dice valere per la droga e la prostituzione, potrebbe valere anche per i migranti. Anche perché ormai è chiaro che il gigante buono ha i piedi d'argilla.

L'INDUSTRIA LIBICA DELLE MIGRAZIONI

di *Nancy* PORSIA

Dal 2011 la Libia è terra franca per trafficanti che hanno sostituito i passeurs *tradizionali, organizzando il business migratorio insieme alle mafie regionali. La geografia dei traffici. Il ruolo delle milizie. L'autolesionismo dell'Europa.*

1. CENTINAIA DI MIGLIAIA DI UOMINI E DONNE per anni hanno trovato in Libia un rifugio sicuro dalla guerra e dalla fame dei propri paesi dell'Africa subsahariana, e per oltre dieci anni solo poche migliaia di migranti si sono avventurati nella pericolosa traversata del Mar Mediterraneo.

I primi flussi migratori attraverso la rotta libica si sono registrati a metà degli anni Novanta, e solo a partire dal 2002 il flusso migratorio ha acquisito proporzioni significative con il massiccio transito dei migranti provenienti dal Corno d'Africa. Ma per oltre dieci anni i numeri dei migranti che tentavano la sorte sulle carrette del mare verso l'Europa erano nettamente inferiori rispetto a quelli odierni, grazie all'economia florida del petrodollaro libico. Dalla fine dell'embargo, nel 1999, la Libia di Muammar Gheddafi ha svolto la funzione di primo ammortizzatore socioeconomico dell'intero continente africano, grazie all'oro nero che viene estratto dalle sue viscere.

Alla ricchezza della Libia si combinava il controllo totale del territorio da parte del regime che, in affari e in costante negoziazione con la comunità internazionale, permetteva le partenze *una tantum* dei barconi di migranti solo per minacciare l'Europa con una potenziale invasione qualora le sue richieste su altri tavoli negoziali non fossero state accolte [1].

Quando nel 2008 l'Italia registrò un picco di arrivi (37 mila migranti) sulle proprie coste, Gheddafi incassò il Trattato di amicizia italo-libico, con cui Roma si impegnava a versare 5 miliardi di dollari spalmati in vent'anni come risarcimento dei danni arrecati dal colonialismo, nonché a consegnare quattro motovedette nuove di zecca per il pattugliamento delle coste libiche. Nel 2009 il regime arrestò i principali passatori presenti sul territorio libico, decapitando la rete che garantiva

1. F. Grandi, *La diplomazia delle frontiere*, Ispi, n. 209, May 201.

il trasporto dal deserto fino alla costa e da lì fino in Europa a bordo dei barconi. Anche le fabbriche di barche in legno lungo la costa vennero distrutte nella campagna di repressione contro il traffico dei migranti. Nel 2010, gli arrivi erano crollati del 90% rispetto all'anno precedente.

Quando ancora le forze gheddafiane tentavano disperatamente il colpo di coda per reprimere l'ondata di proteste nel 2011, il Colonnello diede ordine di liberare tutti i passatori di migranti chiusi nelle patrie galere e a questi fu offerto del denaro per mandare migliaia di migranti verso le coste di quell'Europa che lo aveva tradito schierandosi con i rivoluzionari. Da allora i paesi europei non hanno più avuto un interlocutore in grado di controllare il territorio e tenere a freno le partenze dei migranti, restando in balìa delle decine di brigate armate che nel dopo-rivoluzione spadroneggiano lungo la frontiera meridionale.

La speranza di una transizione pacifica verso una nuova forma di governo è svanita in meno di due anni. Già nell'autunno 2013 i primi scontri armati tra le principali milizie libiche a Tripoli fanno segnare un improvviso deterioramento delle condizioni di sicurezza. I migranti dell'Africa subsahariana e orientale che erano tornati ad affollare le città libiche in cerca di lavoro, insieme ai siriani fuggiti dalla guerra che avevano trovato riparo nel paese, iniziarono a riversarsi lungo la costa alla ricerca di un Caronte che li traghettasse verso l'Europa.

Mentre la rete dei passatori che garantiva il passaggio ai migranti dal Sud verso la costa settentrionale si era già ristrutturata, le forze di sicurezza libiche lamentavano la totale mancanza di supporto finanziario e logistico per effettuare operazioni di pattugliamento delle acque territoriali.

2. All'indomani dei naufragi del 3 e dell'11 ottobre 2013, in cui morirono rispettivamente 366 e 268 persone, l'Italia decise di muoversi autonomamente rispetto all'Unione Europea, che nel frattempo restava incastrata nel suo dibattito tra interventisti francesi e britannici al fianco del generale Ḫalīfa Ḥaftar, l'uomo forte dell'Est, e neutralisti che puntavano alla creazione di un governo di unità nazionale sostenuto dall'Onu.

Nel corso del 2014 le imbarcazioni della Marina militare italiana rimasero dispiegate al largo della costa libica per effettuare operazioni di soccorso ai barconi di migranti in difficoltà, nel quadro dell'operazione Mare Nostrum. Un dispiegamento imponente che le autorità libiche percepivano come segno di contraddizione, se non di schizofrenia, da parte degli europei. Per la Libia, paese di transito e non di origine del flusso migratorio verso l'Europa, il passaggio di uomini e donne senza regolari documenti rappresenta un problema di sicurezza nazionale. Senza Stato né esercito a garanzia della sicurezza, il flusso diviene fattore di forte instabilità: sia per il pericolo concreto di infiltrazioni terroristiche, sia per il rafforzamento delle reti criminali che gestiscono i traffici nel paese, compreso quello dei migranti.

Per mesi le autorità libiche si interrogarono sulla volontà politica dell'Europa circa la gestione della migrazione irregolare attraverso il Mediterraneo. Tuttavia rimasero a guardare inermi, incastrate nella guerra totale tra le due fazioni che infuriava nel paese. Le forze del generale Ḥaftar, con il sostegno dell'Egitto e degli Emirati Arabi Uniti, bombardavano le postazioni della coalizione Alba libica, senza lasciare alle forze di sicurezza nell'Ovest del paese alcun margine d'azione per occuparsi della questione migratoria.

Solo quando gli italiani uscirono di scena sospendendo Mare Nostrum e Bruxelles assunse nuovamente l'iniziativa per il controllo della frontiera mediterranea, le autorità libiche – a ovest e a est – iniziarono a parlare di ingerenza. L'operazione Eunavfor Med lanciata dall'Ue ad aprile 2015 aveva un mandato solo militare e non umanitario, a differenza di Mare Nostrum, quindi il lavoro d'intelligence risultava centrale. Inoltre, il dibattito su una potenziale cooperazione tra autorità libiche e Ue venne presto fagocitato dal braccio di ferro tra le due fazioni rivali del paese, i cui rappresentanti osteggiavano apertamente il dialogo nazionale caldeggiato dall'Onu.

Mentre Ḥaftar accusava l'autorità tripolina di sostenere il terrorismo internazionale e di inviare in Europa i terroristi attraverso il mare, Tripoli denunciava il doppiogioco del generale, che avrebbe appositamente spalancato i confini orientali del paese per far confluire il maggior numero di migranti, terroristi compresi, verso la costa occidentale su cui sono ubicati i principali punti d'imbarco, per via delle acque relativamente basse. Sollecitate dall'incapacità europea di definire una strategia di cooperazione a lungo termine sul fronte migratorio, le autorità della nuova Libia iniziarono a riproporre la «diplomazia delle frontiere» di gheddafiana memoria.

Lo stato di anarchia in cui è definitivamente sprofondato il paese all'indomani dello scoppio della guerra civile tra Est e Ovest ha lasciato campo libero alle milizie locali, che hanno continuato a finanziare la propria campagna di armamento attraverso i traffici illeciti alla base dell'odierna economia libica. Con la fuga delle società straniere, la battuta d'arresto all'industria petrolifera e il crollo del prezzo del greggio, oggi in Libia i traffici rappresentano l'unica economia esistente. Tra i principali figura il traffico di valuta forte che ha portato a una crisi di liquidità del dinaro, al collasso del sistema bancario e a una conseguente, forte inflazione della valuta locale sul mercato nero. Il potere d'acquisto dei libici è drasticamente calato per via dell'aumento del 50% del costo della vita. A parte l'industria petrolifera, la Libia non ha altra forma di produzione e quindi dipende dall'import di tutti i beni di necessità.

Negli ultimi due anni in Libia si è assistito a un'impennata del livello di criminalità, che ha portato a un cambiamento sostanziale anche del giro d'affari che ruota intorno al transito dei migranti. Il profilo della persona che organizza il trasporto si è trasformato. Dall'inizio del flusso migratorio attraverso la Libia fino al 2012, gli uomini coinvolti nel traffico erano passatori puri, uomini d'affari che sebbene al di fuori del quadro normativo nazionale e internazionale e a scopo di lucro, aiutavano persone sprovviste di validi documenti di viaggio a passare le frontiere. In sostanza, tra il migrante e il passatore che organizzava l'attraversamento del deserto libico o il barcone per la traversata del Mediterraneo sussisteva un rapporto di reciproca consensualità, regolato dalla relazione fra domanda e offerta e quindi dal prezzo del servizio stesso. Non era il passatore a creare lo stato di necessità del migrante.

Con l'acuirsi della crisi economica e l'incremento della quantità di armi nel paese, semplici criminali vengono attratti dai proventi del traffico di migranti. Soprattutto uomini tra i 20 e i 30 anni, che nel 2011 erano poco più che ventenni o adolescenti. «Cavalli pazzi», come li chiamano i passatori di lungo corso, che hanno imposto livelli di violenza prima estranei al mercato. Con la forza delle armi e senza alcuna competenza, questi giovani criminali hanno iniziato a inflazionare il business. Dal 2015 in poi, in Libia si assiste così al passaggio di consegne dal passatore al trafficante, generalmente a capo di una milizia, il quale esercita coercizione sul migrante che quindi perde il controllo sui propri spostamenti, e spesso viene ceduto da una banda di criminali all'altra che cerca di trarre il maggior profitto possibile, torturando e maltrattando fisicamente i migranti a scopi estorsivi.

Alla criminalità libica si sono presto sovrapposte le organizzazioni criminali transnazionali della regione. Le mafie nigeriana e sudanese hanno sfruttato l'assenza di un potere centrale in Libia per strutturare una ben più sofisticata rete di traffico di esseri umani verso l'Europa. I libici sono divenuti quindi fornitori di servizi alle mafie transnazionali: la maggior parte dei migranti che passa per la rotta libica non paga il trafficante libico, ma quello nigeriano o sudanese, o etiope o eritreo di base in Sudan, solo dopo essere arrivato salvo in Europa. Sono i nigeriani e i sudanesi che pagano i libici, e la competenza di questi ultimi inizia e finisce con il tratto di strada o mare che sono chiamati a far percorrere ai migranti per conto dei loro partner stranieri. A Ṣabrāta la mafia nigeriana conta anche uomini armati sul territorio, che secondo fonti di sicurezza locali stanno a guardia dei casolari di campagna (*connection houses*) dove vengono stipate centinaia di uomini, donne e bambini prima della traversata verso l'Europa. La transnazionalizzazione del business ha portato anche alla sua industrializzazione, con conseguente incremento della domanda.

Nel nuovo assetto definito da criminali puri, non si registra solo un aumento significativo della violenza da parte dei carcerieri nelle *connection houses*, ma anche un drastico calo degli standard di sicurezza nel trasporto dei migranti. Anche in mare le vittime aumentano esponenzialmente: tra il 12 e il 18 aprile 2015, in due naufragi muoiono oltre 1.066 persone, facendo registrare la settimana più drammatica nella storia del flusso migratorio attraverso il Mediterraneo. Lo spettacolo tetro dei corpi sulla battigia inizia a dare alle comunità libiche la misura della violenza inaudita che il business sta generando.

3. La città di Zuwāra, 120 chilometri a ovest di Tripoli e ultimo bastione libico al confine con la Tunisia, per dieci anni è stata il principale punto d'imbarco dei migranti verso l'Europa. Ma davanti alle immagini di violenza e morte dei migranti, quella stessa comunità che per anni aveva protetto i passatori si è dissociata dai trafficanti. Nell'agosto 2015, decine di giovani donne e uomini scesero in piazza urlando «fuori i vampiri dalla nostra città», riferendosi ai trafficanti. La città fu tap-

pezzata con le immagini dei corpi martoriati dei migranti naufraghi per diffondere consapevolezza. La radio locale lanciò una campagna di sensibilizzazione contro il traffico, invitando esperti di vari ambiti a spiegarne le conseguenze disastrose anche in termini di sviluppo sociale interno. L'unità anticrimine locale, meglio nota come «gli uomini mascherati» arrestò in un mese circa sessanta trafficanti. Di quelli scampati alla retata, alcuni decisero di continuare il business sulla costa della vicina Ṣabrāta, altri optarono per il traffico della nafta, cui le forze Eunavfor Med schierate davanti alle coste libiche non prestavano attenzione. Da allora le spiagge di Zuwāra hanno smesso di fungere da trampolino di lancio delle carrette del mare.

Sebbene i punti d'imbarco dei migranti siano concentrati in poco più di 200 chilometri di costa, da al-Ḫums (50 chilometri a est di tripoli) ad Abū Kammāš (al confine con la Tunisia), la rete del traffico in Libia si estende su tutto il territorio nazionale. Senza Stato né esercito e con una guerra civile in corso, i 4.383 chilometri di confini terrestri e 1.770 chilometri di costa sul Mediterraneo restano del tutto fuori controllo.

Nel 2014, con l'acuirsi degli scontri tra le forze di Ḥaftar e gruppi islamisti a Bengasi e con la nascita, l'anno successivo, di una provincia dello Stato Islamico (Is) a Sirte, nella regione orientale del paese si è assistito a una significativa riduzione del flusso di migranti, decine dei quali furono rapiti nel 2015 dai miliziani dell'Is che controllavano la strada di collegamento principale tra il Sud e il Nord del paese.

Il Sahara è il punto d'ingresso in Libia per la maggior parte dei migranti che puntano all'Europa. I migranti del Corno d'Africa passano per il Sudan e da lì, attraverso il deserto, si dirigono verso la prima città libica sul loro versante, Kufra, mentre i migranti provenienti dall'Africa subsahariana e occidentale passano dal Niger puntando verso Sabhā. Con la rotta orientale fuori gioco, anche gli eritrei e i somali che entrano attraverso Kufra si spostano verso Sabhā, divenuta quindi lo snodo principale del traffico a sud. Da qui passano anche i migranti che attraversano il confine dall'Algeria. A Sabhā, i gruppi appartenenti alle minoranze tebu e tuareg che popolano la regione meridionale del Fezzan rappresentano il primo anello della catena di trafficanti libica.

Da Sabhā le rotte che puntano verso Tripoli passano per Banī Walīd, 180 chilometri a sud-est di Tripoli, o per Ġaryān, poco più di 100 chilometri a sud-ovest di Tripoli. Entrambe le rotte vengono battute a bordo di pick-up sovraffollati guidati da trafficanti affiliati alle milizie locali. Altri migranti, soprattutto pakistani e siriani che si imbarcano in Algeria o in Marocco, arrivano direttamente a Tripoli per via aerea, con documenti falsi.

Sopravvissuti in alcuni casi alle percosse dei trafficanti e alle violenze dei carcerieri nelle prigioni del Directorate for Combating Illegal Migration (Dcim) libico, i migranti giunti a Tripoli vengono smistati nei vari punti d'imbarco lungo la costa ovest del paese. Siriani, eritrei, etiopi e somali sono la «merce» migliore da contrabbandare, perché il loro valore è superiore a quello degli africani subsahariani e occidentali. I primi hanno un accordo con trafficanti nigeriani o sudanesi che prevede il pagamento a fine viaggio, e pagano prezzi nettamente superiori agli altri che invece pagano in contanti e, di norma, dispongono di poco denaro. In base alle nazionalità, i trafficanti indirizzano i migranti verso uno dei punti d'imbarco.

A Tripoli le spiagge di Qarqāriš e Tāǧūrā', periferia Ovest ed Est della città, sono importanti trampolini di lancio, così come al-Qarabūllī, a est della capitale. Tuttavia, dal 2015 il tratto di costa che si estende a ovest di Tripoli tra Ṣabrāta e Muṭrud è il punto di partenza principale verso le coste italiane.

4. Le milizie armate locali che costituiscono di fatto l'apparato di sicurezza in Libia iniziarono a riorganizzarsi autonomamente puntando a prendere presto parte al grande business del contrasto alla migrazione «irregolare», unica parola d'ordine rimasta immutata nel frasario europeo nell'ultimo decennio. Tuttavia, gli oltranzisti delle due fazioni rivali libiche tacciavano la missione Eunavfor Med–Sophia di violare la sovranità nazionalità libica, soprattutto quando a Bruxelles si discuteva di passare alla fase due, con il bombardamento dei barconi nei porti libici e l'azione militare sul terreno.

Inoltre, il Congresso nazionale di Tripoli e il parlamento di Tobruk dichiararono che non avrebbero mai permesso l'apertura di campi profughi sul suolo libico. I rappresentanti dei vari schieramenti politici si interrogavano su come l'Europa potesse chiedere a un paese in piena guerra civile, con un'economia in caduta libera e senza un apparato di sicurezza nazionale, di far fronte a un problema di portata internazionale che neanche Bruxelles riusciva a risolvere.

All'inizio del 2016 l'Unione Europea ha accelerato il processo di creazione di un governo d'unità nazionale, accettando acriticamente l'influenza sul processo delle decine di milizie di vari colori e sigle. L'unica condizione dettata da Bruxelles per divenire interlocutori era riconoscere il Consiglio presidenziale del primo ministro designato Fāyiz al-Sarrāǧ come unica autorità di governo nazionale legittima.

Pezzi interni all'establishment libico si sono industriati per non farsi cogliere impreparati da un eventuale accordo di cooperazione internazionale. Il Dcim, che opera sotto il ministero dell'Interno, si dichiarò immediatamente favorevole al dialogo nazionale propiziato dall'Onu, mentre alcune milizie locali iniziarono a riorganizzarsi per poter entrare nella lista dei soggetti cui l'Europa avrebbe appaltato la lotta ai flussi migratori.

Il dibattito accesosi contemporaneamente in Europa circa un accordo con la Turchia per chiudere la cosiddetta rotta balcanica fu per i libici un precedente importante, garanzia ai loro occhi di un imminente accordo anche con Tripoli. Ai 19 centri di identificazione e detenzione che il Dcim contava già sotto Gheddafi, iniziarono ad aggiungersene di nuovi. Nel gennaio 2015 un gruppo di funzionari del ministero dell'Interno ha aperto a Tripoli il centro di Ṭarīq al-Sikka: qui centinaia di migranti, fino a punte di 1.500, sono detenuti al di fuori del quadro normativo previsto dal Dcim. Le forze che controllano il centro non si limitano a prendere in carico migranti arrestati mentre sono in procinto di partire, o vengono salvati su un barcone al largo della costa, ma alimentano una campagna di retate in cui prelevano i migranti casa per casa, anche nel cuore della notte. Quando tra Europa e Libia si sono aperte le trattative, le autorità di Ṭarīq al-Sikka hanno sciorinato i numeri dei migranti catturati per accaparrarsi una fetta degli aiuti europei. Presto i responsabili di Ṭarīq al-Sikka hanno promosso la prigione a centro di raccolta e smistamento dei migranti e dopo circa un anno sono stati premiati per l'iniziativa, ottenendo il riconoscimento del Dcim.

Sulla scorta del buon esito dell'esperimento di Ṭarīq al-Sikka, nel febbraio 2016 una milizia di Zāwiya, 30 chilometri a ovest di Tripoli, ha inaugurato un nuovo centro di detenzione. Il centro Al-Nāṣir è assurto subito agli onori della cronaca dopo che una fuga di massa dei detenuti è sfociata in una sparatoria da parte dei miliziani a guardia del sito, in cui hanno perso la vita tredici migranti. Tuttavia, il network criminale a Zāwiya può contare su un'organizzazione ben più sofisticata. Dal 2011 il porto della città si è trasformato nel principale banco d'affari sulla costa occidentale della Libia. La raffineria al suo interno ne è il centro direzionale: il traffico di benzina e nafta raffinate *in loco* e quello dei migranti sono il *core business* della struttura.

Nel 2015 c'è stato un cambio importante ai vertici della Guardia costiera di Zāwiyia, che ha portato allo sdoganamento del modello mafioso all'interno del corpo. ʿAbd al-Raḥmān Mīlād, *alias* al-Bija, è divenuto il comandante e con l'aiuto di suo cugino Muḥammad Kašlāf, noto con il *nom de guerre* di al-Qaṣab e responsabile della sicurezza del porto, ha imposto un pedaggio ai trafficanti di migranti che operano a ovest della capitale [2].

Dal tratto di costa compreso tra Ṣabrāta (40 chilometri a est di Zāwiya) e Muṭrud (20 chilometri a ovest di Zāwiya) sarebbe partito il grosso degli oltre 230 mila migranti giunti in Italia via mare dall'inizio del 2016 fino al primo semestre del 2017, oltre 6 mila dei quali hanno perso la vita tra le due sponde del Mediterraneo. Su questo tratto i guardiacoste di Zāwiya sono le uniche autorità competenti.

Ṣabrāta, un tempo famosa per le vestigia romane, è diventata il principale snodo del traffico di migranti lungo tutta la costa libica. Dalla fine della rivoluzione Aḥmad Dabbāšī, *alias* al-ʿAmm, grazie ai proventi ricavati dal traffico è riuscito a mettere in piedi la milizia più potente della città, tanto da aggiudicarsi l'appalto per la gestione della sicurezza del complesso Eni di Mellita.

Sebbene sia nota anche a Tripoli la connivenza tra alcuni ufficiali delle Forze di sicurezza e la rete criminale, la frammentazione del controllo territoriale rende complessa una risoluzione del problema.

5. Nell'ottobre 2015 il Consiglio di Sicurezza dell'Onu ha approvato la risoluzione 2240 (2015) sul traffico di esseri umani in Libia, chiedendo agli Stati membri di «assistere la Libia, su sua richiesta, nella costruzione delle capacità necessarie a garantire le sue frontiere e a prevenire, indagare, perseguire atti di traffico di mi-

2. *Smuggling e traffico degli esseri umani*, Panel di esperti sulla Libia del Consiglio di Sicurezza delle Nazioni Unite, giugno 2017, p. 63.

granti e tratta di esseri umani sul suo territorio e nelle sue acque territoriali; altresì si richiede agli Stati e alle organizzazioni regionali di cooperare con il governo libico e tra loro, tramite lo scambio di informazioni su atti di siffatti traffici nel mare territoriale e in alto mare a largo delle coste libiche e rendendo assistenza ai migranti e alle vittime della tratta di esseri umani soccorse in mare, nel rispetto del diritto internazionale».

Con tale documento l'Onu ha mandato un chiaro segnale: la priorità non è definire un piano per la stabilizzazione a lungo termine del paese, ma ridurre il numero dei migranti in arrivo via mare in Europa. Al riguardo, l'Onu ha accelerato il processo di creazione di un governo nazionale, in deroga all'accordo firmato a Ṣaḫīrāt, in Marocco, che prevedeva il riconoscimento del governo di al-Sarrāğ da parte del parlamento di Tobruk. Quest'ultimo non ha mai votato la fiducia alle compagini governative proposte da al-Sarrāğ. D'altronde, il paese era in piena guerra civile e la comunità internazionale dovette presto scendere a compromessi con le formazioni armate presenti sul territorio. Ciò rafforzava il potere delle milizie, consegnando il paese a un futuro di instabilità.

Eppure, già ai tempi di Gheddafi la Marina militare era l'unico corpo armato di formazione e vocazione statale. A differenza delle forze di terra, in realtà brigate private del *ra'īs*, quelle marittime avevano una struttura di carattere nazionale sopravvissuta alla rivoluzione del 2011. Non a caso, a marzo 2016 al-Sarrāğ giunse in Libia a bordo di una nave della Marina libica.

La Guardia costiera, con quartier generale a Tripoli, si divide in tre settori: orientale, centrale e occidentale. Il settore centrale va dalla periferia Ovest di Tripoli fino a Qarabūllī, 20 chilometri a est della capitale; quello orientale da al-Ḫums, 40 chilometri da Tripoli, a Sirte; quello occidentale da Zāwiya ad Abū Kammāš, al confine con la Tunisia. All'indomani della rivoluzione, i pochi mezzi sopravvissuti ai combattimenti furono redistribuiti tra alcune unità della Guardia costiera, in particolare quelle di Tripoli, Misurata, al-Ḫums e Zāwiya. Le altre unità hanno continuato a operare senza mezzi o con mezzi di fortuna: impossibilitate a effettuare pattugliamenti di routine, entrano in azione solo se viene segnalato loro un natante in difficoltà.

Con la firma del Memorandum d'intesa tra Eunavfor Med e Libia, l'Unione Europea si è impegnata a addestrare le forze marittime libiche. Come dichiarato dal comandante del Centro di cooperazione internazionale della Guardia costiera libica, colonnello Mas'ūd 'Abd al-Ṣamad, l'addestramento punta a formare unità di guardiacoste in grado di pattugliare le acque del Mediterraneo fino a 84 miglia dalla costa e a eseguire operazioni di ricerca e soccorso dei migranti in mare anche in acque internazionali.

Tuttavia, dalla cooperazione con l'Europa è automaticamente esclusa la Guardia costiera della regione orientale libica, la Cirenaica: secondo quanto previsto dall'accordo, solo le forze che riconoscono il Consiglio presidenziale di al-Sarrāğ quale unica autorità nazionale legittima possono prendere parte all'addestramento. I guardiacoste dell'Est rispondono dunque a Ḥaftar, il quale ha a più riprese bollato il memorandum come privo di legittimità. Anche secondo la Corte d'appello di Tripoli l'accordo sarebbe incostituzionale, in quanto la controparte libica (il Consiglio presidenziale) non ha potere esecutivo.

Mentre l'Europa lanciava il programma di addestramento dei guardiacoste libici, l'Italia riattivava il Trattato di amicizia italo-libica, per restituire le quattro motovedette dal 2012 alla fonda in Italia per manutenzione. Nel febbraio del 2017 l'Ue ha inoltre stanziato 200 milioni di euro per la lotta alle migrazioni irregolari nel Mediterraneo centrale, attraverso il Fondo fiduciario del Nordafrica.

Da allora la Guardia costiera libica, comprese le unità coinvolte nel traffico dei migranti (come accertato di recente anche dall'Onu), ha incrementato le proprie attività di ricerca e soccorso in mare, in alcuni casi intralciando le operazioni delle ong impegnate dal 2014 nel soccorso dei migranti in mare.

Se l'Ue ha fallito nel tentativo di convincere Tunisia ed Egitto ad accogliere i migranti recuperati in mare, è invece riuscita a chiudere un accordo con i libici sull'apertura di campi per migranti nel paese. Tale politica rischia di innalzare il livello di scontro tra le decine di gruppi armati che si contendono il territorio e di destabilizzare ulteriormente il paese. Fermo restando che già dal 2016 gli stessi libici scappano via mare e chiedono protezione nell'area Schengen.

LA 'GUERRA AI MIGRANTI' GENERA MOSTRI IL CASO DEL NIGER

di *Luca* RAINERI

Pur di sbarrare la strada a chi fugge dall'Africa i governi europei sono pronti a coprire ogni corruzione e a promuovere i dittatori. Lo dimostra la svolta autoritaria del presidente Issoufou. Intanto i traffici proseguono. Lo scandalo dell'uranio di Areva.

1. DA QUANDO LA COSIDDETTA «CRISI MIGRATORIA» ha cominciato a irretire le opinioni pubbliche e i governi del Vecchio Continente in una paranoia identitaria e securitaria, Bruxelles è alla disperata ricerca di una strategia per contenere i flussi di migranti e richiedenti asilo diretti in Europa. Sul fronte orientale l'accordo fra Unione Europea e Turchia siglato lo scorso anno ci ha messo una pezza provvisoria, sebbene l'Ue sia stata costretta a pagare un costo altissimo in termini finanziari, diplomatici, legali e umanitari.

Sul fronte meridionale, tuttavia, è più arduo identificare un partner affidabile a cui subappaltare il compito di contenere i flussi migratori. L'instabilità della Libia, insanabile nei tempi serrati delle scadenze elettorali europee, ha costretto i leader europei a spostare lo sguardo ancora più a sud, risalendo nella rotta dei migranti fino al cuore del deserto del Sahara, in Niger, considerato oggi lo snodo delle rotte migratorie che collegano l'Africa occidentale al Mediterraneo. A partire dal summit della Valletta, a fine 2015, l'Europa ha deciso quindi di puntare tutto sul Niger, e di farne la propria Turchia in Africa. Ambizione alquanto problematica, se si considera che la Turchia è una potenza emergente sotto ogni profilo, mentre il Niger rimane uno degli Stati più poveri e fragili al mondo, ultimo nelle classifiche Onu di sviluppo umano. Ma secondo il calcolo di Bruxelles, proprio la debolezza di Niamey ha rappresentato l'asset su cui investire: le autorità locali non avrebbero potuto disdegnare – si pensava – la pioggia di miliardi che gli europei sono disposti a sborsare pur di mantenere i migranti lontani dagli occhi e dal cuore, e si sarebbero mostrate compiacenti nell'implementare una politica migratoria repressiva per conto terzi. *Win-win solution.*

Eppure, gli effetti distorsivi di questo accordo non hanno tardato a manifestarsi. Proprio come in Turchia, il governo del Niger si è reso conto rapidamente dei vantaggi assicurati da una rendita di posizione che lo rende insostituibile agli occhi dei partner europei. Ed è passato all'incasso, chiedendo e ottenendo più soldi, più armamenti, e meno interferenza nella qualità del suo modo di governare. Ne è conseguita una svolta autoritaria di Niamey, a cui l'Europa ha dovuto volente o nolente adeguarsi, cercando di darvi il minor risalto possibile. Questo articolo prova a renderne conto.

2. L'attuale presidente del Niger, Mahamadou Issoufou, è stato eletto per il secondo mandato quinquennale nel marzo 2016 con oltre il 90% delle preferenze, mentre il candidato dell'opposizione, accusato – abbastanza inverosimilmente – di partecipare a un traffico di minori, era confinato in una prigione nel deserto del Sahara. Critiche si sono levate anche in merito alla trasparenza del processo elettorale. Mentre gli osservatori internazionali europei si sono dichiarati complessivamente soddisfatti, l'opinione pubblica interna ha denunciato brogli, alcuni membri della commissione elettorale indipendente si sono dimessi e l'opposizione ha finito per boicottare le elezioni. Temendo un rovesciamento del verdetto delle urne, in un paese come il Niger avvezzo ai golpe, Issoufou ha cercato di cooptare le opposizioni nell'apparato di governo. L'accesso privilegiato a portafogli chiave ha così permesso di celare dietro un apparente consenso una gestione del potere fondamentalmente clientelare. E a chi ha rifiutato la carota della cooptazione, il bastone della repressione ha distribuito in maniera sempre più generosa provvedimenti disciplinari, avvisi di garanzia e detenzioni preventive.

Per blindare il proprio potere, nel giugno 2016 Issoufou ha nominato un suo *protégé* alla presidenza della Alta Corte di Giustizia, l'unico organo costituzionalmente deputato a giudicare il presidente della Repubblica: Karidjo Mamadou è stato infatti ministro della Difesa durante il precedente mandato di Issoufou, in una fase in cui l'instabilità regionale ha permesso di convogliare ingenti aiuti internazionali a vantaggio del debole esercito nigerino. Mentre il budget della Difesa si moltiplicava per 15, tuttavia, solo una minima parte degli aiuti internazionali raggiungeva i destinatari impegnati sul campo nella lotta contro al-Qā'ida nel Maghreb islamico e Boko Haram, entrambi presenti in Niger. Secondo numerosi rapporti, una cospicua fetta degli aiuti sarebbe finita nelle tasche degli alti graduati dell'esercito e del ministero, con la tacita autorizzazione di Issoufou che sperava in tal modo di assicurarsi la fedeltà dei militari. Alla testa del ministero, il patrimonio personale di Karidjo Mamadou è in effetti esploso, anche in virtù di processi di sovrafatturazione di armamenti in cui sarebbe coinvolto, e consta oggi di numerosissime proprietà immobiliari a Niamey.

Al posto di Karidjo Mamadou, Issoufou ha nominato al ministero della Difesa un altro suo fedelissimo, Hassoumi Massaoudou, cofondatore del partito al governo. La sua influenza a Niamey è tale che si dice sia stato proprio Massaoudou, nel luglio 2015, a chiedere e ottenere, con una mossa che ribalta i rapporti di potere postcoloniali, la rimozione dell'ambasciatore francese a Niamey, troppo critico delle derive autoritarie del regime. Da quel momento in avanti, le numerose manifestazioni di protesta della società civile nigerina, che denunciavano la corruzione e il malgoverno di Niamey, rimarranno prive di impatto locale e di eco internazionale. La delicata situazione regionale del Niger, stretto fra le guerre civili ai suoi confini in Libia, Mali e Nigeria, e periodicamente colpito da attentati terroristici nelle regioni periferiche, ha fornito un valido pretesto al governo di Niamey per abusare impunemente di una legislazione antiterrorismo, esplicitamente richiesta da Parigi nel 2011, particolarmente repressiva. Gli spazi di agibilità dell'opposizione politica si sono sempre più rarefatti, le associazioni locali e internazionali di difesa dei diritti umani hanno denunciato violazioni sempre più sistematiche della libertà di espressione e associazione, e nel 2017 si è arrivati al blocco totale delle autorizzazioni a manifestare «per ragioni di sicurezza».

Negli ultimi mesi, tuttavia, uno scandalo di particolare entità ha colpito le autorità di Niamey, e in particolare il ministro Massaoudou, portando a livelli esplosivi la tensione fra governo e opposizione civile. Nel febbraio 2017, un quotidiano locale ha pubblicato le prime indiscrezioni relative al cosiddetto Uranium Gate. Cuore dell'*affaire* è il giro di vendite sospette, risalenti alla fine del 2011, di un medesimo stock di uranio, estratto in Niger dalla multinazionale francese Areva. Nell'arco di pochi giorni, 2.500 tonnellate di uranio partono virtualmente da Areva, vengono risucchiate in una spirale di fumosissime transazioni, attraversano una serie di scatole cinesi e tornano ad Areva, registrando nel percorso una perdita netta di 100 milioni di dollari per il gigante francese. In un primo passaggio, Areva avrebbe venduto l'uranio a una valutazione nettamente inferiore al prezzo di mercato corrente alla società russa Energo Alyans. Pur risultando completamente priva di esperienza nel settore, Energo Alyans rivende la partita di uranio a una cifra molto vantaggiosa a Optima Energy, filiale libanese di una società svizzera con conto a Dubai presieduta dal magnate francese Jean-Claude Meyer. Dopo aver intascato una plusvalenza di 82 milioni di dollari, Energo Alyans scompare nel nulla. Il giorno successivo, Optima Energy rivende la partita di uranio a un prezzo sovrafatturato di ulteriori 17,6 milioni di dollari alla compagnia nazionale nigerina Sopamin. L'operazione è convalidata da Massaoudou, che pure allora non ha alcun legame formale con la Sopamin. E infatti Sopamin rivende lo stesso uranio ad Areva e nella transazione intasca 850 mila dollari, che sono versati al tesoro pubblico. Ma poco dopo, su richiesta dello stesso Massaoudou, sono trasferiti alla presidenza della Repubblica del Niger, dove da pochi mesi siede Issoufou, di cui lo stesso Massaoudou ha curato la campagna elettorale.

La commissione d'inchiesta parlamentare nigerina, che viene istituita nelle settimane successive per fare chiarezza su questa partita di giro, non riscontra sorprendentemente alcuna irregolarità. Tuttavia, i deputati dell'opposizione coinvolti si rifiutano di firmare la ricostruzione finale della commissione. Alcuni membri della società civile decidono allora di adire le vie legali e chiedono alla magistratura di fare luce sul caso. Vari ostacoli procedurali vengono opposti all'apertura del dossier: prima si impone il pagamento di una cauzione preliminare di circa 30 mila euro, dopodiché il conto su cui questa cifra è depositata viene chiuso e bloccato, con l'accusa di riciclaggio di denaro sporco. Siamo ad aprile, e la situazione diventa incandescente. Il 3 aprile viene arrestato il giornalista e sindacalista Baba Alpha, da sempre voce critica del governo. L'8 aprile la polizia preleva all'alba uno dei firmatari della denuncia, Maikoul Zodi, leader dell'opposizione e noto rappresentante della rete di società civile Publish What You Pay, che promuove una campagna a favore della trasparenza finanziaria. Vale la pena ricordare che il governo aveva imposto all'ong Oxfam di ritirare l'appoggio a Publish What You Pay e di sostituire la rappresentanza locale con del personale più compiacente. Il 10 aprile, una manifestazione studentesca è repressa nel sangue. La sera si conteranno un morto e più di cento feriti, mentre i leader dei sindacati studenteschi saranno incarcerati. Il mese successivo, un giovane attivista di Agadez sarà arrestato per aver pubblicato su facebook un post in solidarietà agli studenti e agli attivisti di Publish What You Pay. Il 15 maggio, uno dei leader dell'opposizione al regime di Issoufou viene arrestato e condannato a tre mesi di detenzione con l'accusa di incitazione al complotto sovversivo. A fine maggio, un altro portavoce di Publish What You Pay è ripetutamente interpellato dalla polizia giudiziaria, che vuole sapere chi siano i suoi sponsor politici.

3. Nonostante il clima di intimidazione, le persecuzioni giudiziarie mirate e la paranoia securitaria contro ogni forma di opposizione interna, il regime di Issoufou rimane il campione su cui l'Europa ha deciso di scommettere per la lotta a favore della legalità, contro i nemici designati della migrazione irregolare, della criminalità organizzata e del terrorismo in Africa. Invitato d'onore al G7 di Taormina, e poco dopo all'incontro di Berlino in preparazione del G20, Issoufou sembra essere riuscito a persuadere i partner europei della sua buona volontà, o anche solo della sua imprescindibilità. In cambio, ha ottenuto importanti riconoscimenti diplomatici e assegni in bianco multimilionari, risorse cruciali che di fatto gli permettono di rinsaldare il proprio potere a prescindere dalla legittimità interna, e ancor più dagli standard di *good governance* e rispetto dei diritti umani che fino a ieri rappresentavano il vincolo per l'accesso agli aiuti europei.

Tuttavia, il sospetto che la collaborazione di Niamey nella lotta alla migrazione irregolare sia solo di facciata alimenta il rischio che la politica europea in Niger si traduca in un completo fallimento. Anche a prescindere dalla discutibilità dei fini, i mezzi messi in campo per conseguirli rischiano di rivelarsi inutili, se non controproducenti. Al di là delle dichiarazioni magniloquenti nelle sedi diplomatiche, i numeri dei migranti in arrivo sulle coste italiane nel 2017, anziché diminuire, sono aumentati quasi del 50% rispetto al primo semestre del 2016. Sebbene i flussi attraverso gli snodi più ovvii del traffico di migranti in Niger abbiano registrato una flessione nel corso degli ultimi mesi, numerosi indizi segnalano che le carovane di migranti sempre più frequentemente sperimentano nuove strade nella vastità incontrollabile degli spazi desertici del Sahara, sia in Niger, sia nei paesi vicini, come Ciad e Mali. In cambio, il ricorso obbligato a passaggi periferici su mezzi precari, attraverso aree pericolose, espone i migranti a rischi crescenti. Sicché, se non diminuisce il numero di migranti che attraversano il Sahara, di certo aumenta il numero di quelli che muoiono provandoci, il che per ora rappresenta l'unico risultato dimostrabile – e tutt'altro che imprevedibile – delle politiche migratorie repressive sponsorizzate dall'Unione Europea in Niger. Mentre la sorveglianza europea e la repressione locale si concentrano sulla città simbolo di Agadez, in una serie di episodi senza precedenti fra maggio e giugno sono stati ritrovati più di duecento migranti finiti *en panne* sui percorsi meno battuti del deserto, a nord di Arlit e a ovest di Dirkou, dove facilmente soccombono per sete.

Nel frattempo, i *passeurs* di Agadez si sono organizzati per esprimere alle autorità la loro frustrazione nei confronti di una repressione che colpisce un mestiere largamente ritenuto legittimo, senza offrire reali prospettive d'impiego alternative. L'agitazione dei disoccupati locali desta particolare preoccupazione, dal momento che proprio l'industria della migrazione aveva consentito di riassorbire nella vita civile – per quanto in maniera informale – numerosi ex ribelli tuareg e tebu, addestrati solo a combattere e guidare. La scoperta di ricchi giacimenti d'oro nel Nord del Niger nel 2014, dove alcuni ex combattenti ed ex conducenti sono andati a cercare fortuna, ha fornito una provvisoria quanto miracolosa attenuazione di tali tensioni. Ma il rapido esaurimento dei filoni e la chiusura decretata dal governo di Niamey espongono la precarietà di una situazione sociale esplosiva. Non ci sarebbe quindi da sorprendersi se, nei mesi a venire, Niamey decidesse sottobanco di allentare la stretta sul business della migrazione, per evitare di istigare tentazioni eversive presso le popolazioni del Nord. A settembre 2016, quando ancora la repressione di Niamey si concentrava in maniera selettiva sui soli trafficanti di origine tebu, la proclamazione da parte di questi ultimi di un fronte armato di autodifesa ha immediatamente fornito la misura degli interessi in gioco. Issoufou sa bene di non potersi permettere di scontentare in maniera analoga i tuareg, più numerosi ed organizzati, né tantomeno i ricchissimi trafficanti di origine araba, che finanziano generosamente il suo partito. Già in passato Issoufou è ricorso a un astuto dosaggio di fasi restrittive, per accontentare il finanziatore europeo, e di fasi permissive, destinate a placare il fronte interno.

4. Irretite dall'ossessione del «problema migratorio», le politiche europee non sembrano dunque all'altezza della situazione, giacché rivelano una limitata sensibilità al contesto politico-sociale del Niger. Contemporaneamente, la lista delle priorità finisce per relegare nel dimenticatoio ogni altra forma di traffici, che pure abbondano nel territorio nigerino, il cui potenziale destabilizzante appare ben più preoccupante e reale. Mentre le forze di polizia di Agadez, su ordine dall'asse Niamey-Bruxelles, dedicano le limitate risorse disponibili a ostacolare la migrazione verso la Libia, sotto i loro occhi ogni settimana partono da Agadez, indisturbati, almeno una decina di convogli di narcotrafficanti che trasportano in Libia cocaina e oppiacei, come riconosce lo stesso ministero dell'Interno. A inizio maggio, a sud di Agadez, delle milizie fedeli a Niamey hanno intercettato un convoglio di 11 veicoli carichi di cocaina, 10 dei quali sarebbero riusciti a sfuggire. Nella stessa area, in un paio di mesi la polizia ha intercettato decine di chili di sostanze stupefacenti,

fra cui in particolare il Tramadol, per un valore di diversi milioni di dollari. E un fiorente traffico di medicinali falsi dalla Nigeria sta seriamente compromettendo gli sforzi per arginare l'epidemia di meningite che affligge il paese dall'inizio del 2017.

Sebbene sia comprovato che il riciclaggio dei profitti del narcotraffico possa infettare profondamente l'economia del paese, propagare la corruzione e alimentare focolai insurrezionali di varia natura, non risulta che i paesi europei abbiano profuso nella lotta al narcotraffico lo stesso impegno dedicato nella lotta contro la migrazione irregolare. D'altronde, proprio l'esempio della «guerra alla droga» dovrebbe suggerire a dei *policy-makers* avveduti che politiche puramente repressive rischiano di risultare poco incisive, nella migliore delle ipotesi, se non apertamente controproducenti. Eppure, le recenti conclusioni del Consiglio europeo esprimono una valutazione sorprendentemente positiva delle politiche migratorie adottate sul fronte africano, il che sottolinea la crescente distanza fra le intenzioni, la realtà dei fatti e la retorica. L'autocompiacimento di facciata di Bruxelles, destinato a placare le ansie delle opinioni pubbliche europee, potrà forse rivelarsi appagante nel breve termine delle scadenze elettorali, ma rischia di scaricare maggiori e più gravi problemi sul medio periodo. Ovvero, sul prossimo governo, e sulle prossime generazioni di europei e di africani sempre più disincantati. La «guerra alla migrazione irregolare» non ha ancora finito di generare i suoi mostri.

LA LIBIA RESTA UN CAMPO DI BATTAGLIA

di *Leonardo* B*ELLODI*

I governi rivali di Tripoli e Tobruk continuano a disputarsi il tesoro di Gheddafi, sostenuti dai rispettivi sponsor esterni. Petrolio, Banca centrale e fondo sovrano le poste in palio. Il pasticcio dell'Onu. Intanto l'economia affonda.

1. «A *BROKEN ECONOMY IN A BROKEN COUNTRY*», un'economia al collasso in un paese al collasso. Questa la lapidaria definizione della Libia data da un funzionario dell'amministrazione statunitense a margine di un incontro a Tripoli.

Dopo la caduta del regime di Gheddafi nel 2011, un cauto ottimismo sulle prospettive geopolitiche ed economiche della Libia era condiviso da quasi tutti gli osservatori internazionali. La lotta contro il dittatore aveva fatto passare in secondo piano divisioni e fratture che da sempre caratterizzavano la Libia, la cui composizione sociale era e resta di natura tribale.

La Libia è divenuta Stato ai tempi di Mussolini, nel 1934; l'Italia aveva provato a riunire Tripoli e la Cirenaica già nel 1911, ma con scarsi risultati. Dopo la monarchia, nel dopoguerra, vennero 42 anni di dittatura: Gheddafi tenne insieme la Libia con il bastone (molto) e la carota (distribuendo prebende e sussidi tra le varie tribù). La Libia è dunque uno Stato da circa un secolo, ma non è mai stata una nazione. Venuto meno il nemico coloniale, la lotta al quale accomunava gran parte della popolazione libica, sono riemerse le mai sopite differenze culturali ed etniche tra le varie cabile e tribù.

Da sei anni, un caos politico impedisce a qualsiasi istituzione di svolgere con efficacia e continuità il proprio lavoro. Il paese è in mano a milizie, islamiche e non, che spesso si fronteggiano e, più raramente, si alleano con l'Esercito nazionale libico comandato dal generale Ḥaftar, che ha la propria base in Cirenaica. Non si tratta solo di una disputa per il controllo del petrolio, delle riserve della Banca centrale o delle partecipazioni che il fondo sovrano libico (Lia) detiene nelle principali e più strategiche società europee e mondiali. È prima di tutto una contrapposizione fra milizie e tribù che l'accordo firmato circa quindici mesi fa ad al-Ṣaḫīrāt (Marocco) sotto gli auspici dell'Onu non è riuscito a comporre.

Inoltre, abbiamo a che fare con guerre per procura. Turchia e Qatar sembrano sostenere il Congresso nazionale generale (Cng) e gli islamisti; Marocco, Tunisia, Algeria e Arabia Saudita il governo di unità nazionale (Gna); Emirati Arabi Uniti, Francia, Russia e soprattutto Egitto appoggiano Ḥaftar.

Tutto ha creato una situazione di stallo da cui non sembra facile uscire, dal momento che ognuno si rifiuta di riconoscere l'autorità dell'altro. Nessuno ha il monopolio della forza, caratteristica che contraddistingue l'autorità di governo. In un paese di sei milioni di abitanti, circolano più di 20 milioni di armi e non tutte leggere.

Il primo ministro al-Sarrāǧ è a capo di un organismo, il Consiglio presidenziale, che costituisce una novità nel panorama del diritto internazionale, dal momento che è riconosciuto dalla comunità internazionale ma da ben pochi proseliti. Una situazione che dal punto di vista fattuale e giuridico ha delle conseguenze piuttosto negative.

2. Stante questo quadro d'insieme, non stupisce che l'economia libica sia duramente colpita. Nel 2010 la Libia aveva un pil (prodotto interno lordo) di circa 75 miliardi di dollari, uno dei più alti della regione (la contigua Tunisia «valeva» circa 44 miliardi nello stesso periodo); nel 2016 è sceso a 25 miliardi di dollari. Nel 2012 il reddito pro capite era di 13 mila dollari, nel 2016 di 4.500. Il deficit statale è sempre più alto, stante l'aumento delle spese e la drammatica riduzione delle entrate per il combinato disposto della ridotta produzione di idrocarburi e del deprezzamento del petrolio.

Anche altri Stati confinanti che hanno vissuto la cosiddetta primavera araba devono fare i conti con gli stessi scenari economici internazionali, ma hanno intrapreso azioni per fronteggiare la situazione. L'Egitto, ad esempio, ha avviato importanti riforme sia per aumentare le entrate che per diminuire le spese, creando tra l'altro le premesse per una maggiore presenza di investitori internazionali. Si stima che quest'anno gli investimenti esteri ammontino a più di 5 miliardi di dollari, oltre il doppio rispetto al 2016, e che il pil egiziano aumenterà del 5% entro il 2019.

La Libia non ha potuto adottare misure analoghe, essendo impossibile per il governo varare provvedimenti di *austerity* che avrebbero ulteriormente aumentato il disagio sociale. Il paese sta dunque drenando le proprie riserve per far fronte alle spese correnti: con gli attuali livelli di spesa e di produzione petrolifera, per raggiungere la parità di bilancio il prezzo del barile dovrebbe quotare 180 dollari, mentre nei primi cinque mesi del 2017 la media è stata di 50 dollari e nel 2016 di 44. Sempre nel 2016, secondo la Corte dei conti libica le entrate sono state pari a 8,6 miliardi (circa 6,1 miliardi di dollari), mentre le spese sono ammontate a 30 miliardi di dinari. Il risultato è che se nel 2013 le riserve libiche in valuta estera consistevano di circa 108 miliardi di dollari, nel 2016 sono scese a 43 miliardi.

Aumenta anche il disagio sociale, in quanto il governo tenta giustamente di eliminare, o quantomeno di limitare, i sussidi non dovuti (spesso alcune categorie

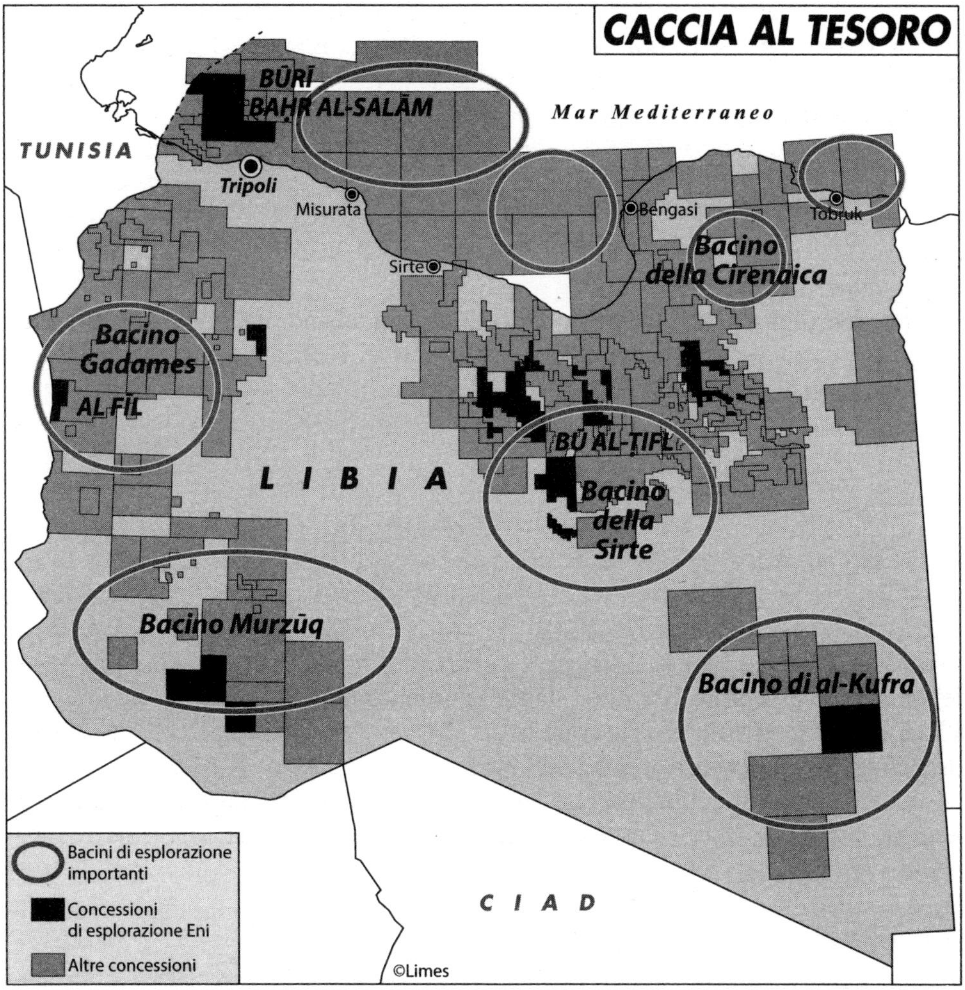

di cittadini percepivano un doppio o triplo sussidio); parallelamente, l'inflazione galoppante – 26% nel 2016 – riduce notevolmente il potere d'acquisto.

La priorità per il governo libico è massimizzare le entrate, dal momento che appare improbabile che siano varate misure di riduzione drastica dei sussidi. Purtroppo, i dissidi politici che caratterizzano la situazione libica investono anche le tre principali entità economico-finanziarie del paese: la Banca centrale, che finanzia in questo momento il governo internazionalmente riconosciuto; la National Oil Company (Noc) e la Libyan Investment Authority (Lia), il fondo sovrano.

3. L'economia libica dipende quasi totalmente dalla produzione di greggio e gas, che rappresenta il 98% delle esportazioni e il 90% circa delle entrate statali. Il greggio libico è di ottima qualità (*sweet oil*) e la Libia ha riserve accertate di circa 48 miliardi di barili, pari al 3,5% del totale mondiale: si tratta del nono paese al

mondo per riserve. Nel 1970, la Libia produceva circa 3,5 milioni di barili al giorno (b/g). A causa delle sanzioni internazionali e statunitensi, l'*output* petrolifero è sceso a 1 milione di b/g negli anni Ottanta.

Con la fine dell'embargo internazionale, molte compagnie petrolifere sono tornate a investire o hanno incrementato la propria presenza: poco prima della rivolta (febbraio 2011), la produzione era arrivata a 1,8 milioni di b/g. Nel 2016 è scesa a 200 mila b/g, il minimo storico dal 2011. In questi mesi assistiamo a una ripresa delle produzioni, che hanno raggiunto il picco di 760 mila b/g.

Tre sono le sfide che la Noc si trova ad affrontare.

La prima riguarda il prezzo internazionale del barile. L'Opec (l'Organizzazione dei paesi esportatori di petrolio), di cui la Libia è membro, cerca di trovare un consenso per limitare la produzione e far così aumentare i prezzi. Anche la Russia, paese che non fa parte dell'Opec, condivide questo obiettivo e segue le indicazioni dell'organizzazione. La produzione è stata tagliata di 1,25 milioni di b/g, portando il plafond a 32,3 milioni di b/g (la sola Arabia Saudita ha ridotto la propria produzione di 680 mila b/g). Ciò nonostante, i principali operatori internazionali concordano sul fatto che negli anni a venire il prezzo del greggio rimarrà tra i 50 e 60 dollari al barile (ben lontano dai 140 dollari toccati nel 2014). Questo perché il mercato non è più nelle sole mani dell'Opec. A inizio 2017, la produzione di *shale oil* americano ha raggiunto livelli mai toccati prima, annullando di fatto i tagli che l'Opec si è imposta. Nel mercato dei *futures*, il greggio è trattato tra i 49 e i 50 dollari al barile.

Le autorità libiche dovranno necessariamente fare i conti con questa realtà. Dal momento che il prezzo del barile costituisce una variabile indipendente rispetto al comportamento della Noc, si dovrebbe agire su un'altra variabile: l'aumento della produzione. Qui sta la seconda sfida. Per affrontarla, sono necessari investimenti infrastrutturali soprattutto da parte delle compagnie petrolifere internazionali, che restano o vanno in Libia solo in presenza di pur minime garanzie di sicurezza.

La terza sfida, legata alla seconda, è la composizione delle vertenze tra la Noc, che è internazionalmente legittimata a produrre e vendere il greggio, e alcune entità che non sono sotto il suo controllo. Due terzi della produzione di idrocarburi arriva infatti dalla Cirenaica, un quarto dal Sud-Ovest e il rimanente da alcune piattaforme *offshore* poste nel mare prospiciente Tripoli e il confine tunisino. Cinque dei sei terminali di esportazione sono a est, così come quattro dei cinque impianti di raffinazione.

Tutte queste infrastrutture nell'Est libico sono state oggetto di contese e chiusure da parte di milizie locali che se ne volevano assicurare il controllo. In particolare, gli scontri hanno interessato la fascia costiera detta Oil Crescent, una baia di circa 200 chilometri che si estende tra i porti di Sirte e Rās Lānūf. Questa zona è stata oggetto di violenti scontri tra le truppe facenti capo a Ḥaftar e la Bdb (Brigata di difesa di Bengasi). Entrambe le fazioni si sono rifiutate di firmare gli accordi di al-Ṣaḫīrāt, ma la Bdb si è schierata con il Consiglio presidenziale, riportando la zona sotto il controllo della Noc.

Nell'aprile di quest'anno, l'Esercito nazionale libico di Ḥaftar ha però ripreso il controllo dei terminali di al-Sidr e della vicina raffineria di Ra's Lānūf. Fonti vicine a Ḥaftar affermano che è grazie agli interventi di manutenzione della Lna che la produzione libica di greggio è arrivata al livello record attuale di 760 mila b/g (si ritiene che il greggio sia stato venduto in Cina ed Egitto). Questi scontri, oltre a disincentivare la presenza di compagnie internazionali, causano enormi perdite: secondo il presidente della Noc, Sun' Allāh, la chiusura dei terminali ha causato perdite per circa 120 miliardi di euro.

4. La Banca centrale libica gode a livello domestico e internazionale di una certa autorevolezza e credibilità. La vertenza tra Tripoli (Consiglio presidenziale) e al-Bayḍā' (parlamento) sul controllo della stessa appare composta, dopo che nel maggio 2016 la filiale di al-Bayḍā' della Banca ha emesso una propria divisa e preso possesso dei conti custoditi nella filiale stessa, provocando una dura reazione da parte della comunità internazionale e soprattutto delle autorità statunitensi.

Attualmente la Banca centrale affronta alcune sfide economiche interne: la lotta all'inflazione, il tentativo di arrestare l'emorragia di fondi pubblici, il mercato nero dei cambi (il dinaro è scambiato nel mercato parallelo a 9-10 contro il dollaro, a fronte di un tasso ufficiale di 1,4), ma soprattutto riportare il sistema bancario libico al centro dell'economia del paese (oggi il 70% degli scambi avviene fuori dai circuiti bancari).

Il fondo sovrano libico (Lia) è quello che patisce di più la situazione politica e giuridica del paese, manifestando gli effetti di alcune scelte giuridiche delle Nazioni Unite. La Lia è stata costituita da Gheddafi e ha come obiettivo investire a lungo termine in società estere. Durante il regime, il governo del fondo era piuttosto chiaro e regolato dalla legge 13, ma la provenienza del fondo di dotazione, il suo esatto ammontare, la scelta di dove e quando investire erano a dir poco opachi, tant'è che nel novembre 2011 una società internazionale di consulenza cominciò un lungo lavoro volto a rintracciare tutti gli investimenti effettuati. Lavoro mai completato.

La Lia conta attualmente su investimenti di lungo periodo per circa 70 miliardi di dollari. Tra le circa 550 partecipazioni, ve ne sono anche in società considerate strategiche, come Pierson Group, Bp, Pfizer, Bayer, AT&T, Vivendi, Unicredit, Eni, Finmeccanica, Siemens, Telefónica, Tamoil, Lafico. Per evitare che questa enorme quantità di denaro venisse dissipata, dispersa o utilizzata in modo illegale, le Nazioni Unite hanno congelato le partecipazioni e i fondi prima come misure contro il regime di Gheddafi, poi come strumento di tipo «conservativo».

Attualmente la Lia ha tre problemi principali. Il primo è la gestione dei fondi: secondo i vertici del fondo sovrano e alcuni esperti finanziari, il fatto che i fondi siano congelati in alcune banche e che gli investimenti non possano essere smobilitati a condizioni di mercato ha provocato ingenti perdite (circa 721 milioni di dollari) e mancati guadagni per circa 2,3 miliardi. Nell'ultimo rapporto del 2016, gli stessi esperti delle Nazioni Unite hanno ammesso che un certo problema esiste[1].

Il secondo tema riguarda il fatto che più persone affermano di essere i legittimi rappresentanti della Lia. Il governo di al-Sarrāǧ ha messo 'Alī Maḥmūd a capo del comitato di sorveglianza del fondo: una decisione osteggiata da 'Abd al-Maǧīd Burayš, che controlla gli uffici della Lia a Tripoli e che è protetto da alcune milizie. Vi è poi 'Alī Šāmiḫ, nominato dal governo di al-Ṯinnī in esilio a Tobruk.

Il terzo problema è dato dal fatto che esiste una vertenza di fronte all'Alta Corte di Londra tra la Lia e due importanti istituzioni finanziarie per una pretesa cattiva gestione dei fondi ad esse affidati. Le istituzioni finanziare hanno chiesto alla Corte di indicare chi fosse il legittimo rappresentante della Lia e la Corte si è rivolta al Foreign Office per un parere[2].

Tutti e tre i temi sottendono la stessa domanda: chi è il legittimo governo libico che può nominare i vertici della Lia? La domanda è stata posta dalla Banca centrale libica alla Corte suprema di Tripoli. La riposta della Corte suprema è stata lapidaria: nessuno. Nessun pretendente poteva considerarsi il legittimo rappresentante, dal momento che nessuno era stato nominato da un'entità politica conforme alla costituzione libica e alla legge 13, istitutiva della Lia. La legge 13 prevede infatti che vi siano due organismi: il consiglio di amministrazione e il consiglio direttivo. Il primo è composto dal presidente del Consiglio e da una serie di ministri, che nominano i direttori e tra essi il presidente. Ma secondo la costituzione libica, il Consiglio presidenziale di al-Sarrāǧ non è un vero e proprio governo. Non essendolo, non può formare un consiglio di amministrazione che a sua volta nomini il direttivo.

5. Emerge qui un tema che è causa di molti problemi in Libia: il Consiglio presidenziale frutto dell'accordo Onu del dicembre 2016, ha un riconoscimento internazionale, ma da un punto di vista interno non è conforme alla costituzione. Non è un tema squisitamente giuridico, dal momento che i detrattori del governo Sarrāǧ fanno leva proprio su questa (pretesa) mancanza di legittimazione.

Nel luglio 2014, le elezioni politiche in Libia hanno portato alla creazione di un nuovo parlamento, la Camera dei rappresentanti, che ha preso il posto del Congresso generale nazionale. I partiti liberali e moderati hanno vinto la maggioranza dei seggi, mentre i partiti di ispirazione islamica hanno ottenuto 30 seggi su 200. La partecipazione alla urne è stata piuttosto bassa (meno del 20%) e ciò ha portato a scontri tra fazioni laiche e religiose. Gli islamici hanno preso il controllo di Tripoli,

1. Al paragrafo 257 del Rapporto Onu del 3 marzo 2016 (S/2016/209) si afferma: «It was clearly not the aim of the Security Council that the investments should be diminished, meaning that this matter needs to be clarified, preferably by including an explicit exemption for fund management in a future resolution». La raccomandazione 8 dello stesso Panel statuisce: «To explicitly allow and encourage the reinvestment of assets frozen under the measures, in consultation with the Government of Libya, in order to protect the value of investments of designated individuals and entities».

2. Nei paesi di *common law* è prassi che quando una vertenza può avere ripercussioni sulle relazioni internazionali, il giudice chieda un parere al potere esecutivo.

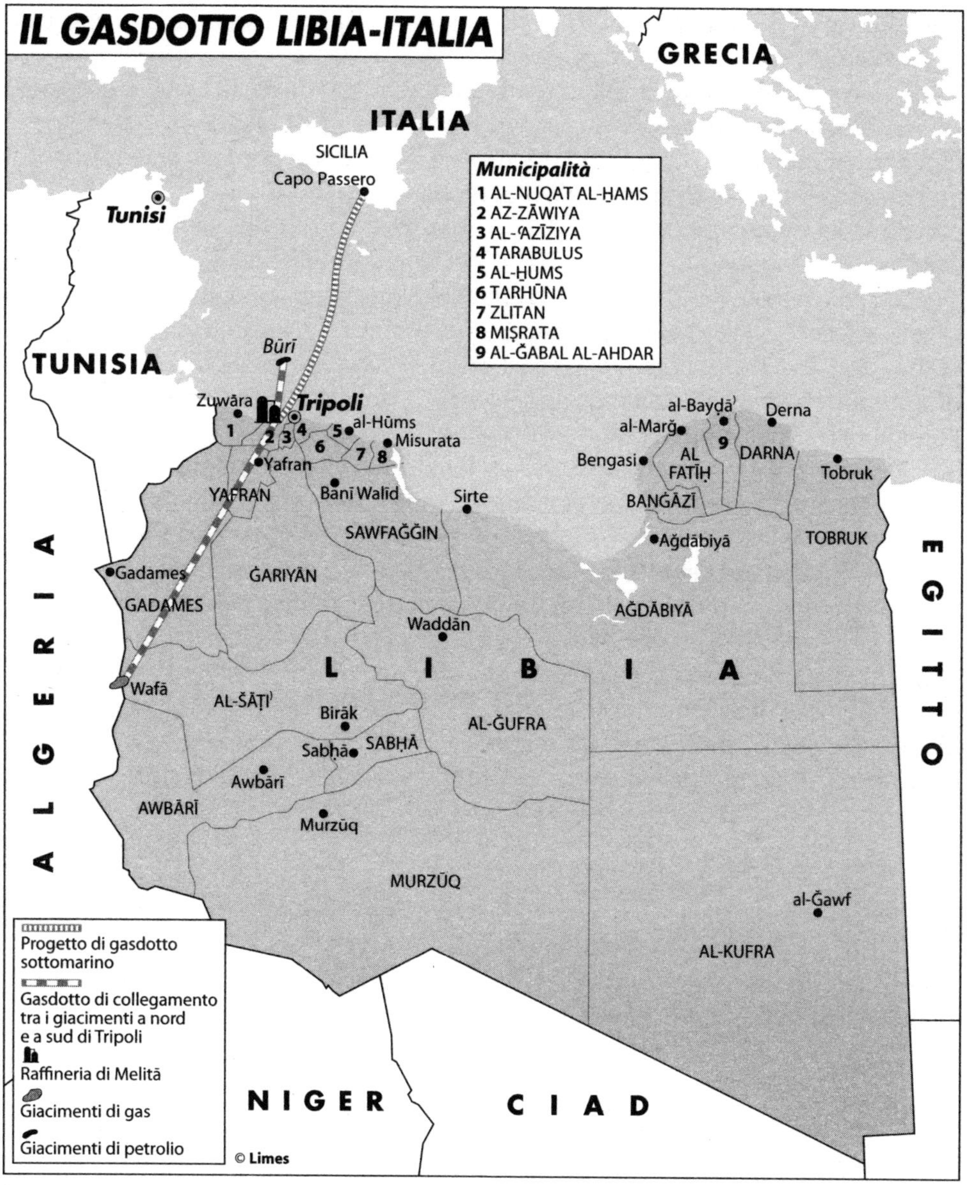

costringendo il parlamento e il governo da esso eletto (quello di al-Ṯanī) ad andare in esilio a Tobruk.

Da metà 2014 fino al 2015 il governo al-Ṯanī è stato riconosciuto dalla comunità internazionale e ha rappresentato la Libia alle Nazioni Unite. Seppure contestato, dunque, il governo al-Ṯanī godeva di una certa legittimazione interna e di una solida legittimazione internazionale. Vero è che dopo le elezioni una coalizione di milizie islamiche (raggruppate sotto il nome di Alba libica) ha ricostituito il

Consiglio generale e nominato un primo ministro. Turchia, Qatar e Sudan hanno riconosciuto il nuovo «illegittimo» governo, che ha ottenuto poi anche il supporto di Giordania, Kuwait, Bielorussia e Serbia. Questa nuova entità controllava molto più territorio, milizie e soldi del governo legittimo.

L'inviato speciale delle Nazioni Unite ha cercato per mesi di raggiungere un compromesso tra i due governi e il 17 dicembre 2015 rappresentanti dei due governi hanno firmato un accordo per la costituzione di un esecutivo di unità nazionale. I due parlamenti rivali (Tripoli e Tobruk) si sono rifiutati di ratificare l'accordo. Ciò nonostante, l'Onu ha proseguito nella rotta tracciata, formando il Consiglio presidenziale con a capo al-Sarrāğ e riconoscendone (meglio, concedendogli) la legittimazione internazionale. In un secondo tempo, il Consiglio di sicurezza ha posto in una lista nera i presidenti dei due parlamenti per aver ostacolato il percorso indicato nell'accordo del dicembre 2015.

Ciò rappresenta un fatto piuttosto insolito nella prassi dell'Onu, che ha sempre affermato di «non possedere alcuna autorità nel riconoscere un nuovo Stato o un nuovo governo di uno Stato esistente»[3].

Il paradosso del governo al-Sarrāğ, riconosciuto a livello internazionale ma illegittimo secondo le leggi vigenti in Libia, va risolto prima possibile per il bene del popolo libico, degli Stati confinanti e per la sicurezza internazionale.

3. Poi continua affermando: «The linkage of representation in an international organization and recognition of a government is a confusion of two institutions which have superficial similarities but are essentially different». UN Security Council, lettera dell'8 marzo 1950 dal segretario generale al presidente del Consiglio di sicurezza che trasmette un memorandum relativo agli aspetti legali del problema della rappresentanza alle Nazioni Unite, Un Doc. S/1466, p. 2.

SE L'ITALIA DIVENTA STATO CUSCINETTO

di *Ferruccio* PASTORE

Dopo la quasi totale chiusura della rotta balcanica, il nostro paese è diventato obiettivo di gran parte dei migranti che traversano il Canale di Sicilia. Le partenze dalla Libia non si fermano, mentre i morti in mare aumentano. Roma dovrà agire da sola?

1. NEMMENO DUE ANNI FA, L'UNIONE EUROPEA sembrava sul punto di disgregarsi sotto la pressione di un afflusso straordinario di profughi. L'impennata degli arrivi era stata indotta dalla decisione a sorpresa della cancelliera tedesca (agosto 2015) di aprire le porte ai richiedenti asilo siriani, sospendendo l'applicazione del controverso regolamento di Dublino di cui fino ad allora il governo tedesco era stato il più strenuo difensore.

La clamorosa svolta tedesca inaugurava uno dei periodi più convulsi e drammatici nella storia del processo di integrazione europea. In pochi mesi, si susseguivano un numero senza precedenti di Consigli europei e altri vertici informali dedicati all'emergenza. Ma, per diversi mesi, quell'attivismo frenetico rimaneva improduttivo. Nel frattempo, colta di sorpresa dal volume e dal ritmo degli arrivi, già il 13 settembre 2015 Berlino faceva marcia indietro, reintroducendo temporaneamente i controlli alle frontiere Schengen con l'Austria. Ma a quel punto già più di un milione di persone si era messo in moto: i più fortunati arrivando fino all'agognata destinazione nordeuropea, gli altri rimanendo intrappolati lungo la strada.

In poche settimane, la sconcertante doppia giravolta tedesca aveva rivelato la fragilità geopolitica delle fondamenta del regime migratorio europeo, ancora di fatto fondato sulle convenzioni gemelle di Schengen e Dublino, entrambe risalenti al giugno 1990. Non solo: quelle poche settimane avevano mostrato impietosamente come la difficoltà politica delle democrazie europee di accogliere flussi di rifugiati (che sulla carta, però, non potevano respingere) rappresentasse un tallone d'Achille potenzialmente fatale per qualunque governo del continente. Ne fu prova il drammatico domino di chiusure delle frontiere e costruzione di barriere, fisiche e amministrative, che sconvolse l'Europa centrorientale e i Balcani nell'autunno 2015, ricordando a tutti il potenziale esplosivo di quella regione, storicamente dimostrato e più volte dimenticato.

È stato solo con il perfezionamento dell'intesa con la Turchia, nel marzo 2016, che l'Unione Europea ha trovato un modo per arginare la crisi, seppure a carissimo prezzo. Non solo per la contropartita economica, senza precedenti tra gli accordi in materia di migrazioni (6 miliardi di euro, laddove, per esempio, il patto di amicizia Berlusconi-Gheddafi dell'agosto 2008 aveva un controvalore di 5 miliardi di dollari, però spalmati su 20 anni), ma anche per il costo politico. Sebbene la storia non consenta la controprova, molti infatti ritengono che il potere negoziale acquisito da Erdoğan grazie alla crisi abbia favorito il giro di vite repressivo culminato con la più grande purga di giornalisti, intellettuali e funzionari pubblici vista in Europa negli ultimi decenni e poi coronato dal plebiscito sulla riforma costituzionale (aprile 2017).

Della dichiarazione Ue-Turchia sono stati molto discussi (e aspramente criticati, sia dalle organizzazioni non governative che da quelle internazionali) gli aspetti giuridici relativi al diritto di asilo. Ma da quel punto di vista, l'accordo informale ha prodotto scarsi risultati: le espulsioni dalla Grecia alla Turchia restano nell'ordine di alcune centinaia e poco più alti sono i numeri dei reinsediamenti di profughi siriani dalla Turchia verso l'uno o l'altro Stato membro dell'Unione. Sostanzialmente improduttiva, almeno finora, è anche la parte dell'intesa sulla rivitalizzazione dei negoziati per l'adesione di Ankara all'Ue, e la liberalizzazione dei visti per i cittadini turchi. Quello che invece ha funzionato è stato lo scambio politico sul piano più strettamente materiale, tra l'impegno turco a bloccare le partenze e quello europeo a sbloccare i crediti. Uno scambio che ha avuto come risultato immediato e concreto il crollo degli sbarchi in Grecia e la sostanziale chiusura della rotta balcanica.

2. Ripristinato l'ordine (migratorio) nei Balcani, l'attenzione politica e mediatica è drasticamente diminuita. Anche se i flussi non sono del tutto cessati e la Grecia si è intanto trasformata in un disperato vicolo cieco per decine di migliaia di persone, il resto dell'Europa ha distolto lo sguardo. All'inizio di un anno elettorale delicatissimo, l'imperativo è diventato quello di bagnare le polveri, per evitare di fornire assist a Marine Le Pen e a Frauke Petry. Dalle Alpi in su, si è rapidamente imposta la percezione che il momento peggiore della crisi fosse superato. La vittoria di Macron ha poi contribuito a diradare ulteriormente le nuvole cupe dell'anno precedente.

Ma, visto dall'Italia, il quadro è ben diverso. A differenza di quella balcanica, la rotta del Mediterraneo centrale, che dalla Libia conduce nei porti del nostro Mezzogiorno, è più aperta che mai. Dopo aver sfondato ogni record precedente nel 2014, con 170.100 arrivi, e aver subìto un leggero calo l'anno successivo (153.842 persone sbarcate), nel 2016 si è raggiunto un nuovo picco (181.436) e a metà giugno 2017 il trend risultava ulteriormente rafforzato, con oltre 65 mila migranti già salvati e trasportati sul suolo italiano.

Dati questi numeri, la percezione, prevalente a Berlino e a Bruxelles, che il momento peggiore della crisi sia passato non può essere condivisa al di qua dei valichi del Brennero o di Ventimiglia. Se per un breve periodo era parso che si andasse formando una visione condivisa e una certa unità di intenti, almeno tra i paesi di primo arrivo come il nostro e quelli di ideale destinazione come la Germania, ora sembra di essere tornati a una situazione di forte asimmetria nella percezione delle priorità in materia migratoria, tra Roma e le altre capitali.

Il senso di crescente isolamento è acuito da un oggettivo aggravamento dell'onere a carico del sistema italiano di accoglienza. Una certa disinvoltura nelle prassi amministrative, per cui solo una parte di chi sbarcava era sottoposto a rilievi fotosegnaletici e al prelievo delle impronte, consentendo così di fatto la prosecuzione del viaggio verso nord, appartiene ormai al passato. Oggi, anche a causa dell'approccio «*hotspot*» impostoci dalla Commissione europea, la quasi totalità di chi arriva e presenta domanda di asilo nel nostro paese viene registrato, riducendo così fortemente le possibilità di una prosecuzione irregolare del viaggio. Le statistiche forniscono una chiara conferma di questa tendenza: nel 2014 le richieste di asilo erano poco più di un terzo degli sbarchi (64.625 su 170.100); nel 2016 quel divario si è notevolmente ridotto (122.960 domande su 181.436 persone arrivate via mare).

Nel frattempo la composizione dell'afflusso è cambiata, sia rispetto al paese di origine che alle caratteristiche socio-demografiche. Nel 2014 le prime due nazionalità dichiarate al momento dello sbarco erano la siriana e l'eritrea (rispettivamente con 42.323 e 34.329 persone), entrambe provenienze per cui è molto alto il tasso di riconoscimento della protezione internazionale. Nei primi mesi del 2017 (dati aggiornati al 19 giugno) ai primi posti troviamo Nigeria (10.455 arrivi), Bangladesh (7.106) e Guinea (6.268), tutti paesi per cui è rara la concessione dell'asilo o anche della più blanda protezione sussidiaria. Questi cambiamenti nel mix delle provenienze, uniti a una crescente pressione da parte dell'Unione Europea per una valutazione sempre più rigorosa delle domande, sono all'origine di un vero e proprio crollo dei tassi di riconoscimento: i dinieghi, che erano solo il 18% nel 2012, sono passati al 61% nel 2016; è calata soprattutto (dal 52% al 21%) la quota di provvedimenti di protezione umanitaria, uno status «flessibile» riconosciuto solo a livello nazionale, che veniva tipicamente accordato ai migranti africani, spesso vulnerabili e difficili da espellere, ma generalmente non rientranti nei rigidi canoni richiesti per una protezione di rango europeo.

Cresce dunque, tra coloro che vengono salvati nel Canale di Sicilia o nei pressi della Libia, la quota di chi, dopo qualche mese, si trova privo di qualsiasi permesso di soggiorno, impossibilitato tanto a proseguire il viaggio quanto a fare ritorno in patria. Su questa massa crescente di irregolari, le poche migliaia di espulsioni effettuate ogni anno incidono poco. In assenza di risorse e soprattutto di accordi di riammissione funzionanti con i paesi di origine, non basterà una moltiplicazione dei centri di detenzione (come previsto dalla legge 13 aprile 2017, n. 46) a far crescere il tasso di rimpatrio di coloro ai quali non viene riconosciuto il diritto di rimanere.

C'è un'ultima ragione per cui l'onere che grava sull'Italia tende a crescere, rendendo concreto lo scenario di essere costretti nel ruolo scomodo di paese cuscinetto, stretto tra una pressione migratoria irriducibile e una solidarietà europea solo nominale. All'interno di flussi sempre più eterogenei, su barconi sempre più carichi, si registra una presenza crescente di persone che, pur non qualificandosi necessariamente come rifugiati alla luce dei parametri europei e internazionali, hanno profili evidenti di vulnerabilità e, in prospettiva, generano una sfida particolarmente ardua in termini di integrazione. Il caso più evidente è rappresentato dai ragazzi di età inferiore ai 18 anni e privi di adulti di riferimento: i cosiddetti «minori stranieri non accompagnati» (Msna), che dal 7,7% del totale degli sbarcati nel 2014 sono schizzati al 14,2% nel 2016, per assestarsi sopra al 13% nei primi cinque mesi del 2017.

Un'altra categoria vulnerabile e problematica, ma più difficile da individuare con certezza, è costituita dalle donne vittime di tratta a fini di sfruttamento sessuale. Decenni di esperienza investigativa e giudiziaria, oltre che di ricerche, mostrano come questo profilo sia purtroppo particolarmente diffuso tra le migranti provenienti da alcuni Stati della Nigeria meridionale (soprattutto Edo, Lagos, Delta). Per queste donne, che oggi rappresentano una quota importante degli arrivi (oltre 10 mila nel 2016), sarebbe necessario un investimento molto più elevato e mirato, a fini di identificazione, protezione mirata e sostegno all'integrazione in circuiti alternativi. L'unica risposta, invece, è spesso la condanna all'irregolarità, che le imprigiona di fatto nelle reti dello sfruttamento.

3. Vista dall'Italia, l'emergenza non è dunque rientrata e si è anzi aggravata, sotto diversi profili. Non sono infatti solo gli arrivi a essere aumentati, ma anche il numero di coloro che non ce l'hanno fatta. I migranti morti e dispersi durante la traversata, che erano diminuiti da 3.161 a 2.876 tra 2014 e 2015, sono diventati 4.581 nel 2016 e – secondo i dati dell'Organizzazione internazionale per le migrazioni (Oim) – erano già 1.737 al 14 giugno 2017.

Oltre a questi terribili numeri assoluti, sconvolgono i valori relativi: se nel 2015 il rapporto tra il numero delle vittime registrate (comunque una sottostima) e quello dei «salvati» era di 18,7 ogni mille, nel 2016 esplodeva raggiungendo il 25,2%, crescendo poi ulteriormente nei primi mesi del 2017. Oggi, dunque, per ogni quaranta migranti che si imbarcano in Libia, almeno uno è destinato a morire in mare e a non varcare mai le frontiere dell'Europa.

Di fronte a questi dati è importante non assuefarsi e conservare la capacità di una reazione emotiva. Ma è anche essenziale non smettere di esercitare la ragione. Il che vuol dire, per esempio, spiegare un paradosso: perché le morti sono cresciute in parallelo agli sforzi per evitarle? In questi anni, infatti, l'apparato di ricerca e salvataggio (spesso viene usata l'espressione inglese *Search and rescue*, o l'acronimo Sar) dispiegato nel Mediterraneo centrale è diventato sempre più imponente e complesso. Un primo momento di svolta era stato il tremendo naufragio del 3 ottobre 2013 (266 vittime identificate, oltre venti dispersi), che aveva spinto il governo Letta a lanciare l'operazione Mare Nostrum (Omn), potenziando un'attività già avviata da anni. Alla fine del 2014, crescenti polemiche su un presunto effetto «magnete» indussero il governo italiano a sospendere Mare Nostrum, rimpiazzata da un'operazione multinazionale denominata Triton e coordinata dall'agenzia europea Frontex. In una prima fase, Triton aveva mezzi e un mandato più limitati di Mare Nostrum; in particolare, tanto il budget (meno di 3 milioni di euro al mese, contro i 9 di Omn) quanto il raggio di azione in mare (entro 30 miglia dalla costa italiana) erano decisamente più ridotti. Fu solo nel maggio 2015, a fronte di un'impennata nel numero di vittime, che l'agenzia europea basata a Varsavia si convinse a rafforzare l'operazione, ampliandone l'ambito di azione. Nello stesso periodo (giugno 2015), il Consiglio Ue decideva di attivare una missione militare denominata Eunavfor Med (poi ribattezzata Sophia, dal nome di una bambina data alla luce in mare) con il duplice compito di contribuire a smantellare le reti del traffico e della tratta di esseri umani, e di ridurre le morti in mare.

L'apparato Sar – il cui coordinamento generale nell'area in questione spetta al corpo delle capitanerie di porto – è così diventato sempre più articolato e consta oggi di quattro componenti principali. Alle forze italiane e a quelle multinazionali, si aggiungono i natanti commerciali (mercantili e pescherecci), obbligati dal diritto internazionale marittimo a intervenire in soccorso di imbarcazioni in difficoltà. Inoltre, dalla fine del 2014, è comparsa una nuova tipologia di soggetti: natanti privati umanitari, gestiti da organizzazioni non governative (ong) anche molto diverse tra loro per dimensioni e approccio, ma per cui il salvataggio dei migranti non è un'attività eventuale e collaterale, come per le imbarcazioni commerciali, bensì l'obiettivo specifico e prioritario.

È interessante notare come l'importanza relativa delle diverse componenti di questo complesso sistema sia profondamente cambiata in breve tempo. Fino a pochi anni fa, le attività di salvataggio nel Mediterraneo centrale erano svolte quasi esclusivamente da forze italiane, con l'occasionale contributo di imbarcazioni commerciali. Dal 2015, in una prima fase è cresciuto il ruolo di «assetti» stranieri o multinazionali (giunti ad effettuare circa un quarto dei salvataggi), poi nuovamente calato nel 2017, mentre diventava ingentissimo quello delle ong, che oggi salvano oltre un terzo delle persone (*tabella*).

Come si vede, dunque, quella condivisione delle responsabilità spesso invocata dalle autorità italiane c'è effettivamente stata, almeno in parte. Ma se in un primo

MIGRANTI SALVATI *(numeri assoluti e % sul totale salvataggi)*

CATEGORIE DI SOGGETTI IMPEGNATI IN SAR	2013	2014	2015	2016	2017 (GEN-APR)
Forze militari o di polizia italiane	30.682 (82,34%)	122.626 (73,69%)	76.809 (50,41%)	73.826 (41,39%)	12.213 (33,52%)
Forze Ue (Sophia, Triton) o di Stati esteri	363 (0,98%)	1.683 (1,01%)	39.313 (25,82%)	43.905 (24,6%)	5.867 (16,1%)
Navi mercantili	6.213 (16,68%)	40.611 (24,43%)	16.158 (10,6%)	13.888 (7,78%)	5.698 (15,65%)
Navi Ong	/	1.450 (0,87%)	20.063 (13,17%)	46.796 (26,23%)	12.646 (34,73%)
TOTALE	**37.258**	**166.370**	**152.343**	**178.415**	**36.424**

Fonte: Elaborazioni dell'autore basate sul documento conclusivo della "Indagine conoscitiva sul contributo dei militari italiani al controllo flussi migratori e l'impatto delle attività delle organizzazioni non governative", Senato della Repubblica, 4a Commissione permanente (Difesa), 16 maggio 2017, Doc. XVII, n. 9.

tempo il *burden sharing* è avvenuto con altri Stati e con le istituzioni di Bruxelles, più recentemente si è trattato soprattutto di una redistribuzione dei compiti tra soggetti pubblici e privati.

In questo contesto, nella primavera 2017 alcune dichiarazioni vaghe e forse incaute dei responsabili di Frontex e di un magistrato italiano, amplificate dai media, hanno innescato una polemica velenosa su presunte collusioni tra ong e trafficanti. L'indagine parlamentare già citata non ha trovato alcuna conferma di questi sospetti, arginando così una pericolosa tendenza alla delegittimazione di un'attività di cui è confermata l'importanza, anche a fronte di un impegno internazionale istituzionale che appare in contrazione.

Al di là di questa vicenda e in attesa di un perfezionamento del coordinamento tra le diverse componenti dell'apparato di salvataggio, rimangono serie perplessità sul senso complessivo di una politica che, per quanto impegnativa e costosa, non sta portando a una riduzione delle fatalità e sembra anzi contribuire a un tragico circolo vizioso. In questa situazione tesa e confusa, due dinamiche sono particolarmente preoccupanti. Anzitutto, prosegue la speculazione al ribasso dei trafficanti, che usano mezzi sempre più economici e inadeguati, moltiplicando i rischi per i migranti. Insieme, si delinea una rivalità insensata tra la guardia costiera di Tripoli, ansiosa di bloccare le partenze per guadagnare crediti verso gli europei, e le forze impegnate nei soccorsi, soprattutto quelle indipendenti, da troppi percepite come un intoppo.

4. Con l'accordo Ue-Turchia, i paesi in prima linea nella crisi del 2015, Germania *in primis*, sono riusciti a europeizzare efficacemente la crisi, costi compresi. Abbiamo visto come sia invece rimasto aperto il fronte centro-mediterraneo, con un crescente isolamento dell'Italia, esposta, come la Grecia, al rischio di essere costretta nell'oneroso e scomodo ruolo di Stato cuscinetto.

I rischi di questa asimmetria sono risultati presto chiari alle autorità italiane, tanto che già il 18 marzo 2016, ai margini di un vertice europeo, l'allora presidente del Consiglio Matteo Renzi dichiarava: «Sia chiaro che lo stesso approccio che è stato riservato alla Turchia va garantito agli altri paesi limitrofi. In particolare alla Libia». Qualcosa, in effetti, trapelava nelle conclusioni ufficiali del summit, ma in termini generici e non impegnativi. Da allora, sebbene sia pervenuto qualche segnale concreto da Bruxelles (tra cui 200 milioni per la cooperazione con Tripoli in materia migratoria), il peggioramento della situazione alle frontiere ha indotto il governo italiano a un frenetico attivismo diplomatico. Aperta la strada con un memorandum di intesa tra Gentiloni e al-Sarrağ (2 febbraio 2017), le mosse successive sono state affidate al ministro dell'Interno Minniti, prima mediante un inconsueto incontro al Viminale con i capi tribali del Fezzan libico (31 marzo), poi con un vertice quadrangolare (21 maggio), con l'omologo libico e i colleghi di due paesi di transito limitrofi, Ciad e Niger.

Pragmatica e condotta sotto la pressione di una situazione interna e internazionale preoccupante, questa politica «interna estera», affidata ai responsabili politici delle forze di polizia, caratterizzata da livelli alti di informalità e piuttosto bassi, invece, di trasparenza e controllo parlamentare, suscita notevoli perplessità. C'è da dubitare se questo approccio – apparentemente poco conciliabile con quello multidimensionale e integrato caldeggiato dalla stessa Italia con l'importante *non-paper* dell'aprile 2015 intitolato «Migration Compact – Contribution for an EU strategy for external action on migration» – possa produrre effetti positivi e duraturi.

Innanzitutto, è importante non procedere da soli, e da questo punto di vista la recente visita a Tripoli del ministro degli Esteri tedesco, Sigmar Gabriel (7 giugno 2017), rappresenta un segnale incoraggiante. Ma è anche essenziale non procedere in modo squilibrato, puntando tutto sull'*outsourcing* dei controlli migratori, e limitandosi a impegni vaghi per agire sui fattori che spingono a emigrare a rischio della vita[1]. Su questo terreno complesso e decisivo l'Europa non può contare su convergenze internazionali automatiche. Una dura conferma è venuta dal G7 di Taormina, dove il presidente statunitense ha imposto una sottolineatura di sapore ottocentesco, che forse segna la fine del consenso occidentale liberale, peraltro spesso solo di facciata, sul diritto di asilo: «Noi riaffermiamo il diritto sovrano degli Stati, da soli e collettivamente, di controllare i propri confini e di sviluppare politiche nel nome dei loro interessi e della loro sicurezza nazionale» (comunicato dei leader, punto 24).

Apparentemente uniti nella convinzione che le future crisi migratorie non potranno essere affrontate mediante l'apertura regolata e la solidarietà (il fallimento della *relocation*, nonostante il tardivo avvio della procedura di infrazione ai danni di Polonia, Repubblica Ceca e Ungheria, è un pesante precedente), bensì attraverso l'azione esterna, gli europei devono però trovare una linea coerente su cui investire massicciamente. Come ha dimostrato il recente dibattito parlamentare sul nuovo «*consensus on development*», approvato dal Consiglio lo scorso 19 maggio, siamo invece divisi su questioni decisive. Una, sopra tutte: qual è l'obiettivo strategico preminente degli aiuti pubblici allo sviluppo e della cooperazione con l'Africa: combattere la povertà, anche se le scienze economiche e sociali sono quasi unanimi nel sostenere che lo sviluppo genera (e si nutre di) mobilità, oppure frenare i movimenti migratori, anche a costo di alimentarne le cause profonde?*

1. Sui rischi di un approccio squilibrato alla dimensione esterna della politica migratoria verso l'Africa, cfr. F. Pastore, «Migration Policy, beyond Containment», *Aspenia*, 76/2017, pp. 71-81.

* Questo articolo, come gran parte del mio lavoro sugli stessi temi, beneficia del dialogo che ho avuto la fortuna di sviluppare, durante gli anni, con un'amica e studiosa acuta e appassionata, Paola Monzini, scomparsa il 10 giugno 2017.

LA STORIA NON DETTA DEL PIANO RENZI PER L'AFRICA

di *Fabrizio* MARONTA

A fine 2016 il governo italiano era in procinto di presentare a Bruxelles una proposta per depotenziare la rotta centrafricana, puntando sui porti della Tunisia per accogliervi i migranti. Berlino era d'accordo. Ma poi è arrivato il referendum.

1. PARTIAMO DA UN ANACRONISMO. ERA IL 1990 quando a Dublino dodici paesi – Belgio, Danimarca, Francia, Germania, Grecia, Irlanda, Italia, Lussemburgo, Paesi Bassi, Portogallo, Spagna e Regno Unito – firmavano l'omonima convenzione che, entrata in vigore il 1° ottobre 1997, stabiliva i criteri per la determinazione dello Stato competente all'esame di una domanda d'asilo presentata in un paese membro delle (allora) Comunità europee. Su questa convenzione si basa il più noto regolamento di Dublino del 2013, che nella sua versione originaria e nei successivi emendamenti regola nel dettaglio la materia.

Il principio è rimasto invariato: l'identificazione di un richiedente asilo, l'esame della sua domanda e la sua eventuale espulsione – qualora la richiesta di protezione venga rigettata – spetta al primo Stato membro in cui il migrante mette piede. Si tratta di un sistema nato vecchio, perché tarato su una prassi consolidatasi durante la guerra fredda con gli esuli dagli Stati comunisti che approdavano oltrecortina: numeri infinitesimi rispetto a oggi e situazioni quasi mai controverse, in quanto dall'Est non si fuggiva per motivi economici, ma politici.

Nel frattempo, il mondo è cambiato. Il fenomeno migratorio è divenuto numericamente vasto, ai richiedenti asilo si è affiancato il ben più corposo flusso dei cosiddetti «migranti economici», soprattutto dall'Africa, e anche il contesto europeo non è più quello di prima. In un'Europa a 28 (presto a 27, dopo la defezione britannica) dove vigono la libera circolazione (Schengen) e lo spazio di Giustizia e Affari interni, già da tempo si avverte l'esigenza di rivedere una normativa sull'asilo i cui oneri risultano fortemente sbilanciati sugli Stati di primo approdo. L'Europa di Maastricht, che si vuole comunitaria, continua a trattare i flussi migratori come un affare essenzialmente nazionale; anzi come un affare che compete soprattutto agli Stati membri le cui frontiere coincidono con quelle esterne dell'Unione.

In verità, qualcosa si è mosso. Tardi e poco, ma si è mosso. Una politica migratoria davvero comune dovrebbe infatti contemplare una gestione comune delle frontiere esterne e meccanismi il più possibile automatici – dunque sottratti al potere di veto e ricatto dei singoli governi – di distribuzione dei migranti sul territorio europeo. Sul primo punto, la giovane «polizia di frontiera» europea, Frontex, sta dimostrando una discreta efficacia. Creata nel 2004, è una presenza concreta nel Canale di Sicilia con la missione Nautilus, che dal 2006 a oggi ha impegnato uomini e mezzi di Italia, Malta, Francia, Grecia, Germania, Portogallo e Spagna.

Sul secondo fronte, invece, siamo quasi all'anno zero. Il sistema di ricollocamenti creato nel 2015 è rimasto pressoché inattuato, con meno di 15 mila persone ricollocate da Grecia e Italia nel resto dell'Ue sulle 70 mila previste dalla Commissione per ottobre di quest'anno. Perché?

Si possono addurre varie spiegazioni. Innanzitutto, la crisi finanziaria che ha colpito l'Europa, sebbene in modo difforme, ha accentuato le resistenze nazionali e indebolito la coesione comunitaria; contemporaneamente, il combinato disposto dell'instabilità mediorientale e del disfacimento libico ha determinato un consistente aumento dei flussi diretti verso il territorio comunitario, specie a partire dal 2015. Non solo dalla Turchia, ma anche e soprattutto dal Nordafrica. Nel decennio precedente, gli arrivi dal Mediterraneo centrale erano stati in media di 20-30 mila persone l'anno: numeri fisiologici. In meno di cinque anni, si è avuta un'impennata. L'anno scorso gli sbarchi sono stati 180 mila, quest'anno siamo già oltre 50 mila e le vittime si contano in migliaia.

Nel 2014-15, quando il fenomeno dei richiedenti asilo esplode, l'approccio dell'Italia è semplice: riformare Dublino per comunitarizzare e standardizzare le procedure di accoglienza, identificazione, valutazione, ripartizione o eventuale espulsione, in modo da gestire con relativa facilità numeri di per sé rilevanti, ma trascurabili rispetto alla popolazione complessiva dell'Ue (che con il Regno Unito raggiunge i 500 milioni di abitanti). Tanto più se paragonati all'incidenza dei migranti in molti Stati africani o mediorientali: uno su tutti il Libano, la cui popolazione di 4,5 milioni di persone è ormai composta per circa un terzo da rifugiati.

Nel clima europeo, economicamente e politicamente compromesso, questi propositi si sono scontrati con due ulteriori elementi: i timori per le possibili infiltrazioni terroristiche connesse ai massicci flussi migratori e l'indisponibilità all'accoglienza dei paesi dell'Est, specie del Gruppo di Visegrád (Cechia, Slovacchia, Polonia e Ungheria), sin qui grandi beneficiari dei fondi europei e ora chiamati per la prima volta a esercitare essi stessi forme di solidarietà comunitaria. Indisponibilità che tuttavia non nasce solo dalle pulsioni xenofobe che pure percorrono quelle società (come del resto altre in Europa), quanto soprattutto dalla ritrosia a cedere quote di sovranità in un ambito cruciale come il controllo del territorio e di chi possa o meno accedervi, conseguenza dei meccanismi «automatici» di ricollocamento.

Le circostanze storiche possono fungere da attenuante: paesi che hanno sperimentato il tallone di ferro del dominio sovietico sono comprensibilmente riluttanti a spogliarsi delle loro prerogative sovrane, riconquistate da poco e a caro prezzo. Ciò non toglie che tale comportamento leda lo spirito dell'Unione Europea, ma soprattutto la posizione dei paesi – come l'Italia – in prima fila nella sfida migratoria, contribuendo ad accrescere le fratture aperte dalla crisi economica.

L'aspetto più irritante, tuttavia, è l'ambiguità: dopo aver dato il loro assenso ai meccanismi di ricollocamento in seno al Consiglio Giustizia e Affari interni, i paesi in questione li hanno semplicemente disapplicati, svuotando di senso uno strumento di diritto comunitario alla cui creazione essi stessi avevano concorso e creando odiose sperequazioni con quei paesi, come la Svezia o la Finlandia, che invece si sono attenuti alle quote. Bisogna aggiungere che a questo impasse ha concorso non poco l'irriflessa politica delle porte aperte decisa (e presto rinnegata) da Angela Merkel tra il 2014 e il 2015, la quale ha contribuito a scavare un solco tra Berlino e l'Est esposto alla rotta balcanica, rendendo ancor più impervio qualsiasi tipo di compromesso.

2. In questo quadro, l'Italia si è trovata a far fronte pressoché da sola al crescente flusso di arrivi, con un'aggravante: la progressiva chiusura dei confini austriaco e francese (oltre che svizzero), la cui temporanea e selettiva sospensione di Schengen ha fatto venir meno quell'ufficiosa ma fondamentale valvola di sfogo che fino a due anni fa rendeva l'Italia un paese di transito per i molti migranti determinati a raggiungere Francia, Germania, Benelux, Austria o Scandinavia.

Preso atto della chiusura, l'Italia si è dunque attrezzata per agire di concerto con le polizie di confine austriaca e francese onde evitare gli attraversamenti e si è dotata, non senza fatica, di un apparato di identificazione e accoglienza che, con tutti i suoi limiti (che non sono pochi), nel complesso ha finora retto all'impennata di presenze. La conseguente e logica richiesta agli altri Stati europei di dar seguito agli impegni sui ricollocamenti è stata però respinta al mittente, con una motivazione giuridicamente dubbia e politicamente inaccettabile: la volontà dei destinatari ultimi dei rifugiati di poter verificare, e nel caso ripetere, l'iter di identificazione e vaglio delle domande d'asilo. Come a dire: il sistema di Dublino resta in piedi, dunque tocca a voi accogliere, identificare e vagliare. Ma noi non ci fidiamo, quindi ci riserviamo di rifare tutto d'accapo mentre i richiedenti asilo, s'intende, permangono sul vostro territorio.

Qui entra in gioco il penultimo governo italiano, almeno prima dell'*autodafé* referendario del suo leader. Come noto, tra il 2015 e il 2016 Matteo Renzi ha tentato di giocare spregiudicatamente la «carta» migratoria per ottenere concessioni in tema di conti e flessibilità, facendo leva sulla posizione moralmente forte di un paese lasciato praticamente solo di fronte a un fenomeno epocale per dimensioni e impatto socioeconomico. In questa scommessa, il superamento del regolamento di Dublino era una condizione necessaria, ma assolutamente non sufficiente. Se infatti il principio del «paese d'approdo» si applica ai richiedenti asilo, la sua archiviazione – pure necessaria – poco cambia per l'Italia, che ha nel flusso continuo e crescente di migranti economici dall'Africa la vera sfida di medio-lungo termine.

È dunque sulla gestione della rotta centroafricana che si giocava – e si gioca tuttora – la questione migratoria per l'Italia e l'Europa, posto che le riammissioni sono lente, costose ed esigue, oltre che di norma osteggiate dai paesi d'origine dei migranti. La collaborazione di tali paesi, e di quelli di transito, presuppone partenariati che contemplino quote d'ingresso regolari e forti aiuti economici per il controllo delle frontiere, l'esame *in loco* delle domande d'asilo, i rimpatri Sud-Sud (cioè da un paese africano all'altro, che costano molto meno e sono già effettuati dall'Organizzazione internazionale per le migrazioni), nonché incentivi economici ai migranti per tornare in patria.

Da qui l'idea del *migration compact*, che in cambio di incentivi politico-economici ai paesi di origine e transito mira(va) sostanzialmente a esternalizzare il controllo delle frontiere per tamponare flussi ingestibili, stante l'assenza di una politica europea dell'immigrazione e la scarsa incisività dell'aiuto allo sviluppo europeo, che pure è assai generoso. L'idea, che almeno a parole riscuote un certo consenso in Europa, prende atto del fatto che oggi l'Ue non è disposta a suddividere equamente il fardello migratorio. Pertanto, contempla nel medio termine accordi bilaterali e regionali con i paesi di origine e transito dei migranti per coinvolgerli nel controllo dei flussi, soffocando l'economia grigia e malavitosa cresciuta intorno alla tratta. In un'ottica più lunga, all'aspetto securitario dovrebbe affiancarsi un grande sforzo economico e istituzionale dell'Europa volto a incentivare lo sviluppo del continente africano, per ridurre le cause prime dei flussi migratori. È la parte di gran lunga più vaga e generica del piano, che comunque prende atto dell'insostenibilità di uno squilibrio demografico e socioeconomico ormai eccessivo e foriero d'instabilità permanente.

3. C'è tuttavia un fattore che rende estremamente difficile depotenziare la rotta centrafricana e che minaccia di vanificare qualsiasi sforzo in tal senso, per quanto serio e dispendioso. Si tratta della Libia. La disgregazione territoriale, il consolidamento dello spietato business migratorio e l'estesa connivenza delle autorità con i trafficanti fanno del paese nordafricano un potente elemento d'attrazione, un buco nero agli antipodi con l'autoritario ma militarmente efficiente Stato turco, che anche in pieno golpe ha garantito il rispetto dell'accordo con l'Ue sui migranti del marzo 2016. Queste circostanze hanno contribuito non poco a frenare l'entusiasmo inizialmente emerso in sede europea per l'iniziativa italiana, palesando di nuovo il nostro isolamento di fronte alla sfida migratoria.

Ciò che dunque il «piano Renzi» necessitava, prima ancora degli accordi con i paesi saheliani e subsahariani di origine e transito dei migranti, era una strategia d'impatto a breve termine che tagliasse l'erba sotto i piedi dei trafficanti libici, sabotandone l'attività e scoraggiando così i migranti dal mettersi nelle loro mani. L'escamotage elaborato da Roma a tal fine si chiama(va) Tunisia. Ben prima della polemica sul ruolo delle ong nei salvataggi marittimi, il ricatto dei trafficanti era ben noto: mettere in mare natanti piccoli e/o precari, stracarichi e palesemente inadatti alla traversata, giocando sulla disponibilità europea a salvare i migranti anche in prossimità delle coste libiche, per contenere l'ecatombe di innocenti nel Mediterraneo. Tanto che già ai tempi di Mare Nostrum si accusavano i dispositivi di salvataggio di agire da *pull factor*, da richiamo per migranti e trafficanti.

In questa sporca partita, l'idea era dunque di sfruttare il ricatto morale delle organizzazioni criminali a nostro vantaggio: in concomitanza con il decollo del *compact* africano, un apposito accordo Ue-Tunisia – negoziato con discrezione e attuato rapidamente, per sfruttare l'effetto sorpresa – avrebbe consentito di prelevare i migranti fin dentro le acque territoriali libiche e di trasferirli nei porti tunisini, in base al principio del «porto sicuro più vicino» che si applica alle cosiddette operazioni Sar (*Search and rescue*). Con l'assistenza tecnico-finanziaria europea e l'eventuale incentivo di una liberalizzazione dei visti Ue per i cittadini tunisini, Tunisi avrebbe allestito sul proprio territorio campi di soggiorno e identificazione che avrebbero consentito di espletare lì l'iter burocratico oggi svolto in Italia. Parallelamente, gli accordi con gli altri paesi africani previsti dal piano avrebbero consentito di effettuare i rimpatri direttamente dalla Tunisia. Preventivamente sondata in via informale, Tunisi si era mostrata potenzialmente disponibile.

È chiaro che il paese non è in grado reggere i numeri della Turchia. Pertanto, la scommessa era quella di mandare in breve tempo a regime un sistema di intercettazione, trasferimento e rimpatrio che rendesse vane le disperate partenze dalla costa libica, e con esse il ruolo dei trafficanti che sequestrano per settimane o mesi i migranti in territorio libico, mandandoli poi incontro a morte certa. L'azione si sarebbe avvantaggiata della stagione invernale, in cui le partenze sono relativamente esigue (15-20 mila al mese) e le tempestive intercettazioni avrebbero potuto più che dimezzare gli approdi in Italia. Il piano non avrebbe certo rimosso il problema libico, ma avrebbe dato a Italia e Ue una carta in più nel negoziare con Tripoli, Tobruk e con le tribù del Sud libico una vera collaborazione sulla questione migratoria, posto che comunque la stabilizzazione del paese resta(va) un'esigenza impellente.

L'idea era che Renzi portasse la proposta al Consiglio europeo del 15 dicembre 2016, dopo l'auspicata vittoria referendaria di dieci giorni prima. Lì avrebbe contato sul non marginale sostegno del ministro dell'Interno tedesco Thomas de Maizière e sul favore della stessa Angela Merkel, tutt'altro che insensibile alla questione.

Le cose, come sappiamo, sono andate diversamente e la *grand strategy* italiana è rimasta lettera morta. Il successore di Renzi alla presidenza del Consiglio, Paolo Gentiloni, non ha ritenuto di dover raccogliere quel testimone, forse temendo che coinvolgere pesantemente la Tunisia nella vicenda migratoria potesse minarne le fragili chance di stabilizzazione e democratizzazione, spegnendo così l'unico faro delle cosiddette primavere arabe. L'accordo con la Tunisia, che pure è stato fatto, ha un contenuto migratorio assai limitato, mentre l'attuale governo ha puntato i suoi sforzi sulla Libia, oltre che sul Niger e sugli altri paesi saheliani di transito.

A prescindere della riuscita dell'opzione tunisina, che avrebbe dovuto sostenere la prova dei fatti, resta che l'Italia ha perso una grande occasione politica: dare all'Europa un segnale chiaro della volontà, ma soprattutto della capacità di gestire il flusso migratorio centrafricano. Il punto è centrale, perché è sulla gestibilità del fenomeno che si gioca la disponibilità degli altri paesi europei a coadiuvarci. Se i flussi panafricani vengono percepiti come una realtà inscalfibile, quella italiana diventa una causa persa e, nell'attuale clima europeo, finiscono per prevalere paura ed egoismi nazionali. Il risultato è quello che oggi abbiamo sotto gli occhi: se con Frontex l'Europa si è assunta un limitato ma concreto impegno di pattugliamento marittimo, sulla terraferma la frontiera esterna dell'Ue è di fatto arretrata alle Alpi (e al confine con la Macedonia nel caso greco), lasciandoci in un limbo dal quale è difficile uscire.

È vero, la geografia è destino. Ma come sfruttarla, compensandone gli svantaggi, è scelta puramente geopolitica.

NON SPARATE SUI SOCCORRITORI

di *Marco* BERTOTTO

La crescente presenza delle ong in mare è frutto della latitanza europea e del caos libico, che favorisce le strategie di adattamento dei trafficanti. Criminalizzare le organizzazioni umanitarie ha del surreale, come attestano i numeri. L'esperienza di Msf.

1. DA QUANDO LA MAGGIOR PARTE DELLE frontiere europee è stata sigillata e non è quasi più possibile raggiungere l'Europa via terra, la traversata del Mediterraneo centrale dalla Libia all'Italia è diventata per tante persone disperate l'unica soluzione possibile per raggiungere il Vecchio Continente. È la rotta migratoria più pericolosa al mondo: nel solo 2016 ci sono state almeno 5.143 vittime, più del doppio rispetto all'anno precedente.

I numeri attestano il fallimento dell'Europa e dei suoi Stati membri nel gestire in maniera umana ed efficace i flussi migratori. Tale fallimento ha portato un'organizzazione come Medici Senza Frontiere (Msf), da oltre 45 anni impegnata nei peggiori contesti di crisi in Africa, nel Medio Oriente e nel Sud-Est asiatico, a salvare vite a due passi dalle frontiere europee.

Msf ha avviato le proprie operazioni di ricerca e soccorso nel Mediterraneo centrale a maggio 2015. La decisione era stata assunta pochi mesi prima, per far fronte all'enorme carenza di mezzi di soccorso che si sarebbe determinata a seguito della decisione italiana di porre fine a Mare Nostrum, poi sostituita dall'operazione Triton dell'agenzia europea Frontex. Quest'ultima era priva di un mandato specifico di ricerca e soccorso ed era chiamata a operare in un'area troppo ristretta e con mezzi del tutto inadeguati rispetto ai bisogni [1]. Già allora era evidente l'indisponibilità degli Stati europei a condividere con l'Italia la responsabilità di contenere la perdita di vite umane nel Mediterraneo centrale; e già allora Frontex aveva formulato all'indirizzo delle navi militari italiane quelle critiche alle attività di soc-

1. Per una ricostruzione complessiva delle problematiche connesse alla chiusura di Mare Nostrum, cfr. *Europe's Sinking Shame. The Failure to Save Refugees and Migrants at Sea*, Amnesty International, London 2015.

corso in mare che le organizzazioni non governative (ong) hanno subìto in modo ancor più diretto ed esplicito in questi ultimi mesi [2].

Le conseguenze di una minor presenza in mare di assetti dedicati alla ricerca e al soccorso si manifestarono poche settimane dopo la cessazione di Mare Nostrum. Dopo ripetuti naufragi nel primo trimestre del 2015, nel mese di aprile circa 1.200 persone persero la vita in due successivi incidenti avvenuti il 12 e il 18 aprile, anche in conseguenza di operazioni di soccorso affidate a navi commerciali in transito, prive di equipaggi formati e di attrezzature adeguate [3]. Pochi giorni dopo, in un dibattito al Parlamento europeo, il presidente della Commissione Jean-Claude Juncker ammise: «È stato un grave errore cessare l'operazione Mare Nostrum. È costato vite umane» [4]. Ma neanche un numero così rilevante di vittime e il carattere di tragedia annunciata di quei naufragi servirono a sensibilizzare i nostri partner europei e a determinare un vero cambiamento di rotta. L'area d'intervento di Triton fu ampliata e il suo budget triplicato, senza tuttavia modificare le priorità dell'operazione, che restano orientate al controllo dei confini e non certo al rafforzamento dell'attività di ricerca e soccorso. In aggiunta, a giugno l'Europa lanciò Eunavfor Med Sophia, una nuova operazione militare cui vennero affidati esclusivamente compiti di sorveglianza, intercettazione e distruzione dei barconi utilizzati dagli scafisti; successivamente (giugno 2016) si aggiunsero compiti di formazione della Guardia costiera libica e di attuazione dell'embargo sulle armi imposto dalle Nazioni Unite. Nessuna iniziativa che non fosse orientata innanzitutto alla distruzione del modello di business degli scafisti, invece che a salvare vite umane, è stata da allora assunta dalle istituzioni europee.

Per questo motivo, anche nell'attuale contesto del Mediterraneo centrale l'attività di ricerca e soccorso in mare è svolta come compito prioritario esclusivamente dai mezzi della Guardia costiera italiana – cui è pure affidata una funzione di coordinamento attraverso l'Mrcc (Centro di coordinamento del soccorso marittimo di Roma) – e dalle navi delle ong che, come Msf, hanno ritenuto questa situazione inaccettabile e hanno deciso di intervenire.

Per tutti gli altri attori europei, la partecipazione alle operazioni di soccorso in mare è garantita solo in quanto costituisce un obbligo posto dal diritto internazionale marittimo [5] e pertanto rappresenta una sorta di «effetto collaterale» non voluto

2. Così l'ex direttore di Frontex, Gil Arias, di fronte alla commissione Libertà civili, Giustizia e Affari interni del Parlamento europeo: «Gli scafisti hanno approfittato della vicinanza dell'operazione alle coste della Libia per mettere più persone in mare con l'assunto che sarebbero state soccorse molto presto, e questo ha anche reso il tutto più economico per loro, perché mettono sempre meno carburante, meno cibo, meno acqua sui barconi, il che aumenta anche il rischio per i migranti», goo.gl/LYtkw1

3. Le dinamiche di questi incidenti e la loro connessione con le responsabilità di istituzioni e governi europei sono oggetto di un'articolata analisi in C. Heller, L. Pezzani, *Death by Rescue. The Lethal Effects of the EU's Policies of Non Assistance*, London 2015, Goldsmiths University of London.

4. «Speech by President Jean-Claude Juncker at the Debate in the European Parliament on the Conclusions of the Special European Council on 23 April: "Tackling the Migration Crisis"», Commissione europea, 29/4/2015, goo.gl/8SyiQu

5. Per un'introduzione generale sulle norme che regolamentano l'attività di soccorso in mare, cfr. *Rescue at Sea. A Guide to Principles and Practices as Applied to Refugees and Migrants*, Imo, Unhcr, Ics, 2015.

della presenza in mare necessaria a svolgere il mandato di messa in sicurezza dei confini, repressione delle organizzazioni criminali e supporto alle autorità libiche. Nei fatti, i mezzi navali messi a disposizione dall'Europa si «nascondono» dietro l'obbligo di salvare vite umane solo se e quando è loro richiesto di farlo. In quanto navi militari, il loro esatto posizionamento in mare è spesso sconosciuto alle autorità che coordinano i soccorsi e il contributo alle attività di ricerca delle imbarcazioni in difficoltà prima dell'effettivo soccorso (a partire dal quale scatta l'obbligo legale) resta subordinato alle altre priorità d'intervento.

La realtà è che nelle condizioni attuali, in assenza di alternative che consentano ai migranti di raggiungere l'Europa in modo legale e sicuro, è solo attraverso un'attività di ricerca e soccorso, da svolgersi anche nei pressi delle acque territoriali libiche dove è maggiore il pericolo di naufragi, che si può contribuire a ridurre il numero delle vittime in mare. È questa la principale ragione per cui nonostante gli enormi e meritevoli sforzi della Guardia costiera italiana, il significativo incremento del numero di operazioni e assetti navali presenti nel Mediterraneo [6] e la crescente partecipazione delle ong alle attività di soccorso, nel Mediterraneo centrale si continua a morire [7].

2. Qual è il ruolo delle ong che partecipano alle operazioni di ricerca e soccorso nel Mediterraneo centrale? Proviamo a fare chiarezza.

Innanzitutto è indispensabile sottolineare la ridotta autonomia decisionale di cui dispongono le organizzazioni non governative nella gestione di questi interventi. In base alle norme e alle pratiche internazionali che regolamentano questo tipo di azione, tutte le attività di soccorso sono gestite dall'Mrcc della Guardia costiera italiana, che individua le unità navali meglio posizionate per effettuare il salvataggio e stabilisce come procedere al trasferimento delle persone salvate in un porto sicuro indicato dal nostro ministero dell'Interno, il quale si occupa poi di coordinare i servizi a terra (inclusi gli accertamenti sanitari a cura del ministero della Salute e le attività di identificazione e primissima accoglienza).

L'Mrcc può scegliere di coinvolgere quando necessario i propri mezzi della Guardia costiera, oppure fare ricorso a unità di Frontex, Eunavfor Med, Marina militare o delle ong, oppure di approfittare della presenza di navi commerciali che si trovano nei pressi dell'imbarcazione da soccorrere. La stessa legge italiana, oltre che le convenzioni internazionali sulla sicurezza in mare, stabiliscono che partecipare al soccorso costituisce un preciso obbligo del comandante della nave e che l'intervento non è una facoltà o una prerogativa delle autorità preposte.

6. A Triton ed Eunavfor Med si devono aggiungere l'operazione Mare Sicuro della Marina militare italiana, lanciata a marzo 2015, e l'operazione Nato Sea Guardian.

7. Nel 2017, il conteggio arriva già a 1.735 persone (dato aggiornato al 7 giugno). Si tratta con ogni probabilità di cifre per difetto, dal momento che risulta impossibile raccogliere in modo accurato tutte le informazioni sui naufragi che avvengono nell'ampio tratto di mare che separa la Libia dalla Sicilia.

Per quanto riguarda il porto di sbarco, sono le autorità che coordinano i soccorsi a doverlo determinare sulla base di precisi criteri[8]. Considerate caratteristiche e provenienza delle persone a bordo dei barconi, un grosso rilievo assumono gli obblighi imposti dal diritto internazionale dei rifugiati e dalle convenzioni sui diritti umani, che proibiscono il respingimento di richiedenti asilo e rifugiati e di quanti fuggono da un conflitto armato o rischiano di subire torture o altri gravi abusi. In mancanza di una legislazione completa sul diritto d'asilo, l'accesso alla procedura di protezione in Tunisia è limitato e privo di sufficienti garanzie di tutela legale e appello. Malta non ha ratificato gli emendamenti alle convenzioni Sar e Solas adottati nel 2014, secondo cui «la responsabilità di fornire un luogo sicuro o di assicurare che un luogo sicuro sia fornito ricade sul governo contraente, responsabile per la regione di ricerca e soccorso in cui i sopravvissuti sono stati recuperati». Per questa ragione, in assenza di accordi differenti stipulati tra i paesi europei, i porti italiani restano al momento l'unica destinazione sicura per tutti i soccorsi effettuati lungo la rotta del Mediterraneo centrale e coordinati dall'Mrcc italiano.

Le navi di Msf e delle altre ong sono posizionate in acque internazionali, solitamente a 20-25 miglia nautiche dalla costa libica, poiché questa è l'area di mare da cui si raggiungono più rapidamente le zone dove si verificano più incidenti. Nella maggior parte dei casi l'intervento avviene su richiesta dell'Mrcc di Roma, a seguito di una chiamata di sos da un satellitare presente sul barcone oppure da altre segnalazioni di avvistamento da parte degli assetti aereonavali presenti nell'area. In alcune circostanze, sono gli equipaggi delle navi di soccorso a individuare con i propri binocoli o il radar di bordo l'imbarcazione in difficoltà e segnalarla all'Mrcc che, da quel momento, assume il coordinamento delle operazioni di soccorso.

Non è necessario che l'imbarcazione faccia esplicita richiesta di aiuto per attivare un soccorso: sebbene il diritto internazionale limiti la nozione di *distress* a una situazione in cui vi sia «la ragionevole certezza che un'imbarcazione o una persona sia minacciata da un grave e imminente pericolo e richieda un'immediata assistenza»[9], le condizioni di sovraffollamento e l'assenza dei minimi requisiti di sicurezza della navigazione per le imbarcazioni che trasportano migranti hanno fatto prevalere un'interpretazione estensiva dell'obbligo di soccorso. I soccorsi avvengono quindi in acque internazionali; in sporadici casi dettati dallo stato di necessità per il rischio di naufragio imminente, si sono verificati sconfinamenti in acque libiche, ma solo dopo aver opportunamente informato le autorità competenti.

Com'è facile dedurre, quanto avviene oggi nel Mediterraneo centrale non rientra certo nella categoria di situazioni che il diritto del mare si proponeva di regola-

8. Il cosiddetto Pos (Place of Safety) è un luogo dove le operazioni di soccorso possono considerarsi concluse e dove la sicurezza delle persone soccorse e la loro vita non è più minacciata; le necessità umane primarie (cibo, alloggio e cure mediche) possono essere soddisfatte; può essere organizzato il trasporto nella destinazione vicina o finale.

9. In questi termini si esprime la Convenzione di Amburgo del 1979 sul soccorso marittimo (Annex, ch. 1, para. 1.3.11), ratificata dall'Italia con la legge 147 del 03.04.1989 e attuata con decreto presidenziale 662/1994.

mentare: ogni settimana le navi di soccorso sono impegnate in operazioni di salvataggio che coinvolgono centinaia di persone, inclusi bambini, che viaggiano su imbarcazioni di fortuna e vedono il mare per la prima volta. I nostri medici curano disidratazione, ipotermia, gravi ustioni chimiche, nonché le conseguenze di torture e maltrattamenti subiti nei paesi di origine o nei centri di detenzione libici. Da quando Msf ha avviato le proprie operazioni, abbiamo assistito più di 66 mila persone in oltre 300 operazioni di soccorso.

3. Negli ultimi mesi del 2016 è partita una vera e propria campagna contro le ong impegnate nel Mediterraneo, accusate di aver violato le leggi del mare, di operare in complicità con le reti di scafisti, di incentivare con la loro presenza le partenze dei barconi dalla Libia e addirittura di aver contribuito ad aumentare la mortalità in mare. Se inizialmente queste critiche si sono sviluppate all'interno di teorie del complotto prodotte da circoli ristretti [10], il dibattito si è inasprito con la pubblicazione, il 15 dicembre 2016, di un articolo del *Financial Times* che citava un rapporto riservato di Frontex in cui l'agenzia evidenziava presunti legami tra i trafficanti e le ong.

Analoghe insinuazioni venivano successivamente reiterate dal direttore di Frontex, Fabrice Leggeri, che in un'intervista rilasciata a *Die Welt* lo scorso 27 febbraio proponeva una revisione delle attività di soccorso in mare svolte nei pressi delle acque libiche, le quali – questa l'accusa centrale – allo stato attuale costituiscono un fattore di attrazione dei barconi e finiscono per incentivare il business dei trafficanti. Nelle settimane successive il dibattito si è trasformato in una ridda di accuse e insinuazioni, con l'intervento dei principali esponenti politici, le voci su una possibile attività giudiziaria da parte di alcune procure e l'avvio di un'indagine conoscitiva della commissione Difesa del Senato, che ha consentito a tutti i principali attori di esporre le proprie posizioni di merito [11].

Se diverse contestazioni sul ruolo e le attività delle ong sono già state chiarite in più occasioni dai diretti interessati, è opportuno richiamare le articolate conclusioni a cui sono giunti i ricercatori dell'Università Goldsmiths di Londra in un recente studio che controbatte in modo efficace le critiche più dirette alle attività di soccorso in mare [12].

Affrontiamo innanzitutto l'obiezione più scontata, quella secondo cui la presenza di navi di soccorso vicino alle acque territoriali libiche costituirebbe un «fat-

10. A novembre e dicembre 2016, la fondazione olandese Gefira pubblica due articoli in cui sostiene che «ong, mafia e trafficanti, in combutta con l'Unione Europea, hanno trasportato migliaia di illegali in Europa con il pretesto di salvare persone, assistite dalla Guardia costiera italiana che ha coordinato le loro attività». Cfr. *NGOs Are Smuggling Immigrants into Europe on an Industrial Scale*, Gefira, dicembre 2016.

11. Per una puntuale e dettagliata ricostruzione di questo dibattito pubblico e della «narrazione tossica» che ne è scaturita, si vedano: «ONG, migranti, trafficanti, inchieste. Tutto quello che c'è da sapere», *Valigia Blu*, 19/5/2017; A. Camilli, «Perché le ong che salvano vite nel Mediterraneo sono sotto attacco», *Internazionale*, 22/4/2017.

12. C. Heller, L. Pezzani, *Blaming the Rescuers: Criminalising Solidarity, Re-enforcing Deterrence*, London 2017, Goldsmiths University of London.

tore di attrazione», un incentivo capace di convincere sempre più persone a tentare la traversata in mare. In questi anni, abbiamo intervistato centinaia di persone a bordo delle nostre navi e nessuna ci ha mai riferito di essere partita nella convinzione di venire recuperata appena superate le acque territoriali. Davvero è credibile addurre l'esistenza di uno stimolo a partire, generato dalla presenza delle ong in mare, per persone che abbiamo visto scrivere sul proprio giubbotto di salvataggio il nome e il numero di telefono da contattare in caso di ritrovamento del corpo?

Sono comunque i numeri e alcuni rapporti a confermare la fallacia di questo argomento. I primi sono quelli relativi agli attraversamenti del Canale di Sicilia nei primi quattro mesi del 2015, dopo la fine di Mare Nostrum. Contrariamente alle attese dei sostenitori del fattore d'attrazione, i dati sulle partenze non hanno subìto in quel periodo alcuna riduzione sostanziale, mentre la mortalità è aumentata di ben 30 volte, presumibilmente in conseguenza della riduzione dei mezzi di soccorso disponibili. I rapporti sono invece proprio quelli periodicamente pubblicati da Frontex, che evidenziano un costante incremento delle partenze dal 2014 al 2017 e lo associano al peggioramento delle dinamiche interne ai paesi d'origine e al consistente deterioramento delle condizioni in Libia [13]. La verità è che i movimenti migratori sono influenzati da dinamiche complesse e diversificate, non solo dalla presenza di navi di soccorso nel tratto di mare antistante la Libia. Tali dinamiche agiscono da molto prima che il ruolo delle ong nelle attività di soccorso assumesse un peso considerevole (nel 2015 le ong hanno effettuato non più del 13% dei soccorsi, nel 2016 circa il 28%).

Una linea argomentativa del tutto simile può essere utilizzata per confutare la seconda accusa mossa alle ong, cioè il supporto involontario ai criminali, incoraggiando peraltro pratiche che comporterebbero un significativo aumento della rischiosità dei viaggi. Anche in questo caso si tratta di tendenze segnalate ben prima che le operazioni di soccorso in mare delle ong assumessero un qualche rilievo: lo dimostrano gli stessi documenti interni di Eunavfor Med, che già relativamente alle attività del secondo semestre 2015 indicavano come nel passaggio alla fase 2A dell'operazione (avvenuto nel mese di ottobre) fossero stati conseguiti risultati importanti in termini di impatto sulle pratiche degli scafisti. Nello specifico, il comando generale dell'operazione argomentava che il dispiegamento dei suoi mezzi navali nelle acque internazionali aveva comportato il ripiegamento delle organizzazioni criminali all'interno delle acque territoriali libiche, per non rischiare l'arresto [14]. Si sottolineava inoltre come l'interdizione delle acque internazionali e la distruzione dei barconi fossero la principale motivazione del crescente ricorso da

13. In particolare, nell'*Annual Risk Analysis* del 2017 si legge: «Il Mediterraneo centrale ha visto il più alto numero di arrivi di migranti mai registrato da Sub-Sahara, Africa occidentale e Corno d'Africa (181.459 migranti, con un incremento del 18% rispetto al 2015). Questa tendenza, coerente con i precedenti incrementi anno su anno, dimostra che il Mediterraneo centrale è diventato la principale rotta per i migranti africani diretti verso l'Ue e probabilmente tale rimarrà nel prossimo futuro», goo.gl/uXQ3cf

14. *Six Monthly Report: June, 22nd to December 31st 2015*, Eunavfor Med, Operation Sophia, gennaio 2016, p. 3.

parte dei trafficanti ai gommoni di scarsa qualità. Infine, si faceva riferimento ad alcuni fattori di peggioramento delle condizioni di sicurezza dei viaggi (partenze anche in condizioni meteo avverse, imbarcazioni rifornite con meno carburante, acqua e cibo) senza definire alcuna correlazione causale con le attività di Eunavfor Med o di altri attori impegnati nel Mediterraneo.

Attribuire alle ong un ruolo determinante (addirittura di complicità) nel facilitare le attività delle organizzazioni criminali è possibile solo avvalorando un'analisi approssimativa e incompleta di quanto avviene oggi nel Mediterraneo centrale. Inoltre, è del tutto evidente che quanto accade in mare è solo la punta dell'iceberg e che a influenzare il comportamento dei trafficanti sono forse soprattutto le dinamiche – certo più difficili da conoscere e comprendere – che avvengono sul suolo libico.

A tal proposito, vengono in soccorso le analisi condotte in Libia da alcuni giornalisti d'inchiesta, che hanno meticolosamente descritto l'evoluzione delle attività criminali nel corso del 2015 e del 2016 e il loro impatto sulle condizioni delle traversate in mare [15]. Tra gli elementi di particolare rilievo: il passaggio da Zuwāra a Ṣabrāta come principale hub dei network criminali, che ha creato più collegamenti tra scafisti e milizie e favorito la progressiva industrializzazione del business; la maggior presenza di nazionalità dell'Africa subsahariana, che contrariamente ai migranti provenienti dal Corno d'Africa pagano solitamente in anticipo ciascuna sezione del loro viaggio e hanno a disposizione somme inferiori; il maggior protagonismo della Guardia costiera libica, che ha cercato di dimostrare la propria affidabilità ai partner europei effettuando un maggior numero di operazioni d'intercettazione in mare, ma che continua ad annoverare unità notoriamente colluse con le organizzazioni criminali dedite alla tratta e al traffico di esseri umani.

Le traversate in mare sono quindi divenute più pericolose per l'intrecciarsi di almeno due fattori: gli effetti cumulativi delle politiche di deterrenza e delle operazioni Ue contro i trafficanti, a cui si contrappongono le spietate strategie di adattamento e risposta messe in campo dalle organizzazioni criminali; i rapporti di forza, gli scontri di potere e l'evoluzione del modello di business criminale nel contesto libico caratterizzato da un'instabilità generale.

Se è corretto riconoscere che in un sistema così interdipendente una forma d'influenza possa essere stata esercitata anche dall'attività di ricerca e soccorso, l'analisi empirica dei dati offre interpretazioni assolutamente diverse a chi formula l'accusa più inaccettabile, quella che vedrebbe le ong responsabili dei maggiori tassi di mortalità registrati nel 2016 [16]. Una semplice suddivisione dei dati su base mensile basta infatti a dimostrare come i più alti tassi di mortalità si siano verificati

15. M. Mikaleff, «The Human Conveyor Belt: Trends in Human Trafficking and Smuggling in Post-Revolution Libya», *The Global Initiative Against Transnational Organised Crime*, marzo 2017; N. Porsia, *Human Smuggling from Libya across the Sea over 2015-2016*, goo.gl/b7mgSD.
16. L'elaborazione dei dati raccolti da Unhcr e Oim evidenzia un tasso di mortalità pari all'1,8% sia per il 2014 sia per il 2015, con un significativo incremento nel 2016 fino ad arrivare a un valore annuale del 2,5%. Si tratta di un'approssimazione per difetto.

ad aprile (6,3%) e maggio (5,4%), quando ancora le navi delle ong non erano presenti in modo significativo sulla rotta del Mediterraneo centrale e contribuivano pertanto in modo marginale alle attività di soccorso in mare (rispettivamente 4% e 12% in quei mesi). I tassi di mortalità sono scesi significativamente da giugno a ottobre, in corrispondenza della massima presenza operativa delle ong, per poi risalire a novembre e dicembre quando le navi di soccorso delle ong hanno iniziato ad abbandonare la zona d'intervento per la pausa invernale [17].

4. Non è la prima volta che su un tema così sensibile e complesso come quello delle migrazioni si scatena un dibattito strumentale e aggressivo che crea contrapposizioni e schieramenti, togliendo spazio vitale al ragionamento e alla discussione sui dati di fatto. Ma in questa occasione ci troviamo di fronte a un inedito avvelenamento del clima che, oltre a colpire il lavoro delle ong e l'impegno della società civile, ha soprattutto messo in discussione i princìpi morali e gli obblighi legali alla base del soccorso in mare. Negli scorsi anni le operazioni di salvataggio nel Mediterraneo erano accompagnate dalla vicinanza di tantissimi italiani e soprattutto dal riconoscimento istituzionale del dovere di salvare vite in mare. Oggi siamo in una situazione opposta: chi fa ricerca e soccorso in mare – e ancor più le persone che vengono salvate – rischia di trovarsi circondato da un'ostilità che, per il paese che ha preso l'iniziativa di lanciare Mare Nostrum, rappresenta un enorme passo indietro.

Neanche le audizioni tenutesi nei due rami del parlamento e l'ampia indagine conoscitiva promossa dalla commissione Difesa del Senato sono riuscite a riportare questo dibattito sui binari di un confronto di merito, non superficiale o ideologico. Per diversi mesi il dibattito istituzionale e la narrazione dei più importanti mezzi d'informazione hanno continuato ad alimentare una polemica speciosa e artificiale sul ruolo di un singolo attore (le ong) e sulle conseguenze di un singolo fattore (il soccorso in mare), senza allargare l'obiettivo su uno scenario che è banale definire molto più complesso e contraddittorio.

Mentre nei dibattiti televisivi abbiamo ascoltato politici che riferivano di informative dei servizi segreti sulla presenza di armi e droga a bordo delle navi delle ong (immancabilmente smentite poche ore dopo), a livello istituzionale non c'è stata alcuna proposta concreta per avviare un ragionamento sull'esigenza di un radicale cambio di prospettiva delle politiche europee sulle migrazioni. Di fronte alle parole infamanti contro le ong, soprannominate «taxi del mare», «navi di negrieri», o accusate addirittura di perseguire la destabilizzazione dell'economia italiana, nessuna parola è stata spesa per ragionare sulle conseguenze umanitarie della chiusura delle frontiere, degli accordi che il governo italiano ha siglato con la Libia e sulle orribili condizioni dei centri di detenzione per migranti dove vengono riportate le persone intercettate dalla Guardia costiera libica, addestrata e

17. Nei mesi tra giugno e ottobre, in cui le ong hanno soccorso il 33% dei sopravvissuti, il tasso di mortalità è stato pari all'1,26%. L'analisi statistica dei dati ha dimostrato nel 2016 una forte correlazione negativa anche tra il numero di assetti messi a disposizione delle ong e il tasso di mortalità dei migranti.

supportata dalle autorità europee e italiane. Ormai l'unica prospettiva concreta a cui quasi tutta la politica italiana sembra guardare è il contenimento a ogni costo dei flussi migratori, da perseguire soprattutto attraverso il blocco delle persone in Libia e una rafforzata attività di contrasto alle organizzazioni criminali. Con poche riflessioni e nessuna proposta concreta d'intervento sulle condizioni nei paesi d'origine e in Libia, e soprattutto sulle motivazioni e sulle sorti di chi è costretto a pagare uno scafista per attraversare il Mediterraneo, mettendo a rischio la propria vita e quella dei propri cari.

Le conclusioni della commissione Difesa del Senato, votate all'unanimità, osservano che non è compito delle organizzazioni umanitarie attivare autonomamente corridoi umanitari o contribuire a definire le politiche di gestione dei flussi [18]. A prescindere dalla strumentale confusione tra canali umanitari e soccorso in mare, anche noi riteniamo che non sia quello il nostro compito. Pensiamo però che resti nostro dovere provare a fermare le morti in mare e avvertire le istituzioni competenti delle inaccettabili conseguenze umanitarie provocate dall'assenza di alternative legali e sicure per raggiungere l'Europa. Le attuali restrizioni di accesso rendono impossibile chiedere protezione internazionale in Europa (così come programmarvi un periodo di lavoro, magari a termine) e costringono chi fugge ad affidarsi a trafficanti senza scrupoli. Solo questo cambiamento di prospettiva, assieme all'apertura di vie legali, permetterà di sconfiggere le organizzazioni criminali e di eliminare i meccanismi di abuso, sfruttamento e morte che queste alimentano.

Se siamo nel Mediterraneo è perché nel corso del 2016 ogni due ore almeno una persona è morta, e come organizzazione medico-umanitaria non possiamo far finta di niente. In attesa di politiche diverse, il salvataggio delle vite in mare deve ritornare a essere un tema centrale nel dibattito europeo e una responsabilità concreta innanzitutto delle istituzioni governative. Per questa ragione è sempre più ingiustificabile l'assenza di una Mare Nostrum europea, un meccanismo di salvataggio promosso dall'Europa a supporto del ruolo svolto dalle autorità italiane.

18. *Documento approvato dalla 4ª Commissione permanente (Difesa) nella seduta del 16 maggio 2017 a conclusione dell'indagine conoscitiva sul contributo dei militari italiani al controllo dei flussi migratori nel Mediterraneo e l'impatto delle attività delle organizzazioni non governative*, goo.gl/UfuCTb

L'ALTRA FACCIA DEI FILANTROPI

di *Piero* MESSINA

I verbali dell'audizione Zuccaro sul ruolo di alcune ong nel Canale di Sicilia schiudono interrogativi cruciali. Chi finanzia il Moas dei coniugi Catrambone? Che ruolo ha Malta? Esistono complicità con le autorità libiche? Intanto la demografia fa il gioco delle mafie.

1. CHI SALVA I MIGRANTI CHE SCAPPANO DALL'AFRICA? E perché? Dalla mano militare, con le sigle Mare Nostrum e Triton, si è passati a un sempre più incisivo intervento delle ong. Per molti osservatori, questi interventi di salvataggio in mare aperto effettuati dalle organizzazioni umanitarie sono da considerarsi alla stregua di un vero e proprio assist alle reti criminali che gestiscono i traffici di esseri umani.

Da Catania, città da anni sotto pressione sul fronte migratorio e connessa alla rete globale jihadista (come insegna la storia di Anis Amri, il killer tunisino della strage del mercato di Natale in Germania), le parole del procuratore della Repubblica Carmelo Zuccaro hanno fatto deflagrare la polemica. Da un lato c'è chi contesta duramente la presa di posizione del magistrato, dall'altro chi utilizza strumentalmente l'analisi di Zuccaro per ribadire la teoria del complotto. Il buon senso non è pervenuto.

Eppure basterebbe concentrarsi un po' per scoprire che la tesi di Zuccaro, datata primavera 2017, non è esattamente una novità. Le ong che lavorano nel canale del Mediterraneo erano state oggetto di un'analisi da parte di Gefira, fondazione costituita da Franck Biancheri e Bart Kruitwagen nel 1987 con l'obiettivo di «sostenere il progetto europeo superando la paralisi del processo di integrazione». A novembre dell'anno scorso, gli analisti di Gefira hanno pubblicato un dettagliato rapporto sulle attività di salvataggio compiute dalle ong nel Canale di Sicilia. Il documento è corredato da un'animazione video che mostra, grazie all'aiuto del satellite, la posizione esatta delle imbarcazioni delle ong al momento del soccorso. La tesi di Gefira è semplice: quelle navi sono troppo vicine alla costa libica. Come fanno a essere lì proprio quando partono i barconi? Qualcuno le avverte? Sono direttamente in contatto con quelle organizzazioni?

2. È l'interrogativo che si pone il procuratore di Catania, Carmelo Zuccaro. Che per quelle argomentazioni è stato chiamato a spiegare le sue ragioni di fronte alla commissione Difesa del Senato. Punto su punto, ha ribadito i suoi concetti: «Nel settembre-ottobre 2015», afferma il magistrato, «è cambiato l'approccio alla gestione del traffico, con il proliferare degli interventi di diverse ong. A causa di questo impegno gli scafisti hanno gradualmente potuto utilizzare imbarcazioni sempre peggiori, utilizzando gli stessi migranti per guidarle e aumentando la sicurezza sulla propria impunità. Abbiamo scelto di non perseguire più questi scafisti "improvvisati". Questo ufficio non è più in grado di effettuare indagini di ampio respiro sul traffico dei migranti. Ma le indagini sono doverose e hanno implicazioni più ampie. (...) Al fine di evitare che alcune ong possano travalicare i limiti delle acque territoriali libiche, stimolando l'invio di barconi e gommoni con la creazione di corridoi di transito, potrebbe essere utile prevedere che la centrale operativa, quando le navi delle ong si rendono invisibili, segnali il fatto provvedendo a seguirle con aerei che possano verificare l'eventuale superamento delle acque territoriali». Per il magistrato catanese, infine, «sarà utile poter comprendere chi finanzia le ong, specialmente quelle di più recente creazione. Rinvio, per i numeri forniti sulle spese delle ong, a quanto riferito alla commissione Schengen. La presenza di elementi dal profilo non collimante con quello dei filantropi nell'organico delle ong meriterebbe di essere approfondito».

Non tutte le riflessioni di Zuccaro sono note. Alcuni passi dell'audizione in commissione risultano secretati. Zuccaro parlerà anche degli interessi illeciti della criminalità organizzata, Cosa Nostra siciliana *in primis*, nella gestione dei migranti sulla terraferma: «Se a Cosa Nostra si fosse sottratto il denaro, le si sarebbe sottratto il potere di corruzione e di influenza sullo Stato. Questo deve essere d'insegnamento nel rapporto con le organizzazioni criminali che gestiscono il traffico dei migranti. Ho inoltre contezza che le organizzazioni mafiose appetiscono i denari erogati per la gestione dei migranti in Italia. La mafia tenta di intercettarle».

Il magistrato spiegherà anche il senso di quelle registrazioni audio che mostrerebbero contatti anomali tra ong e reti di trafficanti: «Dispongo di dati che mi vengono da Frontex e dalla nostra Marina militare. Abbiamo un contatto periodico intenso con queste autorità, i dati sui contatti radio tra ong e trafficanti ci sono stati forniti da loro, non dai servizi d'intelligence. Le intercettazioni sono molto complesse e per realizzarle servono strumenti molti costosi. Poter disporre di queste intercettazioni è una delle richieste da me avanzate. Se vi fossero già gli strumenti a disposizione non ve li chiederei. Per quanto riguarda lo stato delle indagini, ribadisco che è fondamentale tenere distinti i livelli. Io vi parlo di dati non processualmente utilizzabili. Sull'azione giudiziaria mantengo il riserbo».

Il magistrato spiegherà anche di avere la certezza dello sconfinamento in acque libiche da parte delle ong: «Ho un dato fornito con certezza, che non posso utilizzare in un processo, sul fatto che sia stato superato dalle ong il limite delle acque territoriali libiche. Ho anche evidenza di contatti tra le ong e soggetti che parlano dalla Libia della volontà di mettere in mano i barconi. Ma questo è un livello diverso da quello processuale. Anche sulla disattivazione del segnalatore delle navi bisogna fare degli accertamenti. Ho il dovere di chiedere strumenti. Il mio focus non sono le ong, ma il traffico illecito dei migranti».

Durante l'audizione, Zuccaro sosterrà che non tutte le ong vanno messe sullo stesso piano, perché alcune di esse hanno mostrato di operare in modo inequivocabile per la solidarietà. Zuccaro cita come esempi in positivo Save the Children e Medici Senza Frontiere, aggiungendo che su altre sono stati rilevati comportamenti che «ho il dovere di segnalare». Fa nomi e cognomi: il Moas di Christofer e Regina Catrambone. Zuccaro si chiede da dove arrivi tutta questa disponibilità economica per le missioni di salvataggio: «Il Moas disponeva all'epoca del mio intervento alla commissione Schengen di due droni. Oggi dispone anche di un aereo che ha degli ingenti costi. Mi pongo la stessa domanda di allora: da dove proviene questo denaro?».

3. Una risposta potrebbe arrivare tornando indietro alla lettura del rapporto di Gefira del novembre 2016. Moas, spiegano gli analisti olandesi, è un'organizzazione non governativa basata a Malta che si pone il compito di pattugliare il Mediterraneo e salvare le persone in alto mare. L'organizzazione è gestita da Chris Catrambone e da sua moglie Regina. Gefira ne offre un profilo dettagliato.

Chris Catrambone viene dalla Louisiana. Funzionario al Congresso degli Stati Uniti a Washington, si è poi specializzato nel ramo delle assicurazioni legato anche al rischio globale e alle attività d'intelligence. In questa veste è stato inviato nei luoghi più pericolosi del mondo, come l'Iraq e l'Afghanistan. Sopravvissuto all'uragano Katrina nel 2005, un anno dopo fonda il Tangiers Group, specializzato in «assicurazione, assistenza d'emergenza e servizi d'intelligence». Il gruppo inizia le sue attività negli Stati Uniti, per poi trasferirsi prima in Italia e poi a Malta. È qui che nel 2013 Catrambone fonda Moas, per aiutare i migranti ad attraversare il mare alla ricerca di una vita migliore. L'investimento iniziale sarebbe stato di 8 milioni di dollari.

Tra i componenti del consiglio di Moas, spiega ancora il rapporto, figurava fino a qualche tempo fa Ian Ruggier, ex ufficiale della Marina militare maltese balzato agli onori della cronaca per interventi rudi nei confronti dei migranti che protestavano a Malta, quando era ancora in servizio. Gefira si chiede se «dopo venticinque anni di servizio Ian Ruggier abbia trovato lavoro con Moas. Il suo compito è quello di garantire che i migranti salvati non finiscano a Malta?».

La visione complottista viene rispedita prontamente al mittente dalla famiglia Catrambone. Tirati in causa dall'audizione del procuratore Zuccaro e da Gefira, i coniugi ribadiscono che il loro unico obiettivo è salvare vite umane e si dichiarano pronti a un'operazione di trasparenza nel caso in cui qualcuno decida di indagare sulle loro attività.

Eppure, quelle riflessioni su Moas hanno aperto dei varchi nella pubblicistica del complotto contro l'Europa. In primo luogo perché Catrambone, oltre a essere tra i finanziatori della campagna elettorale di Hillary Clinton, risulta legato, seppur indirettamente, al miliardario George Soros e alla sua galassia di agenzie *no profit*.

L'equazione è immediata: la dottrina Soros di un'Europa *melting pot*, aperta alle migrazioni, troverebbe il suo braccio operativo nelle attività delle ong. A completare il quadro, la singolare circostanza – non confermata dai siti istituzionali del governo italiano – di un incontro tra il premier Gentiloni e Soros proprio mentre la commissione Difesa ascoltava il procuratore Zuccaro.

Il contesto è aggravato dalla posizione assunta dalle autorità libiche, sempre che esistano. A più riprese, prima la Guardia costiera e poi la Marina militare hanno sussurrato di intromissioni delle ong nelle rotte dei migranti. Secondo la ricostruzione fornita dall'agenzia di stampa *Adnkronos International*, per Riḍā 'Isā – capo della Guardia costiera della regione centrale libica, che non si sa bene a quale esecutivo faccia riferimento – «le organizzazioni non governative fanno credere ai migranti in Libia che verranno comunque soccorsi e questo li spinge a imbarcarsi aggravando la crisi. Le navi delle ong hanno più volte violato le acque territoriali libiche senza avvertire le autorità competenti».

Il militare aggiunge che «la Guardia costiera libica ha fermato alcuni gommoni all'interno delle acque territoriali libiche, per poi imbattersi in alcune organizzazioni umanitarie che si sono lamentate del fatto che quei gommoni appartenevano a loro, benché non l'avessero comunicato alla Guardia costiera, violando così le acque territoriali libiche. Quando le navi delle organizzazioni si fermano a 12 miglia dalla costa libica, in una zona visibile dalla costa, le loro luci notturne segnalano ai trafficanti che possono iniziare a imbarcare i migranti e questa è una delle cause delle ondate migratorie cui si assiste periodicamente».

Contatti tra le organizzazioni umanitarie e barconi carichi di migranti prima delle operazioni di salvataggio risultano anche al portavoce della Forza armata di Tripoli, l'ammiraglio Ayūb 'Umar Qāsim, il quale sottolinea senza giri di parole come «alcune ong sembrava aspettassero i barconi per abbordarli».

4. In questa babele, l'unico dato certo è l'ineluttabilità di quel che sta accadendo. È la storia a insegnarlo: le ondate migratorie non si possono fermare. L'unica barriera per i milioni di africani in rotta verso l'Europa è quello spazio liquido incontrollabile che sulle carte geografiche è denominato Canale di Sicilia. Nessun mistero, dunque: tutti sanno che il 2017 sarà un anno record per le migrazioni dal continente africano. La crisi insiste sullo stesso spazio interessato da altri traffici illeciti: armi, droghe, prostituzione, terrorismo. Cui si aggiungono le convulsioni istituzionali dei paesi rivieraschi, dalla Libia al Marocco, all'Egitto.

Dall'Africa scappano per mille ragioni valide: mancanza di cibo e acqua, guerre, persecuzioni razziali, o più semplicemente per ragioni che gli analisti definiscono «economiche». Sul piano legale, queste ultime istanze non sarebbero degne di ascolto. La prossima ondata sarà quella di chi scappa dalla siccità. In milioni tenteranno la fuga dalla morte certa.

Eppure, il dibattito politico in Europa è sempre unidimensionale e si fatica ad ascoltare le storie di chi scappa dall'Africa. Quel che conta è mantenere salda l'identità europea. Quale? I racconti dei profughi sono la narrazione di un'apocalisse continua. Non c'è bisogno di profeti. Nel Canale di Sicilia la fine del mondo è prassi quotidiana.

Emeka arriva dalla Nigeria. Da più di quattro mesi vive in un centro rifugiati nel cuore di Palermo. Attende che la burocrazia stabilisca il suo destino. «Per arrivare in Libia, dove ci saremmo dovuti imbarcare, abbiamo attraversato il deserto. Eravamo in cinquanta. Non so dove sia successo esattamente, ma a un certo punto del viaggio, stipati come bestie in camion dall'andamento incerto, i nostri accompagnatori ci hanno fatto scendere. Siamo stati sepolti vivi nella sabbia». La lunga marcia si era interrotta per aspettare il passaggio delle milizie, evitare i controlli, impedire che il prezioso carico umano venisse sequestrato. «Quando ci hanno dissepellito», ricorda ancora il migrante, «metà dei miei compagni di viaggio erano morti. Sono stati abbandonati lì».

È la regola, non l'eccezione. Nei fascicoli giudiziari che le procure italiane hanno imbastito per porre un freno al racket dei trafficanti ogni sillaba è un racconto del terrore: violenze, omicidi, stupri di massa, detenzione forzata, privazione del sonno e del cibo. Chi parte dall'Africa profonda sa esattamente cosa rischia. E quell'ultimo tratto in mare che tanto ci scandalizza, visto dal migrante è quasi un sollievo.

Tuttavia, ciò non significa che l'Europa debba rinunciare alle sue regole. È appunto per le regole mutate che le ong hanno assunto un ruolo centrale nel salvataggio dei migranti. Complottismi a parte, è inutile negare che con la fine della missione Mare Nostrum e i nuovi compiti di Triton, i «privati» siano diventati imprescindibili.

L'unica certezza è che bisogna salvare quelle vite sospese sulle onde del Canale di Sicilia. E si deve tagliare il nodo scorsoio che genera un business miliardario sulla pelle dei migranti. L'ammontare dei guadagni illeciti dei gruppi criminali internazionali generati da oltre 650 mila «viaggi della disperazione», dal 2011 a oggi, è pari a circa 4 miliardi di euro, con un incremento di oltre il 300% nel triennio 2014-16 rispetto ai tre anni precedenti.

Quali mutazioni siano in atto lo spiega uno studio pubblicato dall'Osservatorio parlamentare di politica internazionale. Il documento cristallizza quella che a tutti gli effetti si può definire una «transizione demografica». La proiezione è chiara e sostiene che entro il 2050 la popolazione dei paesi del Mediterraneo sarà cresciuta di un quarto rispetto al 2015, arrivando a toccare i 650 milioni di abitanti. Ma la crescita non sarà omogenea: la popolazione dei paesi rivieraschi dell'Ue subirà una contrazione del 2%, mentre la sponda africana registrerà un aumento di quasi il 50%. Fino a oggi gli «europei» che vivono sulla sponda del Mediterraneo rappresentano più della metà del totale, ma a partire dal 2050 il 53,7% degli abitanti di quest'area, così strategica per gli equilibri geopolitici, sarà di origine nordafricana e mediorientale.

Gli altri, a quel punto, saremo noi.

CHIESA E MIGRANTI IL PRAGMATISMO PAGA

di *Gianni* VALENTE

L'accoglienza e l'integrazione praticate dalla rete ecclesiale cozzano con la crescente insofferenza di società e politica italiane verso i migranti. I soggetti coinvolti. Le iniziative in corso. Con l'eccezione della Lega nessuno protesta, perché l'aiuto vaticano è prezioso.

1. DOPO ANNI DI RAPPORTI TRA CHIESA e Stato monopolizzati dal dibattito pubblico sulle questioni eticamente sensibili, la crisi migratoria appare oggi come la circostanza contingente più incalzante per verificare la millenaria interazione tra istituzioni civili e realtà ecclesiale italiana. Lo hanno attestato ai massimi livelli anche le parole spese al riguardo da papa Francesco e dal presidente italiano Sergio Mattarella, durante la recente visita ufficiale del vescovo di Roma al Quirinale. In quell'occasione, nel suo discorso ufficiale, Bergoglio ha indicato come prima manifestazione dell'«operosa generosità» dei cittadini e delle istituzioni civili d'Italia «il modo con il quale lo Stato e il popolo italiano stanno affrontando la crisi migratoria», ricordando l'accoglienza ai profughi che sbarcano sulle coste italiane, «l'opera di primo soccorso garantita dalle sue navi nel Mediterraneo e l'impegno di schiere di volontari, tra i quali si distinguono associazioni ed enti ecclesiali e la capillare rete delle parrocchie».

Davanti all'impennata dei flussi migratori registrata negli ultimi anni, il contributo di matrice ecclesiale si è da subito configurato come una componente strutturale e decisiva dell'intero sistema d'accoglienza messo in capo dalle istituzioni nazionali. I soggetti ecclesiali gestiscono ormai stabilmente strutture di prima e seconda accoglienza della rete coordinata dal ministero dell'Interno attraverso le prefetture. Quasi 14 mila persone sono accolte nei Centri di accoglienza straordinaria (Cas) gestiti da parrocchie e da altre realtà della rete ecclesiale, che diventano di fatto sedi di un centro ministeriale. Più di 4.200 persone sono accolte in strutture ecclesiali coinvolte nel Sistema di profughi richiedenti asilo e rifugiati (Sprar), che si occupa di integrare i migranti che hanno richiesto asilo in virtù della loro particolare condizione o provenienza.

A questi numeri vanno aggiunti gli oltre 3.500 profughi accolti nelle parrocchie e sostenuti con fondi provenienti dalla comunità ecclesiale, insieme ad altre centinaia di persone assistite con varie tipologie di accoglienza, che coinvolgono sempre le realtà diocesane ed ecclesiali locali.

I soggetti ecclesiali prendono parte diretta e attiva ai tavoli di lavoro e alle dinamiche operative della politica nazionale davanti all'emergenza migranti. Al contempo, non rinunciano a esercitare un discernimento critico verso le scelte messe in atto dalle istituzioni civili – italiane ed europee – davanti ai flussi migratori. Nessuna disposizione governativa e nessun evento di rilevanza pubblica connesso alla crisi migratoria sfugge al monitoraggio degli organismi ecclesiali più coinvolti, sempre in grado di entrare nel merito delle singole questioni.

Un attivissimo «cartello» di associazioni e organismi ecclesiali (Caritas, Migrantes, Centro Astalli, Acli, Casa della Carità, Comunità di Sant'Egidio) è impegnato in prima linea nella campagna Ero Straniero, con una raccolta di firme per superare la legge Bossi-Fini e modificare sensibilmente le politiche migratorie nazionali attraverso la promozione del regolare permesso di soggiorno e dell'inclusione sociale e lavorativa di cittadini stranieri non comunitari. «La Bossi-Fini», spiega il gesuita Camillo Ripamonti, direttore del Centro Astalli (espressione italiana del servizio della Compagnia di Gesù a favore dei rifugiati), «va superata, perché non risponde più alle esigenze di un paese che negli ultimi quindici anni è profondamente cambiato e che senza gli immigrati non garantirebbe buona parte dei diritti sociali e civili che oggi riesce a garantire ai cittadini, come le pensioni per gli anziani, la conciliazione tra famiglia e lavoro, la cura della terra e degli allevamenti, patrimonio inestimabile della nostra storia che senza il lavoro di migliaia di cittadini stranieri oggi sarebbe già perduto».

Le sigle cattoliche fanno fronte comune con sigle politiche e della società civile come Radicali Italiani, Arci, Associazione per gli studi giuridici sull'immigrazione. Questo variegato schieramento ha condiviso la campagna L'Italia sono anch'io per modificare la legge sulla cittadinanza e introdurre uno *ius soli* temperato; prende inoltre parte al Tavolo nazionale asilo, foro di organizzazioni non governative comprendente le associazioni A Buon Diritto, Save the Children e Oxfam Italia che si pone come interlocutore del ministero dell'Interno sulle vicende individuali e collettive che chiamano in causa o contraddicono le normative (nazionali e non) sulla tutela dei diritti dei migranti e dei richiedenti asilo.

2. In tempi recenti, sigle e organismi ecclesiali hanno espresso in tutte le occasioni giudizi fortemente critici verso strategie e provvedimenti della politica sui flussi migratori messa in atto dal governo Gentiloni. Il vescovo Guerino di Tora, presidente della commissione Migrantes – l'organismo della Conferenza episcopale italiana che si occupa dell'accoglienza e della cura pastorale dei migranti, italiani e stranieri – ha bollato la gestione europea dei flussi come una forma di «selezione di nazionalità ammesse dall'Unione», sostenendo che i tre *hotspots* rimessi in piedi a Lampedusa, Trapani e Pozzallo su disposizione dell'Ue per raccogliere e identificare i migranti «sono dei lager che somigliano più ai Cie (Centri di identificazione ed espulsione, *n.d.r.*) che a centri di accoglienza».

Già lo scorso febbraio Oliviero Forti, responsabile per le migrazioni della Caritas, stroncava «l'idea di esternalizzare le frontiere europee facendo fare ad alcuni paesi, prima la Turchia e oggi la Libia, le sentinelle d'Europa», additandola come «una modalità che noi non accettiamo, perché è la politica dello scaricabarile». Il 29 marzo, lo stesso rappresentante della Caritas definiva le nuove disposizioni italiane sull'accoglienza dei minori non accompagnati come «una grande prova» di accoglienza fornita dall'Italia, ma al contempo definiva il decreto Minniti-Orlando sull'immigrazione – comprendente l'estensione della rete dei centri di detenzione per i migranti irregolari – come «un passo indietro», aggiungendo che nelle procedure d'accoglienza «non è possibile stabilire delle classifiche tra chi scappa dalle bombe di al-Asad e chi raggiunge l'Europa per lasciarsi alle spalle la terribile carestia del Corno d'Africa».

Anche il Centro Astalli, nei suoi interventi a ritmo costante sulla questione migratoria, ripete che «la sicurezza dei cittadini non si ottiene facendo accordi con paesi terzi instabili che non possono dare garanzie di effettivo rispetto dei diritti umani», e nemmeno «commerciando in armi con paesi in cui conflitti e persecuzioni costringono alla fuga civili innocenti». I responsabili del centro denunciano anche come un grave snaturamento delle politiche di cooperazione allo sviluppo le disposizioni che condizionano l'elargizione di aiuti e assistenza all'accettazione da parte dei paesi d'origine dei migranti di «strategie ingiuste e irrealistiche di contenimento delle migrazioni».

Le critiche della rete ecclesiale sui contenuti del decreto Minniti-Orlando sull'immigrazione non hanno certo impedito la sua trasformazione in legge, avvenuta il 12 aprile dopo il voto della Camera con mozione di fiducia posta dal governo. Eppure, anche i promotori della svolta mostrano di tener conto dei rilievi critici e dei suggerimenti pratico-operativi provenienti dai soggetti di matrice ecclesiale sull'emergenza migrazione. In Ungheria e in Polonia, i leader Viktor Orbán e Andrzej Duda, cattolici devoti, promuovono politiche di chiusura e di respingimento verso gli immigrati senza tenere in alcun conto le sollecitazioni di papa Francesco e i richiami all'accoglienza degli episcopati nazionali.

In Italia, invece, la stessa compagine governativa criticata dalle sigle ecclesiali mostra di tener conto anche a livello lessicale dell'approccio alla crisi migratoria espresso nel suo complesso dalla compagine ecclesiale italiana. Lo ha confermato in varie occasioni lo stesso premier Gentiloni, quando ha sottolineato che l'obiettivo strategico delle misure approvate dal governo «non è chiudere le nostre porte, ma trasformare sempre più i flussi migratori da fenomeno irregolare a fenomeno regolare, in cui non si mette a rischio la vita ma si arriva in modo sicuro nel nostro paese», nonché incentivare il modello dell'«accoglienza diffusa».

Da molti anni sono proprio le organizzazioni ecclesiali alle prese con la crisi migratoria a sostenere con più insistenza l'apertura di vie d'ingresso legali, sottratte al dominio dei trafficanti, insieme al ricollocamento diffuso di profughi e richiedenti asilo sul territorio nazionale. La comunità ecclesiale, attraverso la rete capillare delle parrocchie e delle associazioni di volontariato, contribuisce fattivamente a plasmare le linee guida della risposta italiana all'emergenza migranti.

Le esperienze più riuscite di ricollocamento diffuso di immigrati e rifugiati sul territorio nascono quasi sempre da sinergie locali tra prefetture, amministrazioni pubbliche e soggetti ecclesiali. Il programma di microassistenza diffusa in Valsusa coinvolge 20 Comuni firmatari di un protocollo con la prefettura per il coordinamento degli interventi. Esso prevede l'accoglienza di piccoli gruppi in appartamenti reperiti sul mercato privato: un modello esportabile anche in altri contesti montani, che permette di valutare la capacità di assorbimento sociale delle singole realtà coinvolte.

La Rete civica dei sindaci per l'accoglienza, che riunisce una trentina di Comuni della provincia di Varese, opera in stretto contatto con la Caritas ambrosiana e con iniziative messe in campo da altre confessioni religiose. Anche il progetto di accoglienza portato avanti a Pettinengo (Biella) dall'associazione Pacefuturo ha coinvolto in una rete di solidarietà le realtà locali – dal Comune alla parrocchia, dai servizi sociali agli imprenditori locali – per realizzare programmi di sostegno rivolti sia agli immigrati sia alle fasce deboli della popolazione del posto.

Tra le manifestazioni più emblematiche della sinergia tra Stato e Chiesa ci sono i protocolli d'intesa tra lo Stato italiano e soggetti ecclesiali per aprire i corridoi umanitari volti a consentire l'arrivo protetto in Italia e il pieno inserimento sociale e lavorativo di rifugiati e richiedenti asilo provenienti da zone di guerra o da campi profughi. La prassi è stata inaugurata con i percorsi umanitari che hanno portato in Italia profughi provenienti dalla Siria grazie all'iniziativa congiunta della Comunità di Sant'Egidio, della Tavola valdese e della Federazione delle Chiese evangeliche in Italia.

Quel progetto pilota, che finora ha portato in Italia più di 800 persone in «condizioni di vulnerabilità», inizia a essere replicato con il concorso convergente di istituzioni civili e soggetti ecclesiali: un nuovo protocollo promosso dalla Conferenza episcopale italiana (attraverso Caritas e Migrantes) e Comunità di Sant'Egidio per aprire nuovi corridoi umanitari per i rifugiati dei campi profughi in Etiopia è stato sottoscritto lo scorso 12 gennaio al Viminale con i rappresentanti dei ministeri degli Esteri e dell'Interno. Il progetto, interamente finanziato con fondi Cei dell'otto per mille, prevede il trasferimento in Italia in due anni di 500 rifugiati eritrei, somali e sud sudanesi. Sarà l'ennesima iniziativa sostenuta da organizzazioni e reti legate alla Chiesa cattolica, che già oggi si fanno carico di quasi 25 mila migranti su tutto il territorio nazionale. Un'iniziativa analoga, di dimensioni più limitate, ha garantito dallo scorso marzo l'arrivo in Italia di alcune decine di siriani, molti con gravi problemi di salute, provenienti dai campi della Giordania.

3. L'iniziativa capillare di matrice ecclesiale non si limita a interagire con le procedure d'accoglienza di immigrati e richiedenti asilo. Essa ha effetti indiretti, non misurabili in termini statistici ma chiaramente percepibili, sull'approccio di fondo espresso dalla popolazione e dall'intero paese davanti all'emergenza migratoria. Il cattolicesimo profondo italiano manifesta la sua ordinaria consistenza come fattore di tenuta sociale davanti a tutti i processi che investono e frantumano il

tessuto della *civitas* comune. Soprattutto, contribuisce a improntare con tratti propri e umanizzanti la via nazionale all'emergenza migratoria.

La competenza e l'immanenza ai fenomeni sociali della realtà ecclesiale funziona da antidoto alle rappresentazioni di corto respiro che puntano a esasperare l'allarme sociale anti-immigrati. La rete ecclesiale italiana, facendo tesoro anche dell'apertura internazionale assicuratale dai rapporti osmotici con la Santa Sede, continua a riversare nel dibattito pubblico elementi di comprensione diffusa delle cause profonde dei flussi migratori (guerre, carestie, traffici e criminalità, corruzione, settarismi identitari, meccanismi economici predatori, dislocazioni di ricchezze e di cicli produttivi, devastazioni ambientali), contenendo almeno in parte il dilagare delle letture più rozze e manipolatorie che puntano a esasperare le preoccupazioni e le insofferenze della società civile.

Tra le forze politiche, solo esponenti della Lega continuano a esprimere in forme plateali disprezzo e ostilità conclamata verso il linguaggio dell'accoglienza e dell'integrazione usato da soggetti ecclesiali. Gli altri attori politici, anche quando sostengono con decisione la politica dei respingimenti, dei rimpatri rapidi e del contrasto all'immigrazione irregolare, non rivolgono contro gli operatori ecclesiali bordate polemiche ad alzo zero. Gli organismi istituzionali, a livello centrale e periferico, continuano a considerare i soggetti ecclesiali come interlocutori competenti e alleati preziosi nella ricerca sperimentale di soluzioni condivise per i tanti problemi indotti dalla crisi migratoria.

La capillare presenza territoriale delle opere e dei soggetti ecclesiali, proprio per la sua immanenza ai problemi reali collegati all'arrivo di immigrati e rifugiati, esprime una percezione realistica ed empirica dei fenomeni migratori come dato strutturale e non contingente del mondo attuale. Da lì prendono forma proposte flessibili e praticabili per far fronte alle emergenze. «Credo che in teoria», ha affermato papa Francesco nell'incontro coi giornalisti sul volo che lo riportava a Roma dalla Svezia lo scorso 1° novembre, «non si possa chiudere il cuore a un rifugiato. Ma c'è anche la prudenza dei governanti che credo debbano essere molto aperti nel riceverli, ma anche fare un calcolo di come poterli sistemare. Perché un rifugiato non lo si deve solo ricevere, lo si deve integrare. E se un paese ha una capacità d'integrazione faccia quanto può, sempre con il cuore aperto».

La Cei, richiamandosi anche alle considerazioni magisteriali di Benedetto XVI e di papa Francesco, ha iniziato da tempo a sostenere migliaia di microprogetti nei paesi di provenienza dei flussi migratori, riaffermando in questo modo che non esiste solo il diritto a migrare, ma anche il «diritto di rimanere», di non essere costretti a lasciare la propria terra d'origine. Così la formula «aiutiamo gli stranieri a casa loro», sventolata da tutte le propagande anti-immigrati, ha trovato finora l'unica concreta attuazione nelle campagne promosse da Caritas, Fondazione Missio e Federazione organismi cristiani di servizio internazionale volontario (Focsiv), per difendere in Africa e in Medio Oriente il diritto a non dover emigrare per sopravvivere, rischiando di morire nei viaggi organizzati dai mercanti di uomini.

La matrice evangelica della sollecitudine ecclesiale per profughi, emigranti e richiedenti asilo («Ero straniero, e mi avete accolto», Mt 25, 35) non ha alcun tratto in comune con le ideologie globaliste e con quelle che teorizzano il «disordine creativo» come leva per fomentare palingenetiche commistioni dei popoli. Per Francesco, per la Santa Sede e per le reti ecclesiali italiane la disposizione umanizzante verso i migranti non è un allineamento alle ideologie messianiche sulla libera circolazione della forza lavoro. Lo sguardo realistico e critico applicato da molte sensibilità ecclesiali al modello di sviluppo globale è in grado di tener conto anche del malessere e della rabbia dei ceti impoveriti su cui fanno leva i banditori politici e mediatici delle propagande anti-immigrati.

4. La predicazione incessante di papa Francesco e gli interventi di matrice ecclesiale sul fronte dell'emergenza migratoria appaiono fuori linea rispetto ai timori e alle insofferenze crescenti che il fenomeno suscita in fasce sempre più ampie della popolazione italiana. Finora lo scarto non ha coagulato fronti ampi e articolati di attacco e contestazione antiecclesiale sulla questione rovente dei flussi: la simpatia diffusa ancora suscitata da papa Francesco ha funzionato almeno in parte da scudo dissuasivo rispetto a campagne di denigrazione delle iniziative ecclesiali a favore dell'accoglienza. Altri fattori concorrono però al generale *fair play* tra istituzioni civili e realtà ecclesiali davanti alla crisi migratoria.

Al momento, in Italia l'utilizzo dell'immigrazione nelle polemiche contro il papa e la Chiesa è monopolizzato dai settori clerico-mediatici arruolati a tempo pieno nella battaglia contro il pontificato bergogliano. Nel loro armamentario, gli strali contro il presunto «buonismo» papista si fondono con le accuse di «commercio col nemico» rivolte al papa e a tutti i cristiani che continuano a coltivare rapporti non ostili e canali di dialogo coi musulmani.

A eccezione di Salvini e di Marine Le Pen, le campagne contro il papa e le realtà ecclesiali impegnate nell'accoglienza e nell'integrazione non hanno trovato sponde di rilievo tra le istituzioni e i soggetti politici italiani e internazionali che propugnano il contenimento o il blocco dei flussi. Lo stesso Donald Trump ha archiviato le schermaglie mediatiche con il vescovo di Roma del febbraio 2016 sul prolungamento del muro anti-immigrazione al confine con il Messico, mostrandosi ossequioso e cordiale con Francesco e i suoi collaboratori nella visita dello scorso 24 maggio.

L'evoluzione e gli effetti dell'attitudine critica ma «collaborativa» della rete ecclesiale italiana rispetto alla gestione futura dell'emergenza migratoria dipenderà anche dalla capacità della Chiesa di non farsi risucchiare dalle contrapposizioni dialettiche e dalle battaglie ideologiche. Finché gli operatori e i settori ecclesiali si mantengono su un piano pragmatico, finché continuano a suggerire proposte concrete e soluzioni praticabili ai problemi contingenti e strutturali connessi al flusso di migranti, il loro contributo di competenze e la loro disponibilità, per quanto scomodi e indigesti, continueranno a rappresentare una risorsa che nessuna forza politica e nessuna istanza istituzionale potrà permettersi di maltrattare a cuor leggero.

limes
RIVISTA ITALIANA DI GEOPOLITICA
MEDITERRANEI

Parte II
nel MARE *non* PIÙ NOSTRO

L'ITALIA DEVE FARSI POTENZA MARITTIMA

Nel Mediterraneo allargato si deciderà la centralità commerciale della Penisola. Eppure, il paese stenta a concepire il bacino in modo strategico. La concorrenza dei porti europei. La sfida della pirateria e delle migrazioni. Un patto del mare per non finire ai margini.

di *Luca* SISTO e *Matteo* PELLIZZARI

1. QUANDO NICOLAS SARKOZY, APPENA ELETTO presidente della Repubblica francese, dichiarò che «la Francia è una potenza mediterranea», l'eco delle sue parole non colpì apparentemente la nostra opinione pubblica. Gli osservatori politico-economici ne valutarono la portata in termini di strategia geopolitica e conseguenti contromisure, ma nessuno si soffermò sul significato «marittimo» di tale affermazione. Come se, paradossalmente, la parola «Mediterraneo» potesse ormai fare a meno del mare. È solo un caso? Davvero si può pensare di giocare un ruolo di potenza mediterranea senza essere una potenza marittima? Si può giocare un ruolo di controllo e di potere nell'area, senza partecipare e vincere sulle rotte del trasporto di merci e persone, nei complessi e dinamici mercati dei noli?

Le risposte a queste domande affondano le loro radici in un tempo lontano, un tempo in cui gli arabi chiamarono questo mare *al-Baḥr al-Rūmī* (il mare dei romani): un mare in bilico tra due oceani e tre continenti, un fitto intreccio di rotte, commerci e guerre che nei millenni ha dato vita a un comune patrimonio genetico mediterraneo. Non solo tempo, ma anche spazio: quello spazio necessario per definirsi un paese marittimo, cioè che ha sbocco al mare. Tale spazio all'Italia non manca, con i suoi quasi 8 mila chilometri di costa (più del subcontinente indiano) attraverso i quali affermare la propria marittimità, nelle sue diverse componenti.

Nell'attuale contesto geopolitico, che vede una rinnovata attenzione alle vicende del *Mare nostrum* dopo anni di apparente sottovalutazione, risorge l'importanza delle compagnie di navigazione, che da sole muovono – attraverso navi moderne e sempre più grandi – il 90% delle merci mondiali. In una parola: lo *shipping*, vero motore della globalizzazione, capace di mettere in rete le economie dei mercati, maturi e crescenti, del mondo.

Il nostro viaggio non può che partire dalla nave, infrastruttura mobile che, come l'aereo (per il trasporto passeggeri) e diversamente dalla gomma, dal ferro e dalle condotte, non necessita di strutture su cui scorrere, utilizzando una sorta di autostrada immateriale, con i porti al posto dei caselli. La nave, se presa a unità di misura della nostra «marittimità», ci pone tra le principali flotte (potenze marittime) al mondo: la 3ª dei grandi paesi riuniti nel G20. Oltre 16,5 milioni di tonnellate di stazza (circa 1.500 unità superiori alle 100gt), con posizioni di assoluto rilievo nei settori più sofisticati: dai ro/ro – le navi dotate di rampe capaci di accogliere e togliere dalla strada fino a duecento tir a viaggio, comparto nel quale siamo leader mondiale – alle navi da crociera, passando per le cosiddette *product tankers*, navi per il trasporto di prodotti raffinati derivati dal petrolio. Una flotta giovane (il 60% del naviglio ha meno di 10 anni) e tecnologicamente all'avanguardia, risultato dell'opera di specializzazione del naviglio che trova le sue lontane origini nella ricostruzione postbellica: navi da carico generale, navi portarinfuse, navi cisterna, navi passeggeri e miste, mezzi ausiliari eccetera.

A partire dagli anni Sessanta si assiste allo straordinario sviluppo delle navi cisterna, con le superpetroliere (Vlcc e Ulcc) di portata superiore alle 250 mila tonnellate. Le navi sono sempre più grandi e automatizzate, gli equipaggi ridotti nel numero ma maggiormente specializzati. Nel frattempo, come noto, il container rivoluziona il trasporto di merci via mare, mentre fra gli anni Sessanta e Settanta scompaiono i grandi transatlantici di linea, sostituiti da navi da crociera progressivamente avviate a diventare sempre più veri villaggi vacanze. La nave non è più un mezzo di collegamento o di trasporto, ma di divertimento.

A partire dagli anni Ottanta, l'evoluzione della flotta mercantile si consolida e va di pari passo al mutare delle esigenze dell'industria: le navi sono sempre più specializzate in riferimento ai tipi di carico da trasportare. Ma proprio in quegli anni, l'agguerrita competitività sui mari del mondo favorisce la nascita delle cosiddette bandiere ombra (meglio, bandiere di convenienza), che mettono in crisi le flotte battenti le bandiere nazionali degli Stati occidentali. L'Italia ha potuto riconquistare le prime posizioni tra i principali paesi marittimi solo verso la fine degli anni Novanta, grazie all'introduzione di una legge che recepiva le linee guida dell'Unione Europea di fine anni Ottanta per frenare il *flagging out* e rilanciare lo *shipping* continentale. È stata così rilanciata l'occupazione marittima, ottenendo in cambio alcuni abbattimenti di costo, pur limitati rispetto a quelli ancor più consistenti permessi dalle bandiere di comodo. L'introduzione del Registro internazionale nel 1998 ha consentito di frenare l'emorragia di naviglio e ha addirittura invertito il trend, facendo più che raddoppiare la nostra flotta nel rispetto dei più alti standard di sicurezza (per lavoratori e passeggeri) e ambientali.

2. Parlando di «marittimità» italiana non si può sorvolare sulla figura dell'armatore: il quale, a dispetto del nome che richiama alla mente qualcosa di bellico, svolge oggi un'attività che nulla ha a che vedere con le armi. Se nell'antichità l'attività dell'armatore era proprio quella di equipaggiare la nave con armi da guerra,

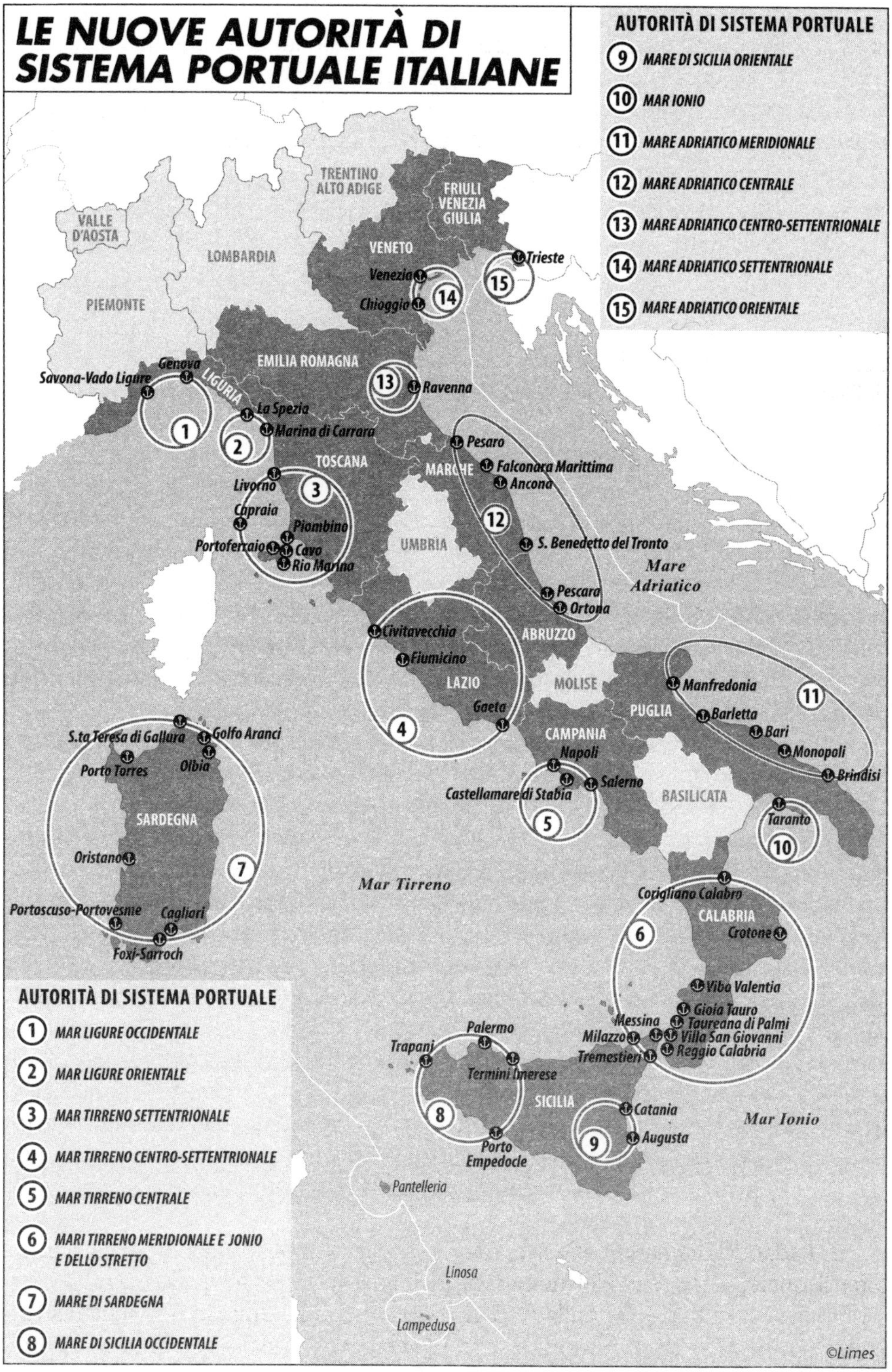
LE NUOVE AUTORITÀ DI SISTEMA PORTUALE ITALIANE
AUTORITÀ DI SISTEMA PORTUALE
9 MARE DI SICILIA ORIENTALE
10 MAR IONIO
11 MARE ADRIATICO MERIDIONALE
12 MARE ADRIATICO CENTRALE
13 MARE ADRIATICO CENTRO-SETTENTRIONALE
14 MARE ADRIATICO SETTENTRIONALE
15 MARE ADRIATICO ORIENTALE
TRENTINO ALTO ADIGE
FRIULI VENEZIA GIULIA
VALLE D'AOSTA
LOMBARDIA
VENETO
PIEMONTE
Trieste
Venezia
Chioggia
EMILIA ROMAGNA
Savona-Vado Ligure
Genova
LIGURIA
Ravenna
La Spezia
Marina di Carrara
Pesaro
TOSCANA
MARCHE
Falconara Marittima
Ancona
Livorno
Capraia
Piombino
Portoferraio
Cavo
Rio Marina
UMBRIA
S. Benedetto del Tronto
Mare Adriatico
Pescara
Ortona
Civitavecchia
ABRUZZO
Fiumicino
LAZIO
MOLISE
Manfredonia
Gaeta
PUGLIA
Barletta
S.ta Teresa di Gallura
Golfo Aranci
CAMPANIA
Bari
Napoli
Monopoli
Porto Torres
Olbia
Salerno
Brindisi
Castellamare di Stabia
BASILICATA
SARDEGNA
Taranto
Oristano
Mar Tirreno
Corigliano Calabro
Portoscuso-Portovesme
Cagliari
CALABRIA
Crotone
Foxi-Sarroch
Vibo Valentia
Gioia Tauro
Messina
Taureana di Palmi
Palermo
Milazzo
Villa San Giovanni
Trapani
Reggio Calabria
Tremestieri
Termini Imerese
SICILIA
Catania
Mar Ionio
Augusta
Porto Empedocle
Pantelleria
Linosa
Lampedusa
AUTORITÀ DI SISTEMA PORTUALE
1 MAR LIGURE OCCIDENTALE
2 MAR LIGURE ORIENTALE
3 MAR TIRRENO SETTENTRIONALE
4 MAR TIRRENO CENTRO-SETTENTRIONALE
5 MAR TIRRENO CENTRALE
6 MARI TIRRENO MERIDIONALE E JONIO E DELLO STRETTO
7 MARE DI SARDEGNA
8 MARE DI SICILIA OCCIDENTALE
©Limes

con il trascorrere del tempo e il mutare delle condizioni l'armatore è divenuto colui che allestisce la nave, dotandola dell'equipaggio e di tutti i mezzi atti alla navigazione, fornendo le strumentazioni nautiche e curando la manutenzione delle stive, provvedendo alla sistemazione delle cabine per l'equipaggio e ai rifornimenti di carburante, sistemando a bordo i mezzi per movimentare adeguatamente il carico.

Oggi, in uno scenario economico globalizzato che vede una continua evoluzione dei mercati e delle professionalità, la figura dell'armatore si è evoluta in imprenditore che opera a volte lungo tutta la catena logistica, dal mare alla terra, agendo a volte anche come terminalista e tour operator, che investe in infrastrutture tradizionali a terra e in unità specializzate a mare. Nonostante questa evoluzione, l'armatore resta un uomo di mare, a volte ancora iscritto nelle matricole e con libretto di navigazione, che conosce perfettamente la realtà della vita a bordo. Come Ulisse che arma la sua nave in un viaggio di salvezza e di scoperta attraverso il Mediterraneo, evitando tempeste e cercando il giusto approdo, oggi l'imprenditore marittimo affronta le sfide dei mercati in un mare altrettanto difficile. Lo fa grazie a equipaggi professionali molto lontani dall'idea melvilliana del marinaio, garanzia di un trasporto marittimo sicuro ed efficiente. L'elevato livello tecnologico e la grande specializzazione raggiunta dalle navi impone infatti la presenza a bordo di professionisti altamente qualificati, in grado di governare le unità in qualsiasi condizione, e una moderna ed efficiente organizzazione a terra. Circa 60 mila professionisti a bordo della nostra flotta che generano a terra oltre 11 mila posti di lavoro nelle sole società di navigazione.

Se allarghiamo lo sguardo oltre la nave, possiamo osservare un fiorire di attività economiche. Lo confermano i dati dell'ultimo Rapporto dell'economia del mare realizzato dalla Federazione del Mare assieme al Censis, dal quale emerge che il distretto marittimo (armamento, porti, cantieri, logistica, nautica, pesca, agenzie marittime, broker, avvocati marittimisti) contribuisce al prodotto interno lordo nazionale per 31,6 miliardi di euro (2,03%) e dà occupazione a circa il 2% della forza lavoro del paese (471 mila persone fra addetti diretti e indotto).

Altri dati di grande impatto sono il moltiplicatore del reddito, pari a 2,63, e il moltiplicatore dell'occupazione, che è pari a 2,77: 100 euro d'incremento del reddito nell'ambito del distretto marittimo attivano circa 263 euro di reddito nazionale e 100 nuove unità di lavoro del settore attivano 277 unità a livello nazionale. Non a caso si parla di economia del mare (*blue economy*) in particolare in Italia, dove oltre il 54% del commercio estero (240 milioni di tonnellate) avviene via mare, a fronte del 15% che utilizza la modalità stradale. Siamo un'economia di trasformazione, grande importatrice di materie prime, soprattutto di prodotti energetici, *in primis* petrolio (la quasi totalità del petrolio importato dall'Italia utilizza la via marittima). Ma siamo anche un mercato che importa prodotti finiti (giocattoli, vestiti, computer e altro) e derrate alimentari: tutte merci che viaggiano sul mare. Limitando lo sguardo al traffico commerciale con i soli paesi extra-Ue, ben l'85% delle merci arriva e parte utilizzando la grande via marittima.

3. Un'importanza fondamentale è ovviamente rivestita dai porti. Nel tempo, da semplici ripari i porti si sono evoluti in realtà sempre più complesse, intorno alle quali sono sorte città economicamente e politicamente importanti (cosiddetti porti città). Oggi sono infrastrutture gestite da sistemi elettronici di smistamento delle merci e collocate fuori dai centri abitati (porti di *transhipment*), almeno nel caso dei grandi scali del Nord Europa. Nel bacino del Mediterraneo sono presenti entrambe le tipologie portuali: i porti di *transhipment* dedicati quasi esclusivamente a navi transoceaniche (le navi madre), in cui avviene il trasporto del contenitore che viene successivamente inviato al porto di destinazione tramite una nave di minor tonnellaggio (*feeder*); e i porti di destinazione finale (spesso porti città).

La seconda categoria è quella più diffusa in Italia, vista la storia bimillenaria della nostra penisola; caratteristica che se da una parte crea ricchezza per il territorio urbano, dall'altra rappresenta un limite all'aumento dei volumi di traffico. Emblematiche al riguardo le statistiche riportate nel Rapporto 2016 della Corte dei conti europea: nel 2012 i tre maggiori porti dell'Ue (Rotterdam, Amburgo e Anversa) hanno movimentato circa il 20% delle merci europee (anche grazie alla loro vicinanza a importanti aree di produzione e consumo nell'Europa nord-occidentale), a fronte del 15% registrato dai nove maggiori porti europei del Mediterraneo. La mancanza di spazi nei porti città è un limite effettivo, soprattutto quando si accompagna a infrastrutture di collegamento inadeguate.

In tal senso la condizione dello storico porto italiano di Genova è indicativa: ancora non si sa la data certa di entrata in funzione del terzo valico dei Giovi, la linea ad alta velocità che consentirà ai porti liguri di collegarsi con le principali linee ferroviarie del Nord Italia e con il resto d'Europa, trasferendo importanti quote di merci dalla strada alla rotaia. Intanto, la Svizzera ha inaugurato già da un anno il tunnel del Gottardo, con l'obiettivo di far transitare ben 260 treni merci al giorno a una velocità di 100 chilometri l'ora. Senza contare che dal 2020 sarà pienamente operativo il tunnel di 15 chilometri del Monte Ceneri – che velocizzerà ancor più il transito attraverso le Alpi sul corridoio Rotterdam/Genova – e che nel 2025 dovrebbe entrare in funzione la galleria di base del Brennero, ultimo grande collo di bottiglia sul corridoio scandinavo-mediterraneo che collegherà i principali centri urbani e porti della Scandinavia e della Germania settentrionale ai centri industriali della Germania meridionale, dell'Austria e del Nord Italia, fino a raggiungere via mare Malta.

Queste gallerie transalpine rischiano di risucchiare verso nord il traffico merci, collegando i grandi porti del *Northern Range* a un'area d'influenza sempre più estesa che già oggi comprende gran parte della Pianura Padana. Questo effetto non riguarderà solo la produzione italiana, ma anche le merci internazionali destinate ai mercati del Sud Europa (Italia compresa), nonostante il vantaggio di cinque giorni di navigazione offerto dai porti liguri rispetto al Nord Europa.

Un caso emblematico delle opportunità che stiamo perdendo, destinato tristemente a ripetersi alle condizioni sopradescritte, è rappresentato dalle scelte logistiche di un famoso produttore con stabilimento situato al confine tra Austria e

Grafico 1 - COMPETITIVITÀ PORTUALE NEL MEDITERRANEO. CONFRONTO QUOTE DI MERCATO (TEU) DEI PRIMI 10 PORTI DEL MEDITERRANEO (2016)

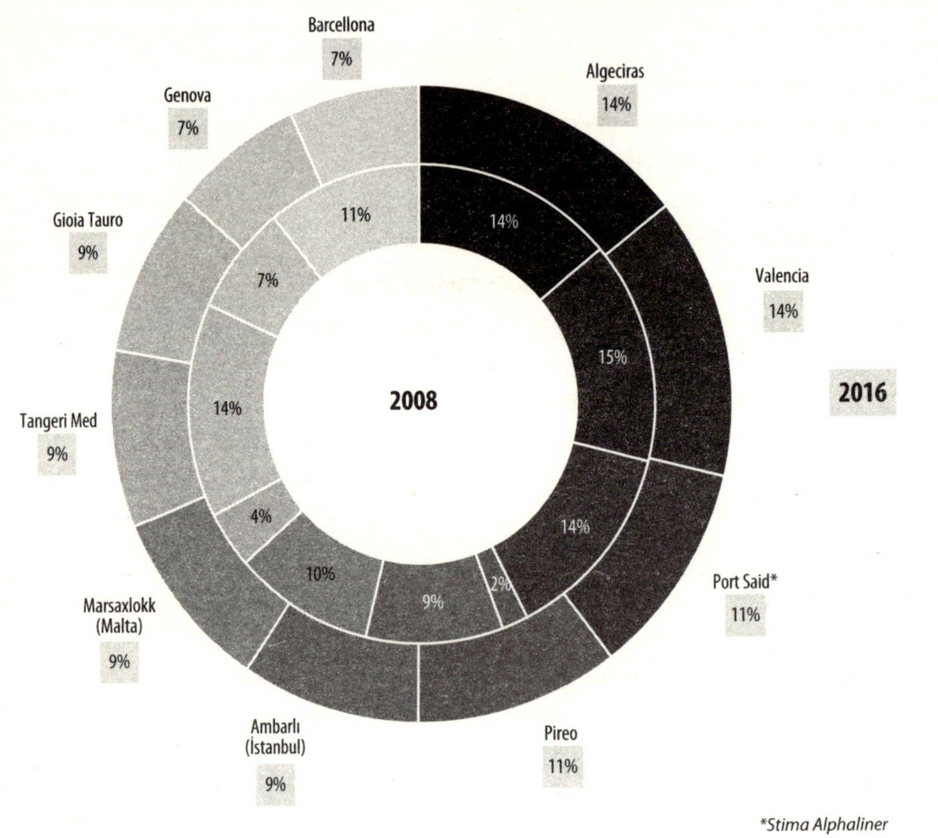

Fonte: Srm su autorità portuali

Svizzera, che esporta nel mondo quasi 500 mila container l'anno e che è costretto a distribuire la merce destinata al mercato mediterraneo passando attraverso i porti del Nord Europa, malgrado la riduzione dei tempi offerta dai porti liguri. Certo, questa situazione non può essere imputata esclusivamente alle carenze infrastrutturali; un ruolo non secondario è stato giocato da un'industria per certi versi miope rispetto al ruolo del trasporto e della logistica. Come se l'incontro tra domanda e offerta avvenisse su un piano metafisico, la prima industrializzazione italiana considerava il trasporto della materia prima e del manufatto come un costo da limitare il più possibile, mero ausilio – e a volte ostacolo – all'incontro tra la produzione e il consumo. Lontani dal considerare come valore aggiunto quella che oggi si definisce *supply chain*, o filiera logistica, i nostri imprenditori non davano peso all'origine e alla modalità di trasporto in entrata e in uscita dagli stabilimenti.

Grafico 2 - VALORE DI ALCUNI SETTORI PRODUTTIVI ITALIANI, 2013

(milioni di euro correnti)

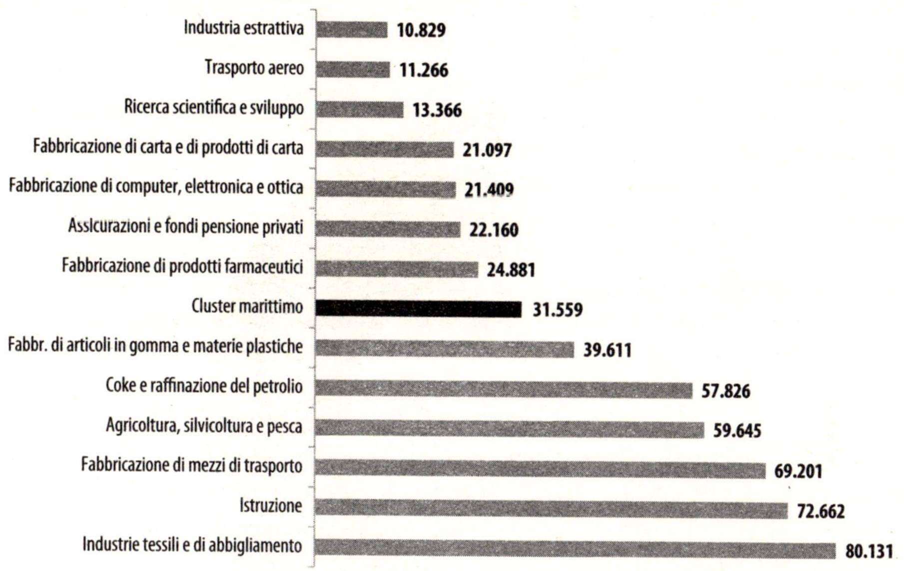

Fonte: elaborazione Censis su dati Istat, Assonave, Fincantieri, Ucina.

Lo ricorda bene l'economista e armatore Bruno Musso nel suo *Il cuore in porto*, raccontando l'acceso scambio di vedute negli anni Ottanta con grandi imprenditori italiani indifferenti agli emergenti temi della logistica e felici di utilizzare Rotterdam piuttosto che Genova se più conveniente, senza comprendere che non investire sullo sviluppo di un sistema logistico autonomo avrebbe inciso sulla competitività delle merci italiane, costrette a percorrere oltre 1.200 chilometri per giungere al mare. La porta d'accesso naturale dell'industria italiana al Mediterraneo, peraltro ora in competizione con l'emergente portualità nordafricana e maltese, rischia di non poter più recuperare il divario con i porti nordeuropei, sebbene i fondali naturali (ad esempio quelli di Voltri, capaci di accogliere le classi 15 e 18 mila teu) siano un sogno per Amburgo.

In tale situazione, il paese da qualche tempo sembra aver distolto lo sguardo dall'utente primario del porto: la nave. La nuova architettura della *governance* portuale che sembra emergere dalla recente (e tanto attesa) riforma delle autorità portuali ha definito un nuovo ruolo per l'armatore nell'ambito dei processi strategico-decisionali di sviluppo del porto, collocandolo con gli altri operatori economici all'interno di un partenariato consultivo. Vedere il porto da terra o dal mare può incidere molto sulle scelte, sulla selezione degli investimenti imposta dalla *spending review*, sulla volontà di far decollare i nostri traffici, a cominciare da quelli mediterranei.

4. L'Italia è stata spesso definita una piattaforma logistica naturale posizionata al centro del Mediterraneo, con ciò volendo rimarcare la naturale propensione del nostro paese a fungere da baricentro dei traffici infra-mediterranei, soprattutto delle grandi rotte dall'Estremo Oriente all'Europa. Il *Mare nostrum* è il crocevia di numerose importanti direttrici di traffico: sebbene rappresenti circa l'1% della superfice marittima mondiale, vi transita circa il 20% del traffico marittimo globale, il 25% dei servizi di linea su container, il 30% dei flussi di petrolio mondiali, il 65% del flusso energetico per i paesi dell'Ue.

La rinnovata attenzione mondiale per questo piccolo specchio d'acqua è ben rappresentata dalla crescita degli investimenti cinesi, passati in poco più di un decennio dai 16,2 miliardi del 2001 ai 185 attuali. Strategicamente indicativi sono gli investimenti nel porto del Pireo, privatizzato nel 2016 in favore di China Cosco Shipping Group, il quarto *carrier* mondiale alle spalle di Maersk, Msc e Cma-Cgm, nonché leader nel settore *dry* e *liquid bulk*. Sembrerebbe chiaro l'obiettivo cinese di fare del Pireo il maggiore hub logistico per il Mediterraneo, forte della vicinanza geografica a Suez (porta d'ingresso dall'Oriente) e con la potenzialità di divenire nel prossimo futuro uno snodo cruciale per il *transhipment* dei container provenienti dall'Asia. Significativa in tal senso la recente performance del porto, passato nell'ultimo anno dal 93° al 39° posto nella graduatoria mondiale per capacità di movimentazione merci. Al Pireo si aggiunge l'accordo da 3 miliardi di dollari tra Cina e Algeria per lo sviluppo del porto algerino di Šaršāl, che secondo le previsioni del governo algerino movimenterà 35 milioni di tonnellate di merci e 8 milioni di container all'anno entro il 2050.

Tali investimenti, che riguardano anche le vie di collegamento terrestri ai porti, si inseriscono nella più ampio disegno cinese Belt and Road Initiative (Bri, o nuove vie della seta) che prevede ingenti investimenti sulle direttrici terrestre e marittima tra Cina ed Europa: un traffico che attualmente si attesta ad oltre 25 milioni di container/anno. Il piano d'investimento coinvolgerebbe paesi che rappresentano il 55% del pil, il 70% della popolazione e il 75% delle riserve energetiche mondiali. A detta di tutti gli osservatori, esso configura la risposta cinese ai grandi trattati commerciali (Ttp e Ttip) perseguiti dall'amministrazione Obama e sospesi da Trump.

Se da un lato queste iniziative renderanno il Mediterraneo più centrale rispetto al passato, dall'altro rischiano di emarginare definitivamente l'Italia dalle grandi rotte ormai in mano a pochi *carriers* di livello mondiale. A ciò va aggiunto che, secondo i maggiori analisti, nel breve-medio periodo l'eccesso di offerta di stiva rispetto alla domanda sarà del 20%, con conseguente impennata della concorrenza sul costo per container. Ciò porterà all'esclusione degli scali meno economici ed efficienti dalle grandi rotte «pendulum».

La sorte del sistema portuale italiano, comunque, non dipende esclusivamente dai traffici provenienti dalla Cina. L'Italia, con 272 milioni di tonnellate di merci movimentate nel 2015, si conferma il primo paese europeo nei traffici di *short sea shipping* (le cosiddette autostrade del mare europee) nel Mediterraneo e il terzo

OFFERTA SETTIMANALE DELLE AUTOSTRADE DEL MARE

TOTALE	NUMERO
Linee	52
Viaggi	192
Metri lineari	934.000

INCREMENTO METRI LINEARI DAL 1999

M.L. SICILIA	M.L. SARDEGNA	M.L. INTERNAZ.
174%	121%	1.066%

in Europa dopo Inghilterra e Norvegia. Tale tipologia di traffico, mutuata dall'esempio italiano delle autostrade del mare, viene adottata con la Decisione 884/2004 del Parlamento europeo e del Consiglio del 29 aprile 2004, in cui si definisce lo *short sea shipping* come «la rete transeuropea che intende concentrare i flussi di merci su itinerari basati sulla logistica marittima in modo da migliorare i collegamenti marittimi esistenti o stabilirne di nuovi, che siano redditizi, regolari e frequenti, per il trasporto di merci tra Stati membri onde ridurre la congestione stradale e/o migliorare l'accessibilità delle regioni e degli Stati insulari e periferici».

Le autostrade del mare rappresentano da anni il fiore all'occhiello del cabotaggio italiano. Grazie a esse si attua il trasferimento modale delle merci dal tutto-strada al combinato marittimo, con benefici per la collettività anche in termini di riduzione dei costi esterni. Il cabotaggio nazionale è operato da industrie armatoriali diversissime tra loro, dallo *short sea shipping* al bunkeraggio, dal cisterniero ai carichi generali e alla rinfusa, solo per fare qualche esempio. I servizi di cabotaggio (considerati *latu sensu*), oltre a creare valore aggiunto sul territorio nazionale, rappresentano anche un'importante occasione di lavoro, generando nell'indotto quasi 50 mila occupati e un giro d'affari diretto di quasi 5 miliardi di euro, con ricadute sull'indotto per circa 15 miliardi. Un settore che in molte realtà, come le isole minori con 20 milioni di passeggeri trasportati all'anno, rappresenta un elemento ineludibile della quotidianità sociale.

Alcuni dati sono indicativi in tal senso: Campania e Sicilia movimentano da sole metà dei passeggeri in navigazione nazionale; insieme a Toscana, Sardegna e Calabria, ne movimentano l'86%. Secondo un recente studio pubblicato da Confitarma, a parità di merci e passeggeri trasportati, il maggior costo derivante dall'utilizzo della strada rispetto alla modalità marittima è risultato essere compreso tra il 70 e il 220%. La ferrovia ha costi maggiori della nave, con valori compresi tra il 7% e il 57%. La modalità marittima risulta pertanto la soluzione di trasporto migliore in termini di benefici per la collettività.

Il comparto marittimo è altresì fondamentale nell'assicurare la mobilità di milioni di persone, lavoratori, studenti, turisti e la continuità territoriale delle isole. Quasi 80 milioni sono i passeggeri che si spostano via nave tra i porti italiani, gran parte dei quali (circa 74 milioni) in navigazione nazionale. Per la metà dei passeggeri, soprattutto da e per le isole minori, la nave rappresenta l'unica possibilità di collegamento con il resto del paese.

Anche nell'ambito delle merci le autostrade del mare registrano un grande dinamismo: negli ultimi 10 anni sono passate da circa 650 mila metri lineari di offerta di stiva settimanale a quasi un milione. Si stima che giornalmente circa 80 mila metri lineari di stiva siano occupati da mezzi commerciali che si imbarcano su navi ro/ro (traghetti) sui collegamenti internazionali e nazionali, riducendo il traffico autostradale e contribuendo notevolmente a ridurre l'impatto ambientale e sociale del trasporto merci.

Infine, parlando di turismo che «viene dal mare» per quanto attiene il settore crocieristico il Mediterraneo rappresenta il secondo mercato mondiale dopo quello caraibico. In tale contesto, l'Italia è leader con oltre 11 milioni di crocieristi transitati nei nostri porti, 4,5 miliardi di spese dirette effettuate nel territorio e 103 mila addetti. Civitavecchia con oltre 2,3 milioni di passeggeri si conferma al primo posto in Italia e al secondo nel Mediterraneo dopo Barcellona.

5. La rinnovata centralità del Mediterraneo nelle strategie delle grandi potenze mondiali è anche il risultato del notevole sforzo profuso per la messa in sicurezza della sua porta d'ingresso-uscita orientale. Nei primi anni del nuovo secolo, ha infatti ripreso vigore un fenomeno che fino a quel momento in Occidente era stato relegato alla letteratura e al cinema: la pirateria marittima. La pirateria è sempre esistita e a volte venne utilizzata dagli Stati per combattere le nazioni avversarie: basti pensare che tra il XVI e il XVII secolo la Gran Bretagna veniva definita una nazione di pirati. Questa moderna riproposizione del fenomeno si è manifestata al largo della Somalia, all'imbocco del Mar Rosso, il canale d'ingresso-uscita dal Mediterraneo. Esso rappresenta un grave rischio per l'incolumità degli equipaggi a bordo delle navi che attraversano il Golfo di Aden, l'Oceano Indiano e da qualche tempo anche le acque al largo dell'Africa occidentale. Ma la pirateria rappresenta una grave minaccia anche per l'economia italiana, europea e internazionale, visto che per il Golfo di Aden passa una delle rotte commerciali più importanti tra Estremo Oriente, Europa e Stati Uniti.

L'Italia, consapevole del rischio, ha affiancato le Marine militari internazionali nel contrasto del fenomeno e nel 2011, attraverso una serie di provvedimenti normativi (a partire dalla legge 130 del 2011), ha introdotto la difesa attiva a bordo delle navi italiane. Tale situazione ha obbligato l'Europa, e noi *in primis*, a ripensare l'idea di Mediterraneo quale mare chiuso, ridefinendo un'area geostrategica denominata Mediterraneo allargato che include Golfo Persico, Mar Nero, Oceano Indiano e coste occidentali africane che insistono sul Golfo di Guinea. Un'area geostrategicamente unitaria sotto il profilo della sicurezza marittima.

Se dunque il Mediterraneo non è più definibile solo *nostrum*, certamente resta di nostro primario interesse, quindi da tutelare. Da qui l'esigenza di assicurare la libertà e la sicurezza dei traffici marittimi, di preservare l'approvvigionamento energetico nazionale (fondamentali da questo punto di vista la rotta del petrolio dal Golfo via Suez, quella dal Sudafrica e il Golfo di Guinea per il gas) e di non marginalizzare il Mediterraneo.

Ma la minaccia di un Mediterraneo economicamente marginalizzato non è del tutto sventata. Nuovi e rilevanti pericoli derivano dalla crisi migratoria, che obbliga all'allungamento delle rotte, al dispiego di capacità navali nell'area Sud del nostro mare, al fenomeno ormai «sistemico» e non più accidentale dell'organizzazione, anche in capo alla nostra flotta mercantile, del *search and rescue*. Ne derivano sovraccosti assicurativi, la necessità di impiegare ingenti capitali pubblici e privati per aumentarne i livelli di sicurezza, nonché pesanti ripercussioni sulla libertà dei traffici dovute all'instabilità regionale (dalla Crimea alla Libia). Mare insicuro uguale mare costoso: occorre pertanto evitare che s'inneschi una catena di inefficienze tali da rendere diseconomico il nostro mare.

In questo Mediterraneo allargato, l'Italia è chiamata a superare la classica visione di se stessa come molo d'Europa, in favore di una nuova coscienza delle potenzialità che l'industria marittima nazionale (armamento, cantieristica, portualità, diporto e pesca *in primis*) può esprimere in termini di forza economica, benessere e occupazione. Se è vero, come qualcuno sostiene, che la storia accelera sempre quando prende la via del mare, la nostra presenza mediterranea dovrà lasciare il porto e riaffrontare con coraggio un nuovo viaggio via mare, necessariamente condiviso. Da qui l'importanza di evitare approcci solipsistici – che in un mondo globalizzato finiscono per ledere competitività e sviluppo nazionali – e di continuare a mettere in sicurezza le rotte dentro e fuori il Mediterraneo, sottolineando la comune appartenenza europea per non marginalizzare l'area.

Viviamo un momento storico che mette in evidenza paradossi e contraddizioni, a cominciare dal fatto di essere i primi armatori mediterranei ma di non avere un ministero della Marina mercantile. La nostra centralità mediterranea ci vedrà protagonisti solo se favoriti e accompagnati dalle amministrazioni coinvolte attraverso un patto del mare, un comune sentimento marittimo che ci consenta di sviluppare le potenzialità e la capacità di chi al nostro mare guarda non solo come meta delle prossime vacanze estive.

LA MARINA PROVA A TORNARE GRANDE

di *Alberto* DE SANCTIS

Il rinnovamento della nostra flotta militare dovrebbe riportarci al terzo posto fra le Marine europee. Ma l'area strategica prioritaria si restringe, mentre cresce l'influenza dell'Esercito in ambito Difesa. Uno strano vuoto al largo del Corno d'Africa.

1. IL 22 MARZO 1975 IL PARLAMENTO ITALIANO approvava a larga maggioranza una legge navale [1] da mille miliardi di lire per scongiurare l'estinzione della flotta militare della Repubblica. L'adozione dell'importante provvedimento doveva contrastare il progressivo e rapido processo di disfacimento che aveva eroso il tonnellaggio della flotta e rischiava di metterne in discussione financo la presenza sui mari [2].

Il via libera alla legge seguiva a stretto giro di posta la pubblicazione di uno studio [3] voluto con forza dall'allora capo di Stato maggiore della Marina militare, ammiraglio di squadra Gino De Giorgi, che delineava lo scenario politico-militare del Mediterraneo del tempo e le sue possibili ripercussioni sullo strumento navale italiano: fra la fine degli anni Sessanta e il principio degli anni Settanta, il quadro geostrategico del bacino presentava infatti lampanti segni di novità. A partire dal vuoto apertosi nello schieramento marittimo alleato dopo lo scioglimento della Mediterranean Fleet britannica nel giugno 1967, cui erano seguiti il notevole rafforzamento del dispositivo aeronavale sovietico nel quadrante orientale del mare, la deposizione del monarca libico Idris da parte del colonnello Gheddafi (1969) con annesso cambio di campo nell'allineamento internazionale dell'ex colonia italiana e le tensioni legate al riesplodere dell'annoso conflitto arabo-israeliano fra il 1967 (guerra dei Sei giorni) e il 1973 (guerra dello Yom Kippur).

1. Il disegno di legge prevedeva uno stanziamento straordinario di 1.000 miliardi di lire ripartiti su dieci anni per acquistare 32 nuove unità navali e rafforzare la componente aerea della Marina.
2. Dalle circa 200 mila tonnellate con cui era sopravvissuta al secondo conflitto mondiale, nei primi anni Settanta la flotta da guerra italiana era scesa a circa 100 mila tonnellate e, in assenza di rimpiazzi, correva il rischio di contrarsi a meno di 55 mila tonnellate entro la metà del decennio successivo. Fonte: 38° resoconto stenografico della seduta di giovedì 13 marzo 1975 della 4° Commissione difesa del Senato.
3. *Prospettive e orientamenti di massima della Marina Militare per il periodo 1974-1984*, Stato maggiore della Marina, Roma 1973. È meglio noto come il primo *Libro bianco* della Marina.

Per quanto minacciosa, l'evoluzione dell'equilibrio regionale non mancava di dischiudere allettanti prospettive, se è vero che faceva coincidere la necessità di modernizzare la flotta con la possibilità di rimettere mano allo status quo figlio della sconfitta patita dall'Italia durante la seconda guerra mondiale, quando la Marina aveva dovuto rinunciare al suo rango di forza d'altura per essere confinata nel Mediterraneo centrale con compiti di supporto alle forze Nato ivi operanti o, tutt'al più, per svolgere attività di sorveglianza nell'Adriatico.

Secondo l'analisi dell'ammiraglio De Giorgi, non sarebbe stato un conflitto in grande stile fra superpotenze e relativi clienti a minacciare la sicurezza e gli interessi della Repubblica, bensì il nuovo stato di conflittualità permanente che infiammava la regione mediterranea e che rendeva attuale l'ampliamento della presenza italiana sui mari. Eventi come la chiusura dello Stretto di Suez (1967) e lo shock petrolifero seguito pochi anni dopo (1973) sembravano dimostrare l'impellenza di tutelare nuovi e vitali interessi nazionali quali le linee del traffico commerciale e di approvvigionamento energetico, i diritti allo sfruttamento del fondo marino e financo le attività della pesca. A quest'ultimo proposito, l'attacco alla corvetta *De Cristofaro* nel settembre 1973 da parte di Mirage libici mentre l'unità navale italiana era impegnata in una normale missione di sorveglianza dei pescherecci al largo della costa africana stava lì a ricordarlo. Né si potevano sottovalutare le più recenti evoluzioni in fatto di arte bellica sul mare dopo che, nell'ottobre 1967, al largo di Porto Sa'īd il cacciatorpediniere israeliano *Eilat* era stato affondato dai missili antinave di fabbricazione russa delle forze egiziane.

Ma l'elemento probabilmente più interessante del *Libro bianco* di De Giorgi era il modo in cui dava conto della particolare sensibilità strategica sviluppata dalla Marina e di come questa divergesse da quelle più tradizionali di Esercito e Aeronautica, fondate sulla necessità di arrestare assieme agli alleati Nato un'ipotetica forza d'invasione sovietica sulla soglia di Gorizia e per questo motivo molto più propense a privilegiare eventuali ristrutturazioni dell'apparato bellico italiano che andassero verso una sua maggiore integrazione con le formazioni occidentali alleate.

Le minacce identificate da De Giorgi, per contro, erano solo in parte di natura militare e sfuggivano al novero del classico confronto bipolare Est-Ovest. Di più, aprivano alla Marina la possibilità di intestarsi il ruolo di forza stabilizzatrice nel bacino e forse anche oltre, per intervenire nel caso di crisi locali che avessero minacciato gli interessi dell'Italia. Ciò avrebbe significato procedere alla ricostruzione della flotta tenendo conto di due esigenze: essere pronta, come da tradizione postbellica, a ricoprire il ruolo di forza ancillare ai potenti gruppi da battaglia americani in un conflitto generale contro l'Unione Sovietica e, al contempo, acquisire le capacità per operare in autonomia nella regione, con finalità sia di dissuasione sia di prevenzione.

Non fu dunque un caso se la legge del 1975 portò all'avvento di navi polivalenti e flessibili come le fregate lanciamissili di classe Maestrale, pensate per la scorta antisommergibile a formazioni navali e naviglio mercantile, che assieme al supporto logistico in mare garantito dalle unità di classe Stromboli conferirono alla flotta italiana nuove capacità di proiezione e di autosostenibilità, rafforzate di lì a qualche anno dall'arrivo della prima unità tuttoponte nella storia della Marina militare [4] e dal potenziamento della sua componente anfibia. Del resto, già nel 1979 una squadra italiana guidata dall'incrociatore *Vittorio Veneto* faceva capolino nel Mar Cinese Meridionale per soccorrere in mare i profughi vietnamiti in fuga dal loro paese. Sarebbe stata la prima di una lunga serie di missioni – Libano, Canale di Suez, Golfo Persico, Corno d'Africa e Timor Est – che fra gli anni Ottanta e la fine del secolo avrebbe allungato ben oltre l'orizzonte della penisola il raggio d'azione della Marina italiana.

2. Lo scorso 29 maggio, dopo circa trent'anni di servizio, si concludeva nel porto di Augusta la vita operativa delle corvette *Fenice* e *Sfinge*. La loro uscita di scena seguiva quella di altre unità della flotta, evidentemente troppo in là con gli anni oppure usurate per poter mantenere il proprio posto in linea: le fregate *Maestrale* e *Aliseo*, le corvette *Minerva*, *Sibilla*, *Danaide* e *Urania*, i pattugliatori d'altura *Granatiere* e *Artigliere* e i cacciamine *Lerici* e *Sapri*.

Non si trattava di un'improvvisa emorragia ma del progredire di un piano di dismissioni non più procrastinabile: con un'età media di trent'anni, le navi della Marina viaggiano ben al di sopra della soglia dei vent'anni che ne delimita la vita operativa utile, tanto che la flotta da guerra italiana risulta mediamente più vecchia di circa dieci anni anche nei confronti delle principali Marine europee (23 anni di media per francesi e tedeschi, circa 20 per britannici e spagnoli [5]). Così, con un numero crescente di unità in procinto di raggiungere la fine della loro vita operativa e tenuto conto dei pochi rimpiazzi finanziati dal bilancio ordinario della Difesa nonché dai fondi supplementari dello Sviluppo economico, negli ultimi anni la Marina ha corso il rischio di scomparire dai radar. In assenza di contromisure, la flotta combattente italiana avrebbe infatti finito per contrarsi, entro il 2025, a 21 unità dalla sessantina degli ultimi anni [6], dovendo dismettere per sopraggiunti limiti di età ben 47 navi e 4 sommergibili. Sotto il profilo operativo, in realtà, i mezzi disponibili sarebbero stati persino inferiori, giacché alle navi nominalmente impiegabili bisogna sottrarre quelle indisponibili in quanto soggette a manutenzioni programmate (un terzo in ogni momento) e quelle bloccate dalle avarie (un altro terzo). Ciò si sarebbe tradotto nella disponibilità potenziale di circa 7-10 unità, un numero pericolosamente esiguo per le esigenze di una Forza armata che solo

4. Si trattava dell'incrociatore portaeromobili *Garibaldi*, in servizio dal 1985, che dovette però aspettare un'apposita legge del 1989 per ricevere la sua prima dotazione di aerei dal momento che un provvedimento del 1931 aveva assegnato alla sola Aeronautica la gestione di velivoli ad ala fissa.
5. *Prospettive e orientamenti di massima della Marina militare per il periodo 2015-2025*, Stato maggiore della Marina, Roma 2014.
6. Al giugno 2017, la flotta di prima linea annovera 61 unità: 1 portaerei, 1 incrociatore portaeromobili, 3 unità anfibie, 4 cacciatorpediniere, 14 fregate, 3 rifornitrici, 2 corvette, 10 pattugliatori, 10 cacciamine, 3 unità idro-oceanografiche, 8 sommergibili, 2 unità di supporto. Questi numeri sono naturalmente fluttuanti poiché frutto dell'interazione fra ingresso in linea dei (pochi) rimpiazzi e progredire delle (tante) dismissioni.

durante un'operazione militare e umanitaria come Mare Nostrum ha dispiegato a sud della Sicilia un dispositivo navale incentrato su cinque unità d'altura: una nave anfibia, due corvette e altrettanti pattugliatori.

Tale stato di cose è il frutto di almeno un decennio di finanziamenti inadeguati [7] e di un'allocazione sbilanciata delle risorse (il problema, in realtà, riguarda l'intero settore della Difesa e dipende dall'incidenza schiacciante delle spese per il personale a discapito di quelle per l'investimento e l'esercizio [8]) che hanno ritardato quando non impedito l'arrivo dei rimpiazzi e messo in moto un pericoloso circolo vizioso, con le navi costrette a rimanere in mare più a lungo esponendosi a maggiore usura e conseguente incremento di costi e ore di manutenzione.

Nonostante il clima di generale contrazione delle spese militari e di *spending review* imperante, a dicembre 2013 il parlamento italiano approvava una legge di stabilità comprensiva di apposito provvedimento volto a finanziare un nuovo e parziale ammodernamento della flotta militare. Non si può escludere che a influire sul via libera parlamentare al progetto di rilancio navale sostenuto con forza proprio in quel periodo dall'allora capo di Stato maggiore della Marina, ammiraglio di squadra Giuseppe De Giorgi [9], abbia concorso anche la prontezza con cui un paio di mesi prima la Forza armata aveva saputo reagire al naufragio di Lampedusa [10]. Oltre che a garantire la salvaguardia della vita in mare e contrastare il traffico illegale di migranti, Mare Nostrum ebbe il non indifferente merito di prospettare una soluzione immediata a chi, a quel tempo, si era scoperto fatalmente impreparato davanti all'esplodere della crisi.

Il programma di rifinanziamento straordinario, novella legge navale che nella sua versione definitiva mette in campo 5,4 miliardi di euro iscritti a bilancio del ministero dello Sviluppo economico, garantisce la costruzione di 11 nuove unità entro il prossimo decennio: un'unità anfibia multiruolo, un'unità di supporto logistico, due mezzi veloci per gli incursori e sette pattugliatori polivalenti d'altura (con altri tre in opzione). E pur costituendo soltanto una frazione di quanto invocato dalla Forza armata per salvaguardare lo strumento marittimo nazionale [11], esso avrà importanti ricadute industriali e occupazionali interne che superano quelle di altri programmi di punta della Difesa (quale, ad esempio, quello del controverso cacciabombardiere F-35).

Inoltre, benché insufficiente ad arginare da sola la contrazione numerica che sta assottigliando la flotta, la progressiva immissione in servizio dei nuovi assetti andrà ad alimentare un processo di generalizzato incremento dei tonnellaggi di-

7. Due recenti e importanti campagne navali come quella del 30° Gruppo navale della portaerei *Cavour* (Golfo Persico e periplo dell'Africa) e di nave *Carabiniere* (Sud-Est asiatico, Australia e Golfo Persico) non hanno potuto prescindere dal finanziamento privato per la loro esecuzione.

8. G. Martinelli, «Il bilancio della Difesa», *Analisi Difesa*, febbraio 2017.

9. Al vertice della Forza armata dal 2013 al 2016 e figlio del capo di Stato maggiore che la guidò fra il 1973 e il 1977.

10. Il 3 ottobre 2013 un barcone libico si rovesciava al largo di Lampedusa provocando almeno 368 vittime accertate e 20 dispersi presunti.

11. Secondo la Marina è necessario mettere in linea 30 navi entro il 2025, con un investimento di circa 10 miliardi di euro.

sponibili che prosegue sottotraccia da alcuni anni, con balzo indicativo dalle 145 mila tonnellate registrate alla fine della guerra fredda alle oltre 280 mila del prossimo decennio [12], quando l'Italia avrà l'occasione di riportarsi alle spalle di Regno Unito e Francia nella classifica delle Marine europee per dislocamento, dopo essere scivolata al quinto posto dietro Germania e Spagna.

È una tendenza che si lega direttamente al potenziamento bellico della Marina. Paradigmatico in questo senso il programma dei pattugliatori polivalenti d'altura (Ppa), navi destinate a costituire la spina dorsale della flotta negli anni a venire assieme alle più grandi e capaci fregate multimissione Fremm. Identificati ufficialmente come unità di scorta di seconda linea e presentati come assetti *dual-use* impiegabili anche nel caso di calamità naturali e crisi umanitarie, i Ppa sono assimilabili a veri e propri incrociatori leggeri per le loro dimensioni, armamento e soprattutto capacità di battere una zona marittima particolarmente estesa portandosi se necessario a grande distanza dalle acque nazionali, come ad esempio negli spazi del Mar Rosso e dell'Oceano Indiano dove la Marina, nel corso degli ultimi anni, ha cercato di mantenere una presenza pressoché costante.

Presi nel complesso il piano di dismissioni, l'uscita di scena delle unità realizzate sul finire della guerra fredda e l'entrata in linea dei nuovi assetti stanno modificando profondamente la struttura della flotta, che di qui al prossimo decennio si scoprirà forse più piccola sotto il piano numerico ma sensibilmente maggiorata per dislocamento complessivo e soprattutto dotata di raffinate capacità belliche.

3. In attesa di capire se il parlamento vorrà dare seguito ai desiderata della Forza armata approvando anche la seconda parte del suo programma navale di emergenza [13], la Marina si ritrova immersa in uno scenario regionale fattosi più competitivo che per molti versi richiama alla mente quello degli anni Settanta dello scorso secolo.

Con il Mediterraneo nuovamente nell'occhio del ciclone e un arco di instabilità che corre dalle sabbie nordafricane fino alle profondità dell'Anatolia, il relativo disimpegno della flotta statunitense dal bacino offre nuove opportunità di manovra e altrettanti motivi di apprensione. Più dell'ampliamento della presenza russa fra Bosforo, Levante e Cirenaica o della comparsa delle prime unità da guerra cinesi a nord di Suez, preoccupano i piani di riarmo navale di ambiziosi attori regionali come Algeria, Egitto e Turchia, finalizzati a dotare le rispettive Marine di nuove capacità di proiezione del potere militare con cui puntellare la propria politica estera spesso assertiva. Episodi come la campagna anglo-francese di Libia del 2011, inoltre, ricordano come la competizione investa ormai anche i rapporti fra paesi alleati e possa assumere di colpo i tratti di aspri scontri diplomatico-commerciali come quello andato in scena fra Roma e Parigi per la megacommessa navale da quasi 5 miliardi di euro alla Marina del Qatar.

12. G. Da Frè, «I tonnellaggi della nuova flotta della MMI», *Rivista Italiana Difesa*, 20/02/2017.
13. Altri 6 Ppa, 1 unità anfibia, 1 unità logistica, 2 sommergibili e 10 cacciamine.

A ben guardare però, le insidie più forti alla libertà di navigazione della Marina non sono di natura esterna e chiamano direttamente in causa la sensibilità strategica della Forza armata e l'interpretazione dei bisogni di sicurezza dell'Italia che questa ha sviluppato nel corso dei decenni. Il riferimento è all'ultima edizione del *Libro bianco* della Difesa [14], da cui è scomparso ogni riferimento al cosiddetto Mediterraneo allargato, concetto di megateatro operativo proteso dal Golfo di Guinea sino al Golfo Persico che è stato rimpiazzato dall'area euromediterranea in quanto spazio geostrategico prioritario della Difesa nazionale.

Per chi non ha mai fatto mistero di essere pronto a spingersi ben al di là delle Colonne d'Ercole e dello Stretto di Suez per meglio tutelare i percepiti interessi economici, industriali ed energetici dell'Italia, al punto da modulare la ristrutturazione della flotta (anche) sulla base di tali esigenze, il ridimensionamento geografico è tanto più grave poiché associato a una profonda rivoluzione dell'apparato militare nazionale. Questa, in futuro, potrebbe infatti portare a una maggiore integrazione interforze con annesso ingigantimento dei poteri di comando operativo del capo di Stato maggiore della Difesa, attualmente il generale dell'Esercito Claudio Graziano, la cui nomina non ha mancato di indispettire i colleghi di Marina e Aeronautica non avendo osservato la consuetudine di far ruotare fra le Forze armate la scelta del vertice militare nazionale. Il timore è che dietro la spinta interforze si celi in realtà la semplice crescita d'influenza dell'Esercito ai propri danni, peggio ancora se in un frangente caratterizzato dal progressivo ridursi delle risorse finanziarie disponibili e nel caso in cui queste dovessero realmente confluire in leggi pluriennali della durata di sei anni come previsto dal *Libro bianco* del 2015.

Il rischio, soprattutto per chi sostiene che il centro di gravità geopolitico ed economico mondiale si sia spostato in maniera inesorabile verso l'ambiente marittimo, è di riscoprirsi improvvisamente prigionieri di un'interpretazione restrittiva dell'area d'interesse strategico nazionale. Le prime avvisaglie sono storia di questi giorni: il riferimento è al ritardo con cui la Difesa ha autorizzato il dispiegamento di una nave militare italiana al largo del Corno d'Africa dopo la partenza dell'ultima unità che aveva partecipato all'operazione europea antipirateria Atalanta. I sei mesi intercorsi dal ritiro della fregata *Euro* (settembre 2016) e l'arrivo della fregata *Espero* (marzo 2017) costituiscono infatti uno dei periodi più lunghi di mancata partecipazione italiana a un'operazione che prosegue dal 2009 e che si svolge in un'area d'impiego che è stata al centro delle strategie della Marina dal principio degli anni Novanta dello scorso secolo.

14. Presentato dal ministro Roberta Pinotti al presidente della Repubblica e al Consiglio supremo di Difesa il 21 aprile 2015.

APPENDICE

La gerarchia delle flotte militari nel Mediterraneo

In un'ipotetica classifica delle Marine da guerra dei principali attori europei del Mediterraneo, la prima posizione spetta come da tradizione al Regno Unito dopo un testa a testa con la Francia (*tabella 1*). Benché meno numerose che in passato e alle prese con cicli finanziari non sempre favorevoli, Royal Navy e Marine Nationale restano due forze potenti, versatili e sicuramente capaci, di un altro livello rispetto ai dirimpettai litoranei vista la disponibilità di assetti strategici come i sottomarini a propulsione nucleare (sia nelle versioni d'attacco che lanciamissili balistici). La Francia è anche l'unica al mondo – dopo gli Stati Uniti – a operare una portaerei a propulsione nucleare (la *Charles de Gaulle*), unità che imbarca uno stormo aereo di tutto rispetto ma che negli anni ha dovuto fare i conti con una lunga sequela di incidenti che ne hanno inficiato l'operatività.

Nel prossimo decennio la Royal Navy tornerà avanti in questo campo grazie all'entrata in servizio di due grandi portaerei a propulsione convenzionale classe Queen Elizabeth (dotate di cacciabombardieri di quinta generazione F-35B), che colmeranno il vuoto apertosi fra il 2005 e il 2014 con la dismissione delle tre portaerei leggere classe Invincible. Se la Marine Nationale schiera una linea di pattugliatori particolarmente estesa, frutto della necessità di mantenere una presenza navale costante in svariati teatri marittimi, la Royal Navy è affiancata da una flotta ausiliaria con capacità di sostegno logistico seconda solo a quelle americane.

Al terzo posto viene la Marina italiana, forse insidiata dal cugino spagnolo (quarto) per dislocamento complessivo ma che per qualità dei mezzi, bilanciamento della flotta e progetti di rinnovamento non è poi così lontana dal vicino francese (posto che si considerino, *ça va sans dire*, soltanto le unità a propulsione convenzionale). L'Italia ha dalla sua una migliore posizione geografica mentre la Spagna è costretta a dividere le sue forze fra teatri diversi come l'Atlantico e il Mediterraneo.

Campionato a parte giocano gli Stati Uniti, che di stabile nella regione hanno solo l'ammiraglia della Sesta Flotta (la nave comando *USS Mount Whitney* di stanza a Gaeta) e quattro cacciatorpediniere basati a Rota, installazione operata congiuntamente con gli spa-

Tabella 1 - MARINE EUROPEE DI PUNTA NEL MAR MEDITERRANEO

PAESI	SSBN	SSN	SSK	CVN	CV/CVH	LHD/LPH/LPD	DDG	FF
Regno Unito	4	7	-	-	0 (+2) – 0	0-1-2	6	13
Francia	4	6	-	1	-	3-0-0	4	14
Italia	-	-	8	-	1 – 1	0 (+1) – 0 – 3	4	14
Spagna	-	-	3	-	-	1-0-2	5	6

SSBN: sottomarino nucleare lanciamissili balistici; SSN: sottomarino nucleare d'attacco; SSK: sottomarino a propulsione diesel; CVN: portaerei a propulsione nucleare; CV: portaerei a propulsione convenzionale; CVH: incrociatore portaeromobili; LHD: nave d'assalto anfibio; LPH: portaelicotteri; LPD: nave da trasporto anfibio; DDG: cacciatorpediniere lanciamissili; FF: fregate lanciamissili e fregate. N.B.: fra parentesi solo il numero delle unità tuttoponte in via di costruzione, le unità minori e di seconda schiera non sono riportate.

Tabella 2 - MARINE DI SECONDA SCHIERA

PAESI	SSK	LHD	FF	FAMC
Turchia	12	(+1)	24	19+
Egitto	5	2	12	28+
Grecia	10	-	13	17
Israele	5	-	3	8

SSK: sottomarino a propulsione diesel; LHD: nave d'assalto anfibio; FF: fregate e corvette; FAMC: unità litoranee e/o pattugliatori.

gnoli nei pressi di Cadice (due di questi ad aprile hanno condotto l'attacco missilistico contro la base aerea di Baššār al-Asad). Tutto il resto ruota: alla Marina Usa è sufficiente far comparire nel bacino una singola superportaerei nucleare e relativo gruppo da battaglia per disporre di un potenziale bellico impareggiabile.

Più difficile da inquadrare il potere navale russo, mai del tutto ripresosi dal tracollo dell'Unione Sovietica e nel bel mezzo di un complicato processo di modernizzazione. La componente più temibile resta quella che si muove sotto la superficie del mare: anche se non teme confronti con le controparti occidentali, naviga in numeri troppo ridotti per poter alterare a favore di Mosca l'equilibrio di potenza nei mari.

Nel Mediterraneo orientale si concentrano le cosiddette Marine di seconda schiera, inferiori alle prime per capacità complessive e qualità dei mezzi ma ciononondimeno oggetto, in taluni casi, di significativi progetti di espansione (*tabella 2*). Fra queste, la Turchia dispone della flotta numericamente più estesa e qualitativamente più avanzata, frutto di recenti programmi di modernizzazione che ne hanno interessato soprattutto le componenti fregate e sottomarini. Sublimazione delle ambizioni navali turche è l'unità d'assalto anfibio in corso di realizzazione col sostegno spagnolo e in un futuro riconfigurabile anche come portaerei leggera.

Numericamente secondo è l'Egitto, che sta provando a colmare le sue vistose lacune qualitative introducendo in servizio moderne unità acquistate dalla Germania (quattro sottomarini diesel Type 209/1400) e dalla Francia (le due unità d'assalto anfibio classe Mistral inizialmente destinate alla Russia, una fregata multimissione Fremm e quattro corvette classe Gowind).

La Grecia ha quasi la metà delle fregate e corvette in servizio presso il suo principale competitore strategico, la Turchia, né progetta di acquisire nuove unità. La Marina ellenica dispone però di una forza subacquea di tutto rispetto incentrata su battelli di produzione tedesca fra cui svetta un nucleo composto da quattro Type 214 particolarmente avanzato.

La flotta più piccola della regione è di Israele, benché lo Stato ebraico disponga di alcune fra le navi più sofisticate al mondo. Fiore all'occhiello sono i cinque sottomarini di classe Dolphin, unità di produzione tedesca dotate di missili da crociera che si ritiene possano essere armati con testate nucleari.

L'ITALIA, POTENZA MARITTIMA CHE IGNORA SE STESSA

di *Riccardo* RIGILLO

Il paradosso della nostra penisola, al centro del Mediterraneo ma senza una strategia che ne consegua. Quanto vale l'"economia blu'. Due priorità: lo status giuridico del Mare nostrum *e un centro nazionale di coordinamento strategico.*

1. IN ITALIA, UNA STRATEGIA MARITTIMA È stata trascurata per molto tempo. Ci sono ragioni storiche, naturalmente. L'Italia nasce con il *placet* di potenze straniere – Inghilterra anzitutto – per diminuire il ruolo marittimo della penisola una volta aperto il canale di Suez. La Marina mercantile borbonica stava diventando infatti una spina nel fianco degli inglesi – non così però quella militare. Dunque, l'unificazione avvenne sotto l'ombrello della flotta da guerra inglese, ma con il marchio del Piemonte: lo Stato meno vocato al mare di tutta la penisola italiana. Ci vollero cinquant'anni e un lungo dibattito sulla natura marittima o terrestre del neonato Regno d'Italia, prima di constatare che la vocazione al mare era nei fatti, e arrivare alla guerra italo-turca.

Diceva Napoleone che la politica di uno Stato è nella sua geografia; la citazione è forse apocrifa ma il suo contenuto risponde sicuramente alla realtà. Tuttavia, le motivazioni della storia (fra cui possiamo includere anche le sconfitte sui mari nell'ultima guerra mondiale) non bastano. L'assenza di una strategia marittima appare una carenza sorprendente in un paese che è quasi del tutto circondato dal mare, con migliaia di chilometri di coste e quindi con una chiara vocazione marittima come semplice conseguenza della sua geografia.

Inoltre, la vocazione marittima dell'Italia si desume dalla sua stessa storia. Quando la penisola ha ricoperto un ruolo di guida, lo ha fatto perché assecondava la sua geografia politica, e costruiva una geostrategia in tal senso. L'impero romano e Venezia Serenissima sono i due esempi lampanti che non richiedono commenti e non hanno di fatto smentite. Le varie entità statuali e politico-istituzionali succedutesi nella penisola hanno avuto infatti un ruolo chiave sempre attraverso l'assunzione, esplicita o implicita, delle responsabilità di attori marittimi, in senso sia di proiezione sia di protezione.

Ciò è avvenuto (a seconda dei contesti e dei momenti storici) con il monopolio politico-economico dell'antica Roma nel *Mare nostrum*; con la prevalenza commerciale della Repubblica di Venezia a partire dal medioevo fino alla prima modernità; e anche attraverso il ruolo mediterraneo dell'Italia dopo il suo primo cinquantennio di vita e fino alla sconfitta nella seconda guerra mondiale. La più recente versione di questa assunzione di responsabilità, negli anni della guerra fredda, si è estrinsecata nel giocare un ruolo di mediazione nell'area mediterranea.

2. Il contesto geopolitico del Mediterraneo è oggi cambiato. Questo mare è portato a divenire lentamente, ma in maniera apparentemente inesorabile, sempre più un'area di faglia anziché una zona di cooperazione e scambio. Dalla fine della guerra fredda, infatti, l'interesse geopolitico per l'area mediterranea da parte degli Stati Uniti, che pure rimangono presenza egemone, è andato scemando. Essi ne hanno così in un certo senso delegato agli alleati la gestione geopolitica. Ciò ha però riportato in essere (sia che fossero interessati alleati europei oppure paesi di cultura islamica) vecchi conflitti, mal sopiti rancori, residui di sussulti postcoloniali.

Esempio lampante di questa delega e dei relativi risultati, fra tutte le «primavere arabe», è stata la guerra di Libia del 2011. Mentre noi italiani vedevamo il dissolversi di un secolo netto di influenza mediterranea, alcuni Stati europei e amici, assieme a qualche paese islamico, detonavano la più grande esplosione di instabilità, rischi e incertezze nell'area dopo settant'anni.

Nel frattempo, almeno cinque potenze giocano nella regione una partita che ricorda, nell'ipotesi migliore, la ricerca di equilibri instabili nell'Europa della *belle époque*, e in quella peggiore i disequilibri dei Balcani nei primi quindici anni del Novecento. L'importante è che nella partita fra Arabia Saudita, Egitto, Iran, Israele e Turchia, altre potenze extraregionali (Stati Uniti, Russia, maggiori paesi europei) non finiscano per farsi trascinare loro malgrado creando una sorta di replica del 1914. Al momento l'intervento di potenze europee nello scacchiere, assieme alla ricerca di un equilibrio di potenza tra i paesi arabi – sciiti e sunniti – più Israele e Turchia, ha aumentato l'instabilità della regione invece di portarla, come forse sperato, a un nuovo assetto razionale. Inoltre, nuove potenze come la Cina si sono affacciate significativamente nel bacino, alterando ulteriormente gli equilibri consolidati, ma creando anche nuove opportunità strategiche.

3. In questo quadro è indispensabile che l'Italia assuma nuovamente il suo ruolo di paese marittimo e si faccia promotrice di una regia finalizzata alla condivisione, allo scambio, alla crescita e alla cooperazione nell'area. Ciò deve avvenire attraverso strumenti politici ed economici. Il quadro è quello di uno schema già utilizzato, in un passato non troppo lontano, dalla politica italiana e il cui corollario potremmo articolare come segue: il Mediterraneo è di tutti; il mare è *res communis*; il Mediterraneo è quindi un *Mare nostrum* se intendiamo l'aggettivo possessivo *nostrum* come riferito a tutte le genti che vi si affacciano. Se si tratta di gestire in armonia un bene comune, la posizione geografica centrale – assieme a una relativa

debolezza percepita – facilita un ruolo di regia. Purché si abbiano la volontà, il potere e il coraggio di assumersene le relative responsabilità.

Moltissime parole chiave del dibattito internazionale attuale, sono legate ai mari e agli oceani: i mari sono la chiave per il successo nel prossimo futuro, per l'Europa e per l'Italia. Termini come *blue economy* e *blue growth* sono le note di fondo dell'agenda mondiale, e parte di un processo che si svolge da un paio di decenni alle Nazioni Unite e che ha avuto una forte accelerazione a partire dall'Assemblea Generale del 2015. Il mare significa commercio, significa energia, significa nutrire in maniera sostenibile il pianeta, significa vita. Molte delle priorità dell'Italia e del suo governo sono legate a questi temi. Fra esse la crescita e la promozione del capitale sociale, nonché la sicurezza alimentare, tema già centrale per la nostra presidenza del Consiglio Ue nel 2014. Benché quasi mai declinate in termini di economia marittima, è invece in essa che possono trovare un maggiore significato operativo.

La stessa Europa ha infatti riscoperto una sua vocazione marittima. Proprio grazie all'Unione Europea e alla sua politica marittima integrata (Pmi), adottata ormai da circa dieci anni [1], molti Stati membri dell'Ue sono in grado di dedicare maggiore attenzione alla necessità di una geopolitica e di una strategia marittime integrate. È chiaro però che il quadro europeo ha fini diversi, alcuni sostenuti da certi Stati membri più avveduti e già in possesso di una geopolitica marittima, altri più propri delle singole istituzioni europee, come ad esempio la stessa Commissione. Senza entrare in dettaglio è comunque chiaro che la Pmi non può esaurire gli obiettivi e gli interessi italiani, che devono trovare una propria articolazione innanzitutto a livello nazionale.

Purtroppo, però, la percezione che l'opinione pubblica italiana e la stessa classe politica hanno del ruolo di questo settore e dell'intero comparto marittimo è bassissima e assolutamente non proporzionata all'importanza che lo stesso riveste per l'economia e la politica nazionali. Per la maggior parte degli italiani l'interesse per il mare si concentra in estate, durante le vacanze in spiaggia. Quella che può sembrare una battuta nasconde una realtà più seria di quanto sembri. Anche la politica, molto spesso, si ferma a pensare al potenziale economico del mare in semplici, seppur importanti, termini di turismo.

Gli italiani difficilmente hanno visto se stessi come cittadini di una potenza marittima, nonostante la posizione geografica eccezionale dell'Italia e le sue migliaia di chilometri di coste. Non sono mancate nella storia figure importanti di marinai, ma difficilmente costoro sono stati profeti in patria. Certo, l'Italia vanta una industria cantieristica navale di tutto rispetto (l'Italia è sesta al mondo per numero di ordinativi, prima fra i paesi europei e davanti agli Stati Uniti) [2] con nomi come

1. «Comunicazione della Commissione al Parlamento europeo, al Consiglio, al Comitato economico e sociale europeo e al Comitato delle regioni. Conclusioni della consultazione su una politica marittima europea», Commissione europea, Bruxelles, 10/10/2007, COM(2007) 574 definitivo.

2. «V rapporto sull'economia del mare. Cluster marittimo e sviluppo in Italia», Censis, Federazione del mare, Roma, 2015.

Fincantieri (cantieristica navale «pesante») e Perini (leader mondiale nella cantieristica yacht e di lusso), ma nel nostro paese l'attrazione della terra e del «verde» ha sempre fatto premio sulle potenzialità di crescita «blu». Fatto sta che il mare non ha da lungo tempo, in Italia, un centro di coordinamento amministrativo, e ancor meno di pianificazione strategica, a esso dedicato[3].

Nell'arco dei partiti politici le questioni marittime – anzi, «la» questione marittima e il potenziale di crescita «blu» – sono generalmente sottovalutati, a volte semplicemente oggetto di silenzio. Probabilmente più per scarsa conoscenza che per un motivo ben definito, vista anche la carenza in materia dei nostri curriculum scolastici degli ultimi settant'anni. Il risultato è che in Italia manca un promotore politico dell'economia marittima. È indispensabile quindi sensibilizzare l'opinione pubblica e promuovere a livello nazionale un approccio culturale nuovo, disponibile, dinamico, verso i temi marittimi legati fortemente allo sviluppo sostenibile e alla «crescita blu».

La «crescita blu», così come la sicurezza alimentare garantita dal mare, si basa su diverse componenti, sia economiche sia politiche. La chiave per avere successo è la sinergia tra tutte. In termini più concreti, questo significa integrare necessariamente tutti gli attori del mare in una visione unica, di politica e di strategia.

Nell'inquadramento di una *governance* globale dei mari e degli oceani è importante coordinare i vari settori, con diversi focus: sull'uso sostenibile delle risorse marine viventi; sull'efficienza energetica; sull'interazione fra turismo e altre attività economiche; sulla sorveglianza in mare e la sicurezza per il mare. È possibile quindi individuare almeno quattro aspetti economici principali su cui una strategia integrata dovrebbe basarsi: pesca e acquacoltura (con un ruolo importante nella sicurezza alimentare per l'intero pianeta nei prossimi decenni); energia (per lo sviluppo e il mantenimento della vita); trasporti e portualità (il commercio è linfa vitale dell'economia del pianeta); biodiversità (tutela degli ecosistemi e sviluppo della bioeconomia in mare).

Il settore marittimo riveste dunque un ruolo fondamentale per il rilancio dell'economia finalizzata alla crescita del Mediterraneo, e con esso dell'Europa e dell'Italia. Il suo ruolo è strategico e di primaria importanza per il settore produttivo e industriale nella sua globalità. La «crescita blu» ha un potenziale importante. Il *cluster* marittimo italiano vale a oggi il 2,6% del pil, il 3,3% delle esportazioni e quasi il 5% degli investimenti nazionali. Il settore marittimo, direttamente o attraverso l'indotto, occupa poco meno di 480 mila addetti, probabilmente più di altri settori che godono di maggiore considerazione. Inoltre, i dati disponibili[4] riportano un moltiplicatore di settore pari a 2,93 per il reddito e a 1,87 per l'occupazione.

3. Il ministero della Marina mercantile fu abolito con la legge 537 del 1993 e le sue competenze furono suddivise fra diversi ministeri. Da allora non si è più pensato a un'istituzione che fosse in grado di coordinare una politica nazionale sul mare. Per fare un esempio, la Francia (che comunque accorpa diverse competenze marittime in un unico ministero) ha istituito già dal 1995 il Secrétariat général de la mer con compiti di coordinamento delle azioni della amministrazione francese in mare.
4. I dati qui riportati si riferiscono sempre al rapporto Censis, Federazione del mare, 2015, cit.

Sicché per ogni 100 euro spesi nell'ambito del *cluster* marittimo (ad esempio per investimenti o approvvigionamenti) si attivano 293 euro di reddito complessivo nel sistema economico nazionale. Parallelamente, 100 nuove unità di lavoro operanti nel *cluster* marittimo attivano 187 unità di lavoro complessive nell'economia nazionale.

Inoltre, il potenziale futuro di sviluppo è considerevole, se si guarda al possibile ruolo di perno dell'Italia nel bacino mediterraneo. In un momento in cui le risorse naturali tendono a esaurirsi, la possibilità di sfruttare in maniera coordinata dei beni comuni diventa un importante valore aggiunto per un'area ristretta come il Mar Mediterraneo.

Il mare cela e fornisce importanti riserve di noduli polimetalliferi e di terre rare, sempre più indispensabili per le nuove tecnologie e non solo (laser, superconduttori, materiali inossidabili). Giacimenti al momento ancora costosi da sfruttare, ma per cui sono già disponibili le necessarie tecnologie di estrazione. Oltre ai minerali, il mare può fornire anche le risorse biologiche per il futuro: molecole preziosissime per la farmaceutica, la cosmetica, la chimica. Basti pensare che l'ultima classe di antibiotici, le cefalosporine, proviene dall'ambiente marino e nuovi trattamenti medici anticancro basati su spore e funghi marini potrebbero arrivare in pochi anni sul mercato. Vi è poi anche l'aspetto energetico, piuttosto sottovalutato sotto il profilo sia dell'energia eolica sia dell'energia termica del mare.

Tutte queste potenziali innovazioni non devono farci comunque dimenticare l'economia marittima «classica», che parte proprio dalla pesca e dall'acquacoltura. Quest'ultima, al di là dei suoi contenuti innovativi in particolare per gli aspetti *non food* (e quindi legati a farmaceutica, cosmetica, chimica), conserva infatti anche un contenuto più tradizionale come fonte di proteine e di alimentazione, e ha prospettive di sviluppo anche in sostituzione di alcune attività di pesca nel loro ruolo di approvvigionamento di sostanze nutritive dal mare.

La pesca, inoltre, ha un potenziale innovativo soprattutto in quanto strumento politico, di coesione. Operare sullo stesso mare, sugli stessi mercati, con un forte scambio di risorse e capacità umane, è una occasione politica di grande portata. I pescatori più informati mostrano una crescente consapevolezza che lo stato delle risorse e le debolezze dei mercati richiedono coesione e cooperazione. In tal senso la pesca assume un ruolo pilota che può essere sperimentato per buone pratiche di condivisione di spazi naturali, in parte comuni e comunque continui.

4. Dopo aver messo in evidenza il «tesoro nascosto» nel mare, vale a dire il suo potenziale di sviluppo, bisogna guardare alla cornice operativa e alle condizioni che possono consentire all'Italia di cogliere l'opportunità di essere il perno di una strategia di bacino. Per fare questo vanno in primo luogo considerati i fattori geopolitici, importanti perché sono in grado di tenere insieme tutti gli altri, ed essenziali per completare una strategia marittima. Le loro componenti operative sono la proiezione e la protezione. Essi sono fattori chiave per la *blue growth* e la *blue economy*.

Partiamo da alcune considerazioni di natura generale. È interessante notare che gli Stati Uniti hanno impostato da lungo tempo una *governance* che include i mari, e che è incentrata non solo sulle acque marine e sugli oceani, ma su tutti i fluidi terrestri – oceani e atmosfera. Una sorta di agenzia federale incardinata nel segretariato per il Commercio (il «ministero» delle attività commerciali degli Usa) è competente per la gestione dei fluidi nel loro complesso fin dal 1970. Il ruolo della Noaa (National Oceanic and Atmospheric Administration), competente per le questioni civili legate ai mari e all'aria, ci mostra chiaramente che la gestione dei fluidi sarà la chiave per il successo globale nei decenni a venire. I fluidi – l'atmosfera e gli oceani, a cui oggi dovremmo aggiungere anche il ciberspazio – racchiudono la Terra e includono tutto il nostro mondo.

Un approccio olistico alla *governance*, per lo meno del mare, è quindi essenziale per una media potenza regionale come l'Italia.

Se da una parte osserviamo che la Terra è principalmente fatta di acqua, d'altra parte i mari possono essere considerati anche alla stregua della terra stessa, e ciò nella prospettiva di acquisire risorse attraverso l'appropriazione legale degli spazi. Questo è un processo che si sta verificando e sta dando vita a un fenomeno relativamente recente, noto come «territorializzazione dei mari». Per inciso, la pesca è una delle componenti più importanti di questa tendenza, o esercizio. La pesca marittima è per molti un soggetto poco conosciuto. I suoi aspetti tecnici attraversano tanto questioni scientifiche quanto aspetti gestionali. Ma la pesca ha anche un'importante componente geopolitica. Infatti, nel condividere le risorse, e quindi gestirle, vi è una necessità di proiezione. Inoltre, nel suddividere le risorse, vi è una necessità di protezione: protezione dalla pesca illegale o irregolare (spesso riferita come Iuu, da un acronimo inglese) e tutela dallo sfruttamento illegale o comunque insostenibile delle risorse. La pesca è dunque elemento portante per una strategia generale. Non c'è bisogno di citare le controversie di pesca dall'Atlantico settentrionale fino al Mar Cinese Meridionale per rendere più chiaro il concetto.

Tornando ai fattori geopolitici, essi sono legati alla sovranità, al potere, alla difesa e alla sicurezza. Le loro componenti operative sono state definite come la proiezione e la protezione. Secondo le diverse situazioni geopolitiche e le diverse epoche storiche, una delle due può prevalere sull'altra. Attualmente la protezione in senso più ampio è l'aspetto prevalente della geopolitica marittima, per l'Europa e l'Italia. Essa è anche l'assunto positivo e il presupposto per lo sviluppo ordinato e pacifico di ogni attività economica (in terra come in mare). Insieme alla sostenibilità, la sicurezza è uno dei fattori chiave per la crescita e il commercio marittimo. È per questo che strumenti europei come la strategia Ue per la sicurezza marittima o la politica marittima integrata sono importanti. Esse però, ancora una volta, non devono deresponsabilizzarci in relazione alla definizione di obiettivi e alla pianificazione nazionali.

Così si torna sempre alle due componenti operative di protezione e proiezione, che possiamo sintetizzare nella metafora che descrive la nostra penisola come grande molo che si allunga nel mare al centro del Mediterraneo. Un molo può essere punto di attracco per navi e mercanzie altrui ovvero punto di partenza per navi e mercanzie proprie. Il considerarci solo punto di attracco ci obbliga a mere reazioni. Il considerarci punto di partenza ci impone l'assunzione di responsabilità nella nostra strategia di proiezione.

In particolare, presupposto fondamentale per ogni azione nel Mediterraneo è la definizione del quadro di diritto internazionale in cui ci si muove e soprattutto di quello in cui ci si vuole muovere. Punto di discrimine è il chiarimento sullo status giuridico delle acque: non tanto per fotografare una realtà ancora *in fieri* quanto per decidere qual è lo status giuridico che meglio si adatta al conseguimento degli obiettivi italiani.

Il Mediterraneo non è suddiviso in Zone economiche esclusive (Zee), ma la tendenza alla «territorializzazione» delle acque comincia a farsi sentire anche in questo bacino. La questione di fondo è che il nostro paese non ha mai sposato una linea politica netta sulla questione dello status del Mar Mediterraneo. E cioè se sia obiettivo italiano mantenere le acque del bacino nello status di acque internazionali (come sarebbe più opportuno volendo giocare un ruolo di perno basato sulla gestione di una *res communis*), oppure accondiscendere a una suddivisione di tutte le acque mediterranee in zone di giurisdizione di vario tipo.

La lettera della convenzione delle Nazioni Unite sul diritto del mare [5] non obbliga all'istituzione di Zee se non vi è accordo fra gli Stati interessati [6]. Inoltre una certa dottrina ritiene il Mediterraneo alla stregua di un mare semichiuso, per cui il regime giuridico delle Zee non sarebbe direttamente applicabile. Infine, alcune zone di giurisdizione, quali zone di protezione di pesca o zone di protezione ambientali sarebbero secondo alcuni un *quod minus* rispetto alle Zee, per cui in tali casi le norme previste per queste ultime sarebbero di dubbia applicazione [7]. Al di là delle considerazioni giuridiche, urge tuttavia un chiarimento sugli obiettivi. Certo, acque internazionali aperte sarebbero più congeniali a un ruolo di *pivot*, ma sembra di capire che non abbiamo la volontà e la forza di disegnare un percorso che difenda lo status giuridico attuale di acque internazionali. La Francia ha da poco istituito una sua Zee. Altri paesi anche al di fuori dell'Ue potrebbero seguire.

L'Italia dovrebbe fissare il proprio obiettivo e declinare una strategia operativa. Se non vi sono idee chiare si rischia di perdere l'iniziativa, che va mantenuta in ogni caso. Anche la decisione di accondiscendere a una suddivisione in Zee richiederebbe un ruolo proattivo da parte dell'Italia. Roma potrebbe ad esempio farsi

5. La Unclos (United Nations Convention on the Law of the Sea) è stata firmata il 10 dicembre 1982 a Montego Bay (Giamaica) ed è entrata in vigore il 16 novembre 1994 con il raggiungimento delle sessanta ratifiche necessarie. Da notare che gli Stati Uniti, firmatari nel 1994, non hanno mai ratificato la convenzione.

6. Gli articoli 59 e 74 della Unclos richiedono l'accordo degli Stati interessati, prevedendo il ricorso ad arbitrato in caso di impossibilità di raggiungere un accordo.

7. È sulla base di tutte queste considerazioni che l'Italia non ha mai riconosciuto la Zona di protezione di pesca libica fin dalla sua proclamazione unilaterale nel 2005. La Libia non aveva comunque mai ratificato la Unclos.

promotrice di una conferenza internazionale sul tema, primo passo per riguadagnare un ruolo centrale.

5. La situazione complessiva dell'economia marittima italiana richiede dunque un ripensamento per dare ossigeno a un settore ricco di potenziale. Considerando il particolare momento storico e la situazione geopolitica del Mediterraneo, l'Italia ha la responsabilità di assumere un ruolo di regia, attraverso la valorizzazione delle esperienze, delle conoscenze e degli investimenti degli anni passati, ricoprendo un naturale ruolo di guida e di riferimento per il Mediterraneo e per l'Unione Europea nell'area, al fine della promozione di un'efficace azione strategica per il rilancio della politica marittima. L'Italia può definire per prima le linee strategiche della nuova geopolitica marittima integrata per l'intera area.

È necessario a tal fine rendere consapevole l'opinione pubblica dell'importanza di questo ruolo e promuovere un approccio culturale nuovo nei confronti del mare. Ciò deve avvenire anche attraverso una presa di coscienza da parte della classe dirigente. Andrebbe inoltre chiarita la posizione italiana in merito alla gestione dei mari e del Mediterraneo in particolare, meglio se contestualmente o attraverso la promozione di una conferenza internazionale. Una postura di sola reazione sembra infatti controproducente.

La «crescita blu», così come la sicurezza alimentare garantita dal mare, si basa su molte componenti e la chiave del successo è la sinergia tra tutte. In termini più concreti, questo significa integrare necessariamente tutti gli attori del mare in un'unica visione strategica. L'obiettivo deve essere quello di raccogliere in un unico centro tutti gli attori del mare e le loro istanze nelle varie componenti dell'economia, nelle sue declinazioni di *blue growth* e di *blue economy*.

La soluzione consiste nel ridefinire a livello nazionale una *governance* integrata, anche guardando alle recenti esperienze europee e internazionali. A questo proposito è importante avviare una concreta riflessione sulla possibile creazione di un centro di coordinamento amministrativo [8], o meglio di un vero e proprio centro di pianificazione strategica che possa anche utilizzare per scopi funzionali le Forze armate e di polizia che operano in mare. Ciò può avvenire per gradi. Si tratta di fare innanzitutto un primo passo fondamentale per una maggiore sicurezza e una migliore *governance*, utilizzando economie di scala. Questa è una delle chiavi per la crescita e la prosperità, nella nuova ottica dell'«economia blu», affinché i nostri ottomila chilometri di coste non servano soltanto a piantare gli ombrelloni in estate.*

8. Negli anni si sono succedute varie iniziative di coordinamento politico fra le varie amministrazioni coinvolte, ma senza reali conseguenze operative. Si è anche spesso parlato di istituire un ente di qualche tipo (volta a volta una sorta di «Enac del mare», un ministero, un'agenzia) che svolga le funzioni attualmente disperse in numerose amministrazioni afferenti al settore marittimo (Trasporti e portualità – Mit, Pesca e acquacoltura – Mipaaf, Tutela della biodiversità – Mattm, Estrazioni minerarie sottomarine ed energia – Mise eccetera). Per contro una formula come quella del segretariato generale francese non è mai stata presa in considerazione.

* Le tesi espresse in questo articolo sono formulate a titolo personale e non rispecchiano posizioni ufficiali dell'amministrazione o del governo.

SE NON NOSTRUM DI CHI?

di *Giuseppe* CUCCHI

La distrazione strategica americana ha riaperto i giochi per il controllo del Mediterraneo. Il ritorno della Russia. La scommessa commerciale cinese. La nuova partita energetica del Levante.Sulle migrazioni l'Italia si sta giocando la sovranità.

1. PER MILENNI IL MEDITERRANEO È STATO per noi italiani come la mamma. La mamma che può essere qualsiasi cosa, fare qualsiasi cosa, ma di cui bisogna sempre continuare a parlare bene perché «la mamma è sempre la mamma!» e rimane perennemente e pienamente scusabile di tutto, anche dei peggiori misfatti.

Quando si parla del Mediterraneo la tendenza è quindi sempre quella di esaltarne i lati positivi. Si sottolinea come sia un mare che unisce e si dimentica che ciò che unisce può in pari tempo anche dividere. Si ricorda come esso sia «il mare delle tre religioni monoteistiche» e si sorvola sul fatto che per la maggior parte della loro storia queste siano state in guerra fra loro. Una guerra, fra l'altro, che si sovrapponeva a un costante clima di competizione, molto poco ecumenico.

Lo si esalta come mare dei commerci che ha permesso gli scambi fra il Nord e il Sud ed è stato il cuore dei contatti fra l'Oriente e l'Occidente e non si fa cenno del come sino a un secolo e mezzo fa esso sia stato anche il mare di una pirateria costante e feroce, tanto radicata da dominare per centinaia d'anni grandi tratti della costa dalmata e di quel Maghreb arabo ove essa era addirittura affare di Stato.

Lo si descrive quale punto d'incontro di differenti culture. Ma un punto di incontro è anche un punto di scontro, come dimostra la serie pressoché infinita di battaglie che ne hanno insanguinato le acque. Scontri tanto più eroici in quanto spesso erano scontri decisivi. Due nomi soltanto: Azio, ove Ottaviano e Roma sconfissero Antonio e il suo sogno di Oriente; e Lepanto, in cui la cristianità sottrasse all'islam un controllo del mare divenuto con gli anni quasi totale.

Se ne parla come mare di pace, strada maestra per gli scambi di idee, ma più che mare di pace esso è sempre stato un mare pericoloso. Lo sapevano bene quegli italiani che vivevano lungo le sue coste e costruivano i loro paesi sulla cima delle colline, cercando così di evitare quello che Brancaleone da Norcia chiamava «lo nero periglio che viene dallo mare!».

Dicono che il Mediterraneo è una strada maestra per le migrazioni, ma allorché queste superano una certa misura divengono invasioni. Da sud sono arrivati gli arabi, sbarcando nell'826 a Mazzara del Vallo e ci sono voluti poi più di due secoli per riuscire a cacciarli. Da sud-est sono arrivati i turchi e le loro incursioni per cercare di fissarsi sul litorale pugliese hanno interessato secoli. L'ombra e la paura che incutevano si riflettono ancora nel «mamma li turchi!» che ricorda quei tempi andati.

Sempre da sud sta arrivando ora questa confusa, massiccia e inarrestabile ondata di migranti, già tanto sconvolgente che non sappiamo più con quale termine indicarla. Migrazione o invasione? Sarà probabilmente soltanto il futuro che ci consentirà di dare adeguata risposta al quesito.

Al di là di tutte le leggende, di tutte le speranze, di tutta la complessa infrastruttura letteraria – e non solo! – che gli è stata costruita intorno, il Mediterraneo non è quindi affatto «un mare mamma», non lo è mai stato completamente. Nemmeno in quel lontano periodo in cui potevamo permetterci di definirlo *Mare nostrum*. È invece, questo sì, uno di quei nodi storico-politico-geografici in cui si manifestano in anticipo, iniziando a scontrarsi fra loro, tutte le tendenze e le tensioni che domineranno la scena umana, o perlomeno quella dell'area, per i decenni successivi.

In questo senso il Mediterraneo appare come un vero e proprio laboratorio, una fucina che fonde il passato per adeguarlo al presente e nel contempo iniziare a estrarre il futuro dal magma che ribolle. Interessante? Certo, purché si riesca a seguire l'esperimento che porterà alla nascita di un nuovo paradigma e alla sparizione dell'antico con una visione limpida, guidata soltanto dalla ragione e priva di tutte quelle storture che, come diceva Tucidide, sentimenti e caso possono introdurre nelle cose umane.

Un compito certamente difficile. Ma non impossibile, sempre che si riesca ad avere sempre chiaro a chi appartenga il Mediterraneo.

2. *Mare nostrum* per noi italiani il Mediterraneo lo è ancora, almeno in parte. Se non altro per il modo in cui l'intera Unione Europea cerca di giocare il minimo ruolo possibile nella gestione delle rotte dei disperati che provengono da sud, lasciandone a noi pressoché interamente la responsabilità e gli oneri.

Un gioco forse comprensibile allorché è condotto da paesi nordici, come gli scandinavi e i baltici, che hanno altri problemi di cui curarsi e un interesse molto attenuato dalla distanza geografica. È invece incomprensibile, se non suicida, nel momento in cui caratterizza i nostri vicini del Sud, come Spagna, Portogallo, Grecia. E soprattutto quella Francia che non riesce ancora a comprendere come geografia e storia non possano essere impunemente violentate e come un paese che è meridionale, mediterraneo e latino almeno sino alla Loira non possa perennemente fingere di appartenere all'Europa centrale nella sua ansia di riagganciare la Germania.

All'assurdo si è aggiunta negli ultimi tempi anche la beffa, quella delle ong battenti le più disparate bandiere che si danno buona coscienza con poca spesa soccorrendo i disperati – con procedure e con l'azione di persone per alcuni aspetti tanto al limite della legalità e della connivenza con le organizzazioni criminali da aver suscitato l'interesse dei nostri procuratori della Repubblica – scaricandoli poi il più presto possibile in territorio italiano. Un comportamento che trova la sua giustificazione ufficiale nel fatto che la nostra è la terraferma più vicina, a esclusione ovviamente di Malta che da tempo ha chiarito come non intenda essere assolutamente coinvolta.

Si tratta di un modo semplice ed economico di far del bene pagando con le tasche altrui. A fronte dell'onere del trasporto, sostenuto dalle ong e relativamente limitato, c'è da considerare infatti come rimanga interamente a carico del nostro paese il mantenimento di nuovi residenti che probabilmente non se ne andranno più, bloccati come sono dai vincoli impostici dal trattato di Dublino, dalla chiusura delle frontiere conseguente alla momentanea sospensione di Schengen e della cattiva volontà dei nostri partner europei in merito a qualsiasi ipotesi di più equa ridistribuzione dei migranti.

L'Italia comunque non protesta, per lo meno non abbastanza, e soprattutto si guarda bene dal prendere posizioni dure. Un poco per l'inveterata abitudine di un paese che non ha mai avuto la rivoluzione nelle sue corde; un poco per la tendenza della politica e della diplomazia italiane a cercare di smussare tutti gli spigoli vivi evitando di prendere di petto problemi che potrebbero rivelarsi spinosi; molto infine per il fatto che per noi è impossibile procedere in una direzione allorché altre forze, ben maggiori di quella che noi potremmo esercitare, spingono in direzione opposta.

Cosa unica al mondo, sul nostro territorio convivono infatti una media e una grande potenza, vale a dire l'Italia e il Vaticano. La simbiosi adesso si è un pochino attenuata, ma nel tempo è stata tale che sino a tre papi fa non si poteva pensare a un pontefice che non fosse italiano. Inoltre, la vita politica italiana è stata dominata per decenni da un partito confessionale, la Democrazia cristiana, fondato nel primo dopoguerra da un prete perché i buoni cattolici nazionali potessero esercitare tutto il loro peso politico nella vita del paese.

In simili condizioni l'Italia non è obbligata ad allinearsi pedissequamente alla politica vaticana o a prendere ordini da Oltre Tevere ogni volta che c'è in discussione un argomento importante. Di sicuro, però, essa non potrà assumere posizioni assolutamente antitetiche a quelle della Chiesa cattolica, a meno di non essere supportata con certezza dalla stragrande maggioranza dei cittadini, come avvenne per i referendum su divorzio e aborto. In tutte le altre occasioni l'Italia dovrà invece allinearsi o al limite cercare un compromesso, magari augurandosi che col tempo le mutate condizioni le consentano un grado di autonomia maggiore.

È quanto succede ora con l'immigrazione, che la Chiesa favorisce incondizionatamente perché fornisce al misero una speranza di riscatto, perché il Sacro collegio dei cardinali è composto in maggioranza da alti prelati provenienti da quello

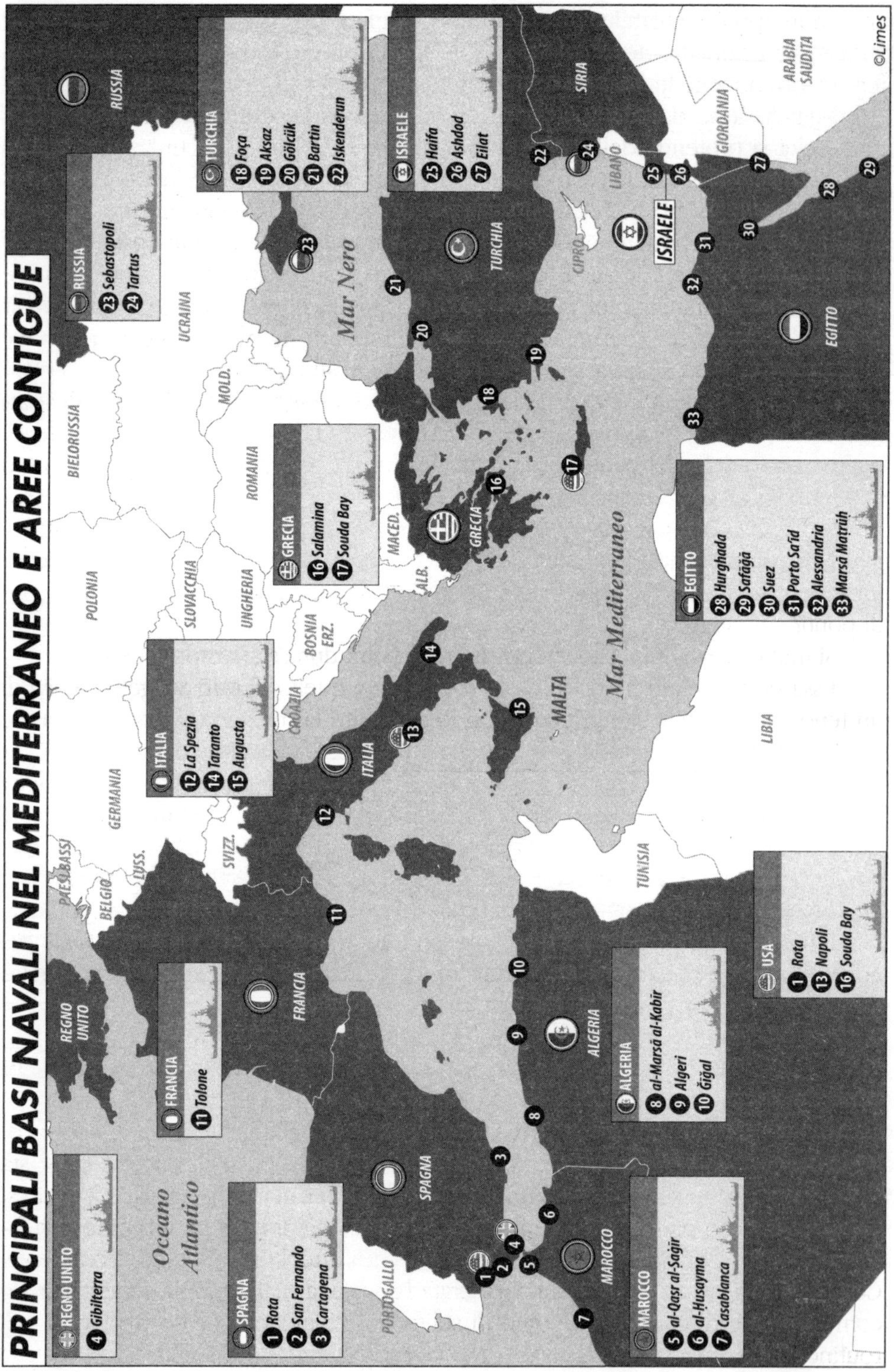
PRINCIPALI BASI NAVALI NEL MEDITERRANEO E AREE CONTIGUE
REGNO UNITO
4 Gibilterra
SPAGNA
1 Rota
2 San Fernando
3 Cartagena
FRANCIA
11 Tolone
MAROCCO
5 al-Qaṣr al-Ṣaġīr
6 al-Ḥusayma
7 Casablanca
ALGERIA
8 al-Marsā al-Kabīr
9 Algeri
10 Ğīğal
USA
1 Rota
13 Napoli
16 Souda Bay
ITALIA
12 La Spezia
14 Taranto
15 Augusta
GRECIA
16 Salamina
17 Souda Bay
RUSSIA
23 Sebastopoli
24 Tartus
TURCHIA
18 Foça
19 Aksaz
20 Gölcük
21 Bartin
22 Iskenderun
ISRAELE
25 Haifa
26 Ashdod
27 Eilat
EGITTO
28 Hurghada
29 Safāǧā
30 Suez
31 Porto Saʿīd
32 Alessandria
33 Marsā Maṭrūḥ
Oceano Atlantico
PORTOGALLO
SPAGNA
MAROCCO
FRANCIA
ALGERIA
REGNO UNITO
BELGIO
PAESI BASSI
LUSS.
SVIZZ.
GERMANIA
TUNISIA
ITALIA
MALTA
LIBIA
Mar Mediterraneo
POLONIA
SLOVACCHIA
UNGHERIA
CROAZIA
BOSNIA ERZ.
ALB.
MACED.
GRECIA
ROMANIA
BIELORUSSIA
MOLD.
UCRAINA
Mar Nero
RUSSIA
TURCHIA
CIPRO
LIBANO
ISRAELE
SIRIA
GIORDANIA
ARABIA SAUDITA
EGITTO
©Limes

che un tempo era chiamato Terzo Mondo, e infine perché il Santo Padre stesso è nato in una famiglia di migranti e conosce quindi molto bene le dinamiche del fenomeno, nonché le difficoltà e le sofferenze ad esso connesse.

Nella visione della Chiesa l'Italia è divenuta in tal modo un vero e proprio ponte che si protende dall'Europa verso l'Africa del Nord e in cui l'ultima arcata, liquida anziché solida, è costituita dal Mediterraneo. Si capisce quindi come a questo punto risulterebbe difficile, se non impossibile, far passare misure dirette a inaridire progressivamente il flusso dei disperati in marcia verso le nostre sponde. Già quel poco che si tenta di fare per imporre una disciplina tale da consentire l'osservanza dei trattati internazionali e della legge nazionale viene contrastato con una virulenza e a volte un'acredine tali da dare la precisa misura di cosa potrebbe succedere qualora si provasse a intervenire con misure più serie.

Almeno dal punto di vista delle migrazioni, il Mediterraneo non è quindi affatto il *Mare nostrum* di un tempo. In un senso, da sud verso nord, esso è infatti appannaggio dei nuovi trafficanti di schiavi, cui la presenza delle navi delle ong e la possibilità di trasbordare i migranti senza sequestri evita di perdere gommoni e scafisti a ogni viaggio. Nell'altra direzione, da nord verso sud, esso invece si impone come parte del ponte ideale del Vaticano, destinato ad aprire ai poveri dell'Africa le ricchezze dell'Europa. E del resto «pontefice» non significa forse costruttore di ponti?

Si tratta però di una situazione che non potrà durare a tempo indefinito.

Essa riduce infatti il nostro ruolo nazionale a quello di puri soggetti passivi di un fenomeno gestito da altri, confinando oltretutto la funzione svolta con grande spesa dalla nostra Marina militare a quella di controllore di un traffico su cui sostanzialmente essa non può intervenire se non per motivi di soccorso... e guai se qualche volta non lo fa in maniera sufficientemente sollecita! Le limitazioni imposte dall'esterno, o che siamo stati costretti ad autoimporci, sono inoltre tali che la Marina non può nemmeno fermare le navi, ben conosciute peraltro, che trasportano i gommoni nuovi destinati ai fabbricanti. Né tantomeno intervenire in acque territoriali libiche o sulla terraferma per timore di violare la sovranità di due, forse tre, governi libici che del resto non hanno né la volontà né i mezzi per far rispettare tale sovranità.

Allo stesso tempo, il ritmo della migrazione sta accelerando al punto da rendere intollerabile ciò che con flussi meno concentrati e politiche più accorte avrebbe forse potuto continuare senza reazioni ancora per lungo tempo.

La presenza di tanti immigrati, tra l'altro molto difficilmente integrabili per colore della pelle e per differenze religiose, quando non per entrambe le cose, sta così incidendo sui sentimenti di una maggioranza di italiani che magari all'inizio si erano sentiti compartecipi del fenomeno, ma che oggi iniziano a recepirlo con fastidio e con un briciolo di paura e che domani potrebbero rifiutarlo seccamente. Cosa molto facile da verificarsi considerata l'anzianità della popolazione italiana e come persone di età elevata odino di solito i cambiamenti che sconvolgono una routine faticosamente conquistata.

Come in tutti gli avvenimenti umani che offrono un'alternativa, anche qui abbiamo ai due estremi due minoranze attive, indottrinate e battagliere, mentre al centro vi è una maggioranza lenta nel cambiare opinione, motivata solo superficialmente e più sulla base del sentimento che della ragione, aliena dal prendere posizioni che comportino doversi schierare attivamente. Sino a quando essa non si discosterà dalle posizioni di estrema apertura ai migranti che ancora mostra, sebbene non più con l'ardore e la pienezza che la Chiesa pretenderebbe, il Mediterraneo continuerà ad essere l'arcata liquida del ponte fra due continenti. Poi... beh, bisognerà cercare un diverso equilibrio!

3. Se il Mediterraneo non è più *nostrum*, allora di chi è?

Nei secoli il Mediterraneo ha cambiato padrone parecchie volte finendo con l'essere dominato, da metà Ottocento in poi, da un triumvirato composto da due soci di maggioranza – la Francia prevalente nel bacino occidentale e l'Inghilterra in quello orientale – e da un socio di minoranza, l'Italia, che si faceva forte della sua centralità e dell'appartenenza a entrambi i bacini.

Ai margini del sistema rimanevano i russi – signori del Mar Nero ma del tutto privi di ancoraggi nei cosiddetti mari caldi – e i turchi, che controllavano il Bosforo, una delle tre porte di accesso. Troppo lontana e con interessi soprattutto oceanici la Germania, che pure dedicava alla sua Marina attenzioni tali da impensierire l'impero britannico. Quanto all'Austria-Ungheria, la sua presenza era rilevante solo in Adriatico, ove l'impero aveva i suoi porti.

La catastrofe delle due guerre mondiali cambiò radicalmente la situazione, ridimensionando uno dopo l'altro tutti i soci storici e consegnando l'intero bacino nelle mani degli Stati Uniti, che si imposero rapidamente come monopolisti. Non che le potenze europee sparissero completamente dalle acque mediterranee; le loro Marine però assunsero progressivamente la conformazione di elementi ausiliari della VI Flotta statunitense, perno del controllo che, da Napoli e da Gaeta, l'America esercitava su questo mare, sulla sua sicurezza e sui flussi di traffico che lo percorrevano.

Per qualche tempo l'Unione Sovietica tentò di mantenervi una presenza limitata ma significativa, avvalendosi anche della nazionalizzazione del Canale di Suez, ma gli eventi successivi la ridussero, agli inizi degli anni Settanta, a poter fruire unicamente delle facilitazioni portuali siriane.

L'assoluto predominio americano durò, totalmente indiscusso, più o meno sino al termine degli anni Duemila, allorché Barack Obama elaborò la sua nuova dottrina strategica mirante a risparmiare uomini e mezzi per il tramite di un progressivo ritiro associato a un'assunzione di responsabilità da parte delle medie potenze regionali, amiche o alleate dell'America.

I risultati furono fortemente deludenti, non soltanto nel Mediterraneo ma anche in tutta l'area che giunge sino al Golfo ed è indicata col termine di «Mediterraneo allargato». I disastri che hanno coinvolto Siria ed Iraq, la sanguinosa anarchia in cui è caduta la Libia, i problemi che ancora assillano l'Egitto, l'instabilità di buona parte dell'area saheliana sono tutti effetti di questo mal calcolato e intempestivo ritiro. Mal calcolato poiché è avvenuto alla vigilia delle primavere arabe, in un momento di grande instabilità; intempestivo perché l'unico eventuale candidato a prendere efficacemente il posto degli Stati Uniti, cioè l'Unione Europea, appariva paralizzata dall'incalzare di crisi diverse che si sovrapponevano l'una all'altra, nonché dalla sua connaturata incapacità di elaborare una politica estera comune.

Il vuoto di potere così creatosi ha iniziato ad attirare altri aspiranti che ritengono di poter contribuire a colmarlo. La Russia ha aumentato la presenza navale in Siria, corteggia l'Egitto e il governo libico di Tobruk, e ha effettuato nel 2015 in acque mediterranee manovre navali congiunte con la Cina. Quest'ultima, un tempo molto lontana, si è mostrata estremamente attiva: prima ha acquistato il porto del Pireo, dopo avere corteggiato invano quello di Taranto, ora sta puntando grosso sulla Belt and Road Initiative (Bri), che appare destinata a mutare radicalmente nel giro di un decennio il flusso di commercio fra l'Asia e il Mediterraneo.

Mare nostrum, quindi, ma di chi? Probabilmente, se le attuali tendenze continuano, un pochino di tutti, mentre la Ue resterà con in mano un pugno di mosche.

Mediterraneo come mare povero, ricco di olive, vino e pescato, ma povero di risorse minerarie, tant'è che sin dall'età della pietra quelle bisognava andarle a cercare altrove. Un primo mutamento in questa situazione lo aveva provocato Ardito Desio, geologo ed esploratore friulano solido come le rocce della Carnia che dedicò all'avventura un'intera vita, iniziata allorché l'Ottocento non era ancora concluso e terminata dopo l'inizio del terzo millennio. Quando morì, a 104 anni, Desio teneva ancora sul comodino il primo fiasco di quel petrolio che per primo era riuscito a individuare e ad estrarre in Libia, all'epoca il nostro «scatolone di sabbia», negli anni Trenta. Sulla sua scia, e con la guida delle dettagliate carte delle sue iniziali prospezioni geologiche, partì quell'avventura del petrolio e del gas in Nordafrica che coinvolse, in misura diversa, Libia, Algeria ed Egitto, attenuando notevolmente il monopolio di cui godevano in questo settore il Medio Oriente e le sette sorelle quasi integralmente anglosassoni.

Con gli anni, storia ed economia di questi paesi si intrecciarono inestricabilmente con quelle dell'Italia, soprattutto grazie all'attività dell'Eni. Non è un caso che proprio da una scoperta dell'Eni, quella del megagiacimento di gas Zohr in acque territoriali egiziane, essa cominci ad assumere anche un altro aspetto. I rinvenimenti del nostro Ente nazionale idrocarburi non sono infatti un avvenimento isolato, ma si configurano quale parte di un mutato quadro complessivo delineato nel corso degli anni più recenti dal reperimento di un altro enorme giacimento, Leviathan, al largo di Israele, e di un terzo giacimento, Afrodite, in acque cipriote. Si prospetta così uno scenario inedito: un'estesa area del Mediterraneo orientale sotto la quale si estenderebbe un enorme «lago di gas». Se poi si aggiungono a queste notizie le scoperte di idrocarburi avvenute in Italia, al largo di Gela e nella Valle d'Itria, e quelle operate nell'Adriatico in una zona a cavallo fra le acque italiane e quelle croate, ci si accorge di come la vera potenzialità estrattiva di questa parte del bacino sia in realtà per buona parte ancora da scoprire.

Da definire restano da un lato i precisi diritti di estrazione e sfruttamento, dall'altro la rete di gasdotti, oleodotti, raffinerie, rigassificatori e altre infrastrutture destinate a far pervenire il gas all'utenza. Un compito che sarà certamente condizionato da pressioni e ambizioni di tutti coloro che mirano a spartirsi la torta, riservando per se stessi la parte più sostanziosa. Già non vi è accordo fra Grecia, Turchia e Cipro per la divisione dei diritti di sfruttamento sulle zone ove gravita Afrodite, mentre i palestinesi contestano l'esclusività del diritto di Israele sul Leviathan.

Chi riuscirà dunque ad assumere il reale controllo di questa nuova risorsa che entra sul mercato e potrebbe contribuire considerevolmente a migliorare le condizioni di molti paesi interessati? Indubbiamente chi saprà posizionarsi meglio e con maggiore tempestività, con una politica dotata di visione strategica e con quella capacità di aggregare il consenso che soltanto la stabilità può dare.

Per quanto riguarda l'Italia, l'Eni si è sempre mosso molto bene nel settore, ma il problema questa volta è tanto grande da divenire appannaggio del governo, non di Eni. Anche qui, in ogni caso, un eventuale accordo maturato in ambito Ue potrebbe conferire quel peso di cui da soli non disponiamo, permettendoci di continuare a considerare almeno in parte il Mediterraneo come *Mare nostrum* anche dal punto di vista dell'energia.

4. Oltre ad essere *nostrum*, il Mediterraneo era un tempo l'ombelico, il centro, l'area gravitazionale di tutto il mondo occidentale. Un privilegio perso con la scoperta dell'America, assieme a tutti i vantaggi che ne derivavano. La nuova centralità europea divenne allora una centralità atlantica, mentre la circumnavigazione dell'Africa operata con successo dai portoghesi sottraeva al Mediterraneo anche il monopolio dei commerci con l'Asia, di cui aveva sino ad allora goduto. I porti mediterranei decaddero di conseguenza, come decaddero tutti gli Stati che non avevano almeno un tratto di costa sull'Atlantico. Un dato di fatto su cui ben poco incise l'apertura del Canale di Suez, che pur facilitando i traffici non produsse effetti capaci di sottrarre il primato agli ancoraggi inglesi, olandesi, tedeschi, francesi.

Tre fatti nuovi rimettono però ora in discussione l'intero sistema.

Il primo consiste nel fatto che gli Stati Uniti, da ormai più di un decennio, hanno in comune con l'Asia più interessi di quelli condivisi con l'Europa. Con il pragmatismo di cui sono maestri, gli americani hanno di conseguenza adottato uno slogan – «l'èra dell'Atlantico è terminata, inizia l'èra del Pacifico» – che ben esprime dal loro punto di vista l'essenza della nuova situazione.

L'irruzione sulla scena internazionale del ciclone Trump ha inoltre evidenziato (secondo punto) come l'America possa essere, soprattutto sul piano economico, più un rivale che un alleato, e dal piano economico a quello geopolitico il passo è molto breve. Il suo continuo riferimento agli interessi, più che ai valori (l'unica cosa di rilievo che europei ed americani avessero realmente in comune), ha inoltre reso palese l'assurdità di cercare di tenere in piedi un legame chiaramente divenuto a senso unico. Sta così franando, con una velocità sino a ieri imprevedibile, tutta quella mistica del «rapporto transatlantico» che ci aveva sostenuti negli anni bui del confronto bipolare.

Infine, una Cina impegnata a mantenere il suo tasso di sviluppo e a estendere la propria area d'influenza geopolitica senza spaventare i suoi rivali ci offre ora per il futuro la sua iniziativa Bri, che potrebbe cambiare radicalmente il mondo se dovesse rivelarsi un successo.

A tale iniziativa noi italiani, punto di arrivo di un fascio di flussi marittimi che dall'Estremo Oriente dovrebbe raggiungere Venezia nel nome di Marco Polo e nel comune ricordo di un passato condiviso, siamo particolarmente interessati. Il mutamento potrebbe infatti ridare al Mediterraneo e ai suoi porti la centralità perduta, o almeno parte di essa. Se l'ipotesi si realizzasse, i guadagni sarebbero enormi. Ovvio però che alla dimensione di tali guadagni corrisponde la ciclopica entità delle sfide da superare e dei sacrifici da affrontare, almeno in un primo periodo e sinché il funzionamento delle nuove vie della seta non entrerà a regime.

Siamo pronti a tali sfide, che potrebbero almeno in parte riportarci a considerare il Mediterraneo come un mare nostro?

RIPARTIRE DAI PORTI

di *Enrico Maria* PUJIA

L'attesa riforma della normativa italiana sui porti colma un ritardo ormai insostenibile e ridisegna il settore all'insegna di razionalizzazione ed efficienza. Le novità della legge. Le sinergie con l'Europa. La Cina è un treno da non perdere.

1. L'ESIGENZA DI UNA RIFORMA ORGANICA e strutturale della legge 84/94 sui porti era certamente avvertita già da molti anni da operatori e associazioni di categoria che a più riprese hanno chiesto un forte segnale alla politica in questa direzione. Prova ne sono le varie iniziative di stampo parlamentare e governativo [1] che in più occasioni avevano tentato di avviare una riforma compiuta della normativa in materia portuale ma con scarsi risultati, sia per la debolezza di alcuni governi che per la mancanza di una visione unitaria da parte delle varie maggioranze che si sono succedute.

In Italia è mancata a lungo una reale percezione dell'importanza dell'economia marittima in generale, sia in ambito politico che nella società civile. Per anni il comparto marittimo non è stato percepito come settore industriale e produttivo che assicura centinaia di migliaia di posti di lavoro, con un valore in termini economici pari a quasi il 2,6% del pil. Il mare è stato spesso visto dall'opinione pubblica, in qualche caso anche dalla politica, come luogo di vacanza estivo o legato ai collegamenti marittimi con le isole [2].

Qualche anno fa Confitarma sottolineava in uno studio che il rapporto con il mare da parte dei nostri connazionali non è poi così scontato, evidenziando che un italiano su quattro non sa nuotare, un italiano su tre ha comunque paura dell'acqua alta – indipendentemente dal saper nuotare o meno – e il 50% della popolazione non si considera parte di «un popolo di navigatori». La cultura del mare appare più

1. Già l'ultimo governo Prodi aveva elaborato una bozza di riforma dopo l'attivazione di un tavolo con tutte le associazioni di categoria, sindacati e operatori di settore. Anche a livello parlamentare erano stati presentati alcuni disegni di legge di riforma della legge 84/94, che però non hanno mai visto la luce.

2. La nuova Politica integrata europea ha rilanciato l'intera economia marittima, valorizzando tutti gli aspetti economici legati al mare: trasporti, pesca, risorse sottomarine, produzione di energia, gestione integrata delle coste, sorveglianza marittima.

diffusa tra la componente maschile della popolazione, tra le giovani generazioni e tra chi ha un livello culturale più elevato. Eppure è indubbio che passato, presente e soprattutto futuro della storia di questo paese siano stati e restino legati al mare.

A metà degli anni Duemila le istituzioni comunitarie [3] hanno preso atto del fatto che rilanciare l'economia marittima significava rilanciare l'economia dell'Europa intera e dei singoli paesi [4]. Sulla base di questa spinta, anche in Italia si è diffusa la convinzione che per un paese con quasi 8 mila chilometri di coste, posto al centro del Mediterraneo sulla rotta Asia-Europa e connesso a quattro corridoi europei Ten-T, la ripresa economica dovesse partire dal rilancio del settore marittimo portuale [5] e logistico, le cui inefficienze oggi impattano negativamente per circa 50 miliardi annui.

Il governo Renzi, sotto la spinta dell'Ue e degli operatori nazionali, fa sua l'esigenza rappresentata dal settore marittimo-portuale e a febbraio 2015, tramite il ministro *pro tempore* Lupi, avvia gli Stati generali dei porti e della logistica, lanciando una prima consultazione [6] con le parti interessate al fine di avviare un cambiamento radicale nella visione del vecchio sistema portuale e rilanciare il ruolo centrale della logistica nell'ambito di una nuova visione trasportistica nazionale.

Infatti, la riforma della legge 84/94 sulla portualità e la logistica ha voluto dare un forte segnale di attenzione al settore marittimo portuale, con l'obiettivo di realizzare un sistema nazionale integrato di trasporto dove la logistica assume un ruolo determinante nell'interconnessione tra porti, interporti, ferrovie, autostrade. Una riforma attesa da oltre dieci anni, fortemente voluta dal ministro Delrio e anticipata dal Piano strategico nazionale della portualità e della logistica, che prevede una serie di obiettivi strategici con conseguenti azioni tese a rilanciare l'innovazione tecnologica, l'integrazione delle infrastrutture attraverso l'individuazione delle priorità degli interventi infrastrutturali a livello nazionale e non più locale, la semplificazione delle procedure amministrative, burocratiche, doganali. Una riforma rivoluzionaria, che a 24 singole Autorità portuali sostituisce 15 Aree di sistema portuali all'interno delle quali più porti diventano elementi strategici di un'aera economica più vasta, in una visione intermodale e logistica nuova che consentirà al nostro sistema trasportistico nazionale di essere più competitivo non solo rispetto ad altre importanti realtà del Mediterraneo, ma anche al Nord Europa.

Era necessario uscire dalle vecchie logiche localistiche dove i porti singolarmente presi non hanno più futuro nel mercato globalizzato dello *shipping*. Occorreva ragionare in termini anzitutto di sistemi portuali, poi di sistemi logistici dove porti, interporti e terminal intermodali e ferroviari, interconnessi alle reti Ten-T, vengono supportati da infrastrutture immateriali come *fast corridor* e *pre clearing*.

3. Nel 2007 nasce la Politica marittima integrata europea (*Libro verde* e *Libro blu*) che porteranno l'Ue a investire per valorizzare il mare.
4. Venti dei 27 paesi membri hanno migliaia di chilometri di coste; la maggior parte della popolazione e degli insediamenti produttivi e industriali sono vicini al mare.
5. In Italia sono circa un milione gli addetti e oltre 160 mila le imprese del settore marittimo portuale e logistico. Il cluster logistico ha un'incidenza sul pil del 14%.
6. Gli Stati generali della portualità e della logistica si sono celebrati a Roma il 9 febbraio 2015.

2. Ma una riforma di tale portata non poteva ridursi a una semplice modifica normativa: aveva bisogno di un piano che andasse al di là degli aspetti squisitamente giuridici, con una visione strategica. A tal fine, l'adozione del Piano strategico nazionale della portualità e della logistica [7], sancita con l'art. 29 della legge 164 dell'11 novembre 2014 [8], ha gettato le basi per lo sviluppo di un nuovo sistema di trasporti attraverso la definizione di obiettivi strategici e l'individuazione di un preciso percorso comprensivo di azioni concrete.

L'Italia che riparte dai porti delinea, attraverso il piano strategico, una vera riforma del settore che interpreta in modo completamente nuovo la portualità e la logistica quali elementi indispensabili per una reale ripresa economica del paese e del Mezzogiorno. Il piano identifica dieci obiettivi e altrettante azioni: semplificazione e snellimento (misure per la velocizzazione delle procedure); competitività (concorrenza, trasparenza, migliore qualità dei servizi); accessibilità (migliori collegamenti dei trasporti marittimi e terrestri); integrazione logistica e imprese (integrazione del sistema logistico e delle attività manifatturiere del territorio); infrastrutture (potenziamento delle infrastrutture dei porti e dei collegamenti terrestri); innovazione (misure per la ricerca, la formazione, lo sviluppo e l'innovazione tecnologica); sostenibilità (misure per l'efficienza energetica e l'ambiente); certezza delle risorse (misure per la gestione e la programmabilità degli investimenti nei porti a lungo termine); coordinamento nazionale (coordinamento e promozione centrale); nuova *governance* (adeguamento della *governance* al nuovo ruolo della portualità italiana).

Migliorare la competitività del sistema portuale e logistico nazionale, favorire la crescita dei traffici delle merci e delle persone, agevolare la promozione dell'intermodalità guadagnando in competitività, efficienza e affidabilità nelle prestazioni del sistema di trasporto: questi gli obiettivi.

3. Nel corso degli anni più volte sono mutate le norme che regolano la gestione dei porti, definiti dall'ordinamento italiano come beni demaniali e quindi inalienabili, appartenenti allo Stato che ne cura, in linea generale, l'amministrazione. In particolare, l'ultima importante riforma era stata quella disegnata dalla legge 84/94 e successive modificazioni, che conferiva alle autorità portuali [9] il compito di amministrare i maggiori porti nazionali, in quanto dotate di personalità giuridica di diritto pubblico, di autonomia amministrativa e organizzativa, di bilancio. Tali autorità erano sottoposte alla vigilanza del ministero dei Trasporti. A esse erano conferiti compiti di indirizzo, programmazione, coordinamento, controllo e promozione delle attività commerciali ed industriali; manutenzione e predisposi-

7. Il 3 luglio 2015 il Consiglio dei ministri ha approvato in via preliminare, su proposta del ministro Delrio, il Piano strategico nazionale della portualità e della logistica. Il piano è stato redatto in attuazione dell'articolo 29 del decreto legge 133 del 12 settembre 2014, convertito con modifiche dalla legge 164 dell'11 novembre 2014 (Sblocca Italia).

8. Legge di conversione del decreto legge 133 dell'11 settembre 2014.

9. Ancona, Augusta, Bari, Brindisi, Cagliari, Catania, Civitavecchia, Genova, Gioia Tauro, La Spezia, Livorno, Marina di Carrara, Messina, Napoli, Olbia, Palermo, Piombino, Ravenna, Salerno, Savona, Taranto, Trapani, Trieste e Venezia.

zione dei piani per l'assetto e l'utilizzazione del porto; amministrazione delle aree e banchine portuali.

In attuazione dell'articolo 8, comma 1, lettera f) della legge 124/2015 è stato approvato il decreto legislativo 169 del 4 agosto 2016 relativo alla «Riorganizzazione, razionalizzazione e semplificazione della disciplina concernente le Autorità portuali di cui alla legge 28 gennaio 1994, n. 84». Il decreto si inserisce nelle politiche e nelle azioni intraprese dal ministro Delrio, definite nel Piano strategico nazionale per il rilancio della portualità e della logistica. Lo stesso prevede azioni tese a rilanciare il sistema portuale e logistico nel segno di una forte semplificazione ed efficienza, attraverso il disegno di una nuova *governance* costituita in quindici Autorità di sistema portuale (Adsp) guidate da un Consiglio snello e da un presidente-manager con ampia facoltà decisionale.

In sostituzione della rappresentatività nel vecchio Comitato portuale (circa 336 membri a livello nazionale), operatori e rappresentanti delle imprese faranno parte dell'Organismo di partenariato della risorsa mare che avrà funzioni consultive, consentendo loro di partecipare al processo decisionale senza però poter più votare atti amministrativi, in cui spesso erano portatori d'interessi particolari.

Inoltre, la riforma prevede una centralizzazione delle scelte strategiche che eviti la competizione tra porti nazionali vicini, favorendo la crescita di aree di sistema portuali per un trasporto pienamente integrato con quello logistico e interconesso con i quattro corridoi ferroviari Ten-T. Con lo stesso provvedimento vengono istituiti due sportelli che abbasseranno drasticamente i tempi di attesa: quello amministrativo e lo Sportello unico doganale per il controllo sulla merce, che ridurranno gli attuali 113 procedimenti amministrativi svolti da 23 soggetti, snellendo le procedure anche per l'adozione dei Piani regolatori portuali.

In questa logica, 57 porti di rilevanza nazionale vengono riorganizzati nelle nuove 15 autorità [10], che diventano centri decisionali con sedi nei porti strategici già individuati a livello europeo. Alle Adsp viene affidato un ruolo di indirizzo, programmazione e coordinamento del sistema dei porti della propria area, con funzioni di attrazione degli investimenti sui diversi scali e di raccordo delle amministrazioni pubbliche. L'Adsp si interfaccerà con il ministero dei Trasporti anche per la

10. Autorità di sistema portuale del Mar Ligure occidentale (porti di Genova, Savona e Vado Ligure) Autorità del Mar Ligure orientale (porti di La Spezia e Marina di Carrara) Autorità del Mar Tirreno settentrionale (porti di Livorno, Capraia, Piombino, Portoferraio, Rio Marina e Cavo); Autorità del Mar Tirreno centro-settentrionale (porti di Civitavecchia, Fiumicino e Gaeta); Autorità del Mar Tirreno centrale (porti di Napoli, Salerno e Castellamare di Stabia); Autorità del Tirreno meridionale, dello Jonio e dello Stretto (porti di Gioia Tauro, Crotone vecchio e nuovo, Corigliano Calabro, Taureana di Palmi, Villa San Giovanni, Messina, Milazzo, Tremestieri, Vibo Valentia e Reggio Calabria); Autorità del Mare di Sardegna (porti di Cagliari, Foxi-Sarroch, Olbia, Porto Torres, Golfo Aranci, Oristano, Portoscuso-Portovesme e Santa Teresa di Gallura solo banchina commerciale); Autorità del Mare di Sicilia occidentale (porti di Palermo, Termini Imerese, Porto Empedocle e Trapani); Autorità del Mare di Sicilia orientale (porti di Augusta e Catania); Autorità del Mare Adriatico meridionale (porti di Bari, Brindisi, Manfredonia, Barletta e Monopoli); Autorità del Mar Jonio (Porto di Taranto); Autorità del Mare Adriatico centrale (porto di Ancona, Falconara Marittima, Pescara, Pesaro, San Benedetto del Tronto – esclusa darsena turistica – e Ortona); Autorità del Mare Adriatico centro-settentrionale (porto di Ravenna); Autorità del Mare Adriatico settentrionale (porti di Venezia e Chioggia); Autorità del Mare Adriatico orientale (porto di Trieste).

definizione del Piano regolatore di sistema portuale e dei programmi infrastrutturali che prevedono contributi nazionali o comunitari.

Per garantire la coerenza con la strategia nazionale e superare le logiche localistiche che per anni hanno limitato le potenzialità del nostro sistema nazionale dei trasporti, verrà istituita una Conferenza nazionale di coordinamento delle autorità di sistema portuale presieduta dal ministro, nell'ambito della quale verrà definita la programmazione nazionale delle scelte strategiche e infrastrutturali.

In merito agli investimenti e alla programmazione, la riforma opera una riorganizzazione in linea con gli indirizzi comunitari. Nell'aprile 2016 la Corte dei conti europea ha redatto un rapporto in merito all'uso in Italia dei fondi europei infrastrutturali portuali: la Corte [11] ha evidenziato la mancanza di collegamenti con l'hinterland e la realizzazione di porti turistici privi di impatto positivo sul sistema dei trasporti, obiettivo originale dei finanziamenti. All'ennesimo richiamo delle istituzioni comunitarie era necessario intervenire rivedendo le procedure decisionali, al fine di disegnare una strategia nazionale attraverso una pianificazione e programmazione delle opere che riduca gli sprechi e consenta l'investimento anche dei privati.

La riforma dei porti e della logistica cancella quindi le vecchie logiche e gli sprechi del passato con una strategia di sistema denominata Connettere l'Italia, presentata da Delrio il 14 giugno e riassunta in dieci parole chiave: utilità, sostenibilità, partecipazione, cura, semplicità, integrazione, sicurezza, ferro, Sud, Europa. Queste sono alla base delle azioni messe in atto dal Piano dei porti e della logistica per affrontare le nuove sfide e raggiungere quattro obiettivi: accessibilità ai territori, all'Europa e al Mediterraneo; mobilità sostenibile e sicura; qualità della vita e competitività delle aree urbane e metropolitane; sostegno alle politiche industriali di filiera.

La strategia individua alcuni princìpi trasversali, quali: infrastrutture utili, snelle e condivise; integrazione modale e intermodalità; valorizzazione del patrimonio infrastrutturale esistente; sviluppo urbano sostenibile. Molte sono le azioni già realizzate nei mesi passati in sintonia con il Piano strategico nazionale e con le disposizioni dei decreti attuativi: potenziamento dello sdoganamento in mare, *pre-clearing* attivo in 17 porti, incremento dei *fast corridors* (16 quelli attualmente in funzione, per oltre 1.400 container).

Per lo sviluppo delle reti immateriali il Piano operativo nazionale (Pon) 2014-20 stanzia 63 milioni di euro destinati alla catena logistica digitale, mentre sull'ultimo miglio ferroviario continua l'attuazione del contratto di programma Rfi, capitolo «Ultimo miglio porti».

Inoltre, si sono insediate le cabine di regia territoriale delle 5 regioni obiettivo coesione per le aree logistiche integrate e si stanno firmando i protocolli d'intesa con tutte le regioni del Sud beneficiarie del Pon, mentre si sta avviando la selezione concertata degli interventi prioritari.

11. In totale i progetti valutati in Italia dalla Corte dei conti hanno assorbito 1,7 miliardi di finanziamenti, di cui 726 milioni di provenienza comunitaria.

4. La necessità di avviare una riforma del sistema logistico-portuale nasce anche da considerazioni geopolitiche. Particolare importanza ha quella che oggi è definita la nuova via della seta nell'ambito della strategia di sviluppo dei traffici commerciali da e per la Cina, divenuta partner economico di primo piano e interlocutore politico necessario in aree a noi vicine quali i Balcani e il Mediterraneo. Nel 2020 ricorre il cinquantesimo anniversario dell'inaugurazione delle relazioni diplomatiche tra Italia e Repubblica Popolare Cinese: un'occasione per elaborare una nuova e più avanzata agenda delle relazioni bilaterali.

Lo sviluppo della Belt and Road Initiative (Bri) offre nuove opportunità per il sistema portuale e industriale italiano, specie in relazione alla valorizzazione dell'Alto Adriatico, ma anche di Liguria, Puglia e Sardegna. A tal fine il governo [12], in occasione della visita del presidente della Repubblica Mattarella in Cina nei primi mesi del 2017, insieme a istituzioni centrali e locali, autorità portuali e soggetti privati, ha presentato i punti di forza del sistema portuale italiano e i vantaggi del distretto portuale del Nord Adriatico, via naturale per il trasferimento delle merci all'interno dell'Ue senza incorrere nelle complicazioni doganali della dorsale balcanica [13].

L'Italia ha anche sostenuto la China-EU Connectivity Platform per favorire la discussione tra Stati membri e Cina sui progetti portuali di interesse per il nostro paese, nonché su innovazione tecnologica, ambiente, cultura e agroindustria, approfondendo forme di sinergia tra la Obor e le reti di trasporto transeuropee. In questo contesto, il 12 e 13 luglio l'Italia ha ospitato a Trieste l'incontro annuale Ue-Cina sull'Accordo europeo per la regolamentazione dei traffici marittimi con la Cina. Importanti opportunità possono nascere anche con i paesi attraversati dalla nuova via della seta, sia per le aziende italiane sia per l'Italia nel campo delle infrastrutture, dello sviluppo e della sostenibilità.

L'Italia non può rinunciare a presentare alla Cina una concreta e credibile proposta logistico-portuale che prenda spunto dalle novità introdotte dal Piano strategico della portualità e logistica e dalla nuova strategia Connettere l'Italia, cercando di attrarre investimenti cinesi e valorizzando i vantaggi dei nostri porti in termini di vicinanza all'Europa, collegamento a reti infrastrutturali già esistenti e semplificazione doganale.

Il documento [14] disegna due direttrici per sviluppare la connettività e la collaborazione tra almeno 65 paesi: la direttrice terrestre Silk Road Economic Belt e la direttrice marittima Century Maritime Silk Road, che rappresenta il 55% del pil, il 70% della popolazione e il 75% delle riserve energetiche accertate a livello mon-

12. Nel febbraio 2017 una delegazione del ministero dei Trasporti italiano si è recata a Pechino e Shangai con i rappresentanti dei porti di Genova, Venezia e Trieste per promuovere il sistema portuale italiano, in preparazione dell'incontro del ministro Delrio con il suo omologo cinese e con gli investitori cinesi.

13. I cinesi hanno realizzato che l'investimento nel porto del Pireo non può essere valorizzato in tempi brevi in assenza di un asse logistico terrestre dall'Egeo attraverso i Balcani.

14. «Vision and Actions on Jointly Building the Silk Road Economic Belt and 21st Century Maritime Silk Road».

diale. Tra l'altro l'Italia dal 13 luglio 2016 è membro della Asian Infrastructure Investment Bank (Aiib), uno dei principali canali per il finanziamento di progetti infrastrutturali inquadrabili nell'iniziativa insieme al ministero dei Trasporti cinese, a quello del Commercio, alla National Development and Reform Commission (Ndrc) e alle principali aziende cinesi del settore trasporti e *shipping*.

La Obor è una grande sfida nel campo delle infrastrutture e del commercio. Una nuova visione strategica che l'Italia e l'Europa devono seguire, anche perché sotto il profilo geopolitico la riscoperta dell'Eurasia è per i cinesi un'opportunità per diversificare le rotte degli scambi commerciali e del reperimento delle materie prime.

Inoltre, la strategia destina risorse nell'ordine di almeno 100 miliardi di dollari attraverso l'Aiib (50 miliardi), il Silk Road Fund (40 miliardi) e la New Development Bank (10 miliardi). A ciò vanno aggiunti i finanziamenti messi a disposizione dal gruppo Citic nel giugno 2015: 113 miliardi di dollari per ferrovie, autostrade, gasdotti e oleodotti, reti elettriche, reti Internet e altre infrastrutture (oltre 300 progetti in dieci paesi).

In questo scenario, l'impegno del governo è finalizzato a creare le condizioni per nuove e stabili opportunità di crescita e di scambio. A tal fine è necessario il contributo di tutte le parti coinvolte: amministrazioni, operatori, associazioni di categoria. Parte del lavoro è stato fatto, ma molto ancora resta da fare e possiamo riuscire nell'intento solo se sapremo lavorare uniti per raggiungere gli obiettivi che consentiranno al nostro paese e al settore marittimo-portuale di rafforzare la leadership italiana a livello europeo e mondiale.

Parte III

MEDITERRANEI ALTRUI

IL PLACIDO MEDITERRANEO DEGLI AMERICANI

di *Dario* FABBRI

Il Mare nostrum *è oggi secondario nella strategia degli Usa. Centrale è solo il controllo dei colli di bottiglia che ne garantiscono l'accessibilità. La memoria delle guerre barbaresche d'inizio Ottocento è viva quale battesimo della potenza navale dell'impero.*

1. IL MEDITERRANEO HA AVUTO STRAORDINARIA rilevanza nella storia americana. Qui all'inizio del XIX secolo gli Stati Uniti subirono le prime umiliazioni che ne accelerarono la costruzione della Marina, simbolo assoluto della propria potenza. Prima di sbaragliare i corsari tripolitani e algerini. Qui nella seconda guerra mondiale invasero i possedimenti nordafricani dell'Asse. Per poi risalire la penisola italiana e congiungersi ai commilitoni sbarcati in Normandia. Qui reagirono con fermezza all'unico tentativo di occlusione di un istmo registrato nella propria èra imperiale, sul cui controllo si fonda il dominio stesso del globo. Quando francesi e britannici provarono a riappropriarsi del Canale di Suez, per finire declassati a nazioni secondarie. Qui respinsero la Marina sovietica, che cercava illusoriamente di contrastare per mare l'avversario. Costringendo claustrofobicamente Mosca sulla terra, fino alla sua fisiologica implosione.

Ma con la fine della guerra fredda la scala di priorità statunitense si è grandemente alterata. Oggi il *Mare nostrum* è per Washington un bacino di rilevanza convenzionale. Non è il Mediterraneo americano, centrato sui Caraibi e sul Golfo del Messico, prima linea di difesa della nazione. Non è il Mar Cinese Meridionale, nelle cui acque asfissiare il fragile espansionismo di Pechino. È un mare nell'assoluta disponibilità delle forze navali statunitensi, sul quale non vive alcun rivale in grado di puntare all'egemonia planetaria.

Ne deriva il poco interesse della superpotenza per la cronica instabilità che investe il Nordafrica, teatro gestito autonomamente dagli apparati nell'incoscienza della Casa Bianca. Per i migranti che, sfidandone i flutti, raggiungono l'Europa, fenomeno troppo lontano per turbare l'opinione pubblica d'Oltreoceano. Per le vie della seta di matrice cinese, progetto fantasioso che se pure si realizzasse non consentirebbe a Pechino di affrancarsi dal dominio americano.

LE FLOTTE USA E IL CONTROLLO DEI MARI

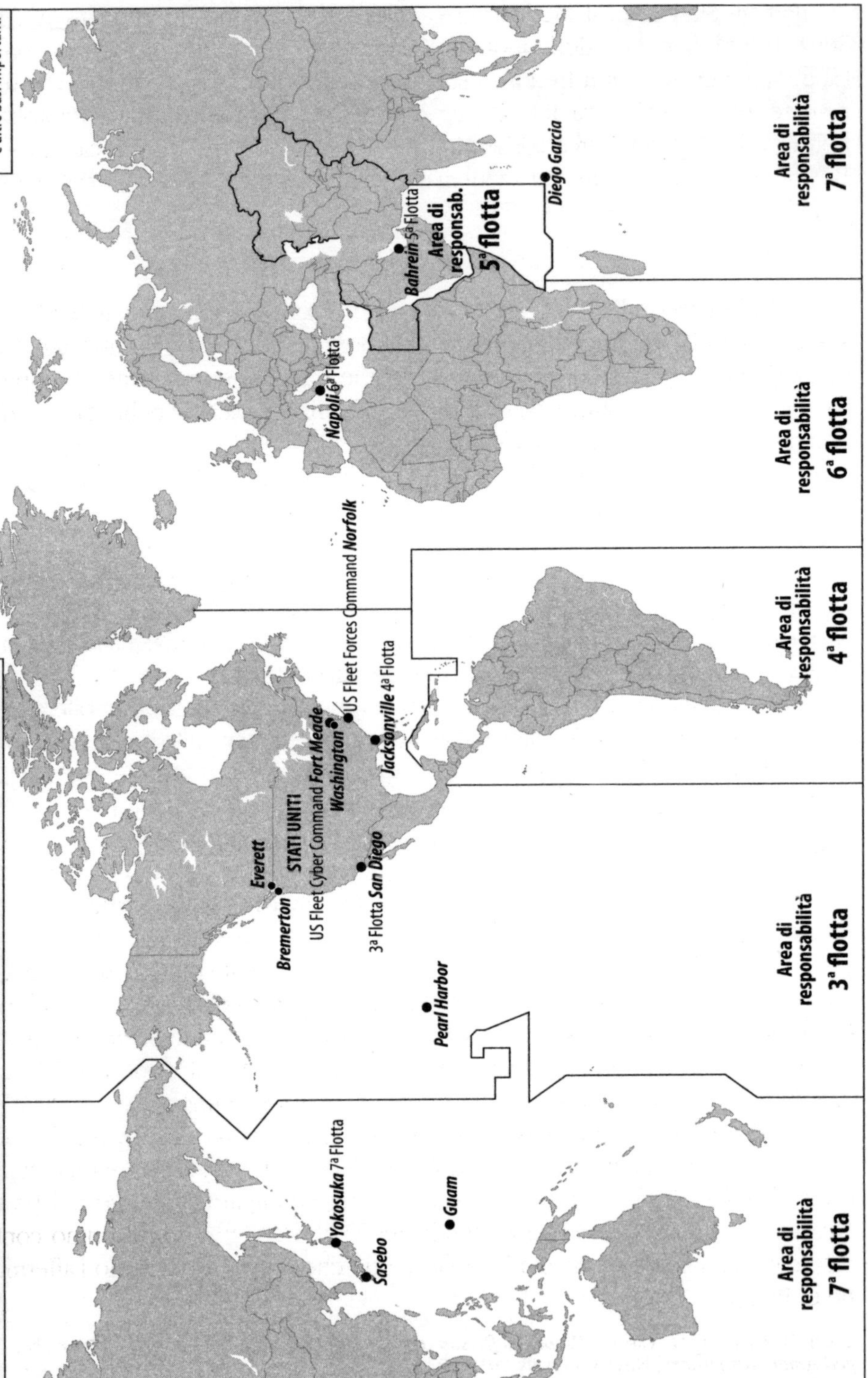

Per gli Stati Uniti il Mediterraneo vale la dimensione dei suoi stretti e istmi. Suez su tutti, la cui gestione indusse Washington, molto più di qualsiasi congiunturale ragione da guerra fredda, a strappare Sadat al fronte sovietico e che tuttora ne determina la vicinanza ai leader egiziani. Gibilterra, che in caso di (improbabile) rinascita della Marina turca consentirebbe alla superpotenza di soffocarne l'ascesa. Bosforo e Dardanelli, attraverso cui mantenere lacustre la flotta russa del Mar Nero. In attesa che un reale antagonista possa insidiare la supremazia americana sulle rotte marittime.

2. Nel marzo del 1786 Thomas Jefferson, legato presso la monarchia francese, si recò a Londra per incontrare l'ambasciatore di Tripoli, Sayyidī al-Hāǧǧ 'Abd al-Raḥmān. Durante la conversazione, svoltasi in francese e in italiano, il rappresentante della provincia ottomana di Libia avanzò una strabiliante richiesta pecuniaria. Trentamila ghinee inglesi, più il 10% di commissione in favore di se stesso [1]. In cambio della perpetua astensione da parte dei pirati tripolini dal saccheggiare le navi mercantili americane che solcavano il Mediterraneo. L'assenza di una Marina federale rendeva le imbarcazioni provenienti dal Nuovo Mondo facile preda dei corsari nordafricani, specie da quando era cessata la protezione francese. Soltanto l'anno precedente predoni afferenti al governo di Algeri avevano catturato due scuna statunitensi, la *Maria* e la *Dauphin*, e i relativi equipaggi sarebbero rimasti prigionieri dei sudditi ottomani per oltre un decennio.

Per Jefferson la richiesta del tripolino rappresentava un intollerabile oltraggio alla nascente nazione americana [2]. Così suggerì a John Jay, allora segretario per gli Esteri, di non corrispondere il tributo. Senza successo. Paradosso assoluto per la più straordinaria talassocrazia della storia: gli Stati Uniti erano troppo deboli per sfidare i pirati arabi e nei successivi anni pagarono riscatti per un totale di un milione di dollari, il 9% dell'intero gettito fiscale federale.

L'onta mediterranea indusse l'America a moltiplicare gli sforzi per la costruzione di una propria forza navale. Nel 1798 fu creato il dipartimento della Marina e nel 1801 il Congresso ordinò il collocamento di sei fregate oltre lo Stretto di Gibilterra, con il compito di proteggere il commercio dagli assalti dei pirati, «affondando, bruciando e distruggendo le loro navi». Eletto alla Casa Bianca nello stesso anno, Jefferson decise di affrancarsi dal giogo dei corsari, rifiutando la richiesta di 225 mila dollari avanzata dal pascià di Tripoli, Yūsuf Qaramānlī.

Inevitabili seguirono le ostilità barbaresche. La Marina Usa inviò nel Mediterraneo le sue navi migliori, incaricandole di realizzare il blocco di Tripoli e ottenendo il sostegno della Corte siciliana che offrì agli equipaggi l'utilizzo del porto di Messina. La futura superpotenza combatteva nel *Mare nostrum* il primo conflitto extracontinentale della sua storia, nelle acque che avevano decretato l'affermazione di Roma.

1. Cfr. B. Kilmeade, D. Yaeger, *Thomas Jefferson and the Tripoli Pirates: The Forgotten War That Changed American History*, New York City 2015, Sentinel.
2. Cfr. *ibidem*.

Nell'ambito della prima guerra barbaresca (1801-1805) gli americani isolarono il porto di Tripoli. Quindi occuparono la città di Derna, alla testa di un esercito composto da mercenari mediterranei (greci, arabi, albanesi, italiani) e al termine di una traversata lunga 800 chilometri nel deserto libico. Per la prima volta un contingente statunitense issava la bandiera a stelle e strisce in territorio straniero.

Nel corso del secondo conflitto barbaresco (1815-1816) gli americani sconfissero i pirati algerini nei pressi di Capo di Gata, confiscando la fregata *Meshuda* e costringendo il bey di Algeri ad accettare le loro condizioni.

Era la fine della bicentenaria epopea dei pirati nordafricani. L'America, potenza non rivierasca, aveva sottratto il Mediterraneo occidentale al (formale) dominio ottomano, nel preludio della propria ascesa sul mare. La vittoria inaugurò il mito della flotta Usa e l'impresa libica è immortalata nell'inno dei marines. «Dai palazzi di Montezuma alle coste di Tripoli, combattiamo le battaglie della nostra nazione, in aria, in terra, in mare» [3], cantano a squarciagola gli anfibi. Mentre la scultura dedicata ai caduti delle guerre maghrebine, il più antico monumento militare americano realizzato in marmo di Carrara, è situata nell'area sacra dell'Accademia navale di Annapolis.

Più di un secolo dopo, la presenza della Marina statunitense nel Mediterraneo si sarebbe rivelata decisiva per le sorti della seconda guerra mondiale. In particolare fu l'VIII flotta, capitanata dall'ammiraglio Henry Kent Hewitt, a piegare le resistenze della Regia Marina e della Kriegsmarine, realizzando le invasioni dell'Africa francese, della Sicilia e della Francia meridionale. Specie attraverso le operazioni Torch, che nel 1942 sancì la conquista di Algeria e Marocco, e Dragoon, che nel 1944 condusse all'abbattimento del regime di Vichy.

Al termine delle ostilità l'VIII flotta fu trasformata in VI flotta, con sede a Gaeta e con l'incarico di pattugliare il Mediterraneo. Per tutta la guerra fredda il *Mare nostrum* avrebbe mantenuto dimensione strategica, poiché il suo dominio garantiva il contenimento dell'Unione Sovietica. E nelle sue acque si sarebbe verificato l'unico tentativo di impadronirsi di un collo di bottiglia marittimo ai danni degli Stati Uniti. Prima dell'attuale declassamento, successivo al crollo del Muro di Berlino.

3. In seguito alla sconfitta del Giappone, allo smembramento della Marina britannica e all'acquisizione di numerose installazioni navali di Sua Maestà, già nel 1945 gli Stati Uniti dominavano gran parte delle rotte marittime globali. Ma sulla terraferma l'Unione Sovietica godeva di una notevole superiorità di effettivi. Per questo Washington guardava al Mediterraneo e agli oceani come agli elementi decisivi nella sfida bipolare. Poiché soltanto il controllo dei mari consente di mantenere l'antagonista all'interno di un arbitrario *limes* terrestre, attraverso lo strapotere navale l'America avrebbe realizzato il contenimento di Mosca. Con l'Unione

3. J.E. London, *Victory in Tripoli: How America's War with the Barbary Pirates Established the U.S. Navy and Shaped a Nation*, Hoboken 2005, John Wiley & Sons.

Sovietica costretta a sfidare lo status quo dalla terra, esponendosi all'asimmetrica reazione del suo avversario.

Quindi nel 1956 l'invasione anglo-francese-israeliana dell'Egitto palesò le dinamiche che regolano l'impero statunitense e la punizione in cui incorre chiunque provi a scuoterne le fondamenta. Escogitata per contrastare la nazionalizzazione del Canale di Suez voluta da Nasser, la mossa di Londra e Parigi minava il sistema americano, talassocratico e incentrato sul controllo di stretti e istmi. A Washington non interessa(va) quale governo avrebbe formalmente gestito il Canale, a patto che questo rimanesse aperto alla navigazione e che fosse la flotta statunitense a determinarne la viabilità.

Allora il presidente Dwight Eisenhower rispose con ferocia alla chiusura di Suez decisa da Nasser come rappresaglia anti-occidentale, schierandosi contro gli anglofrancesi. Come in altri passaggi strategici, fu attraverso la Marina che gli Stati Uniti si imposero sugli eventi. Quando il 30 ottobre del 1956 le portaerei *USS Coral Sea* e *USS Randolph* si stanziarono al largo di Porto Sa'īd, per dissuadere gli invasori e scoraggiare un intervento sovietico.

Le conversazioni tra il capo delle operazioni navali, ammiraglio Arleigh Burke (Björkgren), il comandante della VI flotta, viceammiraglio Randall Brown (Braun), e il segretario di Stato, John Foster Dulles, raccontavano l'uso indiscriminato del potere navale da parte degli Stati Uniti. Al di là di qualsiasi aprioristica alleanza, l'egemonia sui mari come unica ragione della potenza. A Brown, che domandava al proprio superiore da quale parte schierarsi, se con gli anglofrancesi o con gli egiziani, Burke rispondeva fermamente: «Per ora tieniti lontano dalla zona di operazioni straniere, ma non ti far prevaricare da nessuno» [4].

A Dulles che chiedeva cosa avrebbe potuto la VI flotta contro gli attori impegnati nella contesa, Burke spiegava senza mezzi termini: «Possiamo sconfiggerli tutti: britannici, francesi, israeliani, egiziani. Possiamo farli fuori tutti, se lei vuole» [5]. Per giorni le portaerei statunitensi provocarono la flotta britannica, giungendo più volte a un passo dalla collisione e costringendo gli alleati a spostarsi di continuo.

Il 6 novembre l'aggressività navale e la minaccia americana di dismettere gli asset denominati in sterline, capacità derivata direttamente dallo strapotere militare, costrinsero Londra e Parigi a rinunciare all'impresa.

Gran Bretagna e Francia abdicavano nel Mediterraneo al rango di potenze globali, come ricordato dalla statua di Eisenhower scientificamente posta all'ingresso dell'ambasciata Usa a Londra [6]. Mentre l'America, che semplicemente aveva scongiurato la possibilità che altri decidessero della navigazione internazionale, ammantò la propria iniziativa di fervore anticolonialista, lasciando che il resto del pianeta la interpretasse come schermaglia in funzione antisovietica.

4. Citato in Y. Henkin, *The 1956 Suez War and the New World Order in the Middle East*, Lanham, Rowman & Littlefield 2015, p. 217.
5. *Ibidem*.
6. Cfr. D. Fabbri, «Ora Londra rischia di diventare colonia americana», *Limes*, «Brexit e il patto delle anglospie», n. 6/2016, p. 55.

Successivamente Henry Kissinger perseguì il trasferimento dell'Egitto dal campo sovietico a quello occidentale non solo per indebolire Mosca. A Washington premeva che fosse un governo (relativamente) amico ad amministrare il Canale di Suez. Di qui anche il compito assolto nel 1974 dalla VI flotta di ripulire il Canale da mine, armamenti e imbarcazioni affondate. E il perdurante impegno finanziario da parte americana in favore delle Forze armate egiziane.

Finché, con la resa dei sovietici, il Mar Mediterraneo fu derubricato dal Pentagono a regione pacificata. La dismissione del V squadrone della flotta russa, avvenuta nel 1992, consegnava totale libertà di manovra alla Marina americana, mentre la globalizzazione suggeriva alla superpotenza di occuparsi maggiormente degli oceani.

Nel 2004 la VI flotta fu sottoposta all'autorità dello United States Naval Forces Europe – Naval Forces Africa (Naveuer-Navaf), trasferita a Napoli e incaricata di vigilare anche sull'intero Oceano Atlantico e sull'Oceano Indiano meridionale. Improvvisamente il Mediterraneo non bastava più al naviglio che era nato per comandarlo. Il mare in cui l'America aveva cominciato la propria epopea navale era stato tramutato in dossier minore. Condizione gregaria in cui versa tuttora.

4. Negli ultimi anni i traffici nel *Mare nostrum* sono aumentati esponenzialmente. Tra il 2003 e il 2016 il volume delle merci che viaggiano attraverso lo stretto di Gibilterra e il Canale di Suez è cresciuto del 123%. Qui transita attualmente il 19% degli scambi globali, il 30% del petrolio, di cui il 7,5% attraverso Suez[7]. Abbastanza per eccitare nazioni che vivono esclusivamente di commercio. Assai meno la superpotenza, che promuove scientificamente il traffico marittimo e la cui azione è informata anzitutto da ragioni strategiche.

All'America serve governare gli accessi al Mediterraneo. Il resto è secondario. Per questo necessita di avere l'Egitto dalla sua parte, così da mantenere il controllo su Suez in forma di deterrenza ed evitare di fare la guerra al Cairo. Per questo la Marina Usa gestisce la base spagnola di Rota, posta sul versante atlantico della provincia di Cadice, direttamente a nord di Gibilterra. Qui sono di stanza i cacciatorpedinieri *USS Carney*, *USS Ross*, *USS Donald Cook* e *USS Porter*.

In questa fase la ridotta dignità riconosciuta al Mediterraneo è determinata dall'assenza di un rivale che possa colpire l'egemonia americana. A partire dalla Cina. Neppure in grado di dominare i mari domestici o di sconfiggere in battaglia la Marina taiwanese (tantomeno quella giapponese, la migliore al mondo dopo quella statunitense), Pechino non sa proiettare potere aereo dal mare e non dispone di navi per trasportare velivoli ad ala fissa. Nel *Mare nostrum* non possiede alcuna capacità di interdizione.

Lo stesso progetto delle vie della seta marittime, parzialmente incentrato sul Mediterraneo, è stato accolto a Washington con notevole favore. Non solo perché immaginifico. Qualora fosse realizzato sarebbe perfettamente ancillare all'impero

7. Cfr. *Piano operativo 2017-2019*, Autorità di Sistema portuale - Mar Tirreno Centrale, 20/4/2017.

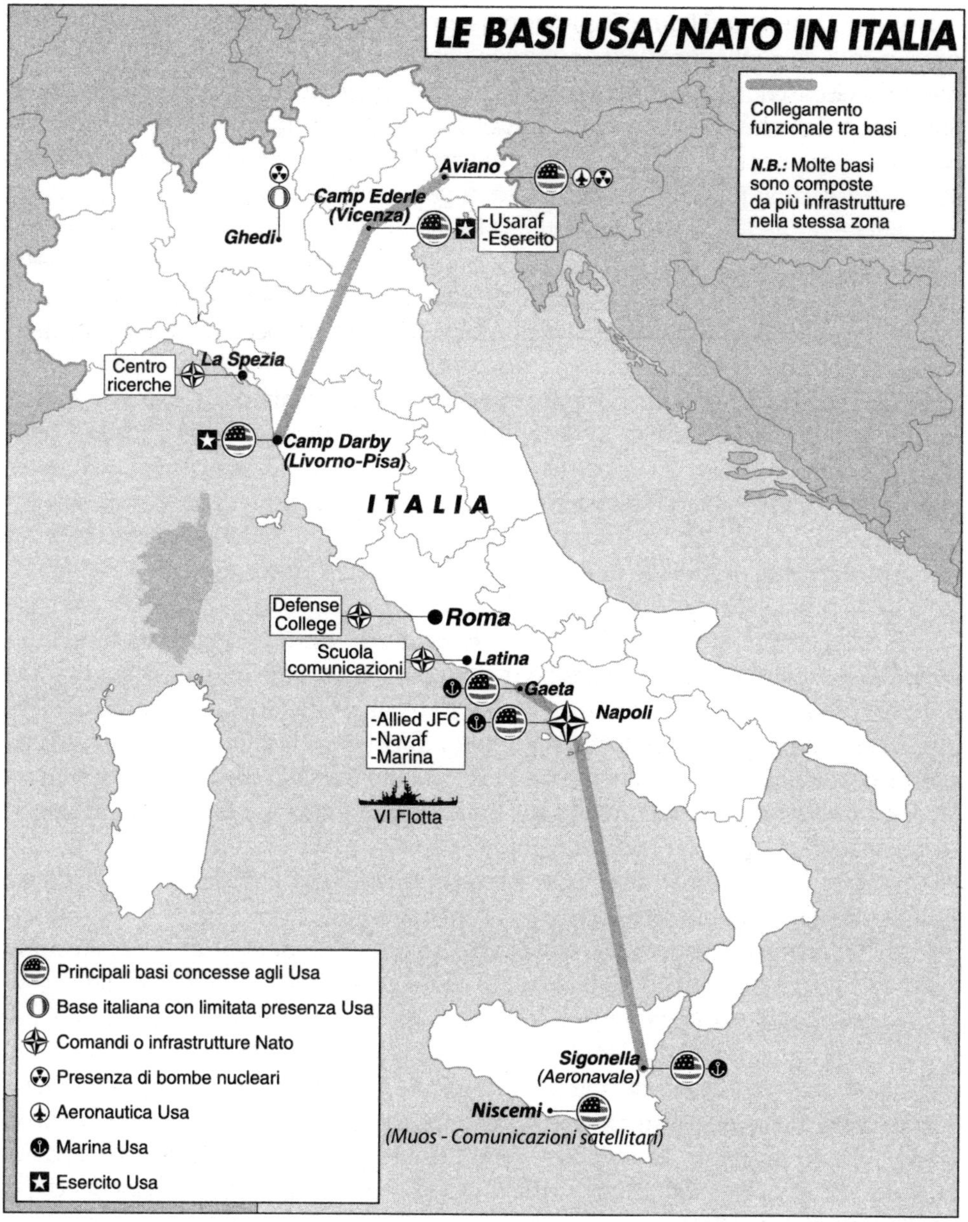

americano. Per sostituirsi agli Stati Uniti, la Repubblica Popolare dovrebbe creare dipendenza tra sé e i membri del sistema, garantendo a questi totale accesso al proprio (risicato) mercato domestico. Senza pretendere perfetta reciprocità. Invece, aldilà della liquidità assicurata nell'immediato dall'acquisto di quote nei porti greci o spagnoli, è impossibile stabilire quali siano nel lungo periodo i benefici per le nazioni coinvolte nella Belt and Road Initiative. Giacché per sopravvivere (e riconoscere un nuovo egemone) i paesi mediterranei necessiterebbero di rilanciare il loro export. Non di aumentare le importazioni dall'Asia.

Né può ritenersi una minaccia la rinnovata presenza russa nelle acque mediterranee. La Marina di Mosca non è all'altezza di un confronto con quella americana in assoluto e non lo è in particolare nel Mediterraneo, potendo contare soltanto sulla base siriana di Ṭarṭūs, dove in caso di guerra dipenderebbe dalla Turchia per trasferire oltre gli stretti la flotta del Mar Nero e dove è di fatto sprovvista di porti d'attracco. Per tacere del gap tecnologico, palesato dall'imbarazzante traversata realizzata lo scorso inverno dalla portaerei *Kuznecov* diretta verso la Siria.

In seguito al ricalibramento della VI flotta e al degradamento della regione imposto dal Pentagono, in una sola occasione la superpotenza ha impiegato una portaerei nel contesto bellico mediterraneo. E per ragioni puramente scenografiche. Il 3 giugno del 2016, quando la *USS Harry S. Truman*, giunta a largo della Siria dopo aver risalito il Canale di Suez, lanciò attacchi aerei contro postazioni dello Stato Islamico. Una singola missione, durata meno di otto ore. Pensata per dimostrare ad alleati e nemici le impareggiabili capacità militari degli Stati Uniti.

Neppure il riluttante intervento americano contro il regime di Gheddafi, realizzato nella primavera del 2011 per salvare francesi e britannici rimasti letteralmente senza munizioni e raccontato attraverso le categorie dell'interventismo di matrice moralistica, si avvalse dello strumento più straordinario in dotazione alle Forze armate Usa. Allora fu la *USS Mount Whitney*, convenzionale nave portabandiera della VI flotta, a capeggiare l'operazione Odyssey Dawn-Unified Protector e a ospitare nella sua pancia le riunioni dei comandanti Nato impegnati nella campagna. Mentre il mondo si interrogava sulle recondite intenzioni di Obama, il Pentagono neanche si degnava di utilizzare contro il regime libico una delle sue undici portaerei.

Così lo scorso aprile sono stati i cacciatorpediniere *USS Porter* e *USS Ross* a realizzare l'unico attacco statunitense contro una struttura del regime di Damasco. Allora 59 missili Tomahawk furono lanciati dal Mediterraneo orientale contro la base aerea di Šaʻīrāt, mentre le portaerei *USS Roosevelt* e *USS Eisenhower* rimanevano rispettivamente nel Mar Rosso e nel Golfo Persico.

La minore rilevanza del Mediterraneo di fatto esclude Casa Bianca e Congresso dal processo decisionale e conferisce totale autonomia alle agenzie militari e di intelligence. Sicché in questa fase ogni iniziativa statunitense in territorio libico o al largo della Grecia è da considerarsi del tutto ignota al presidente di turno, nonostante i tentativi europei (anzitutto italiani) di divinare presunte svolte legate al cambio di amministrazione federale. Come dimostrato nel 2012 dall'assassinio dell'ambasciatore americano in Libia che, ancorché producesse pubbliche convulsioni, non causò le dimissioni di nessun ministro dell'amministrazione Obama. Né incise negativamente sulla traiettoria politica di Hillary Clinton, segretario di Stato al tempo dell'attacco contro il consolato di Bengasi.

Viceversa è pura propaganda distillata dalla Casa Bianca, dunque priva di fondamento strategico e di seguito tra gli apparati federali, la presunta volontà americana di centrare sul Mediterraneo le competenze della Nato. Semplice formulazione del trumpiano intento di annullare l'animosità tra Alleanza Atlantica e Russia. Narrazione accolta in queste settimane da alcuni governi membri della Nato per ingenuità, da altri per dolo. Roma compresa.

Le stesse installazioni che gli Stati Uniti mantengono sulle coste di paesi formalmente alleati – dalla Spagna all'Italia, dalla Grecia alla Turchia – servono puntualmente obiettivi esterni al Mediterraneo. Tra questi: intercettare le comunicazioni europee attraverso il Muos di Niscemi, in Sicilia; sorvegliare la Turchia e affacciarsi sul teatro mediorientale dall'anatolica struttura di İncirlik; garantire attracco e recupero alle portaerei provenienti dal Golfo Persico e dal Mar Rosso nella base di Creta.

Piuttosto il Mediterraneo è stato recentemente usato da Washington per mistificare le proprie manovre. Nel 2009 Obama promise al Cremlino di trasferire su navi dotate di sistema Aegis e poste al largo della Grecia e della Turchia lo scudo missilistico annunciato dal suo predecessore, onde beffardamente dimostrare a Putin che il progetto era stato pensato contro l'Iran. Per impiantarlo nuovamente in Europa orientale non appena è stato trovato l'accordo sul nucleare persiano e la crisi russo-americana si è riacutizzata.

Così da tempo il Pentagono è impegnato a magnificare la presenza di Mosca e Pechino nel *Mare nostrum*, nel consueto tentativo di ottenere dal Congresso fondi utili ad affrontare una crescente minaccia. Negli ultimi mesi l'esercitazione congiunta russo-cinese [8] e le possibili collisioni tra mezzi navali russi e americani [9] sono state ampiamente pubblicizzate dai media statunitensi. Tanta propaganda ha finito per accendere coloro che in Europa immaginano di affidarsi a Putin o a Xi per risolvere la drammatica crisi libica o per tamponare il fenomeno migratorio. In assoluto sprezzo della realtà.

5. Nel *Mare nostrum* gli Stati Uniti hanno affinato le loro capacità marinare, sostanziato il contenimento ai danni di Mosca e mostrato la natura strategica delle loro linee rosse. Senza il Mediterraneo la superpotenza non avrebbe conosciuto i primi successi navali, costretto l'Unione Sovietica oltre la cortina di ferro e punito chi osava insidiarne la supremazia marittima. Non solo. L'indissolubile legame tra le sue acque e il mito di Roma ha alimentato l'immaginario della letteratura navale americana. Di qui l'appellativo di *Gibilterra* conferito a Cuba dall'augusto capitano Alfred Thayer Mahan [10]. E quello di *Mediterraneo* utilizzato dallo storico Lester Langley per indicare l'oceano che si incunea tra il Golfo del Messico e le coste del Venezuela [11].

8. Cfr. J. Perlez, «Chinese and Russian Navies to Hold Joint Drills in Mediterranean», *The New York Times*, 30/4/2015.
9. Cfr. J. Hayward, «Report: Russian Warship Heading for U.S. Navy Destroyers that Launched Syria Attack», *Bretbart News*, 7/4/2017.
10. Cfr. A.T. Mahan, *The Influence of Sea Power upon History, 1660-1783*, Boston 1890, Little, Brown & Company.
11. Cfr. L. Langley, *Struggle for the American Mediterranean: United States-European Rivalry in the Gulf-Caribbean, 1776-1904*, Athens 1982, University of Georgia Press.

Eppure quanto accade oggi nel *Mare nostrum* non può scuotere il primato americano. Sulle sue coste si affacciano nazioni europee in declino, Stati falliti e mafiosi, un soggetto eurasiatico in acceso tumulto. Sulle sue onde si riversano migranti africani, una potenza esterna in estrema difficoltà, uno sfidante asiatico in cerca d'autore.

Nulla che possegga dimensione eversiva nei confronti dell'impero statunitense. Non i disordini maghrebino-mediorientali, rovinosi per la regione d'appartenenza e per il continente europeo. Non la Turchia, in prospettiva tra i principali avversari degli Stati Uniti, ma ancora impegnata a trasformarsi in potenza compiuta. Non la Russia, maggiormente presente oltre il Bosforo e i Dardanelli nel disperato tentativo di spuntare a Washington un accordo di desistenza. Proprio nelle acque dove tuttora origina il contenimento di Mosca. Non la Cina, intenta a costruire fantasmagoriche infrastrutture utili al proprio export, mentre per sostituirsi all'America dovrebbe importare massicciamente dagli altri.

Benché impossibile da comprendere per gli europei che del mare sperimentano i drammatici turbamenti, visto da Washington il Mediterraneo è un placido bacino. Specchio d'acqua inserito nella *pax americana*. Declinazione locale di ciò che resta costante in un mondo in pieno sconvolgimento. Nel quale la superiorità americana sulle rotte marittime è perfettamente intonsa. Di qui la tolleranza della superpotenza nei confronti delle spettacolari manovre realizzate in loco da cinesi e russi. Segnale della tranquillità dello stratega americano. E metro essenziale per misurare la tenuta dell'impero. Giacché, qualora stretti e istmi tornassero contesi, gli Stati Uniti muoverebbero immediatamente guerra ai loro antagonisti, aggredendone l'espansionismo navale. Specie attorno alla massa eurasiatica. Specie a protezione dello spazio occidentale. Ponendo il Mediterraneo nuovamente al centro delle vicende umane.

LE ANCORE DELLA CINA NEL MARE NOSTRUM

di *Giorgio* CUSCITO

Gli investimenti cinesi nei porti mediterranei scorrono lungo la rotta marittima delle nuove vie della seta. Il Pireo è il perno, il Canale di Suez il collo di bottiglia. Gibuti come trampolino militare. Trieste e Genova, le mete promesse.

1. LA CINA HA GETTATO L'ANCORA NEL Mediterraneo. Pechino sta investendo massicciamente nei porti del *Mare nostrum* per farne la cerniera tra la rotta terrestre e quella marittima della Belt and Road Initiative (Bri, o nuove vie della seta), il progetto infrastrutturale e commerciale lanciato da Xi Jinping nel 2013. La Repubblica Popolare è interessata ai porti che hanno un valore strategico, possibilmente collocati in paesi stabili sul piano politico ed economico, che le consentano di controllare i colli di bottiglia del commercio mondiale oppure di sviluppare rotte alternative per ridurre la dipendenza dagli stessi. Seppur in ritardo rispetto ad altri Stati, l'Italia si sta ritagliando un ruolo nella Bri. Lo ha confermato il viaggio di metà maggio del presidente del Consiglio Paolo Gentiloni in Cina per il Forum delle nuove vie della seta, dove ha ottenuto l'ok dei cinesi agli investimenti nel porto di Trieste e Genova.

La Bri sta contribuendo all'incremento delle attività economiche e della presenza di cittadini cinesi lontano dal loro paese. Per questa ragione, gli analisti in Cina riflettono su come proteggere le sue rotte. È probabile che l'impegno di Pechino in tema di sicurezza nel Mediterraneo aumenterà in proporzione agli interessi della Repubblica Popolare nella regione. Generando nuove opportunità di collaborazione con i paesi rivieraschi, Italia inclusa, per il mantenimento della stabilità regionale.

Geostrategia dei porti

Negli ultimi anni, la crescita economica cinese ha determinato un notevole impatto sui flussi commerciali che attraversano il Mar Mediterraneo. Nel 1995, le rotte transpacifiche rappresentavano il 53% dei traffici globali, quella Europa-Estre-

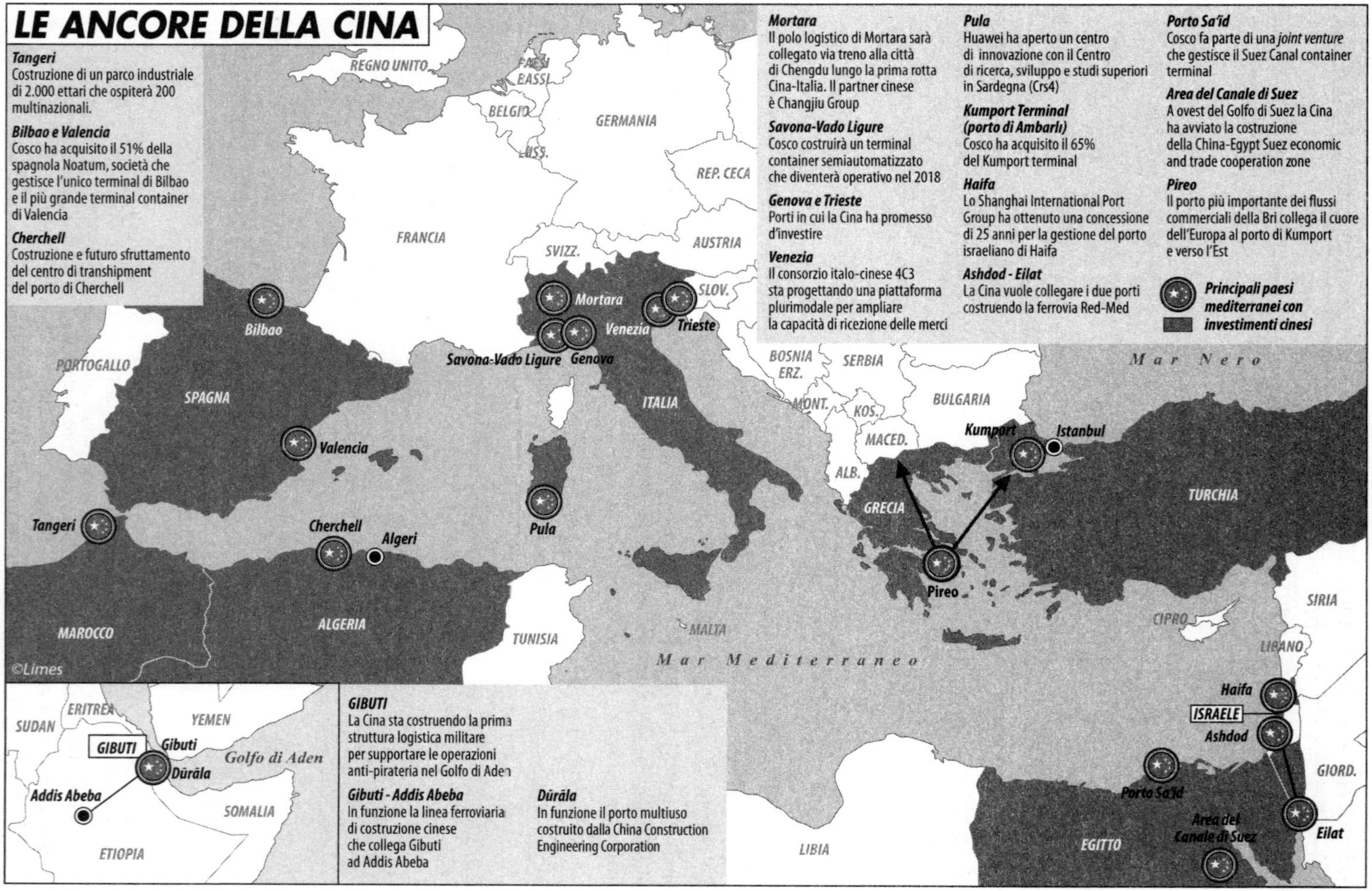
LE ANCORE DELLA CINA
Tangeri
Costruzione di un parco industriale di 2.000 ettari che ospiterà 200 multinazionali.
Bilbao e Valencia
Cosco ha acquisito il 51% della spagnola Noatum, società che gestisce l'unico terminal di Bilbao e il più grande terminal container di Valencia
Cherchell
Costruzione e futuro sfruttamento del centro di transhipment del porto di Cherchell
Mortara
Il polo logistico di Mortara sarà collegato via treno alla città di Chengdu lungo la prima rotta Cina-Italia. Il partner cinese è Changjiu Group
Savona-Vado Ligure
Cosco costruirà un terminal container semiautomatizzato che diventerà operativo nel 2018
Genova e Trieste
Porti in cui la Cina ha promesso d'investire
Venezia
Il consorzio italo-cinese 4C3 sta progettando una piattaforma plurimodale per ampliare la capacità di ricezione delle merci
Pula
Huawei ha aperto un centro di innovazione con il Centro di ricerca, sviluppo e studi superiori in Sardegna (Crs4)
Kumport Terminal (porto di Ambarlı)
Cosco ha acquisito il 65% del Kumport terminal
Haifa
Lo Shanghai International Port Group ha ottenuto una concessione di 25 anni per la gestione del porto israeliano di Haifa
Ashdod - Eilat
La Cina vuole collegare i due porti costruendo la ferrovia Red-Med
Porto Sa'id
Cosco fa parte di una joint venture che gestisce il Suez Canal container terminal
Area del Canale di Suez
A ovest del Golfo di Suez la Cina ha avviato la costruzione della China-Egypt Suez economic and trade cooperation zone
Pireo
Il porto più importante dei flussi commerciali della Bri collega il cuore dell'Europa al porto di Kumport e verso l'Est
Principali paesi mediterranei con investimenti cinesi
REGNO UNITO
PAESI BASSI
BELGIO
LUSS.
GERMANIA
REP. CECA
FRANCIA
SVIZZ.
AUSTRIA
SLOV.
PORTOGALLO
SPAGNA
ITALIA
BOSNIA ERZ.
SERBIA
MONT.
KOS.
MACED.
ALB.
BULGARIA
GRECIA
TURCHIA
Mar Nero
Bilbao
Valencia
Tangeri
Cherchell
Algeri
Pula
Mortara
Venezia
Trieste
Savona-Vado Ligure
Genova
Kumport
Istanbul
Pireo
MAROCCO
ALGERIA
TUNISIA
MALTA
Mar Mediterraneo
LIBIA
EGITTO
CIPRO
SIRIA
LIBANO
ISRAELE
Haifa
Ashdod
Porto Sa'id
GIORD.
Area del Canale di Suez
Eilat
©Limes
SUDAN
ERITREA
YEMEN
GIBUTI
Gibuti
Dūrāla
Golfo di Aden
Addis Abeba
SOMALIA
ETIOPIA
GIBUTI
La Cina sta costruendo la prima struttura logistica militare per supportare le operazioni anti-pirateria nel Golfo di Aden
Gibuti - Addis Abeba
In funzione la linea ferroviaria di costruzione cinese che collega Gibuti ad Addis Abeba
Dūrāla
In funzione il porto multiuso costruito dalla China Construction Engineering Corporation

mo Oriente solo il 27%. Oggi il gap è notevolmente diminuito: la seconda ha raggiunto il 42% mentre la prima è scesa al 44%[1].

I porti in cui la Cina sta investendo si trovano sia sulla sponda Sud sia su quella Nord del *Mare nostrum*. Le operazioni più importanti sono condotte dal colosso della logistica China Ocean Shipping Company (Cosco).

Gli investimenti infrastrutturali cinesi in Africa non sono certo una novità, anzi precedono di una trentina d'anni il lancio della Bri. Ad ogni modo, le nuove vie della seta vi hanno dato nuova linfa sul piano progettuale. In prossimità di Tangeri in Marocco, sullo Stretto di Gibilterra, la Cina costruirà un grande parco industriale che ospiterà duecento multinazionali. Per la struttura, grande circa duemila ettari, da realizzare nell'arco di 10 anni, l'investimento previsto è di 10 miliardi di dollari. Dall'altra parte dello Stretto, la Cosco ha acquisito il 51% della spagnola Noatum Port Holdings, il cui 49% resterà sotto il controllo della Tpih Iberia. La Noatum gestisce il più grande terminal container nel porto di Valencia (tra i primi porti del Mediterraneo) e l'unico dello scalo di Bilbao, rispettivamente nel Nord-Ovest e nell'Est della Spagna[2]. Il costo dell'operazione è stato di circa 228 milioni di dollari.

Più a est, in Algeria, prima destinazione per volume d'investimenti cinesi nel Nordafrica, la Cina ha firmato nel 2016 un accordo da 3,3 miliardi di dollari per costruire e sfruttare il centro di *transhipment* del porto di Šaršāl, a 60 chilometri da Algeri. Il porto avrà 23 moli capaci di processare 26 milioni di tonnellate di beni ogni anno. Il progetto dovrebbe essere completato nei prossimi sei anni, più altri quattro per la messa in servizio, con la China Shanghai Port Group ad assicurarne la gestione[3]. Tra gli obiettivi vi è anche consentire l'accesso al mare ai paesi limitrofi che ne sono privi, come il Mali.

La Cina è il più grande investitore nello sviluppo della regione intorno al Canale di Suez in Egitto. Qui dal 2009 ha avviato la costruzione della China-Egypt Suez Economic and Trade Cooperation Zone, posizionata sulla sponda occidentale del Golfo di Suez, a ridosso dell'area dove è stato ampliato il Canale e a circa 120 chilometri dal Cairo. Al momento sono in corso i lavori di espansione della Zona economica, che hanno un valore pari a 230 milioni di dollari[4]. A Porto Sa'īd, la Cosco fa parte di una *joint venture* che gestisce il Suez Canal Container Terminal. Lo scopo della Zona economica speciale egiziana e delle altre 68 create lungo la Bri è favorire la domanda di prodotti cinesi, l'espansione delle piccole-medie imprese della Repubblica Popolare in gruppi industriali più grandi, esportare l'esperienza cinese in materia di sviluppo per aiutare a crescere le economie dei paesi dove sono state create. I volumi delle merci che attraversano il Canale di Suez sono più che raddoppiati (+124%) dal 2001 al 2016 e hanno reso il Mar Me-

1. Dati tratti da E. Fardella, A. Ghiselli (a cura di), «Cina: Il Mediterraneo nelle nuove vie della seta», Osservatorio di politica internazionale, n. 132, maggio 2017.
2. «Zhongyuan haiyun shougou xibanya Noatum gangkou konggu gongsi 51% gufen» («La Cosco acquisce il 51% del capitale della spagnola Noatum port holding»), *Cosco.com*, 12/6/17.
3. «Zhongguo gongsi yu Aerjiliya qianyue gongtong xingjian a zuida gangkou» («Aziende cinesi e Algeria firmano accordo per la costruzione di un mega-porto»), *Xinhua*, 18/1/2016.
4. «Expansion of Sino-Egyptian Economic Zone to Start soon», *Xinhua*, 20/1/0216.

TRAFFICO NEL CANALE DI SUEZ

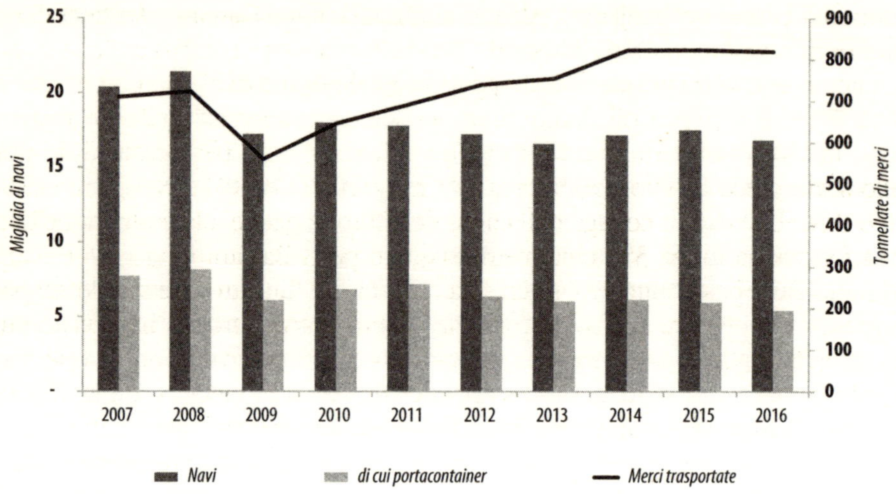

Fonte: Srm su Suez Canal Authority

diterraneo sbocco principale per il 19% del traffico globale, per il 25% dei servizi di linea container e per il 30% del petrolio. Il 56% delle merci che attraversa Suez approda nei porti del Mediterraneo per poi raggiungere il cuore dell'Europa [5]. Secondo le statistiche dell'Autorità del Canale, lo scorso maggio lo hanno attraversato 1.484 navi, di cui 477 portacontainer. Circa 16.800 sono quelle che ne hanno usufruito nel 2016, 46 al giorno [6].

In Israele, la Repubblica Popolare vuole costruire la ferrovia Med-Red per unire il porto di Ashdod sul Mar Mediterraneo e quello di Eilat, bagnato dal Mar Rosso. A tal fine, nel primo scalo la China Harbor Engineering costruirà un nuovo porto da 876 milioni di dollari. L'obiettivo della rotta è alleggerire (solo parzialmente) la dipendenza dei flussi commerciali cinesi dal passaggio attraverso il Canale di Suez. Lo Shanghai International Port Group inoltre ha ottenuto una concessione di 25 anni per la gestione del porto di Haifa. Israele è il primo fornitore della Cina per la tecnologia avanzata nel campo agricolo e presto potrebbe entrare nella Asian Infrastructure Investment Bank (Aiib), la banca infrastrutturale a guida cinese [7].

In Turchia, Cosco ha acquisito il 65% del Kumport Terminal, il terzo più grande del paese. Localizzato a pochi di chilometri da İstanbul e bagnato dal Mar di Marmara, Kumport potrebbe collegarsi alla rotta terrestre della Bri proveniente dal

5. «Le relazioni economiche tra l'Italia e il Mediterraneo», Rapporto 2016, Studi e ricerche del Mezzogiorno.
6. «Suez Canal Traffic Statistics», Suez Canal Authority, maggio 2017.
7. Liu Zhen, «Free Trade and Top Tech: What China Wants from Israel», *South China Morning Post*, 21/3/2017.

Medio Oriente e coordinarsi con il porto del Pireo, controllato dalla Cosco per il 67%. Gli affari tra Pechino e Ankara procedono nonostante il presunto sostegno di quest'ultima ai jihadisti di etnia uigura (minoranza turcofona che popola la Regione autonoma cinese del Xinjiang). Alcune migliaia di loro (Damasco sostiene 5 mila) avrebbero raggiunto la Siria passando per la Turchia per combattere con lo Stato Islamico o con le guerriglie che si oppongono al regime di al-Asad.

Il Pireo è il perno più importante dei flussi commerciali della Bri una volta giunti nel Mar Mediterraneo. In aprile il volume di container accolti dalla Cosco nello scalo greco è stato pari a circa 296 mila teu [8] (+10,8%) [9]. Nei piani cinesi, il Pireo dovrebbe essere collegato al cuore dell'Europa grazie alla costruzione di una linea ferroviaria lunga 350 chilometri passante per i Balcani lungo l'asse Skopje-Belgrado-Budapest. Tuttavia, la penisola balcanica è tutt'altro che stabile sul piano geopolitico. Inoltre, lo scorso febbraio, la Commissione europea ha avviato un'indagine sulla rotta in questione per valutarne la fattibilità finanziaria e verificare se l'Ungheria – che ha affidato la costruzione dei binari ai cinesi – abbia violato la normativa europea secondo cui devono essere organizzate gare pubbliche per grandi progetti trasportistici transfrontalieri. Insomma, sviluppare questa rotta ferroviaria potrebbe essere meno semplice e sicuro di quanto pensavano i cinesi.

Trampolino Gibuti

La presenza cinese a Gibuti è di estrema rilevanza nell'ambito dello sviluppo e della protezione della rotta marittima della Bri e quindi per gli interessi di Pechino nel Mar Mediterraneo. Il piccolo ma strategico paese del Corno d'Africa è uno dei perni su cui ruota tale strategia. Il prossimo anno, Pechino completerà qui la costruzione della sua prima struttura logistica militare incaricata di supportare le operazioni antipirateria nel Golfo di Aden. La Cina assicura che non sarà responsabile di operazioni di combattimento, ma ne ha confermato la rilevanza nell'ambito della protezione delle nuove vie della seta. Non a caso, a Gibuti è stata creata la Silk Road International Bank, prima banca commerciale cinese all'estero, e China Telecom ha scelto di espandere il suo network nell'Africa orientale attraverso il Gibuti Data Center (Gdc), tra i principali punti d'incontro per i sistemi di cavi sottomarini. Attraverso di essi passa il 99% del traffico telefonico e Internet mondiale e il loro controllo è un fattore di potenza nella geopolitica dell'informazione.

A maggio a Gibuti è stato inaugurato il porto multiuso di Dūrāla, costruito dalla China State Construction Engineering Corporation e costato 590 milioni di dollari. Questo si trova in prossimità della struttura militare cinese e potrà gestire 7,08 milioni di tonnellate di merci all'anno [10]. A gennaio è inoltre entrata in funzione la linea

8. Unità equivalente a venti piedi, misura standard di volume nel trasporto dei container.
9. S. Igaz, «Container Turnover of Cosco Shipping Ports Increased by 10% in April 2017», *Maritime Herald*, 17/5/2017.
10. «Zhongguo jianzhu chengjian de Jibuti Duohalei duo gongneng gangkou zhengshì kai gang» («Il porto multiuso di Doraleh a Gibuti costruito dalla Cina ha aperto»), *Xinhua*, 24/5/2017.

ferroviaria che collega Gibuti a Addis Abeba (Etiopia), finanziata al 70% dalla China Exim Bank e costruita dalla China Civil Engineering Construction Corporation e dalla China Railway Construction Corporation. In Etiopia, la Repubblica Popolare sta investendo ingenti somme di denaro per l'estrazione del gas naturale.

È probabile che la Cina costruisca basi analoghe a quella di Gibuti in paesi con cui ha relazioni amichevoli da molto tempo, che condividono interessi strategici comuni e possibilmente in corrispondenza di porti commerciali. Ciò faciliterebbe ipotetiche operazioni di evacuazione dei cittadini cinesi da teatri di crisi e l'assistenza umanitaria nella cornice Onu. Inoltre garantirebbe la sicurezza delle rotte commerciali. Tra le mete papabili per nuove basi militari vi sono Karachi in Pakistan e Ṣalāla in Oman, che come Gibuti, Gedda (Arabia Saudita) e Aden (Yemen) sono tra gli scali che negli ultimi anni hanno ricevuto più visite da parte delle navi della Marina militare cinese per manutenzione e rifornimento [11].

La Cina è il primo paese per truppe fornite alle missioni di peacekeeping tra i membri del Consiglio di sicurezza Onu e negli ultimi anni ha incrementato notevolmente gli sforzi in tali operazioni per tutelare maggiormente i propri interessi (in particolare in Africa) e consentire alle truppe di acquisire esperienza lontano dai suoi confini. Qualora fosse dotata di una portaerei, la base di Gibuti potrebbe offrire questa opportunità anche all'Aeronautica cinese, sinora poco impiegata all'estero.

Una rotta per l'Italia

Il governo cinese ha promesso al presidente del Consiglio italiano Paolo Gentiloni (unico leader del G7 presente all'evento) che investirà nei porti di Trieste e Genova, ma non è stata stabilito quando ciò avverrà. Gli scali italiani, come ha sottolineato Gentiloni, non dovrebbero essere considerati in competizione con il Pireo (non c'è paragone in termini di capacità), il cui successo peraltro gioverebbe in parte anche agli interessi nostrani, poiché Trainose, principale operatore ferroviario ellenico, è controllata da Ferrovie dello Stato. Due settimane dopo il viaggio del capo del nostro governo, una delegazione della Repubblica Popolare ha visitato Trieste. L'interesse di Pechino per questa meta dipende dal fatto che si tratta dell'unico porto europeo che gode di extraterritorialità doganale ed è collegato via treno all'Europa centrale e orientale [12]. Secondo Gentiloni, i cinesi avrebbero mostrato interesse anche per possibili collaborazioni con l'Italia in triangolazione con altri paesi in Africa e nei Balcani.

Anche prima del forum della Bri non sono mancati tentativi spontanei dei nostri porti per proporsi lungo le nuove vie della seta. A Venezia, per ora non tra le prime scelte di Pechino, è in fase di progettazione una piattaforma plurimodale

11. A. Erickson, A. Strange, «China's Blue Soft Power: Antipiracy, Engagement, and Image Enhancement», *Naval War College Review*, 68, 1, 2015.

12. P. Deganutti, «Il porto franco di Trieste piace a Mitteleuropa e Cina. L'Italia è altrove», *Limes*, «A chi serve l'Italia», n. 4/2017.

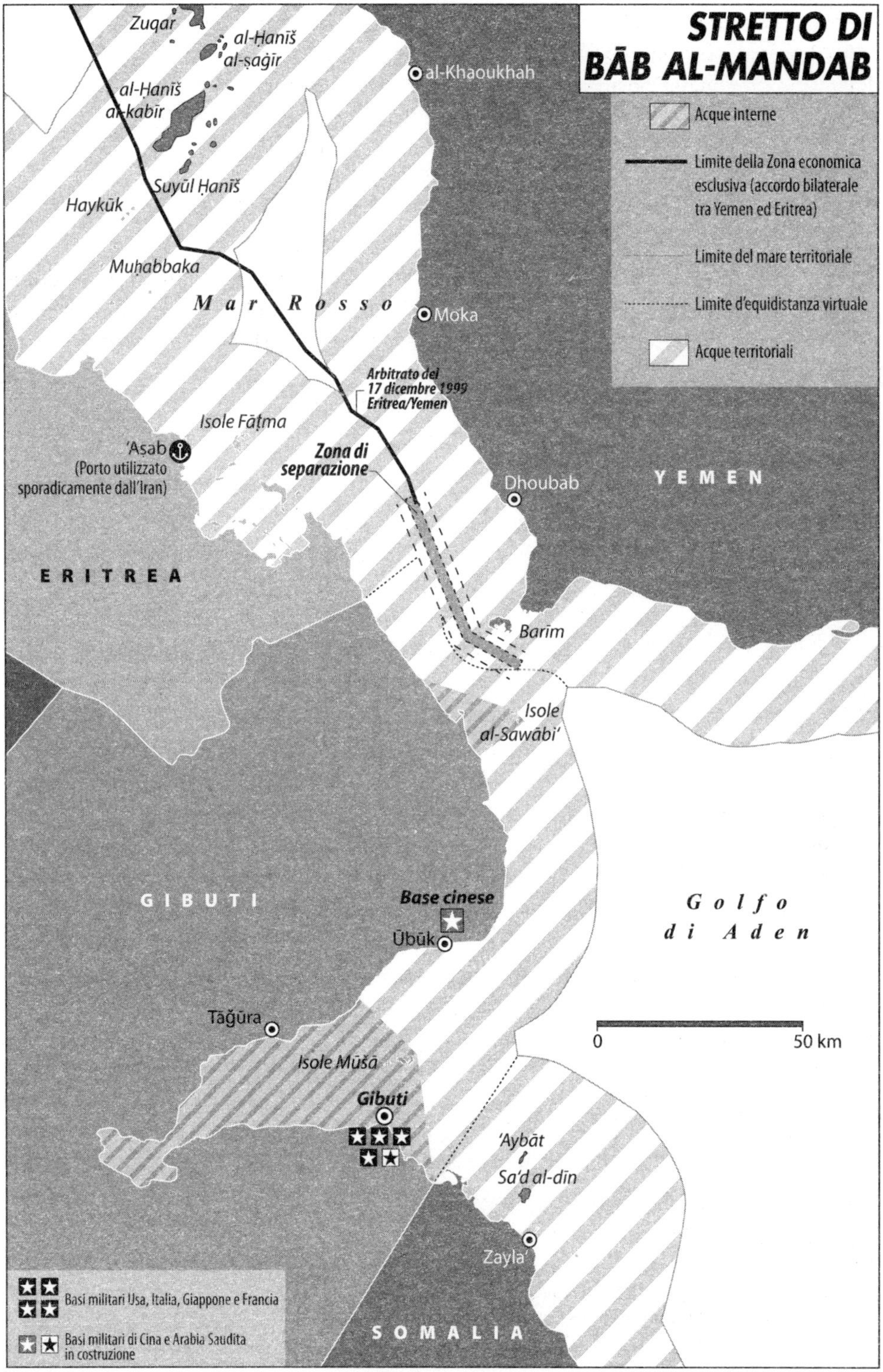
STRETTO DI BĀB AL-MANDAB
Acque interne
Limite della Zona economica esclusiva (accordo bilaterale tra Yemen ed Eritrea)
Limite del mare territoriale
Limite d'equidistanza virtuale
Acque territoriali
Zuqar
al-Ḥanīš al-ṣaġīr
al-Ḥanīš al-kabīr
al-Khaoukhah
Suyūl Ḥanīš
Haykūk
Muḥabbaka
Mar Rosso
Moka
Arbitrato del 17 dicembre 1999 Eritrea/Yemen
Isole Fāṭma
'Aṣab
(Porto utilizzato sporadicamente dall'Iran)
Zona di separazione
Dhoubab
YEMEN
ERITREA
Barīm
Isole al-Sawābi'
GIBUTI
Base cinese
Ūbūk
Golfo di Aden
Tāğūra
0
50 km
Isole Mūšā
Gibuti
'Aybāt
Sa'd al-dīn
Zayla'
SOMALIA
Basi militari Usa, Italia, Giappone e Francia
Basi militari di Cina e Arabia Saudita in costruzione

affidata al consorzio italo-cinese 4C3, costituito da China Communication Constructions Company Group (azienda statale cinese), 3Ti Progetti Italia e E-Ambiente. Obiettivo: ovviare al problema dei fondali troppo bassi (circa 12 metri) e ampliare la capacità di ricezione delle merci.

Genova, Savona-Vado e La Spezia hanno creato insieme la Ligurian Port Alliance per competere con i porti del Nord Europa. Da febbraio 2016, al Voltri Terminal Europa vi sono le maxigru *gooseneck* (a collo d'oca) *made in China* in grado di gestire navi da 20 mila teu. La Cosco è azionista della piattaforma di Vado Ligure insieme all'azienda danese Apm Terminals (Gruppo Maersk). Qui il gigante cinese costruirà un terminal container semiautomatizzato che sarà operativo nel 2018 e potrà movimentare 900 mila teu l'anno e accogliere le portacontainer da 19-20 mila teu.

I porti del Mezzogiorno non rientrano ora nei piani della Cina, che in passato aveva cercato – senza riuscirci – di puntare su Taranto e Gioia Tauro. Eppure, sul piano geografico, gli scali del Sud Italia sarebbero convenienti in quanto non obbligherebbero le navi in transito a raggiungere il Nord dell'Adriatico e del Tirreno per poi fare dietro front. Il problema è che le infrastrutture e la rete ferroviaria nel Meridione sono carenti. L'integrazione tra binari, porti, retroporti e rete Ten-t è essenziale per valorizzare la posizione geografica della penisola lungo la Bri.

Le nuove vie della seta non permetterebbero all'Italia di svolgere solamente il ruolo di snodo per i flussi commerciali dalla Cina, ma anche di far crescere la cooperazione con la Repubblica Popolare in settori quali tecnologie verdi, urbanizzazione, aviazione, aerospazio, sanità e servizi sanitari, sicurezza alimentare e agricoltura. In tal senso, una notizia positiva giunge dalla rotta terrestre. Da settembre, il polo logistico integrato di Mortara (Pavia) sarà collegato via treno alla città di Chengdu lungo la prima rotta Cina-Italia. Il partner cinese è Changjiu Group (oltre 20 miliardi di fatturato) tramite Changjiu Logistics. I treni merci arriveranno in circa 18 giorni per tornare indietro carichi di prodotti *made in Italy*. Per il 2018 sono previsti fino a tre viaggi a settimana e il collegamento con Shanghai e Pechino. La struttura di Mortara è all'incrocio del corridoio mediterraneo e del corridoio Reno-Alpi della Trans European Network-Transport (Ten-t), che dovrebbe entrare in funzione nel 2030.

La Sardegna è invece sui radar di Pechino per la collaborazione nel settore dell'urbanizzazione. In provincia di Pula, vicino Cagliari, l'azienda Huawei ha aperto un centro d'innovazione congiunto con il Centro di ricerca, sviluppo e studi superiori in Sardegna (Crs4) dedicato ai progetti di ricerca sulle *smart & safe city* e al miglioramento della connettività su scala metropolitana. La Repubblica Popolare infatti sta sviluppando un audace piano d'urbanizzazione per garantire l'aumento dei consumi interni e della qualità della vita dei cittadini, tentando di ridurre gli altissimi livelli d'inquinamento. Lo scorso novembre, un mese prima dell'apertura del centro della Huawei, il presidente Xi Jinping è transitato per Cagliari dove ha incontrato in maniera informale l'allora presidente del Consiglio italiano Matteo Renzi. Ciò ha attirato l'attenzione dei media cinesi sulla Sardegna.

Sul fronte agroalimentare è rilevante che nei primi due mesi del 2017 l'esportazione di prodotti italiani in Cina sia aumentata del 12% rispetto allo stesso periodo dello scorso anno. Quello complessivo ha registrato un +33,7%. Inoltre, è stato annunciato recentemente lo sblocco dell'esportazione di agrumi italiani verso la Repubblica Popolare e nei prossimi mesi potrebbe verificarsi lo stesso per la carne bovina. L'interesse di Pechino per il cibo italiano dipende da tre fattori interni alla Cina: l'aumento del consumo di alimenti, la scarsità di terre coltivabili (solo il 7% di quelle del pianeta) in proporzione alla popolazione (il 22% di quella mondiale) e il cambio della dieta cinese, oggi più orientata al consumo di proteine e latticini.

In futuro, la crescente presenza cinese nel Mediterraneo potrebbe offrire all'Italia e all'Europa la possibilità di cooperare anche sul piano della sicurezza. Pechino oggi nutre scarsa fiducia verso il modo occidentale di rispondere alle crisi mediorientali e africane. A cominciare da quella in Libia, da cui Pechino ha evacuato circa 36 mila connazionali nel 2011 e dove gli affariå cinesi ammontavano prima della crisi a circa 20 miliardi di dollari tra settore immobiliare, ferrovie, telecomunicazioni ed energia. Alla luce di ciò e della forte presenza economica cinese in Africa non c'è da stupirsi dell'impegno profuso dalla Cina nell'ambito delle missioni di peacekeeping Onu, che le hanno consentito di fatto di proteggere i propri interessi in quel continente tenendo allo stesso tempo fede – sul piano formale – al principio di non-interferenza. Eppure, la crescita degli interessi e delle minacce lungo la Bri potrebbero spingere Pechino a cercare anche qui nuove forme di collaborazione da cui l'Italia potrebbe trarre beneficio per stabilizzare la vicina sponda Sud del Mediterraneo.

LA TURCHIA SENZA MARE NEL MIRINO AMERICANO

di *Daniele* SANTORO

Ankara si sta convincendo che gli Stati Uniti vogliono smembrarne il territorio per impiantarvi un Grande Kurdistan al loro servizio. Di qui anche il riavvicinamento a Mosca, ma da junior partner *nel Mar Nero. Se Erdoğan annette Cipro Nord. Le partite dell'Egeo.*

1. IL PRINCIPALE FATTORE DI CONTINUITÀ tra l'impero ottomano e la Repubblica di Turchia è senza dubbio la sovranità su İstanbul, la città che domina il Bosforo. Fu proprio la conquista di Bisanzio da parte di Fatih Sultan Mehmet nel 1453 a innescare il processo che in poco più di mezzo secolo avrebbe trasformato lo Stato ottomano nella principale potenza globale. Il controllo degli Stretti consentì agli ottomani di fare del Mar Nero un lago interno, e al tempo stesso di proiettare la propria potenza navale verso i mari caldi.

La Porta riuscì ad acquisire la piena sovranità sul Mar Nero con la campagna militare del 1475, quando venne completamente eliminata la presenza genovese nella regione. Dall'inizio del decennio precedente, inoltre, Mehmet II aveva dato vita a un programma di modernizzazione e ampliamento della Marina ottomana che avrebbe modificato radicalmente la strategia marittima dell'impero. Fino alla fine del XV secolo, infatti, la Marina veniva utilizzata principalmente come forza ausiliaria delle truppe di terra. La presa di İstanbul e le conseguenti prospettive di espansione marittima rendevano necessaria l'adozione di un concetto strategico diverso, soprattutto alla luce delle frequenti guerre con Venezia nell'Adriatico, nell'Egeo e nel Mediterraneo orientale. I risultati furono piuttosto immediati. Le guerre ottomano-veneziane del 1499-1503 consacrarono infatti gli ottomani come potenza dominante nell'Egeo e resero possibile la loro irruzione nel Mediterraneo centrale e orientale, bacini marittimi nei quali la Porta affermò la propria schiacciante superiorità grazie alle memorabili imprese di Barbaros Hayreddin Paşa, meglio noto in Occidente come Barbarossa [1].

1. Sullo sviluppo della Marina ottomana tra XV e XVI secolo cfr. B. CIANCI, *Le navi della Mezzaluna. La Marina dell'impero ottomano*, Bologna 2015, Odoya, pp. 50-108.

Alla metà del XVI secolo, dunque, l'impero ottomano dominava i principali bacini marittimi eurasiatici. Di particolare rilevanza strategica era il controllo esercitato dalla Porta sugli Stretti, vie d'acqua essenziali per collegare il Mar Nero – principale mare interno dell'Eurasia – al Mar Egeo. Anche il dominio esercitato su quest'ultimo era di fondamentale importanza nella strategia marittima ottomana, dal momento che esso occupa una posizione centrale tanto lungo l'asse nord-sud quanto lungo quello est-ovest. Il Mar Egeo rappresenta infatti lo snodo marittimo tra il Mar di Marmara – ancora oggi un lago turco – e il Mediterraneo, e allo stesso tempo era il perno di uno degli assi principali della geopolitica ottomana, quello che lega Europa orientale, Balcani, Adriatico, Mediterraneo orientale, Medio Oriente e Golfo. Questo dominio marittimo veniva completato – o forse completava – il controllo che gli ottomani esercitavano su quasi tutte le principali vie d'acqua dell'Afro-Eurasia: dal Nilo al Dnepr, passando per il Danubio, il Tigri e l'Eufrate. La dimensione marittimo-fluviale della potenza ottomana era dunque almeno altrettanto importante di quella terrestre. Forse anche di più.

L'ex ministro degli Esteri e primo ministro della Repubblica di Turchia Ahmet Davutoğlu sostiene ad esempio che l'inizio del declino dell'impero ottomano coincide con la disfatta di Navarino del 1827 contro la coalizione anglo-franco-russa [2]. In realtà, la supremazia navale della Porta era stata già pesantemente intaccata dalle guerre russo-ottomane del 1768-74, conclusesi con il trattato di Küçük Kaynarca. Quest'ultimo – attribuendo agli zar la sovranità sui porti di Kherson, Kerč' ed Enikale – sanciva l'accesso diretto dei russi al Mar Nero. Il trattato del 1774 garantiva inoltre alla Marina russa il transito attraverso i Dardanelli, forgiando così quello che ancora oggi rimane uno dei pilastri della geopolitica eurasiatica: la pressione russa sugli Stretti turchi. Completavano il quadro l'indipendenza del canato di Crimea (annesso da Pietroburgo un decennio dopo) e la rimozione delle restrizioni alla presenza navale russa nel Mar d'Azov [3]. Con Küçük Kaynarca ebbe dunque inizio un processo che gradualmente portò l'impero ottomano a perdere lo status di potenza dominante nel Mar Nero a vantaggio dell'impero zarista.

La disfatta di Navarino – in occasione della quale la flotta turco-egiziana venne interamente distrutta – inaugurò un processo del tutto analogo nel quadrante meridionale. Dopo Navarino, la Porta perse infatti la propria posizione di preminenza nello Ionio, nell'Adriatico, nel Mediterraneo centrale e orientale e nell'Egeo. Oltre a ridurre considerevolmente il controllo dell'impero sulle vie fluviali afro-eurasiatiche, le sconfitte subite nei novant'anni successivi azzerarono il potere marittimo dei turchi-ottomani, che rischiarono persino di perdere il pilastro della loro strategia navale: gli Stretti. Questi ultimi vennero infatti internazionalizzati dall'armistizio di Mudros, nel 1918. Il trattato di Sèvres del 1919, inoltre, prevedeva l'azzeramento della flotta turca (con l'eccezione di qualche

2. A. Davutoğlu, *Stratejik Derinlik. Türkiye'nin Uluslararası Konumu* (Profondità strategica. La posizione internazionale della Turchia), İstanbul 2001, Küre Yayınları, p. 152.
3. R. Mantran, «Lo Stato ottomano nel XVIII secolo: la pressione europea», in Id., (a cura di), *Storia dell'impero ottomano*, Lecce 1999-2004, Argo Editore, pp. 297-298.

torpediniera). Per i turchi sarebbe stata una catastrofe. Fin dal VI secolo, infatti, lo stratega bizantino Belisario aveva chiarito che una potenza imperniata su İstanbul non poteva prescindere dal controllo degli Stretti e, conseguentemente, dallo sviluppare una strategia marittima volta a espandere la propria influenza sugli specchi d'acqua che compongono il bacino marittimo eurasiatico [4]. La miglior conferma di questo imperativo sta nel fatto che persino i turchi – le genti delle steppe e degli altopiani, dunque il popolo terricolo per antonomasia – hanno sentito l'esigenza di dotarsi di una potente Marina.

La successiva guerra d'indipendenza – iniziata fra l'altro con l'«egira» marittima di Atatürk da İstanbul a Samsun – condotta da Gazi Mustafa Kemal contro le potenze cristiane occupanti lavò col sangue dei martiri le onte di Mudros e Sèvres. Il trattato di Losanna del 1923 attribuì infatti alla neonata Repubblica di Turchia il controllo degli Stretti – poi regolato dalla Convenzione di Montreux del 1936 – e permise ad Ankara di mantenere una propria flotta navale.

Tuttò ciò non consentì però alla Turchia di poter proiettare la propria influenza nel suo vicino bacino marittimo per i decenni a seguire, in particolar modo durante il periodo della guerra fredda. L'Unione Sovietica divenne infatti in breve tempo la potenza dominante nel Mar Nero. La pressione di Mosca verso gli Stretti turchi costrinse inoltre Ankara a rinnegare la rivoluzione kemalista e a aderire alla Nato, ciò che ha condannato la Turchia allo status di colonia della Cia per almeno mezzo secolo. Il favoritismo accordato all'interno dell'Alleanza Atlantica alla Grecia – alla quale il Regno Unito concesse gentilmente la sovranità sulle isole anatoliche nel 1947 – limitava i margini di manovra turchi nell'Egeo, mentre il Mediterraneo orientale diveniva appannaggio delle Marine europee prima e di quella statunitense poi.

2. L'annessione della Crimea da parte della Russia nel marzo 2014 ha prodotto effetti analoghi a quelli innescati dal trattato di Küçük Kaynarca. La fine della guerra fredda, l'implosione dell'Unione Sovietica e soprattutto la crisi finanziaria russa della fine degli anni Novanta avevano infatti ridotto considerevolmente l'influenza di Mosca nel Mar Nero e la sua capacità di proiettare forza da questo bacino marittimo. Alla fine degli anni Novanta il Mar Nero non era tornato un lago turco, ma senza dubbio Ankara aveva riacquisito lo status di principale potenza rivierasca. L'affermazione della sovranità russa sulla Crimea ha cambiato radicalmente il quadro. Nel maggio 2014, infatti, il ministro della Difesa russo Sergej Šojgu ha annunciato un colossale piano di riarmo navale del valore di quasi 2 miliardi e mezzo di dollari che, entro il 2020, doterà la flotta del Mar Nero di nuovi sistemi di difesa aerea, navi da guerra e sottomarini. Lo scorso agosto, inoltre, la Russia ha dispiegato in Crimea il sistema di difesa missilistico S-400, completando così la trasformazione della penisola nell'epicentro di una bolla A2/AD (*anti-access/area denial*) che ha reso il Mar Nero praticamente impenetrabile [5].

4. A. Davutoğlu, *op. cit.*, p. 151.
5. B. Kurtdarcan, B. Kayaoğlu, «Russia, Turkey and the Black Sea A2/AD Arms Race», *The National Interest*, 5/3/2017, goo.gl/GNts9z

L'incidente che il 27 aprile ha coinvolto la nave da ricognizione russa *Liman* mentre navigava nelle acque circostanti il Bosforo allo scopo di monitorare le esercitazioni navali anglo-bulgaro-romene conferma tuttavia come la potenza navale russa sia forse sopravvalutata. Il *Liman* è infatti affondato vicino alla costa dopo un banale scontro con una nave battente bandiera togolese. Solo il provvidenziale intervento della Guardia costiera turca ha prevenuto la perdita di vite umane (i russi temono però che i turchi abbiano approfittato dell'incidente per impossessarsi di documenti contenenti importanti informazioni di intelligence)[6]. L'incidente del *Liman* ha offuscato l'immagine di Mosca come potenza dei mari, dimostrando che Ankara può ancora ribaltare a proprio vantaggio i rapporti di forza nel Mar Nero. A patto che abbandoni la sua visione mahaniana della strategia navale – che attribuisce un'importanza minore al diniego di accesso al mare – e sviluppi una bolla A2/AD speculare a quella russa. Non necessariamente per aprire un confronto con essa nel Mar Nero. Anzi. Il Mar Nero rappresenta forse l'unico quadrante strategico dove gli interessi di lungo periodo di Ankara e Mosca collimano. In occasione della sua visita nella capitale russa del dicembre scorso, il primo ministro turco Binali Yıldırım ha messo in chiaro che Turchia e Russia sono intenzionate e sviluppare le loro relazioni nel Mar Nero «sotto tutti gli aspetti»[7]. Non è un caso che, dopo la crisi innescata dall'abbattimento di un aereo da guerra russo al confine turco-siriano da parte di Ankara il 24 novembre 2015, Mosca abbia inviato alla Turchia il primo segnale di disgelo proprio invitando il ministro degli Esteri Mevlüt Çavuşoğlu al vertice dell'Organizzazione della Cooperazione Economica del Mar Nero (Bsec) tenutosi a Soči il 1° luglio 2016[8].

Il Mar Nero pone di fronte ad Ankara l'eterna scelta dilemmatica tra la forzata «alleanza» con l'Occidente e la volontà di riesumare i fondamenti della geopolitica kemalista e, dunque, slittare il proprio baricentro geopolitico verso l'Eurasia. Nell'ultimo decennio la Turchia ha inevitabilmente oscillato tra Nato e Russia. Durante la guerra russo-georgiana del 2008 i turchi negarono a due navi ospedale americane l'accesso al Mar Nero, lasciando intendere di non gradire la presenza militare della Nato in quello che consideravano un condominio turco-russo. Dopo la crisi del novembre 2015 con Mosca, però, Erdoğan ha chiesto e ottenuto un aumento della presenza militare dell'Alleanza Atlantica nel Mar Nero[9]. La soluzione della crisi con la Russia sembra tuttavia aver nuovamente spostato l'equilibrio verso la cooperazione con Mosca. A inizio aprile, Turchia e Russia hanno svolto una serie di esercitazioni navali comuni nel Mar Nero che hanno visto la partecipazione di una fregata, un dragamine e un pattugliatore da parte russa e di

6. Sulla vicenda cfr. R.B. Urcosta, «Sinking of the Liman Undermines Russia's Sea Power Credentials», *Eurasia Daily Monitor*, The Jamestown Foundation, vol. 14, n. 60, 4/5/2017, goo.gl/A7LZAv
7. M. Gürcan, «Is Turkey turning its stern on the West in the Black Sea?», *Al Monitor*, 15/12/2016, goo.gl/shpYxq
8. «Russia invites Turkey to economy meeting in Sochi», *Hürriyet Daily News*, 23/6/2016, goo.gl/EjN4ey
9. E. Çelikkan, «Turkey to urge NATO to intensify anti-terror fight», *Hürriyet Daily News*, 7/7/2016, goo.gl/Js2Wmu

una fregata e una corvetta da parte turca [10]. Il 29 maggio la Nato ha dato il via alle esercitazioni Noble Jump, volte a testare la capacità dell'Alleanza di fornire una «rapida risposta dissuasiva» alle minacce provenienti dal Mar Nero [11]. Le esercitazioni – alle quali hanno preso parte circa duemila soldati e cinquecento veicoli – sono state le più imponenti mai svolte dalla Nato nella regione [12]. Notevole, in tal senso, che alle manovre non abbia preso parte la Turchia, principale paese rivierasco della Nato.

A fine marzo il Mar Nero era stato teatro di mastodontiche esercitazioni militari russe, durante le quali Mosca, per la prima volta, ha allertato tutte e tre le sue principali unità aviotrasportate. Alle esercitazioni di marzo hanno preso parte 2.500 soldati, circa 600 tra veicoli da combattimento e navi da guerra e 45 aerei ad ala fissa [13]. Una dimostrazione di forza che sull'altra sponda del Mar Nero è stata recepita come il Cremlino voleva fosse recepita. Il Mar Nero è infatti un esempio lampante di come Ankara si trovi tra il martello della Nato e l'incudine russa.

La strategia americana si basa sul presupposto che la Turchia non abbia valide alternative geopolitiche all'alleanza con l'Occidente. E sulla ricattabilità di Erdoğan. Non passerà molto, infatti, prima che le conseguenze giudiziarie del caso Zarrab balzino al vertice dell'agenda politica turca. Muovendo da questi due fattori, il 7 maggio scorso – quando Donald Trump ha firmato l'ordine esecutivo che autorizza la consegna di armi pesanti al Pkk/Pyd – gli Usa hanno avviato ufficialmente il piano volto a smembrare la Repubblica di Turchia e a confinare il ricattabile Erdoğan in un emirato anatolico nel quale il «sultano» possa godersi i suoi superpoteri presidenziali senza fare troppi danni.

Putin, intanto, ha sviluppato una controstrategia fondata su due pilastri. Primo: i turchi devono capire che la Russia è di un'altra categoria geopolitica, e che dunque possono aspirare al massimo al ruolo di *junior partner*. Secondo: nonostante la sua superiorità militare, Mosca non intende minacciare l'integrità e l'esistenza della Repubblica di Turchia, almeno fino a quando Ankara non minaccerà a sua volta interessi vitali della Russia. È per questo che anche durante i momenti più acuti della crisi del novembre 2014-giugno 2015 la Turchia non ha mai neanche ventilato l'ipotesi di chiudere alle navi da guerra russe dirette in Siria il transito attraverso gli Stretti, nonostante la Convenzione di Montreux gliene desse facoltà.

Grazie alla lungimiranza e alla saggezza di Putin – il quale chiaramente non manca di assestare periodiche bordate ad Ankara per tenere sul pezzo l'imprevedibile Erdoğan – le relazioni turco-russe potrebbero tornare all'epoca d'oro degli anni Trenta. Certo, Erdoğan non è Atatürk. Il *Gazi* immaginava il futuro della Turchia in

10. D. Majumdar, «Why are Russia and Turkey Holding Joint Naval Exercises in the Black Sea?», *The National Interest*, 5/4/2017, goo.gl/0WpoyI
11. «Exercise Noble Jump 2017 Gets Underway", Arrc Nato, 30/5/2017, goo.gl/QW8Jlb
12. D. Alexe, «War Games: NATO Starts Biggest Manoeuvres ever in the Black Sea Region», *New Europe*, 6/6/2017, goo.gl/N4gj8r
13. I. Kabanenko, «Large Russian Land-Air-Sea Exercises in Crimea Highlight Vulnerabilities in Ukrainian Navy and Coastal Defense», *Eurasia Daily Monitor*, The Jamestown Foundation, vol. 14, n. 51, 12/4/2017, goo.gl/BzIFhF

Eurasia, e sviluppò la sua geopolitica di conseguenza. Erdoğan è invece irriducibilmente filo-americano, ed è questo il tratto che potrebbe risultargli fatale. La raffica di schiaffi assestatagli da Trump nel giro di pochi mesi dovrebbe averlo convinto del fatto che gli americani restano sempre quelli che volevano consegnare Cipro ai greci, quelli che hanno ammazzato il comandante della Gendarmeria Esref Bitliş, quelli che hanno svolto esercitazioni militari che simulavano l'occupazione della Turchia. Quelli che hanno «incappucciato» i soldati turchi in Iraq [14]. Il problema è che Erdoğan è un prodotto americano. Gli americani lo incoronarono primo ministro già nel 1996. Ad annunciarlo pubblicamente fu l'ex ambasciatore Usa ad Ankara Morton Abramowitz, il quale si spinse persino a specificare che Abdullah Gül sarebbe stato ministro degli Esteri [15]. La principale incognita del triangolo turco-russo-americano riguarda dunque l'autonomia di Erdoğan dagli apparati statunitensi.

Non si tratta di un dettaglio di poco conto. Aderendo alla Nato, infatti, la Turchia ha rinnegato la rivoluzione kemalista e innescato dunque una seconda guerra d'indipendenza che dura ormai da oltre sessant'anni. Questa volta, contro l'occupazione americana. Tautologicamente, la guerra non può essere vinta se chi dovrebbe condurla è ostaggio del nemico.

Ciò non significa che la Turchia debba mettere tutte le uova nel paniere russo. Tantomeno che lo stia facendo. Il 9 marzo scorso Ankara ha infatti nuovamente chiuso la connessione navale tra Zonguldak e Sebastopoli, linea di approvvigionamento fondamentale per la Crimea (nel 2016 sono state più di 680 le navi commerciali salpate dalla Crimea che hanno attraccato a Zonguldak) [16]. La Turchia continua a considerare la Crimea parte integrante dell'Ucraina, paese con il quale ha consolidato enormemente le relazioni tanto sotto il profilo commerciale quanto sotto quello militare. Negli ultimi anni le relazioni turco-ucraine nel settore della difesa hanno fatto passi da gigante, arrivando a comprendere progetti comuni sulla tecnologia satellitare, sui missili a lungo raggio e sui razzi spaziali [17]. Inoltre, la perdita dell'intera flotta navale seguita all'annessione della Crimea da parte della Russia ha reso Kiev un cliente potenzialmente molto importante per l'industria navale turca, come dimostra la visita di metà aprile del comandante della Marina ucraina Ihor Voronchenko ai cantieri di Gölcük, dove vengono costruite le corvette classe Ada [18]. Bilanciare le relazioni con Russia e Ucraina è di fondamentale importanza tattica per la Turchia, unico paese della Nato a confinare sia con Mosca sia con Kiev. In termini strategici, tuttavia, la cooperazione con la Russia nel Mar Nero offre alla Turchia opportunità che nessun altro paese rivierasco è in grado di offrire. Basti pensare al Turkish Stream.

14. Sulla decennale guerra per la sovranità tra Turchia e Stati Uniti si veda ad esempio D. PERINÇEK, *Gladyo ve Ergenekon*, İstanbul 2008, Kaynak Yayınları.
15. *Ivi*, pp. 80-81.
16. R.B. URCOSTA, «Russian-Turkish Relations Undermined by Status of Crimea», *Eurasia Daily Monitor*, The Jamestown Foundation, vol. 14, n. 50, 11/4/2017, goo.gl/FHHGmK
17. M. GÜRCAN, «Turkey-Ukraine defense industry ties are booming», *Al Monitor*, 1/5/2017, goo.gl/Dc1E0b
18. «Ukraine's Navy Commander on visit to Turkey», Ministry of Defence of Ukraine, 19/4/2017, goo.gl/ERJNY7

Mosca sembra disporre di tutti gli argomenti necessari per consolidare la sua posizione di preminenza nel Mar Nero e convincere i turchi a adattarsi al tutto sommato remunerativo ruolo di *junior partner*.

3. «Magari la nostra economia non fosse messa così male. Questo sarebbe il momento ideale per entrare in guerra con la Turchia». Probabilmente il capo di Stato maggiore delle Forze armate greche Evangelos Apostolakis non ha mai pronunciato le parole che gli vengono attribuite dall'editorialista di *Yeni Şafak* Mehmet Acet [19]. Le tensioni che si sono registrate nell'Egeo all'inizio di quest'anno confermano tuttavia che la ricostruzione di Acet non è troppo lontana dal vero.

Il 29 gennaio i vertici delle Forze armate turche – il capo di Stato maggiore della Difesa Hulusi Akar e i comandanti delle tre Armi – hanno visitato l'isoletta di Kardak (Imia), scoglio collocato ai margini del Dodecaneso che ventuno anni prima aveva portato Ankara e Atene sull'orlo della guerra. Secondo le ricostruzioni di alcuni media, smentite con vigore dallo Stato maggiore turco [20], la Marina greca avrebbe cercato di ostacolare il convoglio, tornando a infiammare il conflitto per le cosiddette «isole greche» [21]. Il 31 gennaio alcune navi della Guardia costiera greca hanno sconfinato nella acque territoriali anatoliche, causando l'intervento della controparte turca [22]. Il giorno dopo, in una dimostrazione di forza che il ministro della Difesa greco Panos Kammenos ha definito una «sbruffonata da cowboy», Ankara ha inviato diversi aerei da guerra nell'Egeo centrale e meridionale [23]. Qualche ora dopo Kammenos ha sorvolato lo spazio aereo di Kardak – distante appena un miglio nautico da Bodrum, una delle maggiori località turistiche turche – gettando in mare una corona di fiori in memoria dei tre soldati greci morti durante la crisi del 1996 [24]. Il 3 febbraio Atene ha alzato ulteriormente il livello della provocazione svolgendo esercitazioni militari sull'isola di İstanköy (Kos) [25]. Una palese violazione del regime di smilitarizzazione al quale il Dodecanneso è stato sottoposto dal trattato di Parigi del 1947.

Considerando che oggi i greci non sarebbero in grado di vincere una guerra contro la Turchia neanche se la loro economia fosse in forma smagliante, dietro alle recenti tensioni nell'Egeo c'è molto di più della volontà della Grecia di provocare Ankara. Secondo Cengiz Çandar, ad esempio, le mosse greche vanno lette

19. M. Acet, «Yunanistan'dan Ankara'ya ulaşan gizemli istihbarat» (Le misteriose informazioni di intelligence che arrivano ad Ankara da Atene), *Yeni Şafak*, 1/2/2017, goo.gl/GW1S1i
20. «TSK açıkladı: Herhangi bir engelleme söz konusu değildir» (Le Forze armate hanno chiarito: non c'è stato alcun impedimento), *Akşam*, 29/1/2017, goo.gl/coHfLo
21. «Hulusi Akar'dan Kardak'a sürpriz ziyaret» (Visita a sorpresa di Hulusi Akar a Kardak), *Haber7*, 29/1/2017, goo.gl/ozGKLa
22. «Kardak nöbeti» (La guardia di Kardak), *Yeni Şafak*, 1/2/2017, goo.gl/c9LysJ
23. H. Fırat, «War of words between Turkey and Greece over Aegean islets of Kardak», 2/2/2017, goo.gl/rup4xO
24. «Yunanistan Savunma Bakanı Kardak'a çelenk attı» (Il ministro della Difesa della Grecia ha gettato una corona a Kardak), *Habertürk*, 1/2/2017, goo.gl/KQzGL9
25. «Turkey warns Greece over military drill in demilitarized Aegean island of Kos», *Daily Sabah*, 3/2/2017, goo.gl/3JvMDr

alla luce delle burrascose relazioni tra Turchia e Unione Europea [26]. O meglio, tra Ankara e Berlino. Il 26 gennaio la Corte suprema greca aveva infatti negato l'estradizione in Turchia di otto militari coinvolti nel golpe del 15 luglio 2016 e poi fuggiti in Grecia [27]. Per i turchi è stato uno smacco, dal momento che il primo ministro Alexis Tsipras aveva personalmente promesso a Erdoğan che gli avrebbe restituito i golpisti [28]. Secondo l'editorialista di *Daily Sabah* Yahya Bostan, i giudici greci hanno tuttavia dovuto obbedire agli ordini provenienti da Berlino [29].

La debolezza strutturale della Grecia fa sì che Atene sia in balia di chiunque gli offra un po' d'elemosina. L'Egeo potrebbe dunque diventare il teatro ideale per una guerra tra la Turchia e le potenze che intendono ostacolare la sua ascesa. Non solo la Germania. Anche e soprattutto la Russia. Secondo alcuni media turchi, l'8 febbraio Atene e Mosca avrebbero firmato tre accordi relativi alla fornitura di nuovi missili per il sistema di difesa S-300. «Così risponderemo alle provocazioni», pare sia stato il messaggio che i generali greci hanno voluto inviare alla Turchia [30]. Dalla prospettiva turca un eventuale consolidamento dell'asse russo-greco non può che essere visto con sospetto, dal momento che consentirebbe a Mosca di colpire l'Anatolia dai quattro punti cardinali: da nord (Mar Nero), sud (Siria), ovest (Grecia), est (Armenia). L'ex primo ministro turco Ahmet Davutoğlu aveva realizzato lucidamente la portata della minaccia. Per questo tra la fine di novembre 2015 e l'inizio di aprile 2016 aveva svolto una serie di visite all'estero che delineavano una mezzaluna all'interno della sfera di influenza russa. In ordine cronologico: Cipro, Azerbaigian, Bulgaria, Serbia, Kazakistan, Ucraina, Finlandia [31].

Nel lungo periodo lo slittamento dell'asse geopolitico turco verso l'Eurasia produrrà immensi benefici. Nel breve periodo, però, all'orizzonte si intravedono solo sacrifici. Putin ha capito perfettamente che Erdoğan ha il disperato bisogno di forgiare una relazione amichevole con la Russia per bilanciare i rapporti burrascosi con gli Stati Uniti, sui quali il presidente russo non ha mancato di ironizzare in occasione dell'incontro di metà maggio con il presidente turco a Pechino [32]. Paradossalmente, il «sultano» avrebbe margini di manovra infinitamente maggiori con Mosca se le relazioni con Washington non fossero del tutto rovinate.

E invece i turchi sono in mezzo al guado. Hanno un piede in Occidente e uno in Oriente. E nessuno riesce a capire dove vogliano andare. Verosimilmente non lo sa neanche Erdoğan. Il presidente turco cambia idea a ogni chiamata alla pre-

26. C. Çandar, «Why Turkey-Greece islands confrontation is more than it seems», *Al Monitor*, 1/2/2017, goo.gl/GD89mv

27. «Turkey's Defence Minister says Greek court decision on alleged coup soldiers was politically motivated», *Hürriyet Daily News*, 28/1/2017, goo.gl/tSVDF0

28. «Erdoğan, Çipras'a "verdiği sözü" hatırlattı» (Erdoğan ha ricordato a Tzipras la "parola data"), *Vatan*, 27/1/2017, goo.gl/DESORR

29. Y. Bostan, «The bells toll for Athens», *Daily Sabah*, 26/2/2017, goo.gl/NInZtK

30. «Yunanistan'dan S-300'lü tahrik» (Dalla Grecia una provocazione con gli S-300), *Akşam*, 8/2/2017, goo.gl/mh2snY

31. D. Özel Tümer, «Davutoğlu'nun hilâli» (La mezzaluna di Davutoğlu), *Al Jazeera Türk*, 6/4/2016, goo.gl/nv7hfz

32. M. Yetkin, «Erdoğan, Trump, Putin üçgeninde Kürt meselesi» (La questione curda nel triangolo Erdoğan-Putin-Trump), *Hürriyet*, 16/5/2017, goo.gl/rrDpOC

ghiera. Le infinite giravolte gepolitiche di Erdoğan hanno reso la Turchia un partner inaffidabile per chiunque. Per i vecchi «alleati» e per quelli potenziali. Probabilmente, una delle poche cose su cui russi e americani sono d'accordo è che il presidente turco vada ricondotto all'ordine. In parte per gli errori commessi nel recente passato, in parte per l'appetibilità geopolitica dell'Anatolia, oggi la Turchia è tornata a essere circondata da nemici. L'affondo potrebbe arrivare da ogni dove. Notevole, in tal senso, il fatto che i greci abbiano posto nome «Smyrni» e «Pontos» a due unità del loro Esercito (la 1ª divisione di fanteria e la 71ª brigata aeromobile)[33], alle quali fra l'altro il comandante delle Forze di terra Alkiviadis Stefanis ha fatto visita il 26 aprile scorso[34]. E che a febbraio il parlamento greco-cipriota abbia approvato una legge che autorizza la celebrazione del referendum con il quale nel 1950 i greco-ciprioti votarono a favore dell'annessione di Cipro alla Grecia[35].

4. Eccezion fatta per gli Stretti, per la Turchia nessun luogo geografico ha un'importanza paragonabile a quella di Cipro. L'isola mediterranea, fa notare Ahmet Davutoğlu, è sostanzialmente equidistante da Europa, Asia e Africa e si trova più o meno a metà strada tra gli Stretti e il Canale di Suez, che dividono rispettivamente Europa e Asia e Asia e Africa. Non solo. Cipro – spiega Davutoğlu – può essere considerata una portaerei naturale che garantisce di «tenere il polso» dei principali bacini (Mar Caspio e Golfo Persico) e delle principali vie d'acqua (Golfo di Aden e Stretto di Hormuz) dell'Afro-Eurasia. Nessun paese che ignora l'importanza strategica di Cipro, prosegue Davutoğlu, può essere veramente influente a livello globale e regionale. Non può esserlo a livello globale, perché attraverso Cipro è possibile controllare i principali snodi strategici della massa tricontinentale afro-eurasiatica. E non può esserlo a livello regionale, perché Cipro è sia una freccia puntata contro il Medio Oriente sia uno dei pilastri degli equilibri strategici nel Mediterraneo orientale, nei Balcani e in Nordafrica[36].

Per questo nel luglio 1974 la Turchia non ha esitato a compromettere le relazioni con gli Stati Uniti – che comminarono ad Ankara un embargo militare durato fino al 1978 – pur di proteggere la minoranza turca dell'isola dal probabile massacro al quale sarebbe stata sottoposta dalle milizie greche. La protezione della Repubblica Turca di Cipro Nord, garantita ancora oggi da 30 mila soldati, è una priorità geopolitica assoluta per la Turchia. Il verosimile fallimento dell'ennesimo round negoziale tra turco-ciprioti e greco-ciprioti conferma infatti che la soluzione della crisi di Cipro è nella migliore delle ipotesi un miraggio. La decisione di Bruxelles di ammettere Cipro Sud nell'Unione Europea nonostante il «colpo di Stato» referendario del 2004 ha infatti fatto venire meno qualsiasi interesse dei greco-ciprioti a un processo di riunificazione che rispetti i diritti della com-

33. A. Takan, «Bundan daha açık tehdit nasıl olur!» (Ci può essere una minaccia più chiara di questa?), *Yeni Çağ*, 12/5/2017, goo.gl/WDXBLK
34. «Visits by the Chief HAGS to Army Formations and Units», Hellenic Army General Staff, 28/4/2017, goo.gl/c7DaSd
35. «Turkey slams Greek Cyprus' Enosis move», *Hürriyet Daily News*, 15/2/2017, goo.gl/d3H2KX
36. A. Davutoğlu, *op. cit.*, pp. 170-175.

ponente turca dell'isola. Le proposte avanzate dal presidente greco-cipriota Nikos Anastasiades assomigliano più a una tentata estorsione che a un piano di pace [37]. Ma l'aspetto più inquietante della vicenda è che il probabile fallimento del negoziato Anastasiades-Akıncı potrebbe comportare un ulteriore surriscaldamento della guerra di prossimità tra Ankara e Atene, che su questo tema gode del sostegno del Regno Unito, dell'Unione Europea e delle Nazioni Unite. Nonché degli Stati Uniti. Lo lascia intendere il voto del parlamento greco-cipriota sull'«*enosis*». Così come le indiscrezioni in base alle quali, pur non dicendolo apertamente, Erdoğan avrebbe già deciso che Cipro Nord diventerà l'82ª provincia della Repubblica di Turchia [38]. Si tratterebbe peraltro di legalizzare una situazione di fatto. Nel periodo compreso tra il 2006 e il 2015 la Turchia ha sovvenzionato Cipro con 9 miliardi di dollari, di cui 1,7 miliardi nel solo 2013. Ankara rifornisce la «figlia patria» (*yavru vatan*), tra le altre cose, di combustili minerali, petrolio, componenti meccaniche e plastica [39]. Nell'ottobre 2015, inoltre, è entrato in funzione l'acquedotto sottomarino di 80 chilometri tra Anamur (Mersin) e la diga di Geçitköy. Il «progetto del secolo», come è stato definito, garantirà alla Repubblica Turca di Cipro Nord 75 milioni di metri cubi di acqua all'anno, risolvendo così l'annoso problema di carenza idrica che affligge l'isola [40].

Le frizioni tra Ankara e Washington e la recente scoperta di importanti giacimenti di gas nel Mediterraneo orientale complicano ancor di più la situazione. Il braccio di ferro tra Erdoğan e Obama sull'apertura della base di İncirlik agli aerei da guerra della coalizione anti-Is ha infatti lasciato nelle relazioni turco-americane un segno paragonabile a quello prodotto dal voto con il quale il parlamento turco negò agli Usa l'utilizzo dell'Anatolia orientale per invadere l'Iraq. Gli americani sanno che non possono più fare affidamento su İncirlik. Secondo molti, la decisione di fornire armi pesanti al Pkk/Pyd presa da Trump il 7 maggio scorso è la dimostrazione che Washington ha già individuato l'alternativa. Nonostante il presidente del governo regionale curdo dell'Iraq del Nord Masud Barzani si sbracci da tempo per indurre gli Stati Uniti a costruire la nuova İncirlik nel Kurdistan iracheno, gli americani sembrano preferire l'opzione Akrotiri, la Sovereign Air Base inglese a Cipro che, in quanto tale, non è sottoposta né alla sovranità greco-cipriota né a quella turco-cipriota [41]. Ciò non farebbe altro che aumentare l'interesse americano a una cristallizzazione della crisi di Cipro, in modo da non mettere neanche lontanamente in discussione i privilegi britannici sull'isola.

Occorre inoltre ricordare che il precedente negoziato tra greco-ciprioti e turco-ciprioti ebbe fine a causa delle tensioni dovute allo sfruttamento delle risorse energetiche *off-shore*. Fu l'elezione del «moderato» Mustafa Akıncı alla presidenza della

37. Y. Kanlı, «Cyprus talks doomed to fail», *Hürriyet Daily News*, 24/10/2016, goo.gl/U6J4Rl
38. M. Münir, «2017 KKTC'nin son yılı olabilir mi?» (Il 2017 può essere l'ultimo anno della Repubblica Turca di Cipro Nord?), *T24*, 7/1/2017, goo.gl/CCFu9H
39. «Turkey gave $9bn in aid to Turkish Cypriots since 2006», *World Bullletin*, 1/1/2015, goo.gl/QNnnOk
40. «Turkey starts supplying water to Turkish Cyprus via undersea pipeline», *Hürriyet Daily News*, 17/10/2015, goo.gl/jT3u9S
41. S. Turgut, «İncirlik planı» (Il piano İncirlik), *Habertürk*, 20/5/2017, goo.gl/h6EKUE

Repubblica Turca di Cipro Nord nell'aprile 2015 a riaprire il processo negoziale. All'epoca, il mantra era che la prospettiva di raccogliere ricchi dividendi energetici avrebbe indotto le due componenti dell'isola a mettere da parte le diffidenze reciproche. Sta accadendo l'esatto opposto. Nicosia è infatti convinta che i turchi saranno prima o poi costretti a capitolare. Anche perché, come ha chiarito nel febbraio 2015 il ministro della Difesa greco Panos Kammenos, per Atene quella di Cipro rimane «una questione di invasione e occupazione» [42]. E nel palazzo presidenziale di Ankara l'umore non è troppo diverso. Erdoğan non concesse ad Akıncı neanche il beneficio del dubbio. Il presidente turco iniziò ad attaccare la sua controparte cipriota con la solita galanteria da gentiluomo che lo contraddistingue – «ma questo lo sente quello che gli esce dalla bocca?» – un minuto dopo la sua elezione. Erdoğan è infatti consapevole che le grandi potenze non accetteranno mai una soluzione della crisi di Cipro favorevole alla minoranza turca dell'isola.

Neanche la soluzione estrema dell'annessione di Cipro Nord alla Repubblica di Turchia rimuoverebbe gli ostacoli alle ambizioni energetiche di Ankara nel Mediterraneo orientale. Oltre al gas cipriota, infatti, l'Anatolia sarebbe la piattaforma ideale per condurre in Europa anche il gas israeliano. Shaul Meridor, direttore generale del ministero dell'Energia israeliano, ha dichiarato a inizio maggio che l'accordo per la costruzione del gasdotto sottomarino che a partire dal 2021 dovrebbe condurre il gas del gasdotto Leviathan verso il porto turco di Mersin verrà concluso nel giro di qualche mese [43]. Il gasdotto deve tuttavia necessariamente passare per la Zona economica esclusiva di Cipro. Ciò rende necessaria l'autorizzazione del governo di Nicosia e, dunque, una qualche forma di soluzione della crisi cipriota.

Proprio il forte interesse di Israele a diventare parte del club degli esportatori di gas potrebbe essere un fattore decisivo nell'indurre a più miti consigli i grecociprioti. Il che, fra l'altro, dimostra la straordinaria importanza della normalizzazione delle relazioni con Gerusalemme. Turchia e Israele, ha ricordato Erdoğan nel gennaio dello scorso anno, «hanno bisogno l'uno dell'altra» [44]. Il console israeliano Shai Cohen esagera ma fino a un certo punto quando afferma che gli interessi di Turchia e Israele in Medio Oriente sono coincidenti e che le relazioni tra i due paesi stanno tornando all'epoca d'oro degli anni Novanta [45].

Non può poi essere trascurato il ruolo della Russia, che in seguito all'intervento militare in Siria del settembre 2015 è assurta al rango di potenza di primo piano nel Mediterraneo orientale. Dopo il collasso dell'Unione Sovietica, Cipro è diventata la principale destinazione dei capitali degli oligarchi russi. Secondo le stime di Moody's, nel 2013 i russi avevano in deposito presso le banche cipriote oltre

42. «Turkey slams Greek's statement», *World Bulletin*, 9/3/2015, goo.gl/ckTH0d
43. «Turkey, Israel working on commercial details of possible gas pipeline: Israeli official», *Hürriyet Daily News*, 2/5/2017, goo.gl/pq0svS
44. «Erdoğan: İsrail ve Türkiye'nin birbirine ihtiyacı var» (Erdoğan: Israele e Turchia hanno bisogno l'uno dell'altra», *T24*, 2/1/2016, goo.gl/NINHzj
45. Y. Yezdani, «"Türkiye ve İsrail'in bölgedeki çıkarları aynı"» ("Gli interessi regionali di Turchia e Israele sono gli stessi"), *Hürriyet*, goo.gl/Ot4A2t

31 miliardi di dollari, cifra di gran lunga superiore al pil dell'isola[46]. Alla fine del 2015, inoltre, il governo greco-cipriota ha gentilmente aperto le proprie basi aeree e navali agli aerei e alle navi da guerra russe impegnate nella guerra di Siria.

Paradossalmente, però, la posizione di Mosca in merito alla crisi cipriota è molto meno anti-turca di quella degli «alleati» occidentali di Ankara. Mentre questi ultimi promuovono una soluzione della crisi che non tiene in alcuna considerazione i diritti della minoranza turca dell'isola – basti pensare agli eventi del 2004 – la Russia si oppone *tout court* alla riunificazione di Cipro. I progetti energetici che verrebbero realizzati in seguito a tale evento, infatti, ridurrebbero significativamente la dipendenza energetica di Ankara da Mosca. Anche nel contesto cipriota, dunque, la Russia è l'attore meno ostile agli interessi turchi. Notevole il fatto che ancora oggi i greco-ciprioti lamentino la mancata condanna, a differenza di americani ed europei, da parte dei russi dell'«invasione» turca del 1974[47].

5. Il 5 gennaio 1997 il ministro degli Esteri greco-cipriota Alekos Michaelides annunciò al mondo che Nicosia aveva raggiunto un accordo con la Russia sull'installazione del sistema di difesa missilistico S-300 a Cipro. Poche ore dopo, il portavoce dell'esecutivo Yannakis Cassoulides precisò che l'acquisizione del sistema russo era una risposta «proporzionata» all'irrobustimento della presenza militare di Ankara, che pianificava di dispiegare il sistema missilistico a lungo raggio Atacms nella costa sud-orientale dell'Anatolia. La reazione turca all'accordo Mosca-Nicosia non si fece attendere. La Turchia minacciò un'azione militare volta a prevenire l'arrivo dei missili e ventilò l'ipotesi di una guerra in piena regola contro Cipro qualora gli S-300 fossero arrivati sull'isola. Il presidente della Repubblica Turca di Cipro Nord Rauf Denktaş chiese alla sua controparte greca di tornare sui suoi passi se non voleva ritrovarsi le Forze armate turche a Maraş (Varosha). Nel frattempo, Israele aveva fornito alla Turchia missili terra-terra capaci di distruggere gli S-300. Successivamente si apprese che in quel periodo la Turchia inviò piloti ed F-16 nel Negev per ricevere dagli israeliani un addestramento su come eludere il sistema di difesa missilistico. La crisi iniziò allora ad avvitarsi. Nel giugno 1997 Atene inviò a Cipro un contingente di F-16. A partire dal settembre dello stesso anno, la Marina e la Guardia costiera turche iniziarono ad abbordare e perquisire nelle acque internazionali le navi dirette a Cipro, incluse quelle russe. A novembre, le Forze armate turche realizzarono esercitazioni militari a Cipro Nord durante le quali distrussero finti S-300. Secondo i media greci, la Russia reagì iniziando a mobilitare una vasta flotta che comprendeva una portaerei, un incrociatore missilistico e sottomarini d'attacco. La crisi si protrasse fino al dicembre 1998, quando il presidente gre-

46. J. Reed, «Following the Money: Russia, Cyprus, and the Trump Team's Odd Business Dealings», *Just Security*, 30/3/2017, goo.gl/PqY0eD

47. D. Papadopoulos, «Since the day of the invasion, Russia has not had Cyprus' interests at heart», *Cyprus Mail*, 5/3/2017, goo.gl/vWyev9

IL MONDO DI ERDOĞAN

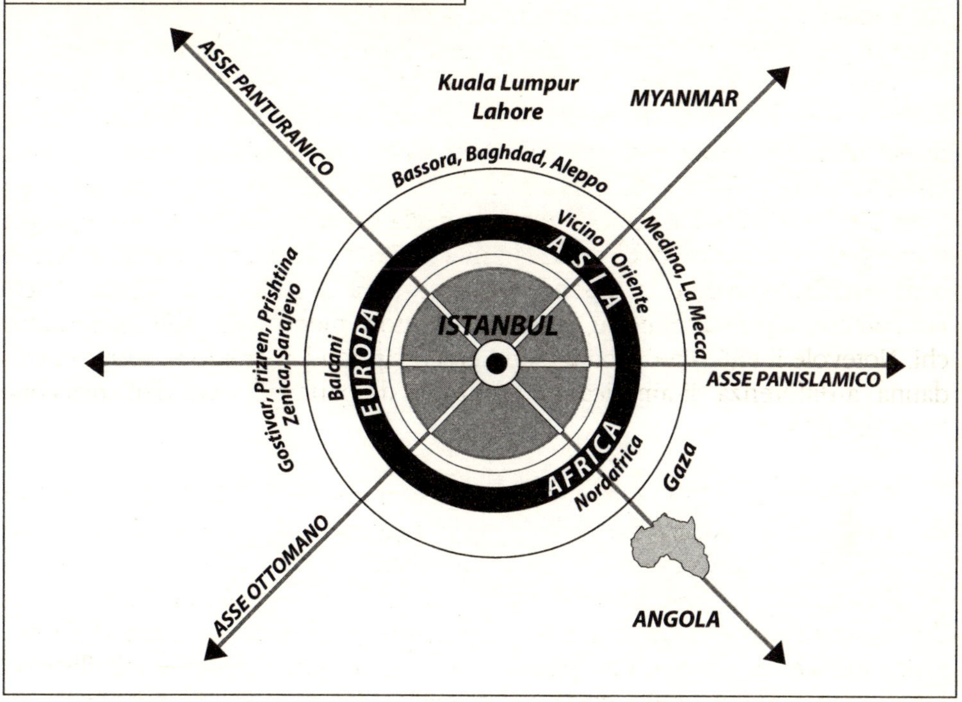

co-cipriota Glavkos Clerides annunciò che gli S-300 sarebbero stati installati a Creta, come poi accadde [48].

L'esito della crisi degli S-300 dimostra chiaramente la superiorità aerea e navale di cui godeva la Turchia nel Mediterraneo orientale negli anni Novanta. Il declino della potenza navale russa nella regione – iniziato alla fine degli anni Settanta con la svolta filo-occidentale dell'Egitto, che privò Mosca del diritto di attracco ai porti egiziani, e culminato con il collasso dell'Unione Sovietica – faceva sì che Ankara, all'epoca, potesse permettersi di non tenere in alcuna considerazione gli interessi della Russia, come avvenne ad esempio durante la crisi con la Siria (che allora come oggi ospitava le uniche basi russe nel Mediterraneo orientale) dovuta all'ospitalità concessa dal regime di Ḥāfiẓ al-Asad al leader del Pkk Abdullah Öcalan. L'alleanza militare stretta con Israele alla metà degli anni Novanta e formalizzata con i due accordi di cooperazione militare e scambio di tecnologia del 1996 garantiva inoltre alla Turchia di arruolare alla sua causa l'unica potenza regionale che avrebbe potuto sfidare la sua superiorità nel Mediterraneo orientale. Oltre al programma di modernizzazione delle flotte aeree e navali sviluppato negli anni precedenti, la debolezza della Russia e l'alleanza con Israele erano i due pilastri principali sui quali poggiava la potenza turca nella regione. E si consideri che all'e-

48. Sulla crisi degli S-300 cfr. S. O'Connor, «The Cypriot Missile Crisis», *Imint*, 1/5/2008, goo.gl/Paepts

poca i rapporti tra Turchia e Stati Uniti – di gran lunga la principale potenza del Mediterraneo orientale – erano tutt'altro che idilliaci. Dopo la crisi di Kardak, le lobby greche erano riuscite a convincere l'amministrazione Clinton a imporre ad Ankara un embargo militare di fatto [49]. Nel febbraio 1997, inoltre, solo il golpe «postmoderno» realizzato dallo Stato maggiore delle Forze armate impedì che i tre uomini forti della Cia – Tansu Çiller, Necmettin Erbakan e Fethullah Gülen – riducessero la Repubblica di Turchia a una colonia americana.

All'apice della crisi con la Siria, quando migliaia di soldati turchi erano stanziati al confine in attesa dell'ordine di invadere il vicino meridionale, la Turchia minacciò di implementare un blocco navale contro Damasco. La prova di forza data nel gennaio 1998, quando le Marine turca, israeliana e americana svolsero le esercitazioni Reliant Mermaid, dimostrava che la minaccia era realistica [50]. Notevole, in tal senso, il fatto che il blocco contro la Siria avrebbe precluso alle navi russe l'accesso agli unici «porti amici» rimasti a Mosca nel Mediterraneo orientale. Questa fu l'ultima azione di «bullismo» che la Turchia poté permettersi nel Mediterraneo orientale. A partire dal 1999, una serie di fattori determinarono un costante e considerevole declino della potenza navale turca in questo bacino marittimo.

In primo luogo, il devastante terremoto dell'agosto 1999 inflisse danni ingentissimi alla base di Gölcük e al personale della Marina (420 morti). L'attentato dell'11 settembre e la conseguente «guerra al terrore» lanciata dall'amministrazione Bush jr. segnarono inoltre lo spettacolare ritorno della Nato e degli Stati Uniti nel Mediterraneo orientale, ciò che ridusse considerevolmente il margine di manovra della Turchia nella regione. La crisi economica del 2000-1 e l'ascesa al potere dell'Ak Parti – ostile per ragioni di politica interna all'uso della forza militare nelle relazioni internazionali – diminuirono significativamente la capacità di Ankara di stare al passo con gli altri attori regionali e non. I processi lanciati contro le Forze armate dalla magistratura gulenista a partire dal 2008 (Ergenekon e Balyoz) si risolsero poi in una purga generale degli elementi più qualificati ed esperti della Marina. A questi fattori va aggiunto il ritardo nello sviluppo (fregata TF2000) e nella consegna (F-35A Joint Strike Fighers) di armamenti che avrebbero consentito alla Turchia di mantenere la superiorità tecnologica nei confronti dei suoi vicini, in particolar modo nei confronti della Russia. La crisi con Israele seguita all'incidente della *Mavi Marmara* del maggio 2010 privò inoltre Ankara della partnership che stava alla base della sua potenza navale e aerea nel Mediterraneo orientale. Infine, a partire dalla seconda metà dello scorso decennio la Turchia ha iniziato a percepire distintamente gli effetti del programma di modernizzazione al quale Mosca ha sottoposto le sue Forze armate [51]. Notevole, in tal senso, il fatto che sia stata proprio la Turchia a servire ai russi su un piatto d'argento il pretesto per implementare nel

49. W. Piccoli, «Geostrategia dell'asse turco-israeliano», *Limes* 3/1999, «Turchia-Israele, la nuova alleanza», p. 26.
50. S.L. Twing, «U.S., Israel and Turkey Hold "Reliant Mermaid" Naval Exercises», *Washington Report on Middle East Affairs*, marzo 1998, p. 101, goo.gl/wsCZOa
51. S. Güvenç, S. Egeli, «Changing Naval Balances in the Eastern Mediterranean: Implications for Turkey», *Turkish Policy Quarterly*, vol. 15, n. 1, 2016, pp. 99-103, goo.gl/ICQp5s

Mediterraneo orientale una bolla A2/AD analoga a quella già sviluppata nel Mar Nero. È stato infatti in seguito all'abbattimento di un Su-24 al confine turco-siriano da parte degli F-16 turchi il 24 novembre 2015 che Putin ha ordinato l'installazione nella Siria del Nord del sistema di difesa missilistico S-400, il cui raggio di azione si estende fino a Konya [52]. Dopo il golpe del 15 luglio, il governo turco ha stabilito che l'abbattimento dell'aereo da guerra russo fu un tentato golpe di Gülen contro Erdoğan [53]. C'è da augurarsi che sia vero. Altrimenti il presidente turco – anziché a Mehmet II, Solimano o Abdülhamid II – dovrebbe iniziare a paragonarsi a un Vahdettin qualunque.

7. Nel maggio 2015, in occasione della Fiera internazionale dell'industria della difesa, il sottosegretariato turco alla Difesa ha sottoscritto un accordo con la spagnola Navantia per la costruzione di una Landing Platform Dock (Lpd) del valore di un miliardo e 200 milioni di dollari. La nave da trasporto anfibio, che dovrebbe essere consegnata nel 2021, potrà accomodare 1.450 persone e navigare per 50 giorni senza necessità di rifornimento. Con le sue 27 mila tonnellate e 231 metri di lunghezza sarà di gran lunga la più grande piattaforma navale a disposizione della Marina turca. Su di essa verrà inoltre installato un ponte di volo che consentirà ad Ankara di acquisire, presumibilmente entro il 2018, 15 F-35B a decollo verticale. Pur non essendo una vera e propria portaerei sotto il profilo del numero di velivoli che può ospitare, la Lpd ordinata dalla Turchia potrà trasportare truppe da combattimento, carri armati e navi da sbarco [54]. La Lpd è parte della Visione 2023, progetto di ristrutturazione e modernizzazione della Marina turca avviato da Erdoğan nell'agosto 2014 subito dopo la sua elezione a presidente della Repubblica.

Ankara sta investendo ingenti risorse nell'industria della difesa. Alla fine del 2015, commentando il progetto delle fregate classe İstanbul, l'ammiraglio Ahmet Çakır, comandante dei cantieri navali di İstanbul, ha affermato che la Turchia è ormai uno dei dieci paesi al mondo in grado di produrre in autonomia navi da guerra [55]. Gli sforzi di Ankara non sembrano tuttavia sufficienti perché essa possa riguadagnare la superiorità navale e aerea nei bacini marittimi di prossimità. Il quadro che si delinea nel Mar Nero, nell'Egeo e nel Mediterraneo orientale è tutt'altro che roseo. Nel Mar Nero la Turchia deve fronteggiare una Russia che seppure in relativo declino rimane di un'altra categoria geopolitica. Le tensioni con la Grecia nell'Egeo hanno poi riaperto un fronte che, eccezion fatta per alcune scaramucce occasionali, era congelato da quindici anni. Lo scongelamento del conflitto Ankara-Atene nell'Egeo può essere considerato una diretta conseguenza del ritorno d'attualità del Patto nazionale dopo il golpe del 15 luglio. Nell'ottobre 2016 Erdoğan ha fatto un chiaro riferimento alle mire turche sulle

52. «Russian S-400 SAM System Range», Institute for the Study of War, goo.gl/tVNaTH
53. D. Santoro, «Perché la Turchia ha bisogno della Russia», *Limes*, «Russia-America la pace impossibile», n. 9/16, pp. 221-229.
54. M. Gürcan, «Turkish navy outlines 2033 vision», *Al Monitor*, 21/5/2015, goo.gl/zPyVsJ
55. Milli fırkateyn geliyor» (Arriva la fregata nazionale), *Star*, 21/12/2015, goo.gl/i3aEvg

cosiddette «isole greche»[56], che in realtà geograficamente costituiscono una dipendenza dell'Anatolia. Infine, oltre alla solita Russia, nel Mediterraneo orientale la Turchia deve fare i conti con la perdurante crisi di Cipro e, soprattutto, con le ricadute della guerra di Siria.

Tra queste, la più inquietante dal punto di vista turco è senza dubbio il tentativo degli Stati Uniti di ricavare nella Siria del Nord un «Pkkstan» che fungerebbe da embrione del Grande Kurdistan allargato all'Anatolia[57]. Nella prospettiva americana, lo staterello canaglia curdo verrebbe connesso allo stan dei Barzani in modo da creare un corridoio tra Turchia, Siria e Iraq. Le divergenze tra il Pkk e il clan dei Barzani verrebbero appianate dalla prospettiva di raccogliere ricchi dividendi energetici. La funzione secondaria del «corridoio curdo» – laddove quella primaria è la minaccia costante all'integrità territoriale della Repubblica di Turchia attraverso la pressione delle entità curde su Diyarbakır e l'Anatolia sud-orientale – sarebbe infatti quella di condurre le risorse energetiche dell'Iraq del Nord verso il Mediterraneo aggirando l'Anatolia, ciò che trasformerebbe il Pkk in un attore mediterraneo. Uno sviluppo di non poco conto se si considera che secondo diversi analisti filogovernativi sarà proprio nel *Mare nostrum* che si combatterà un pezzetto considerevole della cosiddetta terza guerra mondiale[58]. La nuova offensiva lanciata dagli Stati Uniti di Trump contro Ankara conferma dunque la principale regolarità della geopolitica turca, l'assunto dal quale dovrebbe muovere qualsiasi valutazione strategica: gli americani, per la Turchia, non sono un alleato. Sono *il* nemico[59].

56. Il 29 ottobre 2016 Erdoğan ha detto testualmente: «Queste isole erano nostre, su queste isole ci sono le nostre opere, c'è la nostra storia, ci sono le nostre moschee, i nostri caravanserragli». Cfr. «Cumhurbaşkanı Erdoğan: "Ne İs̨in Var Senin Pensilvanya'da? Hadi Gel, Niye Gelemiyorsun?"» (Il presidente della Repubblica Erdoğan: "Che ci stai a fare in Pennsylvania? Dai vieni, perché non puoi venire?"), *Milliyet*, 29/10/2016, goo.gl/TKNiyd
57. Gli ambienti neokemalisti sono convinti che sia questo il principale obiettivo della politica mediorientale di Washington. Cfr. ad esempio: Ö. Yeniçeri, «Türkiye Suriye'de ne yapmalı?» (Che deve fare la Turchia in Siria?), *Yeni Çağ*, 23/5/2017, goo.gl/u2fxsg; A. Takan, «ABD'den YPG'ye en ağır sevkiyat Haziran başında…» (A inizio giugno la più ponderosa consegna degli Stati Uniti alle Ypg…», *Yeni Çağ*, 20/5/2017, goo.gl/DpwXz1; U. Dündar, «ABD'nin asıl hedefi büyük Kürdistan'ı kurmak» (Il vero obiettivo degli Usa è creare il grande Kurdistan), *Sözcü*, 14/5/2017, goo.gl/3hE9jm; Y. Kanlı, «A new reality: Kurdish statehood», *Hürriyet Daily News*, 15/5/2017, goo.gl/X9cuAI; İ. Sefa, «Trump'un iki s̨antajı» (I due ricatti di Trump), *Aydınlık*, 12/5/2017, goo.gl/lGjM7s; «"ABD sadece güçten anlar"» (Gli Stati Uniti capiscono solo la forza), (intervista al generale N. Özgen), *Aydınlık*, 13/5/2017, goo.gl/pKW2d7; N. Doğru, «Atatürk yas̨asaydı ABD'ye gitmezdi» (Se fosse stato vivo, Atatürk non sarebbe andato negli Stati Uniti), *Sözcü*, 11/5/2017, goo.gl/Ob7Nte
58. E. Diler, «Akdeniz savas̨ı» (La guerra del Mediterraneo), *Takvim*, 14/4/2017, goo.gl/4c7Ez2
59. Il generale in pensione Necati Özgen, kemalista di ferro, ha di recente affermato che «gli Stati Uniti non rispettano l'integrità territoriale e la sovranità della Turchia. Al contrario, le minacciano. Gli Stati Uniti non si comportano da alleato ma da nemico». «TSK doğrudan harekete geçmeli» (Le Forze armate turche devono intervenire direttamente), *Aydınlık*, 24/5/2017, goo.gl/Oe1XRh. Le considerazioni di Özgen sono state sostanzialmente ribadite dal Consiglio di sicurezza nazionale, che nella riunione del 31 maggio scorso ha diplomaticamente definito la politica di sostegno americano al Pkk/Pyd «incompatibile con l'alleanza e l'amicizia» tra Turchia e Stati Uniti. Cfr. «MGK'da YPG ve AB vurgusu: Müttefiklikle bağdas̨maz» (Nel Consiglio di sicurezza nazionale accento sulle Ypg e gli Usa: incompatibile con l'alleanza), *Hürriyet*, 31/5/2017, goo.gl/IYOKFz

ISRAELE SI SCOPRE MARITTIMO

di *Luca* MAINOLDI

Lo Stato ebraico ha trascurato per decenni la sua dimensione mediterranea, da cui pure dipende la quasi totalità dei suoi commerci. Ora Gerusalemme studia una strategia per proiettare la sua potenza sull'acqua, anche per proteggere i giacimenti gasieri.

1. SECONDO LA BIBBIA GLI EBREI NON AMANO il mare, visto come espressione del male, luogo popolato da mostri dai nomi impressionanti: Leviatan, «serpente tortuoso, guizzante, drago marino», simile a un enorme coccodrillo (Is 41); Rahab, altro cetaceo mostruoso; Behemot, simile all'ippopotamo (Gb 40,15-24); la Bestia marina dell'Apocalisse (13,1-2), che sale dall'abisso per distruggere la Terra (17,8)[1].

Il moderno Stato d'Israele sembra aver almeno inizialmente seguito la tradizione biblica, anche se alla sua guida si sono succeduti uomini (e donne) che si definivano laici. «Israele non dispone di una grande strategia marittima in parte a causa della storia ebraica che manca di una significativa componente fondata sul mare», riconosce l'ammiraglio Oded Gour-Lavie[2]. «Questo è vero nella storia della Diaspora ma anche per l'antica èra della sovranità ebraica in Israele. Gli ebrei hanno sempre ricevuto assistenza da parte di altre culture fondate sul mare, come quella dei fenici, che erano basati nell'odierno Libano».

Non stupisce quindi che per decenni la Marina israeliana sia stata (e in parte sia ancora) la Cenerentola delle Forze armate israeliane. Esercito e soprattutto Aviazione la fanno da padroni nell'allocazione dei bilanci annuali della Difesa. Ma nel tempo i rapporti di forza fra le diverse Armi stanno cambiando. Il programma dei sottomarini Dolphin è considerato il più costoso progetto dell'intera Difesa israeliana, sfidato solo da quello per l'acquisto di 50 (che dovrebbero diventare 75) aerei F-35. Eppure Israele dipende al 99% dalle vie marittime per i propri commerci, cui si aggiunge il trasporto aereo, essenziale per il turismo e il movimento delle persone. Attraverso i valichi di frontiera con Giordania ed Egitto transitano merci per lo

1. www.paoline.it/blog/bibbia/160-il-mare-simboli-biblici.html
2. O. GOUR-LAVIE, «Israel as a Regional, Maritime Superpower?», *Ynet News*, 14/5/2017.

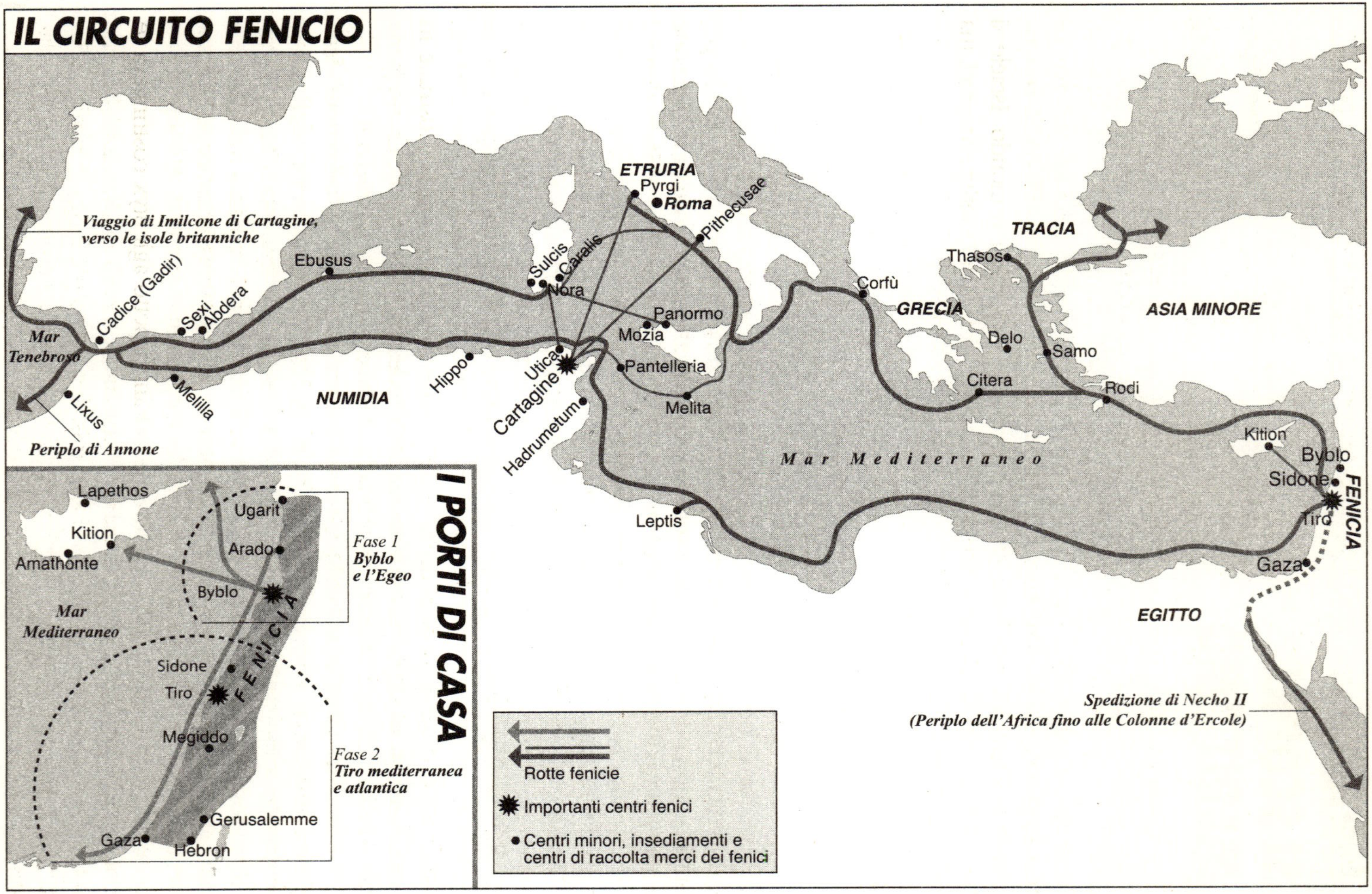
IL CIRCUITO FENICIO
Viaggio di Imilcone di Cartagine, verso le isole britanniche
Mar Tenebroso
Cadice (Gadir)
Sexi
Abdera
Lixus
Melilla
Periplo di Annone
Ebusus
NUMIDIA
Hippo
Sulcis
Caralis
Nora
Utica
Cartagine
Hadrumetum
ETRURIA
Pyrgi
Roma
Pithecusae
Panormo
Mozia
Pantelleria
Melita
Leptis
Corfù
GRECIA
Thasos
TRACIA
Delo
Samo
Citera
Rodi
ASIA MINORE
Mar Mediterraneo
Kition
Byblo
Sidone
Tiro
FENICIA
Gaza
EGITTO
Spedizione di Necho II
(Periplo dell'Africa fino alle Colonne d'Ercole)
Rotte fenicie
Importanti centri fenici
Centri minori, insediamenti e centri di raccolta merci dei fenici
I PORTI DI CASA
Lapethos
Kition
Amathonte
Mar Mediterraneo
Ugarit
Arado
Byblo
Fase 1
Byblo e l'Egeo
FENICIA
Sidone
Tiro
Megiddo
Gerusalemme
Gaza
Hebron
Fase 2
Tiro mediterranea e atlantica

più destinate all'interscambio bilaterale. Import ed export passano per i porti, anzitutto quello di Haifa.

2. La dimensione marittima è stata peraltro fondamentale per le prime migrazioni di ebrei nell'allora Palestina britannica e quindi nel neonato Stato d'Israele. Il Mossad Aliya Bet (l'Istituto per l'Immigrazione B, ovvero secondaria nel senso di clandestina), da non confondere con l'odierno servizio segreto estero israeliano, aveva comprato o noleggiato una serie di navi, attraverso società schermo, per permettere l'arrivo di centinaia di migliaia di ebrei scampati alla Shoà, sfidando l'embargo imposto da Londra e in barba ai pattugliamenti della Royal Navy. Le navi acquistate dal Mossad Aliya Bet costituirono poi il primo nucleo della compagnia di navigazione israeliana Zim, una delle più importanti al mondo. Israele si era subito dotato di un'importante Marina commerciale, per i motivi accennati, ma aveva apparentemente trascurato quella militare. Come mai?

Le risposte sono molteplici. Anzitutto, nei primi decenni di vita dello Stato ebraico l'unica Marina araba in grado di minacciare le vie di navigazione israeliane era quella egiziana. Israele condusse con successo due guerre (nel 1956 e nel 1967) per garantirsi la libertà di navigazione negli Stretti di Tiran e nel Mar Rosso, attraverso operazioni essenzialmente aero-terrestri. In questo modo la potenza delle due componenti di Tsahal, terrestre e aerea, compensava la debolezza della terza, la marittima, nel garantire l'accesso al mare. In secondo luogo, Israele ha potuto contare sulla protezione offerta alle proprie vie di navigazione e alle proprie coste da una Marina alleata: quella francese nel 1956 e, dopo il 1967, quella americana. In seguito all'affondamento del cacciatorpediniere *Eilat*, nell'ottobre 1967, provocato dai missili lanciati da una motovedetta egiziana all'àncora a Porto Sa'īd, Israele ha sviluppato una strategia di *sea denial* invece che di *sea control*, incentrata su motovedette dotate di missili antinave, che dovevano distruggere le navi avversarie prima che queste potessero minacciare le coste e le linee di navigazione israeliane. Le motovedette sono un esempio paradigmatico degli aiuti ricevuti da «altre culture fondate sul mare». Costruite in Francia ma su modello e con finanziamenti tedeschi, erano dotate di artiglierie italo-svedesi, di contromisure elettroniche italiane e di missili israeliani.

L'Italia ha giocato un ruolo nascosto ma importante nella formazione della Marina israeliana. I suoi primi incursori di Marina, i progenitori dell'attuale Shaytet 13, sono stati formati nel 1947-48 da ex appartenenti alla X Mas. Ancora più importante fu il concorso dell'industria italiana (anzi, romana) nel mettere a punto le prime contromisure elettroniche per deviare i missili antinave Styx sovietici dei quali erano dotate le motovedette egiziane e siriane. L'inferiore portata dei primi modelli di missili Gabriel israeliani rispetto agli Styx costringeva le motovedette israeliane ad avvicinarsi a portata di tiro di quelle nemiche, che potevano però colpirle prima con i loro missili a gittata più lunga. I tecnici italiani misero a punto insieme a quelli israeliani apposite contromisure che si rivelarono estremamente efficaci durante la guerra del Kippur (1973), quando le motomissilistiche israeliane riuscirono ad affondare diverse unità siriane ed egiziane senza subire perdite di rilievo. Un successo che contrasta con la *débâcle* subita dall'Aviazione nei primi giorni del conflitto a causa delle difese contraeree arabe dotate degli ultimi ritrovati della tecnologia sovietica. Sulla base di questa drammatica esperienza Israele si è dotato di una forte industria elettronica che fornisce componenti fondamentali anche alla propria Marina.

I successi negli scontri navali durante la guerra del 1973 non indussero però i responsabili politici e militari israeliani a investire nella Marina, che fu solo parzialmente potenziata con l'introduzione dei primi veri sottomarini moderni classe Gal (modello tedesco costruito nel Regno Unito con il concorso finanziario di Bonn) e di grosse motovedette dotate di ponte di volo per un elicottero leggero. Questo perché la pace con l'Egitto rimosse la principale minaccia navale permettendo a Israele di concentrare le sue attenzioni su Siria e Libano, dove lo scontro era per lo più aeroterrestre. La Marina era quindi chiamata a difendere il territorio israeliano dalla minaccia asimmetrica delle operazioni terroristiche provenienti dal mare. Missione per la quale occorrono pattugliatori veloci e non unità maggiori.

Gli anni Novanta segnarono una svolta sia pure parziale nella strategia navale dello Stato ebraico, grazie al potenziamento della flotta che introdusse in servizio le corvette Sa'ar 5 costruite a Pascagoula (Mississippi) e soprattutto i sottomarini Dolphin (costruiti in Germania in gran parte con finanziamenti tedeschi come compensazione per il coinvolgimento di industrie della Repubblica Federale nella produzione di armi chimiche irachene). Entrambe le classi di unità sono state progettate su specifiche israeliane e con il concorso di tecnici della Marina dello Stato ebraico.

Sul piano strategico, gli accordi raggiunti nel 1996 con la Turchia, ancora kemalista, prevedevano tra l'altro il coordinamento tra le due Marine per la gestione di eventuali crisi nel Mediterraneo orientale che interessassero entrambi i paesi. Le esercitazioni navali triangolari tra le Marine statunitense, turca e israeliana avevano lo scopo ufficiale di migliorare le capacità congiunte di individuare e assistere navi in difficoltà, in realtà per localizzare e intercettare battelli avversari.

A partire dagli anni Novanta la dimensione navale acquista importanza agli occhi dei decisori israeliani, sia per rafforzare i rapporti con gli Stati Uniti e la Turchia, sia perché il mare rende possibile a Tsahal di dotarsi di una capacità di secondo colpo nucleare. I sottomarini Dolphin infatti sono dotati, oltre ai sei normali tubi lanciasiluri da 553 mm, di altri quattro da 650 mm che si suppone siano in grado di lanciare missili da crociera a testata nucleare. Con l'arrivo dei Dolphin la Marina israeliana si è dotata di una capacità strategica inimmaginabile fino a qualche anno prima. Il Mediterraneo ha quindi acquistato per lo Stato ebraico una forte importanza geopolitica. Appare infatti poco probabile che i sottomarini israeliani si avventurino nel Golfo Persico per tenere sotto tiro l'Iran. I Dolphin dovrebbero passare in emersione il Canale di Suez per entrare nel Mar

Rosso e da lì raggiungere il Golfo[3]. E a dispetto della presenza israeliana in Eritrea, dove peraltro si segnala pure quella iraniana ed emiratina, è difficile pensare che la dirigenza di Gerusalemme metta a rischio battelli dotati di armi nucleari facendoli attraccare in porti stranieri. È quindi probabile che i missili israeliani possano colpire bersagli iraniani direttamente dal Mediterraneo orientale. Si ricordi, al riguardo, che i missili Kalibr russi sono stati lanciati da corvette in navigazione nel Mar Caspio per colpire bersagli in Siria.

3. Nei primi anni Duemila la scoperta di giacimenti di gas naturale al largo di Haifa ha aggiunto un fattore economico alla geopolitica mediterranea d'Israele. Ma lo Stato ebraico ha dovuto affrontare la rottura dell'alleanza militare con la Turchia, a seguito dell'incidente della *Mavi Marmara* e soprattutto del cambio di paradigma geopolitico impresso da Erdoğan, con la sua pretesa di assurgere a campione del mondo sunnita.

Grazie al fatto che i giacimenti israeliani sono attigui a quelli greco-ciprioti, Israele ha potuto raggiungere un'intesa strategica con Grecia e Cipro per la difesa delle reciproche installazioni *offshore*. I giacimenti di gas greco-ciprioti e quelli israeliani sono però oggetto di contenzioso rispettivamente con la Turchia (tramite i turco-ciprioti) e con il Libano. Israele non ha firmato la convenzione Onu sul diritto del mare, che prevede la definizione per ogni Stato aderente di una sua Zona economica esclusiva (Zee). Nel 2011 il governo israeliano ha però stabilito una linea di delimitazione lungo le coste settentrionali e una Zee nel Mediterraneo. Israele ha poi concluso un accordo di delimitazione della frontiera economica marittima con Cipro ma non con il Libano.

Sul piano strategico Israele non è preoccupato della debole Marina libanese ma delle capacità asimmetriche di Ḥizbullāh, che ha inflitto un serio colpo alle forze navali israeliane nel corso della guerra del 2006, quando due missili C802 di modello cinese ma di costruzione iraniana, sparati dalla costa da un'unità dei miliziani sciiti, hanno colpito e danneggiato gravemente la corvetta *Hanit*, della classe Sa'ar 5, dotata del sistema antimissile Barak 1 e di sofisticate contromisure elettroniche. Nell'incidente quattro marinai persero la vita.

La difesa delle installazioni gasiere *offshore* è quindi diventata una priorità per la Marina israeliana, che sta adattando la sua flotta di superficie a questo scopo, dotandola di nuovi missili Barak 8 per contrastare le minacce più sofisticate, come i missili ipersonici russi Yakhont ceduti ai siriani, e della versione navale del sistema Iron Dome per affrontare razzi a basso costo. Le unità israeliane stanno ricevendo anche capacità offensive controcosta sotto forma di missili e razzi guidati messi a punto dall'industria locale. In questo modo la Marina può colpire direttamente le batterie costiere avversarie che minacciano le installazioni *offshore*.

3. A meno di non immaginare scenari alla 007, con i sottomarini trasportati di nascosto su qualche nave da carico. Uno scenario simile era emerso durante il caso dei fratelli Ofer, accusati di comprare petrolio in Iran. Notizie fatte trapelare sulla stampa sostenevano che le navi degli Ofer servivano a introdurre agenti del Mossad in Iran, tramite elicotteri nascosti nei container.

Le minacce di tipo simmetrico possono venire dalla presenza di una squadra navale russa a Ṭarṭūṣ in Siria, dal rafforzamento della Marina turca e di quella egiziana. Senza contare che Israele sospetta una possibile cessione da parte del governo di Damasco di una base navale all'Iran, che così verrebbe a disporre di una presenza militare stabile nel Mediterraneo orientale.

I rapporti con la Turchia sono migliorati negli ultimi anni mentre, dopo l'arrivo di al-Sīsī al potere, è stata ristabilita l'alleanza di fatto tra Israele ed Egitto per contenere il jihadismo nel Sinai e tenere sotto controllo il governo di Ḥamās a Gaza. Ma le recenti acquisizioni navali del Cairo non sono passate inosservate a Gerusalemme. Due unità portaelicotteri d'assalto anfibio del tipo Mistral (originariamente destinate alla Russia, poi dirottate in Egitto a seguito dell'embargo occidentale per i fatti dell'Ucraina), quattro sottomarini tedeschi Type 209, fregate e corvette francesi. È vero che la flotta egiziana andava rimodernata, ma di certo queste unità servono poco o nulla per combattere il terrorismo nel Sinai.

Quanto alla Turchia, ormai dotata di un'industria navale e militare in espansione, progetta di dotarsi di una portaeromobili d'assalto anfibio entro il 2023 oltre a nuove unità di superficie e sottomarini.

La presenza militare e navale russa in Siria potrebbe costituire una minaccia per Israele in caso di deterioramento delle relazioni tra Mosca e Gerusalemme, ma anche un'opportunità per stabilizzare il fronte siro-libanese. Vi è infine l'interesse della Cina per l'area, dove potrebbero passare alcuni dei terminali mediterranei delle famose vie della seta.

Tutto questo mentre la VI Flotta americana è ridotta all'osso: fa notizia la presenza di una portaerei statunitense nel Mediterraneo, mentre ai tempi della guerra fredda era la norma averne almeno due permanenti nel *Mare nostrum*.

4. Israele deve dunque dotarsi di una vera e propria grande strategia marittima che tenga conto delle minacce e delle opportunità attuali. Compito su cui si concentra l'Università di Haifa, che si è dotata di un apposito centro studi (Haifa Research Center for Maritime Policy and Strategy). L'obiettivo del think tank è di contribuire a delineare una strategia marittima che permetta allo Stato ebraico di affrontare le sfide e di cogliere le opportunità derivanti dalla sua «unica posizione geostrategica, con la maggior parte della popolazione che vive lungo la costa mediterranea, la scoperta di riserve *offshore* di gas naturale, la completa dipendenza d'Israele dai commerci marittimi e il mare come sola collocazione di nuove infrastrutture e destinazione degli impianti pericolosi da rimuovere dai centri popolati» [4]. Le ricerche del centro studi di Haifa abbracciano quindi non solo gli aspetti puramente militari ma quelli commerciali, energetici, ambientali e dello sviluppo costiero [5].

4. Maritime Strategic Evaluation for Israel, 2016, Haifa Research Center for Maritime Policy & Strategy, aprile 2017.
5. Da notare che il 55% dell'acqua potabile israeliana proviene da cinque impianti di desalinizzazione collocati sulla costa mediterranea.

Tra le proposte presentate c'è quella di creare delle isole artificiali dove concentrare le infrastrutture per la produzione d'energia a partire dalle riserve di gas e per la loro esportazione. Le acque del Mediterraneo si aggiungerebbero al deserto del Negev come spazi per decongestionare la ristretta area costiera dove è attualmente concentrata la maggior parte della popolazione e delle strutture vitali israeliane.

Il rapporto annuale del centro studi di Haifa rimane focalizzato sul Mediterraneo orientale e sul Mar Rosso ma include pure una disamina delle tendenze globali e degli sviluppi nel dominio marittimo che possono avere un'influenza nel Mediterraneo orientale. Come il graduale slittamento verso l'Asia del centro di gravità geopolitico, economico e geostrategico del pianeta. Israele potrebbe approfittare della strategia cinese delle vie della seta e del suo corollario, la strategia dei quattro mari (Caspio, Nero, Mediterraneo e Golfo Persico). Quest'ultima prevede un graduale rimpiazzo cinese del vuoto lasciato dal parziale disimpegno americano dal Medio Oriente. Una risposta paradossale al *pivot to Asia* deciso dalla precedente amministrazione Usa ma che Trump non sembra aver rinnegato.

La Cina ha siglato un accordo con l'autorità portuale di Haifa per costruire una linea ferroviaria da Tel Aviv a Eilat che permetta di collegare questo porto a quelli di Ashdod e Haifa. Trasformare Israele in un ponte tra Asia ed Europa, collegando il Mar Rosso al Mediterraneo, con un sistema misto ferrovia più nave, in alternativa al Canale di Suez, è una delle proposte cardine del rapporto del centro studi di Haifa. L'autore del capitolo dedicato alla questione, l'ammiraglio Oded Gour-Lavie, sottolinea che in questo modo Israele potrebbe trovare un nuovo terreno d'intesa sulla sicurezza marittima con le potenze sunnite dell'area, anzitutto l'Arabia Saudita. Resta da vedere se i progetti israeliani entreranno in concorrenza con gli interessi egiziani. Il Cairo ha ampliato a tempo di record il Canale di Suez per farne uno snodo fondamentale delle vie della seta.

Gli americani stanno cercando di influenzare il dibattito sulla strategia marittima israeliana, come dimostra la creazione di una commissione per il Mediterraneo orientale formata dall'Università di Haifa e dall'Hudson Institute, un think tank americano, che nel settembre 2016 ha presentato un primo rapporto[6], focalizzato sullo sfruttamento dei giacimenti *offshore* israeliani. Non a caso tra i componenti della commissione c'è Charles Davidson, ex amministratore delegato di Noble Energy, una delle aziende americane interessate allo sfruttamento delle riserve di idrocarburi israeliane. Il rapporto suggerisce di studiare come gli Stati Uniti possano contribuire alla sicurezza degli interessi marittimi dello Stato ebraico, pur concedendo che quest'ultimo mantenga un interesse a collaborare con Russia e Cina. Washington lascia a Gerusalemme un certo margine di manovra con Mosca e Pechino, comunque limitato all'ambito commerciale.

L'elaborazione strategica in atto deve comunque tenere conto che le risorse concesse alla Marina sono ancora contenute. La flotta di sottomarini è in fase di

6. Report of the Commission on the Eastern Mediterranean Sponsored by University of Haifa and Hudson Institute, settembre 2016.

potenziamento con l'introduzione in servizio di due nuovi Dolphin 2 (che diventeranno tre nel 2019), dotati di propulsione Aip a celle a combustibile. Ma i sottomarini sono considerati armi strategiche e rientrano nella pianificazione complessiva delle Forze armate israeliane. La piccola flotta di superficie non ha ricevuto nuove unità maggiori dagli anni Novanta. Solo nel 2015 sono state ordinate in Germania quattro corvette di nuova generazione che avranno il compito di proteggere le riserve di gas. Se Israele vuole attuare una grande strategia mediterranea, che comprenda il Mar Rosso, dovrà potenziare le sue capacità navali, dotandosi di navi d'altura in grado di operare lontano dalle proprie coste, anche per far fronte alle Marine egiziana e turca (in prospettiva anche la saudita). Una parte dei proventi della vendita di gas potrebbe essere destinata a questo scopo, ma finora non sembra essere questo l'orientamento della dirigenza israeliana.

LA PARTITA DEL GAS NEL MEDITERRANEO ORIENTALE

I nuovi giacimenti offshore *nel Levante aprono scenari inediti. L'Europa è il naturale mercato di sbocco. Per Israele e Cipro si aprono tre opzioni, tra cui l'esportazione diretta in Italia via gasdotto. L'importanza di Zohr.*

di *Giampaolo* CANTINI *e Michelangelo* CELOZZI

1. LE RECENTI SCOPERTE DI IMPORTANTI giacimenti *offshore* nel Mediterraneo orientale (Levante) si inseriscono in un quadro di grandi cambiamenti in atto nel mercato mondiale dell'energia: cresce il ruolo del gas nel mix energetico e cresce la componente gnl (gas naturale liquido) al suo interno, fino a un prevedibile livello del 50% attorno al 2035. La crescita del gnl aggiunge liquidità e flessibilità al mercato del gas, con una forte complementarità con il gas trasportato via gasdotti.

Tali trasformazioni offrono l'opportunità di sviluppare mercati regionali del gas, con meccanismi di *governance* e progetti infrastrutturali comuni. Tutto ciò richiede una chiara visione condivisa, una forte determinazione politica, una marcata componente di cooperazione regionale e di progressiva integrazione di mercati dell'energia.

Realizzare questo disegno nel Mediterraneo orientale, l'area forse più turbolenta e conflittuale del pianeta, appare difficile ma non irrealistico. Lo sviluppo del gas del Levante comporta una forte interdipendenza sul piano oggettivo, che interseca e supporta la soluzione di questioni e crisi aperte (l'accordo per una soluzione federale a Cipro; la delimitazione delle Zone economiche esclusive di Cipro, Turchia, Libano, Israele; in prospettiva la pace, la stabilizzazione e la ricostruzione della Siria e della Libia), e una conseguente cooperazione sul piano dell'attuazione operativa.

Vi sono grandi opportunità in termini di sviluppo e di sicurezza: lo sviluppo di un mercato del gas nel Mediterraneo, la possibilità di concordare regole comuni e un meccanismo di *governance* basato sull'esperienza dell'Unione Europea; la definizione di progetti infrastrutturali d'interesse comune tra i paesi della regione, il maggiore importatore mondiale di gas (l'Ue) e alcuni tra i maggiori attori non regionali (Russia e Qatar *in primis*).

Sarebbe opportuno l'avvio di un dibattito, a livello politico, economico e di sicurezza, tra tutti i soggetti coinvolti (governi, imprese e altri operatori internazionali). Da lì si può immaginare la costituzione di un foro, con un supporto tecnico per la gestione di riunioni ai vari livelli, ospitate a rotazione. Il foro a sua volta – aperto alla partecipazione di soggetti anche non regionali – dovrebbe definire un piano per lo sviluppo delle infrastrutture energetiche regionali (reti e sistemi di trasporto), monitorato e aggiornato periodicamente sulla base dei risultati, articolato in gruppi di progetti coordinati per contribuire al conseguimento di obiettivi concreti.

Lo scenario energetico di riferimento mondiale è cambiato profondamente negli ultimi cinque anni, mutando il ruolo dell'energia per la sicurezza e lo sviluppo. Nel nuovo contesto si sono inserite le recenti scoperte di gas nel bacino del Levante [1], che se valorizzate in uno schema euro-mediterraneo potrebbero divenire strategiche per la sicurezza e lo sviluppo regionale. Lo scenario energetico è cambiato per l'evoluzione delle tecnologie di estrazione degli idrocarburi (*shale*, *tight* e idrati [2]), con effetti sull'economia, sulla geopolitica e sulla sicurezza di tutti i paesi, in particolare di quelli euro-mediterranei, più vulnerabili in questa fase di transizione.

Fugate le preoccupazioni sulla durata delle riserve di idrocarburi, che non sono più una minaccia per lo sviluppo mondiale, è emersa la criticità della sicurezza dei sistemi di trasmissione [3], per l'integrazione delle nuove risorse (gas e rinnovabili) nel sistema energetico ed economico regionale.

2. La «rivoluzione» è iniziata negli Stati Uniti nel 2012, con l'avvio della produzione di *shale gas*. Le nuove tecnologie di estrazione hanno reso tecnicamente ed economicamente sfruttabili nuove risorse, sino ad allora ritenute marginali, aprendo nuovi orizzonti per la produzione di energia.

Fra il 2000 e il 2011 si è verificata un'ascesa dei prezzi del petrolio, causata dalla sfiducia dei mercati in un riequilibrio fra domanda e offerta. Il 2012 ha segnato l'inversione di tendenza per i prezzi, per la prima volta non influenzati dall'instabilità mediorientale. I prezzi del petrolio sono crollati dai 94-111 dollari al barile [4] del 2012 ai 49-54 dollari del 2015, sconvolgendo l'economia dei principali paesi produttori, dalla Russia al Golfo. Già nel 2015 gli Stati Uniti erano al primo posto per la produzione di petrolio (seguiti da Arabia Saudita e Russia) e di gas, di cui

1. Bacino del Mediterraneo orientale situato fra le coste di Egitto, Cipro, Israele, Palestina, Libano, Siria, Turchia.

2. «Japan Strikes "Flammable Ice" in New Offshore Test Well», *Financial Times*, 4/5/2017. Gli idrati di metano rappresentano quantitativi stimati tra 1 e 5 milioni di miliardi di mc (fonte Iea), pari a 300-1.500 anni di consumo.

3. La trasmissione comprende principalmente: il trasporto a lungo raggio (i gasdotti ad alta pressione e gli elettrodotti ad altissima tensione in corrente continua/alternata), il dispacciamento delle risorse per il mercato, il bilanciamento dei flussi di potenza e di energia.

4. Questo e gli altri dati successivi sono tratti dalla serie BP Energy Outlook (per le previsioni) e dalla serie BP Statistical Review of World Energy (per i dati statistici).

rappresentano da soli il 22% della produzione globale, contro il 17,4% del Medio Oriente e il 16,1% della Russia.

In questo contesto si inserisce la scoperta di nuove riserve di gas nel bacino del Levante (*carta a colori 6 dell'editoriale*), ma anche in Iran e in Turkmenistan.

Al 2035 quasi la metà della domanda globale di energia sarà coperta dalle fonti rinnovabili e dal gas naturale, a discapito di carbone e petrolio. Una rivoluzione che riguarda la struttura stessa del mercato: l'ampia diversificazione geografica delle risorse, prima concentrate in pochi paesi, con l'aumento delle esportazioni dall'Australia e dagli Stati Uniti verso il Giappone, che spostano le esportazioni del Qatar verso l'Europa, con un effetto domino in questa direzione; lo sviluppo dei sistemi di trasporto, con la convergenza dei mercati gnl e pipeline e l'apertura di nuovi settori di utilizzo finale del gas (per esempio, trazione navale); la segmentazione dei mercati, in funzione della distanza fra centri di produzione e di consumo e livello di sviluppo e integrazione di reti e gnl; lo sviluppo di mercati spot con maggiore flessibilità rispetto all'andamento temporale delle curve di domanda e alla loro integrazione, contendibilità, competitività, liquidità, strumenti di incontro domanda/offerta analoghi a quelli del petrolio.

Al 2035 la componente gnl rappresenterà il 50% delle forniture globali di gas, rispetto all'attuale 32%. Lo sviluppo del settore *gas-to-power* determinerà forti interdipendenze fra le filiere gas ed elettricità, che comprendono le fonti rinnovabili, l'integrazione fra i modelli di business e la convergenza dei relativi mercati. L'Ue resta il più grande importatore mondiale di gas, con importazioni per 350 bcm/a (milioni di metri cubi all'anno), destinati ad aumentare.

Per i prossimi anni si possono prospettare alcune linee di tendenza. Non sussistono le condizioni per una nuova risalita dei prezzi, il cui livello nel medio termine dovrebbe stabilizzarsi fra i 50 e i 60 dollari al barile, pur restando un fattore chiave per l'economia dei paesi esportatori come Russia, Arabia Saudita e Qatar, e per le economie in fase di sviluppo della riva Sud e Sud-Est del Mediterraneo.

Inoltre, la diversificazione delle risorse, con l'accresciuto ruolo del gas e lo sviluppo delle rinnovabili, darà luogo a un nuovo mix energetico di riferimento (gas-rinnovabili) al 2035, che richiederà lo sviluppo delle infrastrutture energetiche di trasmissione.

3. L'energia assume un ruolo chiave per la sicurezza e lo sviluppo regionali. La criticità si sposta dalla produzione, che non è più un vincolo, ai sistemi di trasmissione di gas ed elettricità, in particolare alla *governance* delle infrastrutture, per garantire la sicurezza e l'efficienza degli scambi internazionali.

È un cambio di paradigma che richiede un nuovo approccio alla sicurezza di sistema [5], dall'indipendenza dalle importazioni all'indipendenza della *governance* dei sistemi di trasmissione, che impatta anche sui modelli di difesa, per la gestione dei rischi dei sistemi integrati non governabili da singoli paesi (ad esempio le mi-

5. J. Morecroft, *Strategic Modelling and Business Dynamics: A Feedback Systems Approach*, 2015, Wiley.

nacce informatiche). Il modello di *governance*, ossia l'insieme di regole condivise per lo sviluppo e la gestione del sistema energetico integrato (interconnessioni e rotte del gas) e per la proprietà degli asset critici (reti e terminali gnl), dovrà essere compatibile (non identico) con il modello di *governance* dell'Ue, come mercato di riferimento regionale, sulla base dell'esperienza di gestione di situazioni di crisi (Ucraina, Opal) e della regolamentazione dei mercati interni dei paesi non Ue.

Lo sviluppo di un nuovo quadro di regole rappresenta una priorità per la sicurezza regionale. Le aree di applicazione delle regole condivise devono considerare l'allocazione della capacità di trasporto sulle interconnessioni secondo princìpi di tutela della concorrenza e del mercato, la gestione delle congestioni nel caso di flussi di mercato esuberanti rispetto alla capacità di trasporto disponibile, il bilanciamento dei flussi sulle reti interconnesse nel rispetto degli impegni contrattuali di una molteplicità di operatori, l'interoperabilità delle reti e l'armonizzazione delle tariffe di trasmissione ad evitare distorsioni dei prezzi di mercato (dazi).

Le infrastrutture energetiche rappresentano un interesse comune e concreto. Gli investimenti in infrastrutture energetiche di interconnessione sono in grado di produrre effetti già nel breve termine, perché riflettono esigenze di sicurezza e sviluppo comuni, essenziali per la stabilizzazione del quadro politico regionale, con ricadute in termini di occupazione e attrazione di investimenti esteri. L'avvio degli investimenti richiede la condivisione preliminare di una strategia di sviluppo orientata a progetti concreti e comuni e costituisce un elemento facilitatore della soluzione di crisi e conflitti.

L'integrazione è la logica di sviluppo dei sistemi a rete (gas, elettricità), che consente la condivisione di risorse primarie (fonti di energia, capitali), in cui la prima sfida è l'interdipendenza (garanzie mutue a fronte di obbligazioni reciprocamente assunte). Gli investimenti infrastrutturali sono precursori di rapporti di cooperazione internazionale, poiché richiedono accordi formali fra Stati per superare problematiche territoriali e ostacoli normativi.

4. Nell'ultimo decennio sono state effettuate scoperte rilevanti di giacimenti di gas naturale *offshore* nel Mediterraneo orientale, principalmente nelle Zone economiche esclusive (Zee) dell'Egitto (Zohr), di Israele (Tamar e Leviathan) e Cipro (Aphrodite). Il complesso delle riserve provate di gas *offshore* nella regione è pari a circa 3.500 bcm e le risorse stimate dell'ordine di 10 mila bcm[6]. Ulteriori riserve si troverebbero al largo della striscia di Gaza, delle coste libanesi e siriane. Ciò potrebbe essere rilevante nel quadro di un processo di stabilizzazione e ricostruzione post-conflitto.

Tali risorse, pur non alterando sostanzialmente il mercato mondiale del gas, assumono un valore strategico per i paesi dell'area, in termini economici e di sviluppo, ma anche geopolitici, a fini di cooperazione e stabilizzazione. Altri attori

6. I dati relativi al Bacino del Levante sono tratti da «Assessment of Undiscovered Oil and Gas Resources of the Levant Basin Province, Eastern Mediterranean», U.S. Geological Survey, marzo 2010.

non strettamente regionali (come Russia e Qatar) hanno a loro volta un interesse elevato in questi sviluppi, con l'obiettivo di posizionarsi e anticiparne le dinamiche.

Le risorse di gas avranno anzitutto un forte impatto per la copertura dei consumi dei paesi dell'area. Questo è vero soprattutto per l'Egitto: il maxigiacimento di Zohr, la cui produzione dovrebbe iniziare a fine 2017, potrà soddisfare la domanda interna e liberare importanti risorse valutarie e di bilancio. Tra il 2020 e il 2025 l'Egitto potrebbe riacquistare una capacità d'esportazione nel mercato gnl [7].

Israele ha già raggiunto l'autosufficienza grazie al giacimento di Tamar. Cipro e Libano – qualora le attività esplorative ne confermino le disponibilità – potrebbero disporre di gas in misura eccedente la domanda interna.

L'entità, provata e stimata, delle risorse è tale da creare inoltre un forte potenziale di esportazione, soprattutto verso l'Ue. Israele può trarre un valore geopolitico elevato dalla capacità di esportazione derivante dal giacimento di Leviathan, che ha risorse provate ingenti (620 bcm) e la cui produzione inizierà nel 2019, anzitutto aumentando le forniture alla Giordania. La filiera *gas to power* è fondamentale per paesi, come la Giordania e il Libano, con crescente domanda interna di elettricità e acqua e consumi drammaticamente aumentati per effetto del massiccio afflusso di rifugiati siriani.

La disponibilità di elettricità e acqua è vitale in Palestina, soprattutto a Gaza, che deve fare i conti con una drammatica sovrappopolazione e con l'isolamento anche rispetto alla Cisgiordania. Potrebbe essere risolutivo lo sfruttamento dei due giacimenti di Gaza Marine, le cui riserve (pur non ingenti, 36 bcm), sono tali da soddisfare la domanda interna dei Territori. La questione di Gaza Marine è però assai complessa dal punto di vista strettamente politico (inclusi i rapporti tra Autorità palestinese e Ḥamās) e per una serie di questioni che condizionano la gestione dell'energia nei Territori [8].

L'Egitto, dopo il soddisfacimento della domanda interna, potrebbe facilmente accedere ai mercati regionali e internazionali utilizzando la capacità produttiva attualmente inutilizzata (terminali di Idkū e Damietta).

Per Israele e Cipro si prospettano tre opzioni: il collegamento ai terminali egiziani, per accedere al mercato regionale del gnl e in particolare al mercato italiano, con una interconnessione dei giacimenti del bacino; l'esportazione verso la Turchia, attraverso un gasdotto sottomarino (circa 600 chilometri, fondali non profondi) per integrarsi con la rete di gasdotti internazionali in fase di completamento (Azerbaigian-Turchia, Tanap attraverso la Turchia, Tap verso l'Italia), cui anche la Russia vorrebbe collegarsi (attraverso il futuro TurkStream); l'esportazione diretta verso l'Italia, attraverso un gasdotto di circa 1.900 chilometri (di cui 1.300 sottomarini) dal Leviathan ad Aphrodite e da lì alla Grecia continentale, via Creta.

7. L'Egitto dovrà tuttavia proseguire il processo di modernizzazione del suo sistema energetico.
8. Richiede il consenso di Israele alle attività esplorative; Shell, che ha rilevato Bp cui era stata concessa una licenza nel 1999, è nel frattempo uscita dal consorzio; Israele ha interesse a mantenere la propria fornitura di elettricità ai Territori e, nel caso di produzione di Gaza Marine, a integrarlo nell'attuale sistema di forniture (attraverso il polo di Ashkelon).

La prima opzione è compatibile con la seconda e la terza. La seconda e la terza difficilmente potrebbero coesistere. Il ricorso ai terminali di gnl egiziani è l'opzione più percorribile, non appena i giacimenti entreranno in produzione. A tal fine Cipro e Israele hanno già concluso intese con l'Egitto, per creare una rete integrata di gasdotti sottomarini a livello di bacino.

La seconda opzione (gasdotto verso la Turchia) è tecnicamente ed economicamente fattibile (lunghezza, profondità dei fondali). Inoltre la Turchia è un forte importatore di gas (circa 48 bcm/a) e ha interesse a diversificare le importazioni (oggi dipendenti fortemente dalla Russia). Questa opzione è però condizionata dagli sviluppi dei rapporti turco-israeliani e in generale dagli orientamenti delle politiche di Ankara. La realizzazione di un gasdotto Israele-Cipro-Turchia richiederebbe inoltre un accordo per una soluzione federale a Cipro (che permetterebbe un'intesa tra le due comunità sulla ripartizione delle risorse e delle rotte di transito dei gasdotti [9]) e la capacità della Turchia di sviluppare un hub gasiero regionale (diversamente il gasdotto servirebbe quasi esclusivamente il mercato interno turco).

La terza opzione è oggetto di uno studio di pre-fattibilità del consorzio Igi Poseidon (composto da Edison e dalla compagnia greca Depa), con il contributo finanziario della Commissione europea. Un successivo studio ingegneristico (probabilmente finanziato anch'esso dalla Commissione) fornirà le risposte alle questioni ancora aperte, sulla base delle analisi batimetriche e geosismiche. Anche l'East Med, al pari del gasdotto Israele-Turchia, dovrà affrontare le problematiche politiche relative al negoziato di Cipro.

Finora il governo israeliano si è mostrato aperto a tutte e tre le opzioni [10], ma intese effettive sono state concluse solo riguardo ai terminali egiziani per l'accesso ai mercati gnl.

5. L'Ue ha un ruolo chiave nello sviluppo del gas del Levante. Le importazioni europee di gas sono infatti stimate in crescita, per il maggior ruolo del gas nel mix energetico europeo e per la diminuzione della produzione interna (Norvegia, Regno Unito, Paesi Bassi) [11]. Rispetto ai 350 bcm/a che l'Ue importa (che in periodi di crescita economica possono salire a 400-450 bcm/a), alcune stime valutano una domanda addizionale compresa fra 40 e 60 bcm/a [12].

Il gas del Levante potrebbe fornire un contributo alla copertura di tale domanda addizionale, prudenzialmente stimato in un ordine di grandezza di 20 bcm/a. Si tratterebbe di un contributo significativo, di per sé sufficiente a evitare il raddoppio del Nord Stream 2, equilibrando un eccesso di dipendenza dalla Russia tramite il

9. Distinta è invece la questione delle rivendicazioni della Turchia sulle attività esplorative condotte su licenza della Repubblica di Cipro nel giacimento di Aphrodite.
10. «Israel's Gas Can Be Transferred to Turkey in 2 to 3 years», *Daily News*, 28/4/2017.
11. «EU Reference Scenario 2016. Energy, Transport and GHG Emissions Trends to 2050», secondo cui la produzione interna Ue di gas tenderà a dimezzarsi nei prossimi decenni.
12. «Pipelines and Pipedreams: How the EU Can Support a Regional Gas Hub in the Eastern Mediterranean», European Council on Foreign Relations, 21/4/2017, p. 17.

mercato tedesco. La possibilità che il gas del Levante venga trasportato sui mercati Ue attraverso rotte e modalità complementari (gasdotti e gnl) costituirebbe un plus in termini di flessibilità e liquidità del mercato.

Obiettivo prioritario dell'Ue dovrebbero essere in ogni caso il presidio della *governance* delle rotte del gas nel Mediterraneo come risorsa chiave della sicurezza e dello sviluppo regionale, coniugando un interesse comune delle due rive.

La Russia appare intenzionata a partecipare agli sviluppi in corso. Sebbene i volumi dei nuovi giacimenti non siano tali da modificare la sua posizione dominante, è la natura del mercato che cambia, con il potenziale di crescita del gnl. Indicativi, a questo riguardo, sono l'acquisizione da parte di Rosneft' (dicembre 2016), da Eni, del 30% dei diritti della concessione di Šurūk (Zohr), nonché il memorandum firmato dalla stessa Rosneft' con la compagnia petrolifera nazionale libica Noc nel febbraio 2017. Nello stesso periodo Mosca ha rilanciato il progetto Turkstream con la Turchia. Compagnie russe stanno anche partecipando alle gare per le attività di esplorazione *offshore* lanciate dal governo libanese. In linea con l'accresciuto ruolo geopolitico della Russia nel Mediterraneo, le *major* russe sono alla ricerca di un posizionamento tra gli attori chiave di un possibile sviluppo del gnl nel Mediterraneo, anche al fine di condizionarne le dinamiche.

Un altro attore chiave è il Qatar, attuale leader del mercato gnl, destinato a fronteggiare il ruolo crescente dei nuovi concorrenti globali (Stati Uniti e Australia)[13]. È verosimile che il Qatar adotti una strategia di alleanze e partecipazioni, per aumentare l'efficienza della sua catena di rifornimento e la propria capacità produttiva. Per compensare la prevista riduzione della sua quota di mercato (specie in Giappone), la direttrice prioritaria di sviluppo è l'Europa, passando per il Mediterraneo (Egitto, Libia, Italia). Lo dimostrano gli sviluppi in corso: in Italia, Qatar Petroleum detiene una quota del 20% del rigassificatore di Rovigo; in Egitto, attraverso la partecipazione in Rosneft', il fondo sovrano del Qatar è entrato con Eni nella coltivazione del giacimento di Zohr e quindi nel sistema del gas egiziano; in Libia, già esportatrice di gas in Italia e interessata ad aumentare la capacità produttiva, il Qatar potrebbe incontrare nuovamente Eni e Rosneft' (sono interessati direttamente anche gli Emirati Arabi Uniti).

È evidente una forte interdipendenza oggettiva, tra i paesi della regione, per lo sviluppo del gas del Levante. Un ricorso «autarchico» dei singoli paesi ai propri rispettivi giacimenti è escluso, anzitutto per ragioni economiche, di redditività degli investimenti che sarebbero richiesti per la produzione e l'infrastrutturazione. Inoltre, l'Egitto non potrebbe diventare un attore del mercato gnl se i suoi terminali non venissero utilizzati anche da Israele e Cipro; Israele non potrebbe esportare gas via tubi verso la Grecia o la Turchia senza un accordo intercomunitario a Cipro che includesse la ripartizione dei proventi di Aphrodite; lo sviluppo delle risorse di Cipro è a sua volta subordinato, per definizione, alla conclusione di un accordo tra

13. Si prevede che l'Australia triplichi la propria capacità produttiva entro il 2020, diventando a medio termine il primo esportatore mondiale di gnl.

le due comunità; per il Libano, è pendente una controversia con Israele per una Zee di 854 kmq, la cui soluzione richiederebbe una mediazione internazionale, data l'assenza di relazioni diplomatiche tra i due paesi.

Le interdipendenze oggettive però non sono sufficienti, tanto meno nel caso del Levante. Occorrono intese, progetti comuni, la definizione di regole e meccanismi che portino alla creazione e allo sviluppo di mercati integrati, con possibili effetti positivi sulla soluzione delle crisi regionali. La vera sfida del gas del Levante, in altri termini, riguarda la capacità e la volontà di governare le opportunità e i processi, prima che le nuove risorse e le infrastrutture diventino esse stesse parte del problema, invece che della soluzione.

COSÌ MOSCA È TORNATA MEDITERRANEA

di *Mauro* DE BONIS *e Pietro* FIGUERA

Attratta dai vuoti di potenza prodotti dal crescente disimpegno americano, dopo la crisi ucraina la Russia riscopre l'importanza della sua proiezione nelle acque calde. Ragioni e metodi della penetrazione in Siria. L'intesa con l'Egitto e l'influenza in Libia.

1. LA RUSSIA TORNA NEL MAR MEDITERRANEO da attore protagonista, almeno nelle intenzioni del Cremlino. Il ritrovato slancio russo verso il *Mare nostrum*, dopo quello iniziale dei primi anni Duemila, è in realtà il risultato di una complicata sequenza di fattori, spesso in contraddizione tra di loro. Il parziale disinteresse occidentale per le sorti della regione e di molti punti di criticità che contiene ha certamente spinto Mosca a tentare di occuparne i vuoti d'influenza, così come di recuperare gli interessi perduti in alcuni dei paesi sconvolti dal trambusto delle primavere arabe d'inizio decennio. Il tutto nell'ottica di riportare la Federazione Russa a contare nel mondo, soprattutto in una zona abbandonata giocoforza dopo l'ingloriosa disfatta dell'impero sovietico. Una chiave di lettura questa legittima ma parziale, che suggerisce una precisa e ben studiata strategia di recupero di potenza non troppo soggetta alle pressioni geopolitiche degli avversari, Stati Uniti in testa.

Inquadrando i recenti disegni mediterranei del Cremlino da un altro punto di vista, si percepisce invece come l'impegno russo nella regione sia soprattutto dettato in risposta ad altrui scelte. Mosca non può non intervenire in Siria e farsi privare dell'unico vero alleato con relative basi militari. Così come non può fare a meno di recuperare la Crimea e il vitale porto di Sebastopoli, dopo aver smarrito le chiavi di Kiev, pena in questo caso perdere il controllo del Mar Nero e la sua essenziale proiezione mediterranea, oltre che energetica. La strategia di sicurezza nazionale così come la dottrina militare, concepite da Mosca dopo l'inizio della crisi ucraina e il conseguente tracollo delle relazioni con l'Occidente, identificano nella Nato la minaccia maggiore per la sicurezza interna ed esterna della Federazione e delle sue sfere d'influenza nei territori ex sovietici. Il Cremlino ha bisogno di stoppare quello che percepisce come un assedio, di deviare l'attenzione e alleggerire la morsa occidentale, impegnando l'avversario anche altrove a difesa dei suoi interessi meridionali.

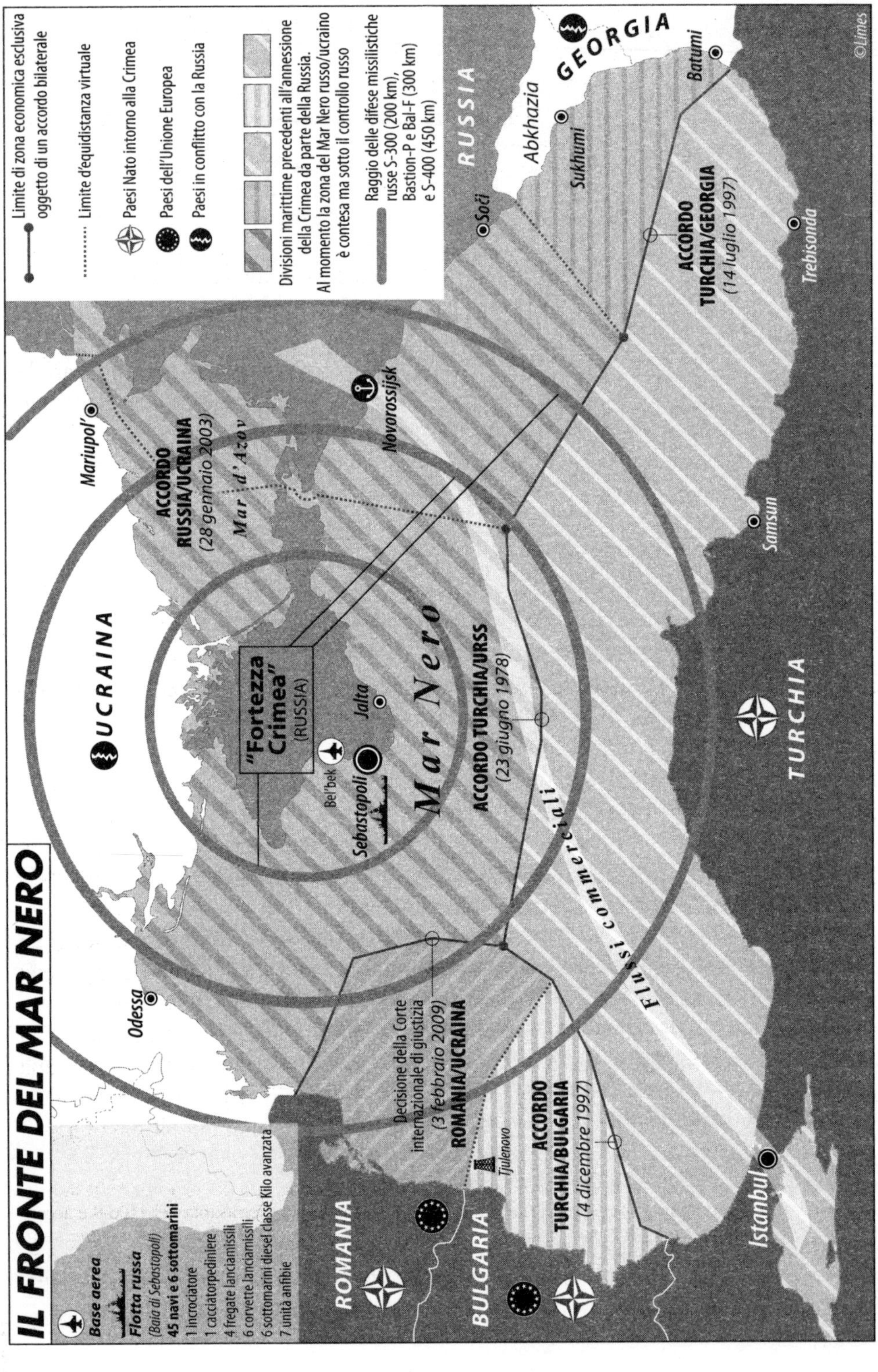
IL FRONTE DEL MAR NERO
Base aerea
Flotta russa
(Baia di Sebastopoli)
45 navi e 6 sottomarini
1 incrociatore
1 cacciatorpediniere
4 fregate lanciamissili
6 corvette lanciamissili
6 sottomarini diesel classe Kilo avanzata
7 unità anfibie
Limite di zona economica esclusiva oggetto di un accordo bilaterale
Limite d'equidistanza virtuale
Paesi Nato intorno alla Crimea
Paesi dell'Unione Europea
Paesi in conflitto con la Russia
Divisioni marittime precedenti all'annessione della Crimea da parte della Russia.
Al momento la zona del Mar Nero russo/ucraino è contesa ma sotto il controllo russo
Raggio delle difese missilistiche russe S-300 (200 km), Bastion-P e Bal-F (300 km) e S-400 (450 km)
UCRAINA
RUSSIA
GEORGIA
Abkhazia
ROMANIA
BULGARIA
TURCHIA
Odessa
Mariupol'
Novorossijsk
Soči
Sukhumi
Batumi
Trebisonda
Samsun
Istanbul
Tjulenovo
Sebastopoli
Bel'bek
Jalta
"Fortezza Crimea"
(RUSSIA)
Mar Nero
Mar d'Azov
Flussi commerciali
ACCORDO RUSSIA/UCRAINA
(28 gennaio 2003)
ACCORDO TURCHIA/URSS
(23 giugno 1978)
ACCORDO TURCHIA/GEORGIA
(14 luglio 1997)
ACCORDO TURCHIA/BULGARIA
(4 dicembre 1997)
Decisione della Corte internazionale di giustizia
(3 febbraio 2009)
ROMANIA/UCRAINA
©Limes

Messa all'angolo la Russia flette i muscoli nel Mediterraneo. Ripristina una fondamentale collaborazione con la Turchia di Erdoğan, padrone delle vie d'acqua che permettono a Mosca di raggiungere il *Mare nostrum*, e si lancia a stringere alleanze strategiche nel Nordafrica. Soprattutto, imbastisce tra Mar Nero e coste siriane una poderosa strategia difensiva, a completare quella messa a punto tra Mar Baltico ed Europa orientale, e che servirà a contenere la stretta atlantica, potenziare la statura geopolitica di Mosca e mandare un messaggio chiaro agli interessati: tornata nel *Mare nostrum* la Russia intende restarci.

«Stiamo procedendo al dispiegamento di una forza navale nel Mediterraneo», chiarisce il presidente russo Putin già nel 2013. In una regione che il capo del Cremlino definisce strategicamente importante, dove gli interessi russi sono connessi alla sicurezza della Federazione e dove quindi «stiamo pensando di creare le condizioni per una presenza navale permanente» [1]. Spinta nel sempre agognato bacino a difesa di se stessa, dei suoi amici e dei suoi interessi economici e strategici, Mosca decide di prendere la palla al balzo e tentare un approdo sicuro, usando quanto ha a disposizione al momento, con l'obiettivo ultimo di non lasciare che il ritrovato nemico occidentale continui da solo a dettar legge nella regione e a farsi trovare pronta quando nelle calde acque mediterranee toccherà fare i conti anche con Pechino.

2. È millenaria la storia dei rapporti tra la Russia e il Mediterraneo. Risalgono infatti alla Rus' di Kiev e alla conversione di Vladimiro al cristianesimo ortodosso (988) i primi contatti tra russi e bizantini di cui si ha notizia. Dapprima dovuti alle affinità religiose e ai primi pellegrinaggi russi in Terrasanta [2], tali contatti saranno poi retti da ambizioni più materiali, come la possibilità di commerciare nei mesi invernali attraverso i tanto desiderati mari caldi.

La penetrazione dei russi nel bacino mediterraneo ha una battuta d'arresto con la formidabile ascesa degli ottomani, che a partire dalla conquista della «Seconda Roma» (1453) sbarrano agli europei l'accesso al Mar Nero e ai russi quello al Mediterraneo. Ne conseguono diversi conflitti, fino alle soglie del Novecento, nei quali prevalgono quasi sempre i russi [3]. Con il declino ottomano, a contrastare le velleità espansive del nascente impero russo sono i britannici, equilibratori per natura e massimi sponsor dello status quo mediterraneo, almeno dall'èra napoleonica. Una strategia che prolunga artificialmente la vita dell'impero ottomano fino alla prima guerra mondiale, ma che soprattutto taglia le gambe ai più arditi progetti zaristi: la conquista di Car'grad (il nome di Costantinopoli prediletto dai circoli slavofili) e il

1. «Russia Sees Permanent Presence in Mediterranean», *The Brics Post,* 9/6/2013, goo.gl/C7D8hq
2. «Uno dei primi pellegrini, l'igumeno Daniele, fece un pellegrinaggio in Terrasanta nel 1106-8 e accese una lampada al Santo Sepolcro in nome di tutte le terre russe. Secondo vari studiosi russi, la sua descrizione del pellegrinaggio, intervallata da meditazioni religiose, fu letta per diversi secoli ed ebbe un forte impatto sulla coscienza nazionale del popolo russo», A. Kreutz, *Russia in the Middle East: Friend or Foe?*, Westport 2007, Praeger Security International.
3. D. Santoro, «Erdoğan contro Putin, la grande sfida dei due imperatori», *Limes*, «Il mondo di Putin», n. 1/2016, p. 169.

conseguente controllo degli Stretti, unica porta d'accesso russa al Mediterraneo. In tale azione i britannici sono affiancati, a fasi alterne, da francesi e austriaci (si vedano la guerra di Crimea del 1853-56 e il Congresso di Berlino del 1878).

Sono gli anni dell'apertura del Canale di Suez e il Mediterraneo riacquista la centralità geopolitica perduta con la scoperta delle Americhe. Mentre l'ideologia imperialista attecchisce sempre più nelle cancellerie europee, non ultima San Pietroburgo, sempre ansiosa di farsi riconoscere come partner di primo rango nei circoli diplomatici continentali. La «questione d'Oriente», espressione con cui si identifica il groviglio di dispute e interessi relativi all'imminente implosione dell'impero ottomano, dai Balcani alla Terrasanta, si conclude formalmente con la Grande guerra. O meglio con la rivoluzione d'Ottobre, che vanifica i secolari sforzi russi di conquista degli Stretti, malgrado Sazonov, ministro degli Esteri zarista, sia coinvolto negli accordi Sykes-Picot (1916).

I trattati sono denunciati, l'imperialismo aborrito dalla nuova ideologia dei bolscevichi. Salvo poi pentirsene quando, a guerra civile finita e soprattutto ad Armata Rossa rafforzata, il pragmatismo da grande potenza riprende il posto dei sogni di rivoluzione globale. Solo la vittoria nella seconda guerra mondiale e il conseguente ordine bipolare danno a Mosca un'altra chance di rientrare nel Mediterraneo. Stavolta non più tramite acquisizioni territoriali dirette (nonostante un timido tentativo da parte di Molotov e Stalin in Tripolitania)[4], bensì con l'appoggio ai regimi nazionalisti arabi di nuova indipendenza e privi di fiducia verso gli ex colonizzatori, specie dopo la crisi di Suez. Benché tali alleanze siano frutto di un relativo opportunismo, e non dettate, da parte araba, da una reale attrazione verso l'ideologia comunista[5], il loro sviluppo consente per la prima volta a Mosca di esercitare una vera influenza politica al di là del mondo slavo o dei territori direttamente confinanti.

Non è un caso se, con la caduta del Muro di Berlino, tra i meno entusiasti per il nuovo corso globale figurano parecchi governi mediorientali (in particolare Damasco, Il Cairo e Tripoli, per restare al solo Mediterraneo). Tra i principali timori, la cessazione degli aiuti sovietici, l'apertura di Gorbačëv a Israele e l'inizio dell'unilateralismo a stelle e strisce. A riprova della fondatezza di quest'ultimo ecco la guerra del Golfo (in cui la nascente Federazione Russa gioca un ruolo tardivo e marginale), a chiarire a chi appartengano la leadership e l'iniziativa nella regione. Mentre litiga coi vecchi partner mediterranei, i quali faticano a riconoscerne l'eredità sovietica, la Russia di El'cin intraprende un decennio altalenante, scandito a Mosca dagli avvicendamenti dei ministri degli Esteri (dall'atlantista Kozyrev al più pragmatico Primakov), e da eventi, come le guerre in ex Jugoslavia, che minano la fiducia del Cremlino verso i partner occidentali.

Con l'avvento di Putin e la relativa stabilizzazione dell'economia interna, la Russia torna a rivestire rilevanza nel Mediterraneo. Specie da quando le insoddisfa-

4. P. Figuera, *La Russia nel Mediterraneo: ambizioni, limiti, opportunità*, Roma 2016, Aracne Editrice.
5. K.C. Ellis, «Soviet Relations with South Asia and the Middle East: An Assessment», in *Domestic Determinants of Soviet Foreign Policy Towards South Asia and the Middle East*, a cura di H. Malik, London 1990, Macmillan.

zioni reciproche con i partner occidentali (nonostante la comune lotta al terrorismo) spingono il Cremlino a ritagliarsi un ruolo più autonomo e assertivo, nonché maggiormente indirizzato al perseguimento del proprio interesse nazionale piuttosto che di una generica armonia globale.

3. La prima preoccupazione del Cremlino è quella di mettere in sicurezza la Federazione Russa, minacciata dalle forze atlantiche a ridosso dei suoi confini occidentali, dal Baltico al Mar Nero. Una partita difficile da giocare e che dopo l'inizio della crisi siriana si sposta nel campo mediterraneo. Mosca non può permettere che il suo alleato di Damasco venga rovesciato, perdendo in questo modo un puntello essenziale nel bacino orientale, ma aspetta il 2015 per entrare militarmente al suo fianco, quando le forze governative siriane sono allo stremo, incalzate da uno Stato Islamico in piena ascesa. E dopo aver subìto lo smacco ucraino e recuperato la Crimea, costretta anche a difendere il suo mare caldo e la valenza strategica ed economica che riveste.

Gli interessi russi nel *Mare nostrum* hanno poco senso se la Russia perde d'influenza nel Mar Nero. Un bacino che Mosca coabita con tre paesi targati Nato, ovvero Turchia, Bulgaria e Romania, più altri due con cui non ha rapporti propriamente amichevoli, Georgia e Ucraina. Queste acque sono già Mediterraneo per i russi, e non perché abbiano letto il terzo libro delle *Storie* di Polibio, dove lo storico greco colloca l'estremità orientale del *Mare nostrum* sul Tanais, ovvero sull'odierno Don quando si butta nel Mar d'Azov [6]. Lo sono semplicemente perché piattaforma unica ed essenziale per catapultare gli interessi russi nelle acque che bagnano Medio Oriente, Nordafrica e il Sud del Vecchio Continente. E in quanto cardine difensivo per la sicurezza dei confini meridionali del paese.

È per questo che il Cremlino decide di rendere la Crimea una fortezza inespugnabile. Qui intraprende un programma di riarmo a lungo periodo per la creazione di una zona cosiddetta A2/AD (*anti-access/area-denial*), un'operazione strategica tesa a limitare l'accesso e la libertà di azione a qualunque forza ostile [7]. Nella penisola russa vengono dislocati i più avanzati sistemi missilistici di difesa e la flotta rimodernata e rafforzata con sottomarini e navi di ultima generazione secondo le linee del piano, e degli oltre 2,4 miliardi di dollari stanziati, concepito dal Cremlino già nel 2014. Sebastopoli possiede così un'armata con una potenza d'interdizione e di fuoco straordinarie, che nel settembre scorso strappano al generale Gerasimov l'entusiastica affermazione di avere la Russia riconquistato finalmente la supremazia nel Mar Nero [8].

Egemonia basilare che permette al Cremlino una proiezione concreta nelle vicine acque del Mediterraneo orientale, dove la stessa strategia difensiva viene

6. A. Mastino, «Trasporti marittimi nel Mediterraneo antico», Atti del Convegno su «La continuità territoriale della Sardegna: passeggeri e merci, low cost e turismo», Sassari, 28/11/2014, goo.gl/H9R8Md

7. B. Chong, «The Role of the Black Sea in Russia's Strategic Calculus», Cimsec (Center for International Maritime Security), 2/4/2017, goo.gl/bzFrBQ

8. B. Kurtdarcan, B. Kayaoğlu, «Russia, Turkey and the Black Sea A2/AD Arms Race», *The National Interest*, 5/3/2017, goo.gl/TDkFy9

implementata lungo le coste siriane anche a difesa delle infrastrutture che la Russia gestisce sul territorio dell'alleato mediorientale. Ecco dunque il rafforzamento della base navale di Ṭarṭūṣ e di quella aerea di Ḫmaymīm, nelle vicinanze di Latakia, a protezione delle quali Mosca dispiega armamenti e tecnologia in linea con la strategia A2/AD, rendendo chiare le sue intenzioni: difendere i suoi interessi e creare le condizioni per una presenza di lungo termine in una regione altamente instabile. Un trampolino per restare nel Mediterraneo anche se le relazioni con la Turchia dovessero guastarsi e con esse l'accesso sicuro dal Mar Nero.

Mettere dunque in sicurezza il destino di Damasco è essenziale, così come rendere quella di Ṭarṭūṣ una vera base navale, adatta a ospitare un numero considerevole di navi da guerra e offrire loro tutti i servizi di cui necessitano. Attiva dagli anni Settanta, l'infrastruttura siriana non ha questa capacità, ma i lavori che Mosca ha iniziato per il suo ampliamento e ammodernamento in capo a qualche anno la porteranno a diventare approdo sicuro per oltre una decina di bastimenti, anche atomici, e di sommergibili. I lavori rientrano in un accordo siglato tra i due paesi a inizio 2017 che consente a Mosca di poter sfruttare la base per 49 anni, con la possibilità di rinnovare automaticamente l'affitto per altri 25 [9]. I russi inoltre possono trasportare da e per il territorio siriano armi, munizioni e altro materiale a difesa dei propri uomini e dei familiari al seguito; possono costruire piattaforme *offshore* e disporre di postazioni mobili temporanee al di fuori della base, infrastruttura sulle cui attività militari Damasco non ha alcuna giurisdizione [10]. L'accordo russo-siriano prevede anche l'affitto, per lo stesso periodo di tempo, della base aerea di Ḫmaymīm che Mosca si appresta a ristrutturare e rendere pronta per caccia e bombardieri [11].

Il tutto nell'ambito di una strategia che relega la Marina russa a un ruolo di protezione, certamente degli interessi in Siria ma soprattutto dei confini meridionali della Federazione. Una prima linea marittima i cui «programmi di riarmo e modernizzazione», spiegava Alberto de Sanctis qualche mese fa sulle pagine della nostra rivista, «danno priorità ai sottomarini nucleari e a unità di superficie minori come corvette e fregate, che grazie ai loro moderni sistemi missilistici antinave e per l'attacco a terra sono quelle più indicate per lo svolgimento di missioni d'interdizione navale» [12]. A riprova dell'attuale carattere difensivo affidato alla strategia marittima russa nel Mar Nero e nel bacino orientale del Mediterraneo, ecco la decisione del presidente Putin presa intorno alla metà dello scorso maggio di posticipare la messa in opera di una nuova portaerei e di una nuova classe di cacciatorpediniere per le sue flotte. Una scelta nell'ambito della nuova edizione del programma di riarmo nazionale protratto fino al 2025, invece del 2020 come

9. E. Kangas, «Containing NATO: Russia's Growing A2/AD Capability in the Mediterranean», *Georgetown Security Studies Review*, 21/2/2017, goo.gl/sKJJNX

10. M. Peck, «How Russia Is Turning Syria into a Major Naval Base for Nuclear Warships (and Israel Is Worried)», *The National Interest*, 18/3/2017, goo.gl/KhqXLs

11. A. Mercouris, «Russia's Military Bases in Syria», *The Duran*, 9/2/2017, goo.gl/64gLDr

12. A. de Sanctis, «La portaerei della Russia nel Mediterraneo orientale», *Limesonline*, 21/10/2016, goo.gl/j7RLPY

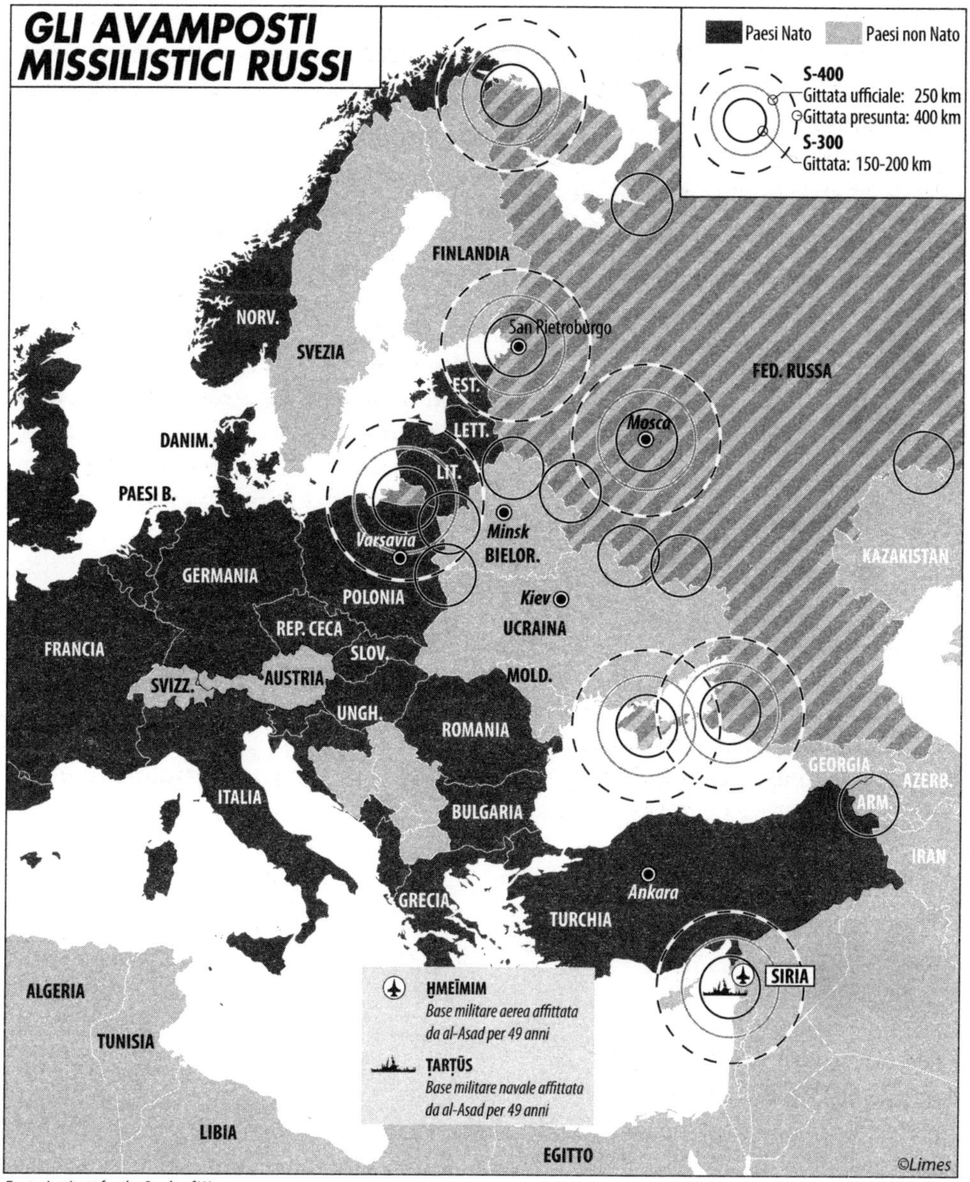

Fonte: Institute for the Study of War

previsto dal precedente, e che il leader russo giura «diventerà lo strumento più importante per attuare la politica militare e industriale della Russia negli ambiti di difesa e sicurezza»[13].

La Marina continuerà così a sfornare sommergibili atomici e piccole navi di superficie allontanando le certezze di quanti hanno previsto un'imminente proiezione anche oceanica, soprattutto atlantica, delle flotte russe. Una sfida alla U.S.

13. M. Bodner, «Russia's Putin Drafts New Rearmament Program», *Defense News*, 26/5/2017, goo.gl/mXh7Ij

Navy che Mosca dovrà rimandare a tempi migliori. Quando le sue casse saranno di nuovo piene e i cantieri navali avranno imparato a costruire grandi navi finora allestite, scherzi della geopolitica, nella già amichevole Ucraina [14]. Per adesso la priorità assoluta è proteggere nel Mediterraneo quanto acquisito con l'intervento in Siria, confermare le collaborazioni regionali con amici o presunti tali, riempire i vuoti lasciati dalle inadempienze e catastrofi strategiche occidentali in alcuni paesi nordafricani. E non farsi scappare nuove valenze e rotte energetiche che possano compromettere la figura di una Russia essenziale fornitore europeo.

4. Tra i tanti legami che la Russia stringe nel Mediterraneo, strategici, economici, militari o energetici, spiccano in questa fase quelli con due paesi nordafricani, Egitto e Libia. Due realtà completamente diverse, connesse però su più piani e segnate dal significativo calo di interesse delle diplomazie occidentali nei loro confronti. Il Cremlino coglie l'attimo e tenta di colmare il vuoto che si è venuto a creare mettendo sul piatto attenzione diplomatica e valenze tattiche, affari e intermediazione. Si rende necessario, certamente non insostituibile, nel difficile cammino che i due paesi affrontano alla ricerca di una stabilità interna ed esterna. Usa le armi a sua disposizione per affermarsi come attore e punto di riferimento in una regione in tumulto deciso a sedersi al tavolo di chi ne deciderà il futuro.

Le reciproche attenzioni tra Mosca e Il Cairo si sviluppano con il cambio al potere nel paese egiziano. Il nuovo presidente al-Sīsī non è troppo apprezzato a Washington e lui vira dritto verso la Russia. Il Cremlino sa bene che il paese nordafricano è tra i principali alleati degli Stati Uniti nella regione e sa altrettanto bene che il generale egiziano non sta cambiando campo, ma solo tirando la corda russa nella speranza di far riaccendere sul paese il faro americano. Ma va bene lo stesso, e non c'è da perdere tempo.

Nel 2015 Putin vola in Egitto per discutere col suo omologo di vendita di armi, lotta al terrorismo islamista, energia, impianti nucleari, Libia e conflitto siriano. Il rapporto imbastito inizia a dare i suoi frutti e l'anno successivo diversi eventi lo confermano. L'Egitto vota insieme alla Russia contro la risoluzione del Consiglio di Sicurezza delle Nazioni Unite di condanna per i raid aerei russi su Aleppo; poi i due paesi svolgono la loro prima esercitazione militare congiunta. In novembre Il Cairo invia duecento tra ufficiali e consiglieri militari in Siria sotto coordinamento russo mentre al-Sīsī dichiara in un'intervista televisiva il pieno sostegno al presidente siriano al-Asad e alla politica mediorientale del Cremlino [15].

Mentre si discute della possibile concessione della base di Sīdī Barrānī alla Marina russa ci si accorda per la costruzione di una centrale nucleare in territorio egiziano in appalto a Rosatom. Con Mosca pronta a consegnare sofisticati armamenti all'Egitto entro la fine dell'anno per quello che viene considerato il maggior

14. *Ibidem*.
15. «Mediterraneo allargato», Osservatorio di politica internazionale, n. 3, aprile 2017, a cura dell'Ispi, goo.gl/ByVKd7

affare tra i due paesi dai tempi della guerra fredda [16]. Infine il campo energetico. Nell'estate del 2015 la nostra Eni individua davanti alle coste egiziane il più grande giacimento di gas mai scoperto nel Mar Mediterraneo, dall'evocativo nome di Zohr. Nel dicembre dell'anno successivo la compagnia italiana vende il 30% delle quote della concessione di Šurūk alla russa Rosneft', che qualche mese dopo annuncerà che il primo gas uscirà dal giacimento egiziano entro la fine del 2017 [17].

Una partnership molto proficua che trova sul futuro della Libia un ulteriore punto di convergenza. Con l'Egitto preoccupato di mettere in sicurezza il confine in comune con il vicino e Mosca desiderosa di rivestire nel dilaniato paese nordafricano un ruolo di primo piano onde evitare che si ricomponga secondo i voleri di un Occidente al momento molto distratto circa le sorti libiche. Il che lascia ai russi un discreto campo di manovra, ma anche qualche rischio, a cominciare dall'appoggio, condiviso dall'Egitto, al generale Ḫalīfa Ḥaftar. L'uomo forte della Cirenaica a capo dell'Esercito nazionale libico e con il controllo su gran parte delle riserve di petrolio e gas del paese. Un personaggio molto corteggiato dal Cremlino ma del quale Putin non sembra fidarsi appieno, né volerlo seguire in una partita anti-jihadista simile a quella iniziata a Damasco con al-Asad. La Libia del resto non riveste per Mosca lo stesso valore strategico della Siria, dal punto di vista sia economico sia militare, ma il suo impegno nell'ex feudo di Gheddafi conferma la volontà russa di voler partecipare in futuro, e da grande potenza, al destino del Mediterraneo.

16. B. Zilberman, «Russia's Charm Offensive in North Africa», Foundation for Defense of Democracies, 3/4/2017, goo.gl/wJ46I2

17. M. Aziz, «Egypt to Begin Production from Zohr Gas Field by Late 2017: Rosneft CEO», *Ahram online*, 28/3/2017, goo.gl/1HL8pi

IL DESTINO DELLA FRANCIA SI GIOCA NEL MAGHREB

di *Olivier* KEMPF

Il rilancio francese nel Mediterraneo deve avere la stessa priorità per Macron del rilancio dell'Europa. Ma Parigi non può ballare da sola e ha bisogno di Algeria, Marocco e Tunisia per cogestire le pressioni demografiche. I lasciti del colonialismo.

LA FRANCIA DIFFERISCE DALLA MAGGIOR parte degli Stati mediterranei, che sono prima di tutto figli del *Mare nostrum*. Essa è invece molto più che il frutto della sua geografia. Nacque alla fine dell'impero romano d'Occidente dall'alleanza fra una terra profondamente romanizzata, il vigore politico del popolo germanico dei franchi e la potenza in ascesa dell'epoca, la Chiesa. Ne scaturì un paese duale, al tempo del Nord e del Sud, diviso non dalla Loira ma dal Massiccio Centrale. Tale eredità storica pesa più del suo affaccio marittimo meridionale.

Tuttavia, la Francia resta una nazione profondamente mediterranea. La storia ne mostra a ragione un vibrante coinvolgimento in questo mare, dalle crociate agli Angiò a Napoli e in Sicilia, dalle guerre d'Italia all'alleanza con gli ottomani, dalla lotta contro l'impero spagnolo alle *échelles* del Levante, dalla spedizione di Bonaparte alla colonizzazione del Nordafrica, dalle questioni greche e di Crimea all'armata francese d'Oriente. Senza dimenticare questa memoria profonda, a incidere maggiormente sull'odierna percezione francese del Mediterraneo è stata però l'epoca contemporanea, più esattamente quella successiva alla seconda guerra mondiale.

L'uscita da una visione coloniale (1945-60)

Il Mediterraneo, ben più dell'Atlantico, è stato la porta d'apertura della Francia al mondo. Grazie a questo mare, essa ha scoperto il Maghreb, l'Africa, l'India, l'Indocina, l'Oceania. Alla fine della guerra, la Francia mantiene posizioni sul suo intero perimetro, oltre ovviamente alla propria porzione di costa e all'avamposto della Corsica. Certo, il Libano è diventato indipendente nel 1943, ma Parigi conserva interessi a Smirne, attorno al canale di Suez, nei protettorati tunisino e marocchino e nella colonia di popolamento algerina. Non è in posizione diversa da quella di altre potenze europee: la Gran Bretagna controlla (ancora per poco) la Palestina, ha interessi in Egitto e avamposti a Cipro, Malta e Gibilterra. La Grecia dispone delle isole egee e di Creta. La Spagna presidia le Baleari, Ceuta, Melilla e altri interessi in Marocco – Tangeri, come Orano, è una città più spagnola che francese e Franco è figlio della guerra del Rif. L'Italia, infine, ha migliaia di chilometri di costa, isole come Sardegna, Sicilia e Lampedusa, interessi in Tunisia, Libia ed Egitto e influenza in Croazia e a Istanbul.

Il contesto è dunque imperiale. Ma la Francia è costretta ad abbandonare i suoi possedimenti transmediterranei. Un'esperienza più dolorosa che per altri, perché Parigi conserva la percezione della necessità di una porta d'ingresso nel «mondo arabo». Ancora per un decennio, si culla nell'illusione di poter «mantenere il dispositivo» in Nordafrica. È decisa ad abbandonare l'Indocina (già «perla dell'impero») all'altro capo del pianeta, ma ritiene che nel Maghreb la situazione sia diversa.

L'insurrezione algerina nel 1954 cambia radicalmente le carte in tavola. Anche perché l'Algeria è vista non come una colonia ma come territorio nazionale, i cui tre dipartimenti istituiti nel 1848 fanno parte dell'assetto amministrativo centrale e hanno accolto diversi francesi in difficoltà. Ciò spiega lo strazio – molto più profondo che non altrove – causato dallo scoppio di ostilità che a lungo verranno descritte non come «guerra» ma come «eventi» d'Algeria.

La questione scatena enormi effetti collaterali. Per rimarcare la differenza dell'Algeria, la Francia concede l'indipendenza ai suoi vicini Marocco e Tunisia nel 1956. Per ribadire la sua volontà, organizza la crisi di Suez sempre nel 1956, alleandosi ai britannici e agli israeliani. È convinta che una dimostrazione di forza sia sufficiente a ristabilire i suoi interessi in seguito alla nazionalizzazione del canale da parte del leader egiziano Nasser. Il mancato sostegno americano e il bluff sovietico la costringono a una ritirata imbarazzante che porta l'agonizzante Quarta Repubblica ad avallare i lavori per dotarsi della bomba atomica. Il generale de Gaulle, arrivato al potere due anni più tardi grazie ai disordini algerini, ne trae alcune lezioni: occorre liquidare il dispositivo imperiale (le indipendenze africane arrivano nel 1960, quella dell'Algeria nel 1962) ma anche promuovere una via indipendente dagli americani, rivelatisi pessimi alleati in Indocina, a Suez e nella stessa Algeria.

L'esperienza mediterranea di questi anni contribuisce dunque largamente non solo all'ascesa di de Gaulle, ma anche alla promozione della sua linea di autonomia e non allineamento rispetto alle grandi potenze che continua a informare la geopolitica francese. Vista dall'esterno, ci si può fare beffe di questa Francia «del rango e della potenza», dell'arroganza di questo galletto che alza la cresta con uno stile tutto suo. Resta tuttavia che questo periodo induce un cambiamento radicale di percezione nei confronti del Sud e in particolare del Mediterraneo.

L'avventura europea (1960-2008)

A lungo la Francia ha visto il suo rapporto con il mondo attraverso il prisma della dominazione e dell'impero. Il suo brutale e doloroso abbandono comporta una conversione verso altri orizzonti. Non è un caso se è proprio negli anni Sessanta che il termine «Esagono» diventa popolare per descrivere la Francia. Specchio di una ricalibrazione sul territorio metropolitano e sul «piccolo capo dell'Asia» che – si pensa – non la rinnegherà mai: l'Europa.

È l'inizio dell'avventura europea, il cui nucleo formatosi negli anni Cinquanta non è tuttavia nel Mediterraneo – oltre alla Francia solo un altro dei sei paesi fondatori della Cee vi si affaccia, l'Italia. A ben guardare, nel gruppo iniziale si scorgono radici carolinge. La grande questione successiva è quella dell'integrazione della Gran Bretagna, che nel 1972 – dopo che de Gaulle ha ormai ceduto il potere a Pompidou – si unisce alla Cee con Irlanda e Danimarca: solo paesi nordici. Il sottile equilibrio Nord-Sud dei membri originari svanisce pian piano. Le cose si riequilibrano solo in parte con l'ingresso di Grecia (1981), Spagna e Portogallo (1986), Cipro e Malta (2004) e Croazia (2013). In ogni caso, oggi, dei 28 membri dell'Ue, solo otto sono mediterranei, nove si affacciano sull'Atlantico, otto sul Baltico, due sul Mar Nero.

Questa tendenza generale impatta in modo particolare sulla Francia, per la quale la relazione essenziale è ormai quella con la Germania. All'inizio, l'Esagono riesce a tenere il passo dei ritmi di crescita tedeschi, poi mostra il fianco con la crisi petrolifera degli anni Settanta. Il decennio successivo vede consolidarsi la potenza economica tedesca, processo accelerato dalla riunificazione delle Germanie, che forza Parigi a compiere un salto nell'integrazione con il trattato di Maastricht sull'Unione Europea. Seguono 15 meravigliosi anni di ottimismo finché la crisi finanziaria del 2008 non inceppa il meccanismo.

Il primato europeo – o, per meglio dire, l'ossessione per la Germania – illustra fino a che punto il Mediterraneo diventi relativo agli occhi di Parigi.

Non si può davvero parlare di una politica francese compiuta verso il *Mare nostrum*. Certo, qualche sforzo viene effettuato: il 5+5 per il Mediterraneo occidentale (Francia, Italia, Spagna, Malta, Portogallo più Marocco, Tunisia, Algeria, Mauritania, Libia) o l'appoggio al processo di Barcellona negli anni Novanta; le relazioni con le tre ex colonie del Maghreb restano però complicate. A imbrogliarle ulteriormente è un fenomeno che avvicina i rispettivi popoli in modo molto più intimo che decenni di colonialismo: l'immigrazione di centinaia di migliaia di persone dai paesi nordafricani verso la Francia, i quali conservano stretti contatti – spesso attraverso l'invio delle rimesse – con la famiglia rimasta «in patria».

Nel Mediterraneo orientale l'allontanamento dell'Esagono è ancor più marcato. Benché Parigi immagini dal 1967 una «politica araba» per mantenersi a giusta distanza da Israele e dal popolo palestinese, i successori di de Gaulle hanno sempre meno idee originali, al pari degli altri europei, fino a uscire completamente dai giochi. Il Libano è l'altra grande questione del periodo. Lo scoppio della guerra civile nel 1975 porta i francesi a sostenere i cristiani maroniti, avallandone implicitamente i soprusi (rapimenti, uccisioni di ambasciatori, attentati contro avamposti militari francesi dell'Onu con decine di caduti). La crisi viene risolta senza la Francia, che nel frattempo perde molte illusioni e influenze, avendo voluto partecipare a un gioco le cui regole sono nel frattempo cambiate.

Al fondo, in questi anni, la Francia si impegna di meno nel Mediterraneo, accordandogli scarsa priorità, sia nei rapporti con i vicini europei – Italia e Spagna non sono mai stati considerati importanti partner a Parigi – che con i paesi maghrebini, anche se in entrambi i contesti i francesi mantengono buone (e spesso fruttuose) relazioni con le élite al potere.

Un ritorno è possibile? (2008-oggi)

Nel giro di quasi dieci anni, molte cose sono cambiate in Francia, in Europa, nel Mediterraneo.

L'Esagono si è irrigidito, incapace di riformarsi in profondità. D'un colpo, il dibattito politico ha finito per centrarsi su tre temi: quello della sicurezza e dell'immigrazione; quello dell'insoddisfazione verso un'Europa percepita come inefficace e sotto dominio tedesco; quello di una globalizzazione che minaccia le fondamenta del paese. Tale dibattito tripartito esiste più o meno in tutta Europa (sia pure in forme e incarnazioni diverse) e il Mediterraneo non vi gioca un grande ruolo.

Nel caso francese, la crisi finanziaria del 2008 ha portato frutti molto amari. La crisi dell'euro da essa scaturita e il «salvataggio» della Grecia hanno fatto spazio agli interessi nazionali. La Francia gode della stessa reputazione dei paesi del «club Med», anche se le élite di Francoforte o di Amburgo non lo dicono ad alta voce. Il gallo francese viene sempre più emarginato di fronte alle sue pessime prestazioni economiche. In breve, a Parigi la via europea ha toccato i suoi limiti.

Peraltro, il popolo francese mostra una sensibilità molto forte nei confronti della questione migratoria, associata all'insicurezza, sull'onda di un tema agitato da frange politiche sempre più importanti. Gli attentati che hanno colpito il paese nel 2014-15 hanno ravvivato le lamentele di una popolazione già coi nervi a fior di pelle. Se si aggiunge il fatto che l'immigrazione origina prevalentemente dagli antichi possedimenti maghrebini e dell'Africa nera, la miscela fra questi fattori dà luogo a un rinnovato interesse francese per una sponda Sud nel frattempo spazzata dalle rivolte arabe del 2011.

La reazione di Parigi è talvolta maldestra: pensiamo certamente all'intervento in Libia e al successivo oblio, ma anche alla linea tanto dura quanto inefficace tenuta in Siria. Nondimeno, queste due iniziative testimoniano un recupero di rilevanza per la regione e la ricerca di nuove opportunità. Il caso più evidente è l'Egitto, cui la Francia riesce a vendere equipaggiamenti navali e aerei al prezzo di chiudere entrambi gli occhi sul maresciallo al-Sīsī e sulle sue maniere autocratiche. Ideologia e princìpi sono meno ostentati: l'opportunismo è rivelatore del cambio di sguardo. Ma pochi decisori politici colgono la rapida diffusione della francofonia sulla sponda Sud, agevolata da Internet e dalla televisione satellitare che fra le altre cose trasmettono informazioni sulla ricca e variegata vita democratica e culturale della sponda Nord, riempiendo di aspirazioni le popolazioni rivierasche (e non solo).

Per concludere

Quale via immaginare? Da presidente, Nicolas Sarkozy aveva proposto di creare un'Unione Mediterranea che raggruppasse tutti i paesi rivieraschi. L'idea era buona poiché suggeriva un contesto diverso nel quale far maturare dinamiche nuove. Sfortunatamente, la Germania non l'ha vista di buon occhio e l'ha costretta a trasformarsi in un'Unione *per* il Mediterraneo con tutti i paesi dell'Ue. La questione ha perso di senso e l'uguaglianza immaginata in partenza ha lasciato il posto a un'evidente asimmetria poggiata sui vecchi rapporti Nord-Sud. Nessuno si stupisce ora che il progetto sia in stato vegetativo. La possibilità di emancipazione è stata uccisa nella culla.

Dopo quasi un decennio, un nuovo presidente modernista e partigiano del cambiamento, Emmanuel Macron, è arrivato all'Eliseo. Beneficia di un incontestabile stato di grazia, proprio nel momento in cui tutti si attendono da lui un rilancio europeo. Un fatto probabilmente necessario, che però relega il Mediterraneo al suo ruolo abituale. Se Parigi cambierà, potrebbe non cominciare dal Sud.

Occorre allora sperare che figure più lucide comprendano la necessità di uno sviluppo congiunto con la riva Sud, ora che i paesi del Maghreb non rappresentano più enormi bacini di emigrazione, se non in modo residuale. Anzi, sono persino minacciati dalle ondate migratorie provenienti da un'Africa subsahariana che non ha ancora terminato la sua transizione demografica. Il continente nero arriverà a quattro miliardi di abitanti da qui alla fine del secolo e il destino della Francia – e sempre più degli altri europei – dipende dalle relazioni strutturali che sapremo allacciare con i paesi maghrebini per risolvere questa sfida secolare. Lo stato dell'arte delle relazioni con l'Esagono vede un sostegno alla Tunisia essenzialmente verbale, rapporti complicati con l'Algeria e legami solidi con il Marocco.

Questi Stati sono in prima linea nel nuovo orizzonte francese, che si colloca nuovamente a sud. Ma è evidente che la Francia, con i suoi vicini euromediterranei, non potrà agire da sola e che dovrà inventarsi nuove formule con i paesi della sponda Sud. Il 5+5 deve essere allargato o duplicato, da un punto di vista numerico – per esempio verso il G5 del Sahel – ma anche tematico, per non centrarlo esclusivamente sulla sicurezza o sull'economia. Spagna, Italia e Francia devono giocare un ruolo d'avanguardia. Ciò deve essere una priorità geopolitica di pari rango rispetto a quella del rilancio europeo. Speriamo che il recente recupero di interesse verso il Mediterraneo incoraggi tali progetti.

(traduzione di Federico Petroni)

PARIGI E IL MARE DI LACRIME

di *Jean-Baptiste* NOÉ

Confusa dalla scomoda eredità del colonialismo, Parigi ignora il Mare nostrum *e il proprio status di grande potenza marittima. Ma la destabilizzazione del Nordafrica si ripercuote sull'ordine pubblico in patria. Diplomazia e un vero porto per tornare a contare.*

LA FRANCIA È NATA ATTRAVERSO IL Mediterraneo, via d'accesso per fenici, greci e romani. Tuttavia, a causa del controllo arabo sull'Africa del Nord – che separò questo spazio dal resto d'Europa – ha finito per privilegiare un altro volto, quello atlantico. Fra Dunkerque e Bordeaux, passando per Brest, si concentra il grosso dei porti e delle attività marittime, mentre il Mediterraneo è trascurato e dimenticato. Non che Parigi non se ne sia mai interessata: il porto militare di Tolone, quello commerciale di Marsiglia, il possesso della Corsica, la costruzione del canale di Suez, la colonizzazione del Nordafrica le hanno nel corso tempo assicurato una presenza nell'antico *Mare nostrum* romano.

Ma la Francia è una potenza marittima incompiuta. Benché disponga della seconda Zona economica esclusiva per estensione al mondo, la sua Marina sia dotata di una portaerei e di sottomarini a propulsione nucleare e controlli territori in tutti gli oceani del pianeta, essa resta psicologicamente una potenza continentale e non ha mai davvero preso le misure delle sue risorse marittime. A torto, perché il Mediterraneo è il cuore pulsante delle sfide del XXI secolo: si pensi alla destabilizzazione islamista nei paesi arabi, alle grandi ondate migratorie, all'inquinamento degli spazi naturali, all'accesso agli idrocarburi, alla (non) coordinazione europea. La posta in gioco, per la Francia, è la stabilizzazione di una zona il cui definitivo collasso trascinerebbe con sé l'Europa.

Una presenza di vecchia data

Nel 1536, il re di Francia Francesco I concluse un trattato di alleanza con il sultano ottomano Solimano per contenere la potenza degli Asburgo. Mentre la Lega Santa lottava contro i turchi a Lepanto (1571), Parigi si tenne in disparte ritenendo che il nemico sedesse innanzitutto a Madrid e a Vienna, non a Costantinopoli. In seguito, fu costretta a combattere i pirati che attaccavano le navi e ne riducevano gli equipaggi in schiavitù, per poi venderli nei due principali mercati del mondo arabo, al Cairo e ad Algeri.

Fu solo durante la Restaurazione (1814-30) che la Francia elaborò realmente una politica mediterranea, intervenendo in Spagna per salvare il governo locale, aiutando la Grecia a raggiungere l'indipendenza dagli ottomani e conquistando Algeri nel 1830. Era l'inizio dell'annessione di gran parte dell'Algeria, condotta sotto Luigi Filippo d'Orléans (1830-48) e Napoleone III (1852-70), con quest'ultimo che tentò invano di creare un regno arabo da porre sotto la guida di 'Abd al-Qādir e organizzò la costruzione del canale di Suez per collegare il Mediterraneo all'Asia. Durante la Terza Repubblica (1870-1940), la colonizzazione permise a Parigi di accrescere la sua presenza in Nordafrica. Il Marocco e la Tunisia divennero dei protettorati e l'Algeria una colonia suddivisa in dipartimenti. Anche se non riuscì a mettere le mani su Libia ed Egitto, la Francia giocava comunque un grande ruolo nella regione, rafforzato negli anni Venti dal mandato su Libano e Siria. Durante la seconda guerra mondiale, il generale de Gaulle trasferì il governo provvisorio proprio ad Algeri e nell'agosto 1944 gli alleati sbarcarono in Provenza, dopo aver liberato la Corsica. Nel dopoguerra, da Marsiglia partirono i contingenti per combattere in Indocina (1946-54) e in Algeria (1954-62).

La perdita delle colonie, specialmente di queste ultime due, modificò la geopolitica francese. Lo spazio mediterraneo si restrinse: con le indipendenze, la Francia si vide tagliata fuori da quegli spicchi di mondo. Altre aree acquisirono maggiore importanza. La Germania e l'asse renano, per esempio, per l'architettura europea e lo sviluppo economico. O l'Atlantico, per il partenariato strategico con gli Stati Uniti. O ancora l'Europa dell'Est, dalla quale poteva avanzare da un momento all'altro il nemico sovietico. Da centrale che era, il Mediterraneo divenne periferico. Oggi il quadro non è cambiato molto. Quando non guarda verso il Reno, Parigi comunque non guarda *al* mare, ma *oltre* il mare, verso il Sahara, non avendo completamente rinunciato alla sua proiezione africana.

La Francia si è distaccata dal Mediterraneo anche a causa delle ferite della storia. Il trauma del colonialismo e della guerra d'Algeria non è stato ancora del tutto superato. Il paese non sa più come affrontare questo periodo, se pentirsi o autoflagellarsi, essendo passato nel giro di pochi decenni dall'orgoglio al senso di colpa, dal pensiero di essere portatore di ogni beneficio possibile a quello di essere responsabile di tutti i mali degli ex possedimenti. Ogni intervento francese si trascina dietro l'accusa di pratiche neocoloniali, con il risultato che Parigi non osa più prendere l'iniziativa. La presenza sempre maggiore di popolazioni africane sul suo territorio rende ancor più complicato elaborare una politica mediterranea. Le tribolazioni interne dei paesi della sponda Sud si ripercuotono sulle persone di origine araba residenti in Francia. Per paura di sommosse e violenze, l'Esagono cerca di comprarsi la pace sociale mostrandosi il più possibile conciliante. Da tempo rifiuta di guardare i problemi e i pericoli di questa regione per non dovervi più intervenire. Ma le gene-

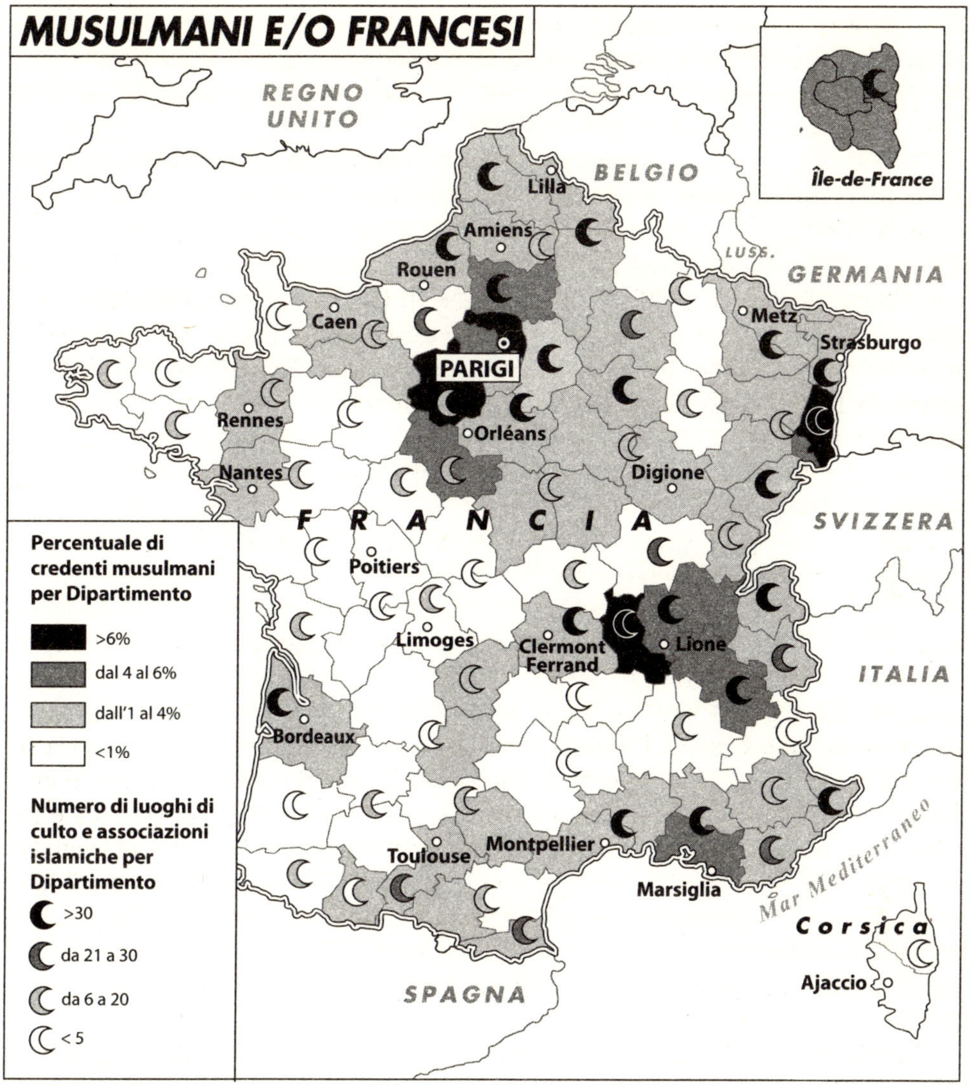

razioni passano e nuovi problemi sorgono: Parigi non può più ignorare la sua posizione nel Mediterraneo ed è chiamata a intervenirvi.

Il Mediterraneo al centro delle oscillazioni dell'Europa

In quanto antica potenza coloniale, custode di legami importanti con i paesi della sponda Sud e grande potenza marittima (sia pure solo virtuale), la Francia è interessata direttamente dalle evoluzioni dell'area mediterranea. E ha anche i mezzi per rispondervi ed evitare che collassi del tutto.

Il *Mare nostrum* è innanzitutto minacciato dalla scarsa tenuta dei regimi politici. Le rivolte arabe del 2011 sono state l'antipasto del possibile sconvolgimento che attende la regione. E che potrebbe svolgersi in modo imprevisto e brutale, innescato da una piccola esplosione che porti i jihadisti al potere. Al-Qā'ida e lo Stato Islamico si stanno affrontando, con i gruppi locali che a essi si richiamano, per il controllo delle menti, dei cuori e dei traffici del Nordafrica, dall'Egitto al Marocco. La Francia è presente nel Sahel ed è in prima linea contro il rischio di propagazione dei jihadisti. Le sue truppe potrebbero agevolmente schierarsi nel Sahara marocchino o algerino all'occorrenza e la sua flotta solca regolarmente il Mediterraneo. Un intervento militare non è ancora previsto, ma è del tutto plausibile.

La Francia è il paese d'Europa che ha subìto più attentati di matrice islamica. È anche quello dotato della più numerosa popolazione araba. Gli eventi nordafricani si sono sempre ripercossi direttamente sulle *banlieues* francesi a maggioranza araba, dove l'influenza islamista è molto forte e i mezzi tecnologici sfidano le frontiere spaziotemporali. Più il Nordafrica sarà spazzato dall'islamismo, più quest'ultimo si propagherà in Francia e nel resto d'Europa. C'è grande inquietudine soprattutto per l'Algeria. Quando morirà il presidente Bouteflika, si correrà il rischio di una deflagrazione e di una guerra civile come quella degli anni Novanta. Tenuto conto della prossimità geografica e dei legami storici, la Francia non può considerare senza timore questo scenario. I servizi segreti dei due paesi lavorano di comune accordo per evitare problemi.

L'altra grande questione riguarda i flussi migratori. Il Mediterraneo è il punto di passaggio principale per le centinaia di migliaia di persone che tentano di raggiungere l'Europa. Le mafie sono particolarmente attive sulle due sponde per organizzare partenze e sbarchi. Il Vecchio Continente è completamente travolto da questo fenomeno. Non che non esistano i mezzi tecnici per farvi fronte: a mancare è la volontà. L'Europa non sa che fare perché non capisce con cosa si confronta. Dobbiamo accogliere queste persone? Se sì, cosa ne facciamo? Dove le mettiamo, come troviamo loro un lavoro? In caso contrario, che fare per impedire loro di partire? Che fare delle persone già sbarcate? La Francia non ha alcuna risposta a queste domande cruciali. Marchiata a fuoco dal suo passato, timorosa di mostrarsi disumana, ma anche costretta a fare i conti con gravi problemi d'integrazione, non osa nemmeno porsi questi interrogativi sulla sfida migratoria, essenziali per la stabilità tanto dell'Africa quanto dell'Europa. La cooperazione fra europei è indispensabile ma praticamente inesistente.

Secondo Europol, il crimine organizzato controlla il 90% delle rotte migratorie verso l'Ue, per un volume d'affari annuale che si aggira fra i 5 e i 6 miliardi di euro. Le varie reti coinvolgono circa 40 mila persone e una flotta permanente di un centinaio di imbarcazioni per assicurare la traversata del Mediterraneo. Inoltre, le mafie hanno corrotto migliaia di funzionari che chiudono un occhio sui documenti falsi, quando non contribuiscono a produrli. La criminalità albanese è la grande organizzatrice delle migrazioni. È presente sulle coste libiche e in Africa, così come nei principali campi di transito. Dalla fine del 2015 si è anche stanziata in Francia, sulle coste del Mare del Nord, per ricevere i migranti e organizzare il loro passaggio in Inghilterra. Ovviamente generando gravi problemi d'ordine pubblico e un aumento della criminalità nelle regioni interessate.

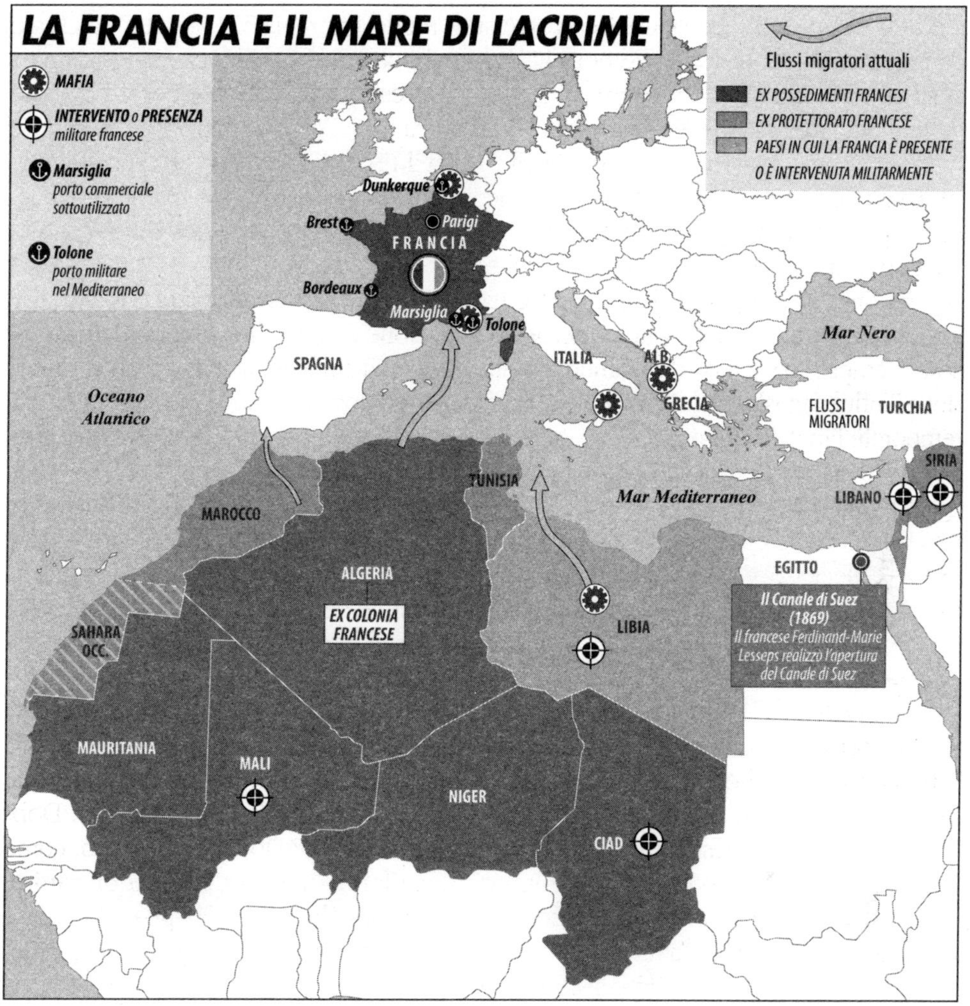

Il malcontento delle popolazioni locali è in crescita. Se lo Stato non riuscirà a mantenere l'ordine e a garantire la sicurezza dei suoi cittadini, lascerà campo libero a proteste di piazza o alla creazione di milizie private. Si troverebbe così messo in discussione da due parti: dalle mafie e dal popolo, che si organizzerebbe per proteggersi da sé. Il numero di persone che posseggono una licenza di tiro sportivo è salito da 150 mila nel 2014 a 200 mila nel 2016. Tale patente, così come il permesso di caccia, è l'unico modo per acquistare legalmente un'arma. I poligoni sono ormai stracolmi. Quest'impennata, successiva agli attentati terroristici, indica come una parte della popolazione si stia armando per garantire la propria sicurezza. Intanto, i migranti si ammucchiano tra Mentone e Ventimiglia senza che il governo francese si proponga di risolvere la crisi.

La violenza aumenta anche a Marsiglia, che ha stabilito un record storico nel 2016 di morti per colpi d'arma da fuoco: 34 vittime. Stiamo tornando ai livelli degli anni Ottanta, ai regolamenti di conti tra le mafie. Il porto focese condivide con Grenoble la palma di città più pericolosa di Francia. Marsiglia si è considerevolmente trasformata negli ultimi quindici anni: il vecchio porto è stato rinnovato, i molti siti storici sono stati valorizzati, il quartiere della Porta d'Aix – a lungo trascurato – è stato rasato al suolo per far posto a scuole superiori e residenze studentesche. Nonostante questo, la nomea della città continua a essere negativa, diminuendone il potenziale di sviluppo. La debolezza di Marsiglia infiacchisce la presenza francese nel Mediterraneo.

Per ritrovare una politica mediterranea

La Francia ha tutto l'interesse a condurre una politica di sviluppo mediterraneo. Nicolas Sarkozy aveva lanciato l'Unione per il Mediterraneo (Upm), inaugurata in pompa magna il 13 luglio 2008. Si trattava della grande idea strategica e diplomatica dell'allora presidente, che aveva compreso l'importanza di interessarsi a questo mare. Tuttavia, l'iniziativa si è impantanata. Innanzitutto perché in troppi vi hanno preso parte. La Germania ha imposto la propria adesione, cosa che ha costretto ad aggiungere tutti i paesi dell'Ue, persino le repubbliche baltiche. Una mossa del tutto insensata: chi metterebbe l'Egitto in un'unione del Mar Baltico? Più Stati ci sono, meno decisioni si prendono. Inoltre, gli sconvolgimenti politici del 2011 hanno mandato per aria il calendario e i progetti dell'Upm, proprio nel momento in cui un'organizzazione efficace avrebbe dovuto far sentire la propria voce. Infine, né la Spagna né l'Italia l'hanno veramente sostenuta, temendo che nuocesse ai propri interessi. Nata morta, l'Upm potrebbe però essere riesumata dal presidente Macron.

Per accrescere la propria influenza nel *Mare nostrum*, la Francia deve dotarsi di un porto adeguato alle sue ambizioni. Quello di Marsiglia è già oltre le sue possibilità e non figura che al sedicesimo posto fra i maggiori porti d'Europa per tonnellaggio nel 2015, peraltro dietro a quello atlantico di Le Havre, decimo. Marsiglia ha però dalla sua la vasta zona industriale di Fos-sur-Mer, dove è in via di sviluppo un importante sito petrolchimico, e un futuro collegamento fra Rodano, Senna e Reno che le permetterebbe di entrare a contatto con i grandi porti del Nord Europa.

La città ha dovuto affrontare la chiusura di diversi cantieri navali e la riconversione del tessuto industriale danneggiato dalle mutazioni degli anni Ottanta e Novanta, ma questo processo è ormai ben avviato. Se non dispone del grande scalo che si meriterebbe, lo deve al sistema ereditato dal secondo dopoguerra, quando il governo francese nazionalizzò molte industrie, fra cui il porto autonomo di Marsiglia. In questo assetto, gli scaricatori godevano di privilegi enormi e, protetti da potenti sindacati ben inseriti nel mondo della politica, hanno lottato per preservarli, impedendo così le necessarie trasformazioni del porto. In questo senso, Marsiglia è lo specchio di diversi settori dell'economia francese: molte risorse, su cui però grava un sistema sindacale e sociale obsoleto che ostacola il loro sviluppo. Ma senza un grande porto moderno, connesso al resto del paese e del continente, la Francia non può avere una politica mediterranea degna di tale nome.

Parigi deve anche ripensare le sue relazioni bilaterali. Deve superare la memoria negativa del colonialismo. Diverse generazioni sono passate e ormai una parte della classe politica è nata dopo i drammi delle guerre coloniali. L'atteggiamento verso questo periodo è spesso ambiguo e clientelare, come hanno dimostrato le controverse proposte da candidato di Emmanuel Macron. In visita in Algeria durante la campagna elettorale per l'Eliseo, il futuro presidente ha parlato di «crimini contro l'umanità» per descrivere l'azione della Francia nel paese maghrebino. Parole ben accolte ad Algeri, un po' meno a Parigi.

Negli ultimi anni, la Francia ha conosciuto in Libia e in Siria due gravi fallimenti militari e diplomatici. L'intervento contro Gheddafi è stato certamente un successo dal punto di vista bellico, ma ha avuto il disastroso effetto di portare alla destabilizzazione del paese. Le cui onde si sono presto propagate al Sahel, permettendo al jihadismo di affermarsi in Mali. In Siria è stata la diplomazia a fare un buco nell'acqua. Certa della caduta di Baššār al-Asad, incapace di cogliere i rapporti di forza nella regione, Parigi si è affrettata a sostenere gruppi islamisti definiti moderati che si sono ben presto radicalizzati. Così facendo, ha dissipato completamente la sua aura e la sua influenza, avendo perso le relazioni e gli amici che si era costruita nell'antico protettorato del Levante. La nuova amministrazione dovrà essere in grado di riconoscere gli errori del passato e di ripartire da capo a intessere relazioni.

Pertanto, per costruirsi un futuro nel Mediterraneo, la Francia deve liberarsi sia del suo passato sia recuperarlo. Deve sbarazzarsi dei suoi trascorsi colonialisti e dei suoi errori strategici dell'ultimo decennio, ma deve recuperare la cognizione di grande potenza mediterranea e le relative ambizioni. Ciò presuppone una riflessione su di sé e grande lucidità di analisi, nonché la capacità di stringere nuove alleanze con i vicini, tanto europei quanto africani. Al cardinale Richelieu è attribuita la frase secondo cui «le lacrime dei nostri sovrani hanno spesso il sapore salato del mare che hanno ignorato». Tenuto conto delle enormi poste in gioco per la stabilità dell'Europa, la Francia non può più ignorare il Mediterraneo. Pena il rischio di dover versare lacrime assai salate.

(traduzione di Federico Petroni)

PASSATA LA SBORNIA EUROPEA, MADRID TORNA ALLA REALTÀ

di *Antonio* MARQUINA BARRIO

Dopo due decenni spesi a inseguire la chimera di una geopolitica dell'Ue sul Mediterraneo, la Spagna si concentra sull'essenziale: il Maghreb. Le tappe del fallimento comunitario. Le ragioni del ripiego. Il paese fatica a elaborare una strategia regionale.

1. IL MEDITERRANEO HA RAPPRESENTATO UNA priorità tradizionale della politica estera e di sicurezza spagnola. Tuttavia, non sempre la concezione e la considerazione dello spazio mediterraneo sono state coerenti.

Verso la fine della guerra fredda la Spagna, soprattutto insieme a Francia e Italia, tentò di attrarre l'attenzione dell'allora Comunità Europea sull'importanza strategica del Mediterraneo. Il 24 settembre 1990, insieme all'Italia, Madrid lanciò la Conferenza di sicurezza e cooperazione del Mediterraneo, prese parte al gruppo 5+5 per il Mediterraneo occidentale creato a Roma nell'ottobre 1990 (comprendente Italia, Francia, Spagna, Portogallo e Malta, più Algeria, Tunisia, Marocco, Libia e Mauritania) e appoggiò la creazione dell'Uma (Unione del Maghreb arabo).

Dopo il fallimento di quest'ultima e del gruppo 5+5, a causa della guerra civile algerina e delle sanzioni imposte alla Libia per l'attentato di Lockerbie, la Spagna propose a Bruxelles di istituire un'area di libero scambio con il Marocco, in un contesto di apertura dell'Europa al Maghreb, appoggiando l'avvicinamento di Rabat all'Europa come alternativa all'integrazione maghrebina. Il 17 febbraio 1992 i ministri degli Esteri della Comunità Europea, riuniti a Lisbona, incaricarono Spagna e Commissione di realizzare due studi, uno politico e l'altro economico, sulle prospettive delle relazioni Cee-Maghreb. A sancire questo nuovo orientamento, il 27 giugno il Consiglio europeo di Lisbona approvò una dichiarazione sulle relazioni euromaghrebine; in tal modo il Marocco, e in forma minore la Tunisia, risultarono privilegiati nelle loro relazioni con l'Unione Europea.

Successivamente, la Spagna promosse l'iniziativa di dialogo mediterraneo della Nato, lanciata da Willy Claes nel 1994. L'anno seguente, Madrid svolse un ruolo importante nel lancio della Conferenza euromediterranea di Barcellona, finalizzata ad «affrontare i nuovi problemi politici, economici e sociali su entrambe le sponde del Mediterraneo», i quali costituiscono «una sfida comune che necessita di un approccio coordinato e globale». Si adottava così un'iniziativa comune, dato che i problemi di sicurezza e stabilità del Mediterraneo orientale si riflettevano su tutto il bacino. Era tuttavia illusorio pensare che si potessero ricomprendere questioni come il conflitto israelo-palestinese e, più in generale, arabo-israeliano, sebbene gli accordi di Oslo del 1994 avessero consentito di concretizzare un'iniziativa per tutto lo spazio euromediterraneo, da cui restarono comunque fuori la Libia e i paesi balcanici non appartenenti all'Ue. Apparivano i tre capitoli della Conferenza di Helsinki, che figuravano anche nell'abortita Conferenza di sicurezza e cooperazione del 1990: sicurezza, cooperazione economica e dimensione umana.

Questo attivismo palesava un progetto per il Mediterraneo, in cui risultava privilegiato il Maghreb, appoggiato dall'Unione Europea e, in minor misura, dalla Nato. La presenza spagnola nel Mediterraneo orientale è storicamente modesta dal punto di vista economico, essendo stata la tradizionale amicizia con il mondo arabo, che datava dall'èra franchista, ad assicurare alla Spagna l'appoggio di questi paesi in seno all'Onu su questioni di particolare importanza. Ciò spiega anche il tardivo riconoscimento di Israele. A ciò si aggiungeva un altro fattore che col tempo si andò cristallizzando nell'opinione pubblica spagnola: l'appoggio alla causa palestinese, cui si somma quello al popolo del Sahara Occidentale. Due questioni su cui i governi spagnoli di segno politico diverso non hanno potuto contare sul margine di manovra necessario a sviluppare politiche più indipendenti.

Il contesto migliore per affrontare le sfide di sicurezza e stabilità – di natura essenzialmente politica e socioeconomica – che il dopo-guerra fredda cominciava a porre, fu ravvisato dalla Spagna nell'Unione Europea. La Russia era nel pieno di un processo di transizione, introspezione e adattamento all'economia di mercato; gli Stati Uniti, in quanto potenza globale, erano senza dubbio il principale attore militare anche nel Mediterraneo, che però era visto da Washington soprattutto come una via per la difesa di interessi che risiedevano altrove, dal petrolio del Golfo alla difesa di Israele.

Allo stesso tempo, il processo di globalizzazione induceva gli Stati della sponda Sud ad avvicinarsi all'Ue, vista come viatico del loro inserimento nei circuiti globali del commercio, data la frammentazione e le divisioni della Lega Araba emerse nuovamente con la prima guerra del Golfo, nel 1991.

2. La Conferenza euromediterranea espresse fin dal principio l'ambizione di controllare il conflitto arabo-israeliano. Quest'illusione ricevette un duro colpo con l'assassinio di Yitzhak Rabin e con l'ascesa, il 18 giugno del 1996, di Binyamin Netanyahu, che non ha mai creduto negli accordi di Oslo. Il processo di Barcellona subì dunque un rovescio, segnato dall'ostilità arabo-israeliana. Una parziale ripresa si registrò nel 1998, durante la presidenza britannica dell'Ue, ma il problema tornò a manifestarsi in sede di elaborazione della Carta euromediter-

ranea di pace e stabilità. Il documento, assai deludente [1], non poté essere adottato dalla Conferenza euromediterranea dei ministri degli Esteri che ebbe luogo a Marsiglia il 15 e il 16 novembre 2000, in virtù dell'aggravamento della situazione mediorientale.

Inoltre, la Conferenza euromediterranea non fu approvata dagli interlocutori della sponda Sud e di quella Est. Del resto, le politiche di democratizzazione da essa previste – aspetto fondamentale nella ricerca di una maggior vicinanza e omogeneità degli attori mediterranei – risultavano contraddittorie.

In ambito economico, non meno importante per ridurre il divario Nord-Sud, la modernizzazione delle economie della sponda Sud fu un fallimento evidente, al pari della liberalizzazione commerciale, che risultò vantaggiosa solo per il lato europeo. Per non parlare dei limitati progressi negli scambi economici Sud-Sud e dei problemi nell'allocazione dei fondi Meda.

Infine, la conferenza diede luogo a un dialogo interculturale di scarsissima efficacia, in quanto selettivo ed essenzialmente unidirezionale, senza un impegno e un interesse effettivo dei paesi nordafricani, e incentrato su prodotti culturali, non sui valori [2]. Il tutto nell'ambito di una manifesta difficoltà a regolare i flussi migratori, argomento che non interessava gli interlocutori della sponda Sud e di quella orientale.

L'iniziativa, che a cinque anni dal suo inizio appariva già priva di slancio, fu comunque mantenuta, senza che la Spagna, che pure era stata tra i promotori principali, facesse alcunché per rimediare. Parallelamente, il governo spagnolo cercò di migliorare e intensificare le relazioni con alcuni paesi del Mediterraneo, in particolare quelli del Maghreb, per ovvie ragioni di vicinanza. Furono così siglati accordi di amicizia, buon vicinato e cooperazione con Tunisia (1995) e Algeria (2002), prendendo a modello il trattato con il Marocco nel 1991. Lo stesso non è accaduto con l'Est del Mediterraneo, in cui la presenza spagnola, economica e non, resta assai ridotta.

3. In questo contesto, gli attentati dell'11 settembre 2001 ebbero conseguenze profonde. Gli Stati Uniti lanciarono l'Operazione Enduring Freedom in Afghanistan e il 20 marzo 2003 invasero l'Iraq. La mancata stabilizzazione di quest'ultimo ha implicato la sensibile modifica dell'ambito geografico d'interesse, in termini di sicurezza, dei membri mediterraneo-orientali e di quelli arabi del processo di Barcellona. Per Siria, Libano, Turchia, Israele ed Egitto ciò che accadeva in Iraq era della massima importanza e rendeva obsoleti i capitoli della Conferenza di Barcellona relativi agli aspetti politici e di sicurezza.

A ciò si aggiunse, il 14 agosto 2002, la divulgazione all'opinione pubblica del programma nucleare iraniano, che per la conferenza era di capitale importanza, in

1. A. Marquina, *La Asociación de Seguridad de la Conferencia Euro-Mediterránea diez años después: La Anábasis*, Unisci Discussion Papers, n. 9, ottobre 2005, pp. 69-80.
2. A. Marquina: «La cooperación social, cultural y humana en el Mediterráneo», in J.M. Beneyto (a cura di), *La apuesta por el Mediterráneo*, Madrid 2010, Biblioteca Nueva, pp. 121-142.

quanto la creazione in Medio Oriente di una zona libera da armi nucleari appariva tra le finalità del documento: «Le parti si sforzano di realizzare in Medio Oriente una zona, reciprocamente ed efficacemente verificabile, priva di armi di distruzione di massa, nucleari, chimiche e biologiche e dei loro sistemi vettoriali». Il punto è che la questione, peraltro accantonata dal 1995, non poteva essere trattata ora in modo convincente, dato che l'Iran non figurava tra i membri della Conferenza euromediterranea.

La profonda instabilità irachena, con la penetrazione dell'Iran e l'apparizione del suo programma nucleare, implicavano dunque un mutamento profondo in Medio Oriente. Lo spazio di sicurezza contemplato dalla Conferenza di Barcellona andava esteso al Golfo se si volevano affrontare problemi fondamentali che ormai toccavano lo spazio di sicurezza mediterraneo. Ciò implicava ammettere nuovi attori come l'Iran, ma anche i paesi del Consiglio di Cooperazione del Golfo.

Tutto ciò appariva lontano alla Spagna, non solo perché essa mancava di una presenza tangibile in Medio Oriente, ma anche perché tradizionalmente concentrata sul conflitto arabo-israeliano. Il governo spagnolo, pertanto, non reagì adeguatamente a questa nuova sfida che rendeva anacronistica la Conferenza di Barcellona, sebbene Madrid avesse sfruttato la presidenza europea del 2002 per rilanciare il processo con la conferenza di Valencia, un piano attuativo, la creazione di un'assemblea parlamentare euromediterranea e di una Fondazione euromediterranea per il dialogo tra le civiltà. Di lì a poco la Spagna entrerà in una fase inintellegibile per gli Stati arabi, partecipando all'occupazione dell'Iraq e appoggiando la guerra al terrorismo dichiarata da George W. Bush.

Un altro fattore che obbligava a ripensare la politica mediterranea fu il doveroso inserimento dei paesi della sponda Sud e di quella Est nella politica di vicinato dell'Ue, a partire dal 2004. Questa politica, volta a esportare i valori dell'Ue nel suo vicinato per stabilizzarlo, implicava elargire agli Stati in questione corposi fondi di cooperazione e, in ultima istanza, integrarli nel mercato e nelle politiche economiche europee [3]. Gli aspetti economici avevano costituito un incentivo fondamentale per convincere tali paesi a partecipare al processo di Barcellona. Al riguardo, il ministero degli Esteri spagnolo si mostrò profondamente contrario, in quanto a suo parere la politica europea di vicinato snaturava la Conferenza di Barcellona. Tuttavia, fu la Francia a muoversi per prima nel tentativo, riuscito, di cominciare a riconfigurare l'iniziativa mediterranea.

Durante il premierato di José Luis Rodríguez Zapatero, il governo spagnolo – in particolare attraverso i ministeri degli Esteri e della Difesa – compì un fallimentare tentativo di mantenere a galla l'iniziativa, ospitando l'11 novembre 2005 a Barcellona il primo vertice euromediterraneo dei capi di Stato e di governo. I risultati furono ampiamente insoddisfacenti: il vertice si chiuse con una dichiarazione della presidenza britannica e non con un documento finale concordato fra tutti i

3. M. Guinea, «La política europea de vecindad hacia el Mediterráneo (2003-2015): Impotencia de la Unión Europea ante un entorno cada vez más hostil», *Revista Unisci*, n. 39, ottobre 2015, pp. 253-272.

partecipanti [4]. L'intento originario di rendere omogenee le percezioni di sicurezza della sponda Nord e di quella Sud era stato del tutto mancato [5].

Ciò non impediva comunque alla Spagna di contribuire a dare maggior sostanza al dialogo mediterraneo della Nato, come apparve chiaro nei vertici di Washington (1999) e Praga (2002); o di appoggiare la riesumazione del dialogo 5+5, che tornò a riunirsi nel 2001 in modo informale e che copriva una zona di particolare interesse per Madrid.

4. Il lancio da parte francese dell'Unione per il Mediterraneo, il 13 luglio 2008, rappresentò il canto del cigno per la Conferenza di Barcellona. Il governo spagnolo, tramite il ministero degli Esteri, scommise sul rilancio dell'agenda mediterranea e sull'avanzamento verso una «comunità euromediterranea [basata su] valori condivisi». Il titolare degli Esteri spagnolo, Miguel Angel Moratinos, acconsentì a istituzionalizzare l'iniziativa e propugnò la creazione di un Consiglio euromediterraneo nel quale i capi di Stato e di governo prendessero decisioni strategiche e politiche. Sostenne anche la creazione di una commissione con compiti soprattutto di carattere socioeconomico, come la promozione di una zona di libero scambio e libera circolazione per l'anno 2010 e l'estensione dello spazio di libertà, sicurezza e giustizia creato nel vertice di Barcellona del 2005. Un'assemblea parlamentare sarebbe servita da casa comune della democrazia, dei diritti e delle libertà dei cittadini euromediterranei.

Questa affermazione di «valori condivisi» e di una «comunità euromediterranea» andava oltre quanto fin lì perseguito dal processo di Barcellona. Tuttavia, come spesso accade con le iniziative spagnole, l'associazione non aveva alcun risvolto pratico che desse credibilità a tali affermazioni e cozzava con l'esperienza maturata dal 1995. Sicché, al di là dei buoni propositi, essa restò lettera morta.

L'Unione per il Mediterraneo rappresentò un cambiamento istituzionale importante e una svolta in una direzione più fattiva, incentrata su progetti comuni. Ne risultava sminuito il ruolo che la Spagna aveva sin lì preteso: la politica dei piccoli passi, ormai era chiaro, non produceva risultati apprezzabili, mancando una visione strategica su come affrontare le sfide politiche, economiche, sociali e geopolitiche di un Mediterraneo in rapida trasformazione. L'iniziativa francese eclissò dunque gli sforzi spagnoli, sebbene il tema dello sviluppo politico non vi figurasse, l'approccio restasse meramente geografico e sul conflitto arabo-palestinese l'Europa, al pari della Spagna, continuasse a manifestarsi impotente.

Le rivolte arabe, d'altra parte, palesarono che la dimensione europea della politica mediterranea era divenuta obsoleta. Gli Stati autoritari del Golfo sono stati i principali protagonisti nello sviluppo e nel finanziamento di questi processi che, in molti casi, sono finiti male o hanno comportato arretramenti nel processo di

4. Si è giunti a un accordo su un codice di condotta antiterrorismo e a un piano d'azione per i prossimi cinque anni.
5. A. Marquina, *La Asociación de Seguridad de la Conferencia Euro-Mediterránea diez años después: La Anàbasis*, cit.

democratizzazione. Le guerre in Libia e in Siria hanno contribuito ad accrescere la presenza di altri attori nello spazio mediterraneo. Queste profonde trasformazioni, tutt'ora in corso, non sono state adeguatamente metabolizzate dalla Spagna: le strategie di sicurezza nazionale del 2011 e del 2013 sono chiaramente deficitarie [6] e guardano indietro, non avanti.

I cambiamenti, le convulsioni e le riconfigurazioni indotte in Medio Oriente dal conflitto in Siria e in Iraq, la decomposizione della Libia, l'estensione dello spazio di sicurezza mediterraneo (che ormai travalica abbondantemente il suo ambito prettamente geografico), la presenza e l'importanza di altri attori (Stati del Golfo, Iran, Russia, Cina) che limitano notevolmente il protagonismo e il margine d'azione di Ue e Nato nelle vicende mediterranee, non sono stati recepiti in modo convincente dai governi spagnoli. Tantomeno hanno assunto adeguato rilievo nella strategia di sicurezza dell'Unione Europea [7].

La geopolitica spagnola resta incentrata essenzialmente sul Maghreb in funzione delle grandi sfide migratorie, dove Madrid è riuscita a esternalizzare in misura significativa il controllo delle sue frontiere dopo la crisi migratoria del 2006-7 verso le Canarie, e dove persegue la collaborazione in materia di antiterrorismo, lotta ai traffici illeciti, import di energia da Algeria e Libia. Tuttavia, la Spagna non ha contribuito granché a una chiara divisione pratica tra Maghreb e Mashreq a livello europeo, dato che lo spazio di sicurezza mediterraneo risulta inabbordabile con gli attuali meccanismi di prevenzione dei conflitti e gestione delle crisi, e che quanto accade nel Maghreb e nel Sahel non riguarda (ancora) nella sua totalità la regione nordafricano-mediorientale. Non è nemmeno chiaro quale sia il riorientamento necessario affinché la Spagna possa affrontare le nuove sfide alla sicurezza che promanano dal Maghreb [8].

I passi compiuti negli ultimi anni dalla politica spagnola hanno consentito una maggior presenza in Turchia (dove l'avvicinamento a Erdoğan e ad alcune sue politiche ha creato seri dilemmi), in alcuni Stati del Golfo per i rapporti e l'influenza della Corona di Spagna (tema oggetto di aspre critiche da parte di vari partiti d'opposizione) e, da ultimo, un maggior interesse per l'Egitto. Tuttavia, l'instabilità nel Maghreb (con la frantumazione di Libia e Sahel), la crescente islamizzazione che rende sempre più difficile il dialogo politico, le sfide migratorie e gli usi strumentali delle diaspore, la marcata esternalizzazione del controllo della frontiera Sud, la sicurezza energetica e l'indispensabile collaborazione sul terrorismo manterranno la Spagna concentrata sul Maghreb.

Il sogno di una trasformazione del Mediterraneo per mano dell'Unione Europea è svanito nel nulla.

(traduzione di Fabrizio Maronta)

6. A. Marquina, *La Estrategia de Seguridad Nacional 2013. Un pavimento deslizante*, Madrid 2005, Unisci, pp. 7-13 e 127-156.
7. A. Marquina (a cura di), *La Estrategia Global de la Unión Europea. Asomándose al precipicio*, Madrid 2017, Unisci.
8. A. Marquina (a cura di), *La Unión Europea y el Magreb. Reestructurando un imaginario*, Madrid 2015, Unisci.

IL SOGNO TEDESCO DELLA 'POTENZA DI PACE' SI È INFRANTO SULLA SPONDA SUD

La Germania ha a lungo puntato sull'integrazione politico-commerciale e sulla democratizzazione dei paesi nordafricani. Terrorismo, rivolte arabe e inconsistenza europea hanno sabotato i buoni propositi. Oggi a Berlino domina la Realpolitik.

di *Annette Jünemann*

1. Se si chiedesse a un cittadino tedesco di parlare della politica estera della Repubblica Federale in Medio Oriente o in Nordafrica, questi capirebbe subito a cosa si fa riferimento. Viceversa, il concetto di «politica mediterranea» non si è ancora stabilizzato a livello linguistico in Germania, essendo il prodotto di una costruzione concettuale creata dall'Unione Europea attorno alla metà degli anni Novanta: la cosiddetta regione euromediterranea. Oltre a tutti gli Stati membri dell'Ue, questa doveva comprendere anche i paesi confinanti della sponda Sud del Mediterraneo, allo scopo di creare un'area caratterizzata da pace, stabilità e benessere diffuso attraverso un'intensa cooperazione e una fitta rete di scambi.

Di fronte all'attuale moltitudine di conflitti che lacerano il Medio Oriente e il Nordafrica, tale visione si proietta ormai in un orizzonte lontano. In questi drammatici sviluppi l'Ue, e dunque anche la Germania, ha una parte di responsabilità; tuttavia, oggi né l'una né l'altra appaiono più in grado di esercitare alcun influsso stabilizzante. Il fallimento della politica mediterranea si manifesta esplicitamente nella quantità di profughi che dall'estate del 2015, attraverso il Mediterraneo, cercano rifugio e protezione in Europa. Il Mar Mediterraneo, pensato come elemento unificante di una regione euromediterranea, è divenuto una fossa comune e un muro virtuale con cui l'Ue tenta di isolarsi dai vicini della sua sponda Sud. In cosa hanno fallito i promettenti avvii di politica regionale degli anni Novanta?

2. Dopo la fine del conflitto Est-Ovest, le priorità tedesche in politica estera si concentrarono sulla stabilizzazione dell'Europa centrale e orientale (i cosiddetti paesi Peco). Il processo di trasformazione vissuto da questi paesi, condizione imprescindibile per un loro futuro ingresso nell'Ue, fu sostenuto soprattutto dalla Germania. Sulla scia delle urgenze imposte dalla propria politica europea orientale

il paese sembrò non cogliere, inizialmente, il parallelo aumento dei fenomeni di destabilizzazione nell'area, avvertiti in particolare da Francia, Italia e Spagna. La cosiddetta minaccia meridionale, con cui si intendeva l'insieme di rischi *soft* quali inquinamento, spaccio di droga, criminalità organizzata, radicalismo islamico e migranti irregolari, divenne un tema centrale delle politiche di sicurezza, in special modo per i paesi europei mediterranei.

Di fronte alle nuove sfide apertesi a Est e a Sud, in un primo tempo sembrò configurarsi a livello europeo una sorta di spartizione dei compiti, in virtù della quale i Peco ricadevano sotto la responsabilità della Germania, mentre i paesi terzi mediterranei (Ptm) sotto quella della Francia. Tuttavia, con l'avvento del mercato unico e di Schengen, questa divisione perse di significato. Un dato cui reagirono per primi gli architetti della Politica estera e di sicurezza comune (Pesc). Nel momento in cui il Consiglio europeo di Lisbona del giugno 1992 dichiarava sia l'Europa centrorientale che lo spazio mediterraneo meridionale «aree geografiche d'azione comune» (articolo J.3 del Trattato sull'Unione), obbligava tutti gli Stati membri a confrontarsi anche con regioni cui fino ad allora avevano rivolto un interesse minore, in ragione della loro lontananza geografica. Se dunque Francia e Germania – certo non a scapito delle rispettive priorità tradizionali – si impegnarono da questo momento in poi rispettivamente anche a est e a sud, ciò non dipese soltanto dalla spinta ad ampliare i propri interessi nazionali, ma anche dalla peculiare dinamica della Pesc.

Nel corso del proprio semestre di presidenza Ue del 1994, la Germania ebbe parte attiva nell'elaborazione teorica di un partenariato euromediterraneo; nel primo semestre del 1995 partecipò alle trattative preliminari per la sua concreta realizzazione, in qualità di membro della *trojka*. Il progetto più importante fu la creazione di un'area euromediterranea di libero scambio, con cui l'Ue auspicava da un lato la crescita dei Ptm necessaria alla loro stabilità politica, dall'altro un'espansione dei mercati europei. Per un'economia d'esportazione quale quella tedesca, tale aspetto non era certo irrilevante, ma non va nemmeno sopravvalutato. L'impegno avviato dalla Germania in area mediterranea a partire dalla metà degli anni Novanta fu determinato infatti da molteplici interessi, tra cui spiccavano sicurezza e integrazione.

Nonostante la messa a fuoco di interessi nazionali in area mediterranea, la Germania non sviluppò alcuna strategia nazionale in materia, sostenendo invece il processo di europeizzazione della strategia regionale. All'indomani della riunificazione tedesca, che rese la Germania il più grande paese dell'Ue per superficie geografica e il più forte dal punto di vista economico, si trattava infatti di mostrare che la nazione tedesca non sarebbe stata mai più tentata da alcun tipo di politica egemonico-nazionalistica. Pertanto, negli affari esteri Berlino si sforzò di muoversi in un contesto multilaterale, principalmente all'interno della Pesc, che proprio l'impegno tedesco per una europeizzazione della politica mediterranea contribuì a rafforzare. L'unico aspetto che può essere considerato quale chiave di volta di una politica regionale tedesca in questa area è la sicurezza dello Stato di Israele; le priorità della politica tedesca nei riguardi dei paesi arabi confinanti appaiono invece alquanto ambivalenti.

3. Di fronte a minacce nuove, l'impegno dell'Europa nello spazio meridionale si basò sulla convinzione che una strategia tesa a una maggiore integrazione dei paesi mediterranei confinanti con l'Ue sarebbe andata a vantaggio della sicurezza europea. «Cooperazione, non confronto» fu il motto del momento. Così il Partenariato euromediterraneo venne strutturato in voluta analogia con la Csce (Conferenza sulla sicurezza e sulla cooperazione in Europa), ovvero secondo tre ambiti interdipendenti: un partenariato politico e di sicurezza, uno economico-finanziario e uno in ambito culturale, sociale e umanitario. Lo strumentario politico ed economico proprio di una «potenza civile» doveva sostituire una politica di potenza di tipo tradizionale, allo scopo di costituire a lungo termine una regione euromediterranea caratterizzata da sicurezza, pace e benessere diffuso.

L'Europa quale «potenza civile» è un concetto guida normativo che la Comunità europea si era data agli inizi degli anni Settanta, quando sfruttando una fase di distensione nei rapporti Est/Ovest si apprestò a gettare le basi di una politica estera europea comune mediante l'introduzione della Cpe (Cooperazione politica europea). Parte fondamentale del concetto di potenza civile è l'impegno per la promozione della democrazia e dei diritti umani nel mondo.

Se durante la guerra fredda il concetto di potenza civile non aveva avuto alcun ruolo nella conformazione delle relazioni estere europee, al termine del conflitto Est-Ovest tornò in auge, anche perché nel clima di entusiasmo degli anni Novanta a dominare il discorso accademico e politico fu il teorema della «pace democratica». L'essenza di questo teorema, le cui radici affondano nella pace perpetua kantiana, è la convinzione che le democrazie siano in grado di risolvere pacificamente i propri conflitti. Da ciò ne consegue che la sicurezza di una democrazia cresce se è circondata da altre democrazie.

Richiamandosi al principio della pace democratica, l'imperativo del *democracy building* viene legittimato non solo formalmente, ma anche da un punto di vista strategico-politico, in quanto utile alla sicurezza. Perciò nel 1993 la promozione della democrazia venne inserita ufficialmente tra gli obiettivi politici del Trattato di Maastricht e di tutti i trattati internazionali sottoscritti con paesi terzi, e la politica mediterranea divenne uno dei suoi primi campi di sperimentazione.

La politica estera tedesca si richiama ad analoghi princìpi normativi, in quanto dal 1949 la Repubblica Federale Germania, in voluta rottura con il passato e con il tradizionale militarismo, si è trovata a incarnare il modello esemplare di potenza civile. Pertanto, il fondamento normativo della politica mediterranea europea venne a coincidere con la cultura di politica estera propria della Repubblica Federale.

A posteriori, tuttavia, si nota come l'Ue abbia applicato con scarsa convinzione i diversi strumenti a sua disposizione per la promozione della democrazia nell'area a sud del Mediterraneo. Francia e Spagna, soprattutto, hanno mostrato di temere le possibili conseguenze derivanti da un processo incontrollato di democratizzazione nei paesi mediorientali e nordafricani, che avrebbe potuto giocare a favore del radicalismo islamico oppure provocare lo sfaldamento delle compagini statali. Al contrario, la cooperazione con le autocrazie al governo in quest'area appariva più consona ad affrontare i gravi problemi connessi alla sicurezza. Non solo; la retorica normativa ufficiale della politica mediterranea europea venne percepita da entrambi i paesi come un fattore di disturbo per le proprie politiche regionali, caratterizzate da un alto grado di pragmatismo e orientate di volta in volta ai rispettivi interessi nazionali.

Dunque, su pressione degli Stati europei meridionali l'Ue si sforzò di non interferire più di tanto negli affari interni dei regimi autoritari mediterranei, determinando la predominanza di una *Realpolitik* senza troppi vincoli normativi. Nessuna riforma politica venne mai davvero promossa con fermezza dall'Ue; anche in campo economico, nell'incentivare secondo accordi bilaterali la transizione alla privatizzazione, l'Europa scelse di chiudere un occhio di fronte alla brutale corsa all'arricchimento personale praticata dalla classe politica al potere in paesi quali Tunisia, Algeria ed Egitto. Si può dunque concludere che, di contro a ogni sua retorica di *democracy building*, l'Ue divenne a poco a poco un sostegno per i regimi autoritari della regione.

4. A questo lento processo la Germania seppe opporre ben poco, anzi aderì in pieno alla volontà dei paesi europei meridionali. I quali, facendo riferimento alle storiche reti di relazioni da sempre esistenti in area mediterranea, come pure alla maggiore esposizione in termini di sicurezza, tornarono a chiedere di poter esercitare un ruolo guida nella politica mediterranea europea. Nella misura in cui l'obiettivo a lungo termine della democratizzazione si trovò a collidere con quello a breve termine della sicurezza, il teorema della pace democratica perse ogni capacità di persuasione. Questo trend era emerso già verso la fine degli anni Novanta. Con gli attacchi terroristici dell'11 settembre 2001, tuttavia, è lecito parlare di una vera e propria cesura: da questo momento in poi, il paradigma guida di ogni politica regionale europea divenne la *securitization*, la lotta al terrorismo internazionale.

Intrinseca al concetto di securitizzazione è la legittimazione di misure eccezionali di difesa – anche in deroga a norme in vigore – contro presunte minacce vitali. La lotta dell'Occidente al terrorismo internazionale ha determinato il ricorso a tali misure non soltanto negli Stati Uniti (Guantánamo, Abū Ġurayb), ma anche in Europa, oltre che nelle autarchie del Mediterraneo messe sotto scacco dall'islamismo. Europei e tedeschi non hanno torturato direttamente; piuttosto, hanno delegato il compito ai suddetti regimi, alleati nella lotta al terrorismo internazionale. Tuttavia, quanto più gli europei incentivavano la cooperazione con i servizi segreti e gli organi di sicurezza dei regimi arabi, tanto più l'interdipendenza politica finiva col beneficiare questi ultimi. Nel nuovo scenario rimaneva ben poco spazio per la promozione della democrazia e dei diritti umani, e tali pratiche non si accordavano più con i valori proclamati da una potenza civile.

Mentre nel contesto della Politica europea di vicinato la Germania si considerava in special modo responsabile delle relazioni con l'Est, il principale attore delle politiche meridionali divenne a poco a poco la Francia. In tal modo, tuttavia, non solo tornò a riproporsi negli affari esteri europei quella spartizione dei compiti che si voleva superata, ma si fece strada anche una conseguente tendenza: la rinazionalizzazione della politica estera europea. Tale tendenza venne accelerata nel 2007 da Nicolas Sarkozy, all'epoca candidato alle presidenziali francesi, con il lancio di un progetto pensato come alternativa al Partenariato mediterraneo e alla Politica europea di vicinato, chiamato Unione per il Mediterraneo. Questa nuova configurazione avrebbe dovuto riunire, da parte europea, soltanto le nazioni dell'Europa meridionale – che in tal modo sarebbero divenute uniche responsabili della strategia mediterranea. Le istituzioni europee che presentavano interessi divergenti dalla politica regionale mediterranea auspicata dagli Stati meridionali avrebbero dovuto far posto a nuove istituzioni intergovernative.

Contro ogni aspettativa il progetto di Sarkozy incontrò notevoli riserve, soprattutto da parte di Angela Merkel e della Commissione europea. Ai loro occhi il piano francese si configurava come un attacco ai più importanti risultati ottenuti dalla politica estera europea, che andavano invece salvaguardati. Dopo complesse trattative l'Unione per il Mediterraneo venne inglobata nelle strutture già esistenti, venendo così a costituire un terzo perno della politica mediterranea europea. Il prezzo di questo compromesso fu la nascita di doppioni istituzionali. Formalmente, l'Unione per il Mediterraneo prendeva in carico gli *acquis* fino a quel momento realizzati dalla politica mediterranea europea, compresa la sua dimensione normativa; di fatto, essa rappresentava l'esatto contrario di tutto questo.

Se dunque fallì il tentativo francese di scalzare tanto le istituzioni sovranazionali quanto gli Stati centro- e nordeuropei dalla politica mediterranea, ciò che si realizzò con successo fu la spoliticizzazione di tale politica, e di conseguenza l'abbraccio ancora più stretto con i regimi locali. Tale risultato mette in risalto come la politica mediterranea della Germania fosse e resti in prima istanza una politica d'integrazione, non una politica regionale. Se infatti Berlino si oppose con successo alla rinazionalizzazione della politica mediterranea europea, lo stesso non avvenne per la perdita della sua dimensione politico-normativa, in nome della quale i tedeschi, stando almeno alle dichiarazioni ufficiali, si erano impegnati.

Con l'introduzione di nuove istituzioni europee di natura intergovernativa, i regimi autoritari dei Ptm godettero di nuova considerazione. Il 13 luglio 2008, aggirando ogni questione relativa a democrazia e diritti umani, i loro rappresentanti politici furono invitati a un primo summit ufficiale a Parigi con i capi di Stato europei. La presenza tra gli altri del presidente egiziano Mubarak, del tunisino Ben Ali, del libico Gheddafi e del presidente siriano Baššār al-Asad venne festeggiata come un grosso successo di politica estera. La foto di gruppo scattata in quell'occasione esemplifica ben più di qualsiasi analisi il fallimento della politica mediterranea europea, dunque tedesca. A soli due anni di distanza da quell'incontro esplodeva la «primavera araba».

5. Nonostante le fitte relazioni bilaterali, i drammatici sviluppi ai confini meridionali colsero del tutto di sorpresa l'Ue. Da un momento all'altro, l'Europa si trovò davanti alle macerie della propria politica regionale. Questa si era basata sul presupposto che i regimi arabi fossero estremamente stabili, che gli unici gruppi d'opposizione di una certa rilevanza fossero gli islamisti radicali e che al di là dello schieramento islamista non esistesse una società civile. Tre considerazioni che si rivelarono del tutto errate, come del resto l'idea che per affermare gli interessi economici e di sicurezza europei la stabilizzazione dei regimi al potere costituisse una strategia più affidabile rispetto al difficile ed erto cammino delle riforme politiche.

È pertanto evidente la natura del dilemma che nel 2011 si aprì all'Ue con l'esplodere della «primavera araba»: proprio quando l'Europa aveva ormai rinunciato di fatto all'obiettivo di *democracy building* nel Mediterraneo, ecco che le società locali insorgevano per reclamare la democrazia. Al più tardi nel 2011 si dovette ammettere a Bruxelles che tutta l'ostentata retorica europea sulla democratizzazione non solo non aveva portato alcuna democrazia o stabilità, ma aveva generato al contrario un'enorme crisi di credibilità. Pertanto, la «primavera araba» finì col palesare il totale fallimento della strategia mediterranea europea.

Il parlamento europeo reagì con grande empatia alle proteste di massa in corso nel mondo arabo. Anche il commissario per la Politica di vicinato europea, Štefan Füle, ebbe parole di approvazione per i movimenti di protesta. Al contrario, l'alto rappresentante per gli Esteri e la Politica di sicurezza dell'Ue, Lady Ashton, dopo un iniziale silenzio ebbe a pronunciare soltanto alcune tiepide esternazioni.

Francia, Spagna e Italia si vennero a trovare in una situazione critica, in quanto responsabili principali dell'abbraccio politico con gli ex dittatori. La Francia in particolare aveva compiuto gravi errori di valutazione nella crisi tunisina: il ministro degli Esteri Michèle Alliot-Marie aveva addirittura offerto appoggio a Ben Ali per la repressione dei movimenti di protesta proprio quando quest'ultimo aveva già pronte le valige per l'esilio. Tale errore costò la carica a Alliot-Marie, sebbene lo stesso Sarkozy e molti altri politici francesi intrattenessero relazioni assai strette, talvolta anche di natura privata, con i dittatori nordafricani. Al momento della rivoluzione tunisina, pertanto, la Francia si trovò improvvisamente dalla parte sbagliata.

Di questa situazione poté approfittare la Germania che, libera da vecchi fardelli coloniali e in parte da eccessivi legami con i trascorsi regimi, poté presentarsi quale interlocutore credibile. Durante e dopo la «primavera araba» il profilo nazionale tedesco, fino ad allora mantenuto piuttosto basso, venne decisamente rafforzato. Fu soprattutto il ministro degli Esteri Guido Westerwelle a esporsi: nel febbraio 2011 si recò in Tunisia per assicurare al governo di transizione il sostegno della Germania. Pochi giorni più tardi Westerwelle si mescolava ai rivoluzionari riuniti al Cairo in piazza Taḥrīr, e anche qui promise grandi aiuti ai progetti di transizione democratica.

Insieme alla partecipazione alla politica mediterranea europea, la Germania rafforzò la propria politica regionale, tornando a fare preciso riferimento al quadro normativo del Partenariato euromediterraneo. Alla Tunisia e all'Egitto fu offerto un partenariato di trasformazione, che aveva l'obiettivo di rafforzare le strutture democratiche e l'inclusione politica, il rispetto dei diritti umani e il sostegno alla società civile e allo sviluppo economico-sociale, con particolare attenzione ai gruppi e ai partiti di orientamento religioso. In questo quadro la Germania poté trarre vantaggio da una precoce iniziativa messa in atto dal ministero degli Esteri già nel 2002, il cosiddetto Dialogo con l'islam, che le rese possibile rivendicare il fatto di avere cercato contatti con l'islamismo moderato già da una decina di anni. Dai paesi in corso di trasformazione politica giunsero reazioni positive; ma non fu tanto l'Ue a venire avvertita quale nuovo interlocutore per gli affari esteri, quanto piuttosto i singoli Stati membri che offrivano aiuti bilaterali di natura politica e materiale, prima fra tutti la Germania.

Oggi, tuttavia, l'euforia iniziale che aveva infiammato la politica mediterranea tedesca all'indomani della «primavera araba» sembra essersi spenta.

6. Quando le opposizioni in Libia si sollevarono a chiedere la fine del regime, Gheddafi represse nel sangue la protesta. In quell'occasione Sarkozy colse subito i segnali del tempo: con la sua decisione di optare per una rapida e decisa reazione militare e riconoscere per primo il Consiglio provvisorio libico quale legittimo rappresentante della Libia, il presidente francese spiazzò l'Ue e tutti gli altri Stati membri. Stavolta fu la Germania a finire nel mirino della critica internazionale, in quanto Berlino si rifiutò di entrare nella coalizione dei volenterosi intenzionata ad applicare *manu militari* la risoluzione Onu 1973 per proteggere i civili in Libia.

L'Ue nel suo complesso restò fuori dalla crisi libica; nonostante proprio tale crisi sembrasse offrirsi quale campo di prova ottimale per verificare l'efficacia delle politiche di sicurezza e di difesa comuni, gli Stati membri non riuscirono – come d'abitudine – a concordare una linea d'azione condivisa. Ancor più impotente appare oggi l'Unione nella questione siriana.

La «primavera araba» e le conseguenze che, nonostante le speranze iniziali, essa ha portato con sé hanno drasticamente modificato le condizioni della politica mediterranea europea. Questa va assumendo contorni sempre più differenziati, dato che oggi l'Ue si trova ad avere a che fare con un solo paese in via di trasformazione, la Tunisia. Solo qui sembra funzionare lo strumentario della (rinnovata) politica di vicinato.

Ben diversa appare la situazione in Egitto, che al momento vive una fase di restaurazione politica, ma che in qualità di importante alleato in materia sicurezza può permettersi di ignorare ogni invito europeo a qualsivoglia riforma. Lo stesso si dica per quei regimi che hanno bloccato in anticipo ogni fermento rivoluzionario mediante un mix di repressione e poco entusiastiche riforme, quali la Giordania, l'Algeria e il Marocco.

Infine, paesi in via di sfaldamento come la Libia o la Siria sfuggono a qualsiasi logica e a qualsiasi strumento proprio della politica mediterranea europea.

Di fronte a tale scenario la costituzione di una regione euromediterranea orientata a valori condivisi è da considerarsi del tutto fallita. Rimane la questione di come intendano comportarsi in futuro l'Ue e la Germania nei confronti dei regimi dittatoriali presenti lungo il confine mediterraneo. La guerra civile siriana e la minaccia dello Stato Islamico hanno riattivato quel paradigma securitario che si era già imposto dopo l'11 settembre e che si manifesta in maniera esemplare nell'incapacità europea di trovare una risposta adeguata alla questione dei migranti.

L'Ue, Germania inclusa, torna a scommettere su una stretta cooperazione per la sicurezza con i paesi della sponda Sud tuttora governati da regimi dispotici. In base agli accordi di riammissione e ad altre misure analoghe, questi dovrebbero tenere lontani i migranti dalle coste europee. In tal modo, tuttavia, si crea una volta di più un rapporto di dipendenza che lascia ben poco spazio al *democracy building*, contribuendo semmai alla stabilizzazione di tali regimi.

Muriel Asseburg e Heiko Wimmen esprimono alla perfezione l'urgenza del momento: «Una stabilizzazione duratura della regione si potrà avere solo mantenendo ben saldo il principio che sicurezza, sviluppo, rispetto dei diritti umani e ordine politico e sociale sono strettamente connessi l'uno con l'altro. (...) La Germania e i suoi partner europei dovrebbero dunque mirare alla stabilizzazione tramite transizione, anziché attraverso il potenziamento degli apparati repressivi»[1].

(traduzione di Monica Lumachi)

1. M. Asseburg, H. Wimmen, *Die bittere Ernte des Arabischen Frühlings. Transformation, Elitenwandel und neue soziale Mobilisierung*, Berlin 2015, SWP-Studie-S22, dicembre, p. 6.

AUTORI

LEONARDO BELLODI - Advisor di Eni International Affairs, membro della American Society of International Law.

MARCO BERTOTTO - Responsabile advocacy Medici Senza Frontiere Italia.

EDOARDO BORIA - Geografo presso il dipartimento di Scienze politiche dell'Università La Sapienza di Roma, è titolare degli insegnamenti di Geografia e di Geopolitica. Consigliere scientifico di *Limes*.

GIAMPAOLO CANTINI - Ministero degli Esteri e della Cooperazione internazionale.

MICHELANGELO CELOZZI - Rappresentante per il Mediterraneo dell'Associazione Elettrotecnica Italiana.

GIUSEPPE CUCCHI - Generale della riserva dell'Esercito. Già direttore del Centro militare di studi strategici, consigliere militare del presidente del Consiglio, rappresentante militare permanente dell'Italia presso Nato, Ue e Ueo. Consigliere scientifico di *Limes*.

GIORGIO CUSCITO - Consigliere redazionale di *Limes*. Analista, studioso di geopolitica cinese.

MAURO DE BONIS - Giornalista, redattore di *Limes*. Esperto di Russia e paesi ex sovietici.

ALBERTO DE SANCTIS - Consigliere redazionale di *Limes*, studioso di geopolitica dei mari, analista presso l'ufficio Analisi & strategie di Utopia.

DARIO FABBRI - Giornalista, consigliere scientifico e coordinatore America di *Limes*. Esperto di America e Medio Oriente.

PIETRO FIGUERA - Studioso di geopolitica russa e mediorientale. Autore del libro *La Russia nel Mediterraneo*, Roma 2016, Aracne editrice.

ANNETTE JÜNEMANN - Insegna Relazioni internazionali alla Helmut-Schmidt-Universität, di Amburgo, Germania. Le sue principali aree di ricerca sono le relazioni internazionali, relazioni euromediterranee, migrazioni, studi su pace e conflitti e studi di genere.

OLIVIER KEMPF - Dottore in Scienze politiche. Ricercatore associato presso l'Iris di Parigi. Dirige la lettera d'analisi strategica *La Vigie*. Le sue ricerche comprendono i temi della sicurezza nello spazio euroatlantico. Ha pubblicato *L'Otan au XXIème siècle*, Paris 2014, Le Rocher.

LUCA MAINOLDI - Membro del consiglio redazionale di *Limes*. Segue tematiche relative alla geopolitica e alla storia dell'intelligence.

FABRIZIO MARONTA - Redattore, consigliere scientifico e responsabile relazioni internazionali di *Limes*.

ANTONIO MARQUINA BARRIO - Professore di Sicurezza e cooperazione nelle relazioni internazionali, Università Complutense di Madrid. Direttore dell'Unisci (Unidad de investigación sobre seguridad y cooperación internacional).

PIERO MESSINA - Scrittore e giornalista per il gruppo editoriale Gedi.

JEAN-BAPTISTE NOÉ - Storico. Il suo ultimo lavoro è *Géopolitique du Vatican*, Paris 2015, Presses Universitaires de France.

FERRUCCIO PASTORE - Direttore di Fieri, Forum internazionale ed europeo per le ricerche sull'immigrazione.

MATTEO PELLIZZARI - Funzionario di Confitarma.

NANCY PORSIA - Giornalista freelance italiana e ricercatrice per vari think thank. Dal 2011 di base nella regione Mena, ha vissuto in Libia dove si è specializzata in politica, sicurezza e migrazione lungo la rotta del Mediterraneo. I suoi lavori da Libia, Siria, Libano e Iraq sono stati pubblicati da media italiani e internazionali.

ENRICO MARIA PUJIA - Ministero delle Infrastrutture e dei trasporti, direttore generale per la vigilanza sulle Autorità portuali, le infrastrutture portuali e il trasporto marittimo e per le vie d'acqua interne.

LUCA RAINERI - Assegnista di ricerca presso la Scuola Superiore Sant'Anna di Pisa. I suoi articoli sono apparsi su numerose riviste tra cui *African Security* e *Journal of Peacebuilding & Developments*.

RICCARDO RIGILLO - Esperto di questioni strategiche e marittime. Direttore generale della Pesca marittima e dell'acquacoltura presso il ministero delle Politiche agricole, alimentari e forestali.

DANIELE SANTORO - Studioso di geopolitica turca.

LUCA SISTO - Vicedirettore generale di Confitarma (Confederazione italiana armatori).

GIANNI VALENTE - Giornalista dell'*Agenzia Fides*.

La storia in carte

a cura di *Edoardo* BORIA

1. Nella moderna storia delle relazioni internazionali la rivalità tra potenze marittime e terrestri è stata teorizzata come contrapposizione tra una visione libertaria degli spazi, promossa dalle prime, e una concezione proprietaria del territorio considerato un indispensabile elemento di ordine del sistema, sostenuta dalle seconde. In questa immagine l'Italia fascista, presuntuosamente autocollocatasi tra le grandi potenze, sfida la potenza marittima per antonomasia dell'epoca moderna, l'Inghilterra. Alimenta la *hybris* il richiamo al passato di Roma, che surroga la mancanza di prove materiali in grado di giustificare la taglia delle aspirazioni.
Fonte: P. CAPORILLI, *Come Cartagine*, a cura dell'Ufficio Propaganda del Partito nazionale fascista, 1940 ca.

2. La carta geografica è *storytelling*. Questo portolano cinquecentesco offre una visione unitaria del mondo euromediterraneo che va dalle tende beduine dell'entroterra sahariano alle torri difensive delle città del Nord Europa. Qui il Mediterraneo, come nelle lezioni di Braudel e Duby, non è una frontiera ma uno spazio di condivisione. Oggi, invece, le carte sull'intero bacino mediterraneo sono sparite dagli atlanti tradizionali: si possono guardare alternativamente la sua sponda settentrionale oppure quella meridionale, ma non le due assieme. È un segno dei tempi. Tempi in cui questo mare non è più considerato spazio di incontri ma solo di confronti.
Anche la politica è *storytelling*. La teoria più acclamata tra le tante avanzate per spiegare dove stava andando il mondo all'indomani della fine delle ultime certezze, cioè dopo il collasso dell'Unione Sovietica e quindi del sistema bipolare, era quella dello «scontro delle civiltà» di Samuel Huntington. Benedetta dai soci del circolo conservatore American Enterprise Institute nel 1992, poi messa su carta l'anno successivo nell'autorevolissimo *Foreign Affairs* e infine divulgata alle masse nel 1996 in un *bestseller* mondiale, la teoria non sarebbe mai divenuta il fondamento della narrazione più seguita dei nostri tempi senza l'efficacissimo *spot* dell'11 settembre, che esemplificava perfettamente la tesi di un conflitto tra culture. Infatti, la teoria statuiva che la conflittualità del pianeta non si sarebbe più giocata nella tradizionale contesa tra Stati sovrani bensì tra grandi aree culturali individuate su base confessionale. Precisando queste grandi aree in perenne contrapposizione, Huntington identificava con precisione le future aree di scontro del pianeta. In queste linee di faglia tra civiltà si scaricherebbero in forma violenta le tensioni internazionali. Una di queste linee è, secondo la teoria, il Mediterraneo, che presenta il livello più alto e temibile di scontro culturale per via dell'opposizione tra islam e cristianità.
Le grandi affabulazioni narrative possiedono una forte presa sulle opinioni pubbliche perché offrono spiegazioni chiare, illudono di poter interpretare agevolmente il futuro e quindi attrezzarsi per respingerne le negatività, o almeno minimizzarne gli effetti sfavorevoli. In realtà divengono incubi che ti accompagnano e non ti lasciano più.
Fonte: *Visconte Maggiolo*, portolano, 1541.

3. Isole e arcipelaghi ubicati tra la costa libico-tunisina e la Sicilia riducono in questa carta la distanza visiva tra l'Africa e l'Europa. Mai percepita tanto ampia come oggi. Nei secoli a cui essa risale, invece, il Mediterraneo rappresentava un esemplare mo-

dello di strutturazione dei rapporti internazionali dominato da reti che configuravano uno spazio fluido dai confini instabili e porosi. Esattamente ciò che pare divenire il nostro mondo presente, dove si riaffaccia la vecchia configurazione ordinamentale del potere di tipo medievale basato su entità pre-nazionali sganciate dalla classica sovranità territoriale. E in cui le identità non si costituiscono entro questo o quel preciso ambito culturale, ma esattamente *in between* attraverso processi culturali ibridi. Ma la nostra tradizione storiografica, che guarda ancora a culture raccolte entro singoli contenitori (le nazioni, le civiltà), non sembra in grado di raccogliere la sfida intellettuale. Eppure il Mediterraneo di questi anni, con le sue drammatiche storie di migranti, dovrebbe ricordarci che la cifra fondamentale della vita dell'uomo sulla terra non è la sedentarietà ma il movimento. E, conseguentemente, interrogarci sulla reale efficacia di contenere questa innata spinta erigendo barriere.
Fonte: C. TOLOMEO, *Secunda Affrice Tabula*, Ulm 1482-6, Holle.

4. Il mito moderno del *Mare nostrum* non è una prerogativa del fascismo visto che l'espressione latina era già stata riscoperta in epoca risorgimentale. Basti ricordare i numerosi riferimenti che vi dedicò Giuseppe Mazzini. Tuttavia, fu solo con l'Italia fascista, più convinta di quella liberale nel dare concreta attuazione a piani di espansionismo territoriale, che una vera visione mediterranea divenne appannaggio pubblico e non rimase confinata alle sfere colte del paese. Già nel 1918 Mussolini aveva le idee chiare: «Il Mediterraneo tornerà nostro, come Roma tornerà ad essere il faro della civiltà nel mondo» (B. MUSSOLINI, *Opera omnia*, Firenze 1951-63, La Fenice, vol. XII, p. 77). Convinzione ribadita nel 1921: «È destino che il Mediterraneo torni nostro» (*ivi*, p. 159). Insolitamente per un politico, una volta salito al potere rimase coerente e indenne da esercizi di realismo. Spronata dal suo condottiero, l'aggressiva retorica fascista recuperò dunque il mito del *Mare nostrum* e gli dedicò ampio spazio attraverso ogni sorta di canale di comunicazione: dai saggi scientifici agli articoli di giornale, dai quaderni di scuola alle carte geografiche. Il Mediterraneo veniva presentato come un quadrante strategico unitario che l'Italia, grazie alla sua posizione geografica, aveva il diritto naturale di dominare.
Fonte: Retro di copertina di quaderno scolastico, cartiera U.V.Q., anni Trenta.

COME
CARTAGINE
GALLIA
HISPANIA
ILLYRICUM
CARTAGINE
Pensate alle Puniche. Canne sembra schiantare Roma. Ma a Zama Roma distrugge Cartagine, e la cancella dalla geografia e dalla storia per sempre.

1.

2.

SECVNDA AFFRI
TABVLA
BALEARICVM MARE
TIRRENVM MARE
ADRIATICVM MARE
Sicilia insula
AFFRICVM
PELAGVS
SIRTIS MAGNA
AFFRICA MINOR
Mauritanie Cesariensis pars

4.

PER
NOI
NON
SEI
ZERO.
amref
health africa
60
DA 60 ANNI VERSIAMO
SUDORE, NON LACRIME.
Crediamo nell'Africa, quella che ogni giorno lavora per spiccare il volo. Per questo, dal 1957, ci prendiamo cura della salute degli Africani. Ogni giorno, senza lasciare indietro nessuno. Perché per Amref, nessuno è zero.
www.amref.it